아우구스티누스 고백록

이 도서의 국립중앙도서관 출판시도서목록(CIP)은 e-CIP 홈페이지(http://www.nl.go.kr/ecip)에서 이용하실 수 있습니다.(CIP제어번호: CIP2008001021)

아우구스티누스 고백록

아우구스티누스 지음 | 김평옥 옮김

범우

| 이 책을 읽는 분에게 | · 7

제1권》 어린 시절   13
제2권》 청년 시절의 초기   48
제3권》 카르타고에서 보낸 젊은 시절   66
제4권》 죽음과 사랑   94
제5권》 마니교도와의 해후   129
제6권》 밀라노 주교   157
제7권》 철학적 해명   188
제8권》 완전한 회심   222
제9권》 어머니의 죽음과 개종   257
제10권》 진정한 고백   296
제11권》 창조의 말씀   367
제12권》 하늘과 땅   410
제13권》 하나님의 뜻   455

| 해설 | 성 아우구스티누스의 생애와 사상   · 523

| 이 책을 읽는 분에게 |

성聖 아우구스티누스의 《고백록告白錄》은 루소의 《고백록》, 톨스토이의 《고백록》과 더불어 세계 3대 고백록 중의 하나이다. 후자의 두 고백록이 근대 및 현대의 우리 생활에 얼마나 큰 영향과 감화를 주었는가는 새삼 강조할 필요도 없다. 루소와 톨스토이의 《고백록》보다 훨씬 전 시대인 4세기 말에 씌어진 이 성 아우구스티누스의 《고백록》 역시, 거의 1천 5백여 년의 세월이 흐르는 동안 세계 사상사에 커다란 영향을 주었고, 앞으로도 불후의 고전古典으로서 그 빛을 잃지 않을 것이다. 이 《고백록Confessionum》이야말로 어려운 시대를 살아간 그의 심오한 내적 체험의 기록이기 때문이다.

아우구스티누스Augustinus, 354~430는 북아프리카의 누미디아Numidia 주 타가스테Tagaste에서 태어나, 이 《고백록》에서 나타나듯이 파란만장한 청년 시대를 거쳐 마니교에 귀의하여 선악 2원리善惡二原理의 대립관을 신봉하였으나, 후에 인간의 내면에 깊숙이 들어앉은 뿌리깊은 인간의 원죄를 통감하여, 이를 극복하는 데에는 신의 은총밖에 없음을 깨닫고 기독교로 개종하였다.

교부敎父 중의 교부라고 불리는 아우구스티누스는 그 때까지의 교부철학클레멘스, 오리게네스과 신플라톤주의플로티노스를 통일하여 구제救濟의 사상으로 집약시켰다. 그의 철학은 자기의 내면 생활에서 신으로 향한 신 중심의 세계관을 구축한 것이며, 희랍적 인간중심주의를 부정하여 기독교의 철학을 성립시키는 가톨릭 교회의 개념적 구성에 성공하였다. 이것은 기독교 사상의 커다란 원천이며, 그 후 오랜 기간에 걸쳐 유럽인의 사상적 배경이 되었다.

이렇듯 그의 열렬한 철학적 탐구와 격렬한 육과 영의 도덕적 고투는 드디어 그로 하여금 심원한 종교적 각성을 갖게 하였으며, '인간의 내면이야말로 진리가 사는 집'이라고 하여 그는 언제나 개인의 영혼 문제를 철학의 출발점으로 삼았다. 아우구스티누스에 의하면, 인간은 원죄를 짓고 사는 존재이기 때문에 인간에게는 악惡에의 자유는 있으나 선善에의 자유는 없다고 한다. 따라서 우리들의 구제는 오로지 신의 은총을 통해서만 가능한 것으로, 누가 구제되고 누가 구제되지 않는가는 신의 영원한 예정豫定에 의해서 된다는 '예정설'의 관점 아래 그는 인간의 무력함을 설명하고 의지의 자유를 부정하였다.

성 아우구스티누스의 이《고백록》은 그가 아프리카의 피포 주교로 있었던 5세기 초에 완성된 것이다. 즉 그에게 지대한 영향을 준 경건한 기독교인 어머니 모니카가 세상을 떠난 13년 후에 쓴 것이다. 독자는 우선 이 점을 염두에 두지 않으면 안 된다. 아우구스티누스는 개인적 대화에서 종종 자기의 전반생前半生 추억담을 말하였는데, 친구들의 간청에 의하여 이《고백록》을 쓰게 된 것이다. 그에게 지대한 종교적 영향과 감화를 준 어머니 모니카야말로 참으로 모성의 전형이다. 단테의 《신곡》에 나오는 '베아트리체'가 '영원한 여성'이라고 한다면 《고백록》의 모니카는 '영원한 모성'이다.

아우구스티누스를 위해서 그녀는 '눈물로 땅을 적셨다.' 어느 주교는 "이와 같은 '눈물의 아들'은 결코 타락하지 않으리라"고 말했다. 방랑하는 아들을 뒤쫓아 그녀는 로마로, 또 밀라노로 갔다. 그녀는 아들에게 절대로 절망하지 않았으며, 그녀가 원한 대로 아우구스티누스는 회개하기에 이르렀다. 임종 때에 남긴 그녀의 마지막 한 마디는 실로 숭고의 극치를 표현한 말이다. ― "그대들이 어디에 있든지 간에 주님의 제단에서 나를 잊지 말아다오."

성 아우구스티누스의 《고백록》은 참으로 위대한 지력智力과 숭고한 신앙, 그리고 순진무구한 인정의 결정結晶이다. 그것은 바로 인류의 영혼에 메스를 가하여 죄악을 송두리째 파헤치고, 그 영혼을 신에게 거룩한 선물로 바치지 않고는 견디지 못하는 한 위대한 성인의 진실한 자기고백인 것이다. 사회 개조나 복지국가 건설에서의 어떤 사회 문제나 노동 운동이 되었던 우리들은, 이들 활동의 근저에 '영혼의 개조'나 '정신혁명'을 먼저 추구하지 않으면 안 될 것이다. 이 《고백록》은 약 1천 5백 년 전의 저작이므로, 오늘날 관찰할 때 그 기술記述 방법에 꽤 산만한 점이 없지 않다. 또 내용에서도 현대를 사는 우리들에게 별로 흥미를 끌지 못하는 것이 있을 것이다. 그러나 일견 무미건조하다고 생각되는 글귀의 이면을 통해서, 그의 숭고하고 열렬한 정신이 우리들의 영혼 깊숙이 스며들 것이다.

영어로 '콘페션Confession ; 고백'이라는 말은 라틴어 '콘페씨오Confessio'

에서 유래된 것으로, 아우구스티누스의 《고백록》을 흔히 《참회록》이라고 번역하는 수도 있다. 그러나 '콘페션'에는 '고백'이라는 뜻 이외에 '신에 대한 찬미'라는 뜻이 포함되어 있어, 신을 찬미하고 지나간 날의 자기의 죄악을 '고백하고 참회한다'는 뜻으로 해석할 수 있다. 또한 앞에서 말한 바와 같이 루소의 《고백록》, 톨스토이의 《고백록》과 함께 세계 3대 고백록이라고 불리고 있는 만큼, 《성 아우구스티누스 고백록》이라고 하는 것이 더 타당하리라 생각한다.

아우구스티누스의 《고백록》은 전 13권으로 되어 있으나, 원칙적으로 제1권부터 제9권까지가 본 줄거리라고 할 수 있다. 제10권부터 제13권까지는 부록 같은 성격을 띤 것으로, 제10권에는 주로 종교적 정조情操나 인생 해탈에서 신의 은혜에 대한 감사가 나타나고, 제11권부터 제13권까지는 《구약성서》〈창세기〉편의 주해로 시종하고 있다. 이 책은 제1권부터 제13권까지를 완역한 것이다.
  아우구스티누스는 이 열세 권을 통해서, 자기가 과거에 어떤 자였는가, 어떤 죄인이었는가, 그러한 죄인인 자기를 신은 버리지 않고 무한한 연민을 가지고 어떻게 회개로까지 이끌어 주었는가를 이야기한다. 각 권卷, 각 장章의 제목은 역자가 적절히 붙인 것이며, 성서에서 인용한 구절도 독자들이 알기 쉽게 번역하였다.
  독자들이 성 아우구스티누스의 《고백록》을 숙독한다면 그의 영혼과의 교류는 잘 이루어지리라 믿는다.

옮긴이

아우구스티누스 고백록

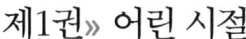

제1권 » 어린 시절

신에 대한 찬미

주여, "당신은 광대하시니 크게 찬양하겠습니다."시편 145 : 3 "우리 주는 광대하시며 능력이 많으시며 그 지혜가 무궁하십니다."시편 147 : 5 그러기에 당신의 피조물이며, 언젠가는 죽어야 할 운명으로서 자신의 죄에 대한 증거와 당신이 교만을 물리치시는 증거를 간직한 우리 인간은 당신을 찬양하고자 합니다. 인간은 보잘것 없는 피조물에 불과하지만 그래도 당신을 찬양하고자 합니다. 당신께서는 당신을 섬기도록 인간을 창조하셨으므로 우리를 깨우쳐 기꺼이 당신을 찬양토록 하셨으며, 우리의 마음은 당신 안에서 안식을 얻지 않고는 평안할 수 없습니다.

주여, 당신께 기도드리는 것과 당신을 찬양하는 것, 어느 쪽이 앞서야 합니까? 또 당신을 아는 것과 당신을 찾는 것, 어느 쪽이 먼저입니까? 이것을 알게 되고 깨달을 수 있도록 해주십시오. 당신을 잘 알지 못하면서 누가 감히 당신을 부르고 찾겠습니까? 당신을 알지 못하는 사람은 당신 대신 다른 자를 부르며 찾을지도 모릅니다. 우리는 오히려 당신을 진정으로 알기 위해 당신을 부르고 갈망해야 하는 것입니다. "그런즉 저희가 믿지 아니하는 이를 어찌 부르리요? 듣지도 못한 이를 어찌 믿으리요? 전파하는 자가 없이 어찌 들으리요?"로마서 10 : 14 "주님을 찾는 자는 주님을 찬송할 것입니다."시편 22 : 26 진심으로 당신을 갈망하는 자는 당신을 찾을 것이요, 당신을 찾는 자는 반드시 주님을 찬양할 것이기 때문입니다.[1]

주여, 나는 당신께 기도드림으로써 당신을 갈망하고 당신을 믿음으로써 당신께 기도드리겠습니다. 왜냐하면 당신은 이미 우리에게 알려져 있기 때문입니다. 당신 아들의 강생降生과 선교사의 봉사를 통하여 내 마음 속에 불어넣어 주신 신앙, 그 신앙이 당신께 기도드립니다.

내 마음속에 계시는 주님

그런데 나는 나의 주, 나의 하나님이신 당신께 어떻게 기도드려야 합니까? 내가 기도드릴 때 진정으로 당신을 내 마음속에 모시게 될 것입니다. 그러나 하나님 아버지시여, 당신이 들어오실 자리가 내 마음 속 어느 구석에 있습니까? 천지를 창조하신 하나님[2], 정말로 나의 마음 속에 들어오시겠습니까? 나의 하나님이신 주여, 당신을 모

---

1) 마태복음 7 : 7 참조.
2) "태초에 하나님이 천지를 창조하시니라."(창세기 1 : 1)

서 들일 장소가 내게 있습니까? 당신께서 창조하신 하늘과 땅은 당신을 받아들일 수 있습니까? 존재하는 모든 것은 당신을 떠나선 존재할 수 없으므로, 모든 존재물은 당신을 받아들이지 않을 수 없을 것입니다.[3] 그렇다면 나 역시 하나의 존재물이므로, 당신께서 내게로 들어오시기를 간절히 바라는 이유는, 만일 당신께서 내 안에 계시지 않으면 나는 이미 존재한다고 할 수가 없기 때문입니다.

나는 아직 지옥에 있지는 않지만, "음부에 내 자리를 펼지라도 주는 거기에 계실 것입니다."시편 139 : 8 그러므로 하나님 아버지, 당신께서 내 안에 계시지 않게 되면 나는 존재하지 않습니다. 절대로 존재하지 못합니다. 내가 당신의 품 안에 없다면 나는 존재할 수가 없는 것입니다. "만물은 주에게서 나오고 주로 말미암고 주에게로 돌아갑니다."로마서 11 : 36 그렇습니다. 주여, 정말입니다. 그러면 나는 이미 당신의 품 안에 있는데, 당신을 새삼 어디에 모셔 들인다는 말입니까? 또 당신은 어디로부터 내게로 들어오신다는 것입니까? 내가 하늘과 땅 밖으로 뛰쳐나가도 하나님께서는 내게로 들어오실까요? 하나님께서는 말씀하셨습니다. "나는 천지에 충만하지 아니하냐?"예레미야 23 : 24

신과 천지

그렇다면 천지가 당신을 모셔 들이는 것은 당신께서 천지를 채우고 있기 때문입니까? 그렇지 않으면 당신께서 천지를 채우셨지만, 천지가 당신을 모셔 들일 수 없으므로 당신은 거기에 차서 넘쳐흐르

---

3) 신의 깃들임은 동적(dynamic)이며, 결코 공간적(local)이 아니라고 저자는 보고 있다.

는 것입니까? 그리고 당신께서 온 천지에 넘쳐흐르면, 대체 어디에 다 그 나머지를 쏟으십니까? 만물을 받아들이시는 당신께서는 그 받아들임으로 해서 천지를 채우셨기 때문에, 그 어떤 것에 의해서도 받아들여질 필요가 없다는 것입니까? 그 어느 그릇도 당신을 온전히 담을 수는 없습니다. 비록 그 그릇이 깨진다 해도 당신은 결코 새어 흐르지 않습니다. 그리고 당신은 그 능력을 우리에게 쏟으실 때 우리를 넘어뜨리지 않고 일어서게 하며[4], 우리를 흩어지게 하지 않고 모이게 합니다.[5]

만물에 충만하신 당신은 만물에 전체全體로 계십니까? 그렇지 않으면 만물은 당신의 전체를 받아들이는 것입니까? 혹은 사물의 크기에 따라 제각기 당신의 다른 부분을 받아들이는 것입니까? 그리하여 당신의 어떤 부분은 크고 당신의 어떤 부분은 작은 것입니까? 당신께서는 어디든지 전체로서 계시지만 어떤 것도 당신 전체를 받아들이지는 못하는 것입니까?

신의 위대성과 완전성

우리의 하나님, 당신은 무엇입니까? 주 하나님이 아니시고 무엇입니까? 주 이외에 누가 주이십니까? 우리의 하나님 외에 누가 하나님이십니까?

가장 높으시고 가장 선하시며, 가장 강하시고 가장 전능하시며,

---

4) "여호와께서 비굴한 자를 일으키시며"(시편 146 : 8)
5) 성령강림(聖靈降臨)에 있어서 하나님의 영(靈)이 신자(信者) 위에 내려 그에 의해서 그들이 일어나 일치단결한 사실을 말하고 있다.

가장 자비로우시고 가장 의로우시며, 가장 은밀하시면서도 가장 가까이 계시고, 가장 아름다우시면서 가장 용감하시고, 항상 변치 않으시면서 모든 것을 변화시키는 하나님, 당신께서는 결코 새로워지거나 낡아지지 않으시면서 만물을 새롭게 하시고 교만한 자를 물리치시나, 그들은 이를 깨닫지 못합니다. 항상 일하시면서도 항상 안식을 취하시며, 모으시면서도 부족함을 모르시고, 받들어 주시고 채워 주시며, 보호하고 창조하시어 길러 주시고 완성하시며, 그러면서도 무엇 하나 부족함이 없도록 찾아 구해 주십니다.

당신께서는 사랑하면서도 지나치지 않고, 질투하면서도 불안을 느끼지 않으시며, 후회하지만 슬퍼하지 않으시고 진노하면서도 온유하십니다. 당신은 다양하게 역사하시지만 그 목적은 결코 변함이 없습니다. 찾아서 얻으시되 결코 잃으심이 없고, 부족함이 없으시되 얻으신 것을 기뻐하시며, 탐내는 것이 없으시되 빚에 대한 이득은 요구하십니다.[6]

당신은 우리에게 너무나 많은 것을 받아서 빚을 지실 정도가 되었습니다. 그러나 우리가 가진 것 중 당신 것 아닌 게 어디 있겠습니까? 누구에게도 빚을 지지 않으시면서도 당신은 빚을 갚으시어, 그 빚을 갚으시되 잃는 것은 전혀 없으십니다. 그러니 우리 하나님, 우리의 생명이시며 우리의 거룩한 기쁨이신 하나님, 우리가 무슨 말을 할 수 있겠습니까? 누가 감히 당신께 무슨 말을 할 수 있겠습니까? 그

---

[6] "그러면 네가 마땅히 내 돈을 취리하는 자들에게나 두었다가 나로 돌아와서 내 본전과 변리를 받게 할 것이니라."(마태복음 25 : 27)

러나 당신에 대하여 벙어리처럼 아무 말도 하지 않는 자에게는 불행이 닥칠 것입니다.

신의 사랑과 용서

나로 하여금 당신 안에서 안식하도록 해주십시오. 내 마음 속에 오셔서 내 마음을 가득 채워 주시고, 나의 죄악을 잊게 하시며, 나의 유일한 선(善)인 당신만을 내 마음에 품게 해주십시오. 당신은 나에게 무엇입니까?

내가 분명히 말할 수 있도록 나에게 자비를 베풀어 주십시오. 내가 당신에게 무엇이기에 당신을 사랑하라 요구하시고, 만일 그렇게 하지 않으면 진노하시며, 커다란 불행으로 나를 위협하시는 것입니까? 당신을 사랑하지 않는 것, 그 자체만으로도 충분히 불행한 것이 아닙니까?

오! 주여, 당신은 나에게 무엇입니까? 당신의 자비를 베푸시어 나에게 일러주십시오. "내 영혼에게 이르소서. 나는 네 구원이니라."^{시편 35:3} 내가 알아듣도록 말씀해 주십시오. 주여, 내 마음의 귀는 바로 당신 앞에 있으니, 이 귀를 여시고 "내 영혼에게 이르소서. 나는 너의 구원이니라." 그러면 나는 당신의 음성을 쫓아 당신의 곁에 있겠습니다. 부디 나에게서 당신의 모습을 감추지 마십시오.[7] 주의 얼굴을 볼 수만 있다면 죽어도 상관없으나 볼 수 없다면 그것이야말로 죽음입니다.

---

7) "모세가 가로되 원컨대 주의 영광을 내게 보이소서."(출애굽기 33:18)

내 영혼의 집은 당신이 들어오시기에는 비좁으니 이 집을 넓혀 주시지 않겠습니까? 내 영혼의 집은 낡았사오니 이를 고쳐 주시지 않겠습니까? 이 집에는 당신의 눈에 거슬리는 것도 있지만, 나는 이것을 숨기려 하지 않으며, 참회하고 있습니다. 그러나 누가 이것을 깨끗이 해주겠습니까? 당신말고 누구에게 말해야 합니까?

주여, "나를 숨은 허물에서 벗어나게 하시고, 사악한 무리로부터 주의 종을 구해 주소서."시편 19:12,13 "내가 믿는 고로 말하리라."시편 116:10 "내가 이르기를 내 허물을 여호와께 자복하리라 하고 주께 내 죄를 아뢰고 내 죄악을 숨기지 아니하였더니 곧 주께서 내 죄의 악을 사하셨나이다."시편 32:5 나는 진리이신 "하나님과 쟁변하려 하지 않겠습니다."욥기 9:3 그리고 나의 불의가 스스로를 속이지 않도록 나 자신을 기만하지 않을 것입니다. 그러므로 나는 당신과 시비를 가리지 않겠습니다. "여호와여, 주께서 죄악을 감찰하실진대 주여, 누가 서리이까?" 시편 130:3

신의 섭리와 영원

당신의 자비에 의지하여 말씀드립니다. "티끌과 같은 나라도 감히 주께 고하나이다."창세기 18:27 나를 조롱하는 인간에게가 아니라 자비 그 자체이신 당신에게 말입니다.

당신도 역시 나를 비웃을지 모르나 긍휼히 여기어 나에게 사랑을 베풀어 주십시오. 주여, 무슨 말씀을 드려야 할지 모르겠으나 이것만은 말씀드려야겠습니다.

언젠가는 죽어야 할 삶이며, 살아 있는 죽음이라고 할 수 있는 이 곳에, 나는 어디로부터 온 것입니까?[8]

　나 자신은 알 수 없으나, 당신이 때가 이르러 나를 만들게 하신, 내 육신의 부모에게서 들은 바에 의하면, 사랑이 가득 찬 은총으로 당신이 나를 지탱해 주셨습니다. 이렇게 해서 안락한 어머님의 젖을 나에게 주신 것입니다. 그러나 나의 어머니와 유모들은 몸소 나에게 충분한 젖을 주지는 못했습니다. 주님, 오직 당신의 질서와 아주 보잘것 없는 피조물에 이르기까지 골고루 베푸시는 부에 따라, 당신은 그들을 통하여 갓난 아기의 양식을 나에게 주신 것입니다. 그리고 당신이 주신 것보다 더 많은 것을 탐내지 않도록 하셨습니다. 또 당신이 주신 것을 기꺼이 나에게 먹이도록 그들에게 시킨 것입니다. 그들은 당신께서 베푸신 갓난 아이의 양식을 꾸준한 애정을 가지고 나에게 주었습니다. 그들로부터 받은 나의 행복은 동시에 그들의 행복입니다. 그렇지만 이 행복은 그들로부터 나온 것이 아니라, 당신이 그들을 통해서 주신 것입니다.

　하나님, 모든 선과 나의 모든 구원은 정녕코 당신에게서 비롯됩니다. 나는 이런 사실을 나중에 내 안팎에서 당신이 나에게 말씀하시고 베풀어 주신 것을 통해 알았습니다. 나는 갓난 아이 때 오직 젖 빠는 것만을 알았고, 육체가 편안하면 만족했고, 괴로우면 울어대는 것이 전부였습니다.

　그 후 나는 웃기 시작했습니다. 처음에는 잠들었을 때, 나중에는

---

[8] 아우구스티누스는 인간 탄생의 신비로움에 대해서 심원한 사상을 품고 있었다. 당시 유행하던 여러 가지 설, 예를 들면 사람의 회태(懷胎)와 동시에 영혼을 하나님이 창조 한다는 창조설(Creationism)이나 유전설(Propagationism)의 어느 것도 쉽게 받아들이지 않았다.

잠에서 깨났을 때, 물론 내가 기억해서 하는 말은 아니고 남들로부터 들은 이야기지만, 다른 아이들도 그렇게 하는 것을 보고선 그 말을 쉽게 믿었습니다. 이리하여 나는 차츰 나의 위치를 알게 되고, 또 내 욕심을 채워 줄 수 있는 사람들에게 내 뜻을 호소했으나 이루진 못했습니다. 내 뜻은 내 마음 속에 있고 사람들은 나의 밖에 있으므로, 그들은 어떠한 감각에 의해서도 나의 영혼 속으로 들어올 수가 없었기 때문입니다. 그래서 나는 내가 원하는 것과 같지는 않았지만, 내가 할 수 있는 제한된 의사 표시의 방법으로 발버둥치기도 하고 소리내어 울기도 했습니다. 사람들이 나의 뜻을 몰라주거나 그 뜻을 들어주는 게 나에게 해롭다 하여 내가 원하는 대로 해주지 않을 때에는, 나의 뜻에 따르지 않거나 나의 하인처럼 행동하지 않는 사람들에게 화를 내고 울음을 터뜨리며 앙갚음을 하곤 했습니다. 어린 아이가 이렇다는 것을 나는 나중에 다른 어린 아이를 보고 알게 되었고, 나 역시 어린 아이일 때에는 마찬가지였음을 깨달을 수 있었습니다.

이제 나의 어린 시절은 이미 오래 전에 가버렸지만, 나는 아직도 살아 있습니다. 그러나 하나님, 당신은 영원히 살아 계시며 당신 안에서는 아무것도 죽지 않습니다. 당신은 창세 전에, 또 '이전에'라고 불려질 수 있는 모든 것보다 훨씬 전에 존재하고 계셨으며, 당신이 창조하신 만물의 신이며 주이십니다. 그리고 불안정한 만물의 원인이 당신 안에 일정하게 항존恒存하며, 또한 변화하는 만물의 불변의 법칙이 당신 안에 살아 있고, 비이성적이며 시간적으로 유한한 만물의 내재적 이유가 당신 안에 살아 있습니다.

하나님, 당신에게 기원하는 나에게 대답해 주십시오. 가엾은 나

제1권» 어린 시절 21

에게 부디 말씀을 내려 주십시오. 나의 어린 시절 이전에 나에게 어떠한 다른 생명의 시기가 있었습니까? 혹은 그 이전의 시기를 어머니의 뱃속에서 지낸 것입니까?[9] 이에 관한 이야기는 많이 들어왔으며 또 나 자신이 임신한 여인을 본 적도 있습니다. 나의 기쁨인 하나님! 태어나기 전에 나는 어디에 있었으며, 나는 무엇이었습니까? 이에 대해서는 나에게 말해 주는 사람이 아무도 없으며, 아버지나 어머니도, 또 다른 사람들의 체험이나 나 자신의 기억도 말해 주지 않습니다. 당신은 이런 일을 가지고 캐묻는 나를 비웃으시고, 차라리 내가 알고 있는 사실에 관해서만 당신을 찬양하고 당신에게 고백하라고 명령하시겠습니까?

천지의 주인이신 하나님, 나는 나의 탄생의 시초와 어린 시절에 대해서는 기억하지 못하지만, 나는 당신을 찬양하여 당신께 고백합니다.[10] 당신께서는 인간으로 하여금 다른 사람들의 말을 통해 자기 자신의 일을 짐작하게 하고 또 가냘픈 부녀자의 증언을 통해 자기의 어린 시절에 대해 믿도록 하셨습니다. 실로 그때에 나는 이미 생존하고 있었으며, 조금 자란 후에는 손짓을 하며 내 의사를 사람들에게 표시하려고 했습니다.

주여, 당신에게서가 아니고 어디에서 이러한 생명을 얻을 수 있

---

9) 아우구스티누스는 생전의 인간의 혼이 어떠한 상태였는가 하는 문제로 평생 고민했다. 그는 플라톤 학파의 윤회설(輪廻說)이나 생전에 순수한 영(靈)으로서 존재했던 혼이 죄의 결과로 이 세상에 육(肉)을 취하게 되었다는 오리게네스(185~254)의 이른바 생전타락설(生前墮落說)도 명백히 배척했다.
10) "천지의 주재이신 아버지여, 이것을 지혜롭고 슬기 있는 자들에게는 숨기시고 어린 아이들에게는 나탄내심을 감사하나이다."(마태복음 11 : 25)

겠습니까?[11] 과연 누가 자기 자신을 만들 수 있겠습니까? 또한 우리의 존재와 생명에 이어지는 맥脈을 당신 이외의 어디로부터 끌어들일 수 있겠습니까? 당신 안에서는 존재와 생명은 별개의 것이 아닙니다. 왜냐하면 당신에게는 모든 것이 하나이며 존재와 생명이 완전히 같은 것이기 때문입니다. 참으로 당신은 가장 높으시고 "변치 않는 분입니다."말라기 3:6

당신에게 오늘이라는 날은 지나가는 법이 없습니다. 오늘이라는 날이 지나가는 것이라고 해도 이 모든 시간은 당신 안에 있기 때문입니다. 이 모든 것이 당신 안에 있지 않다면 그것들은 제각기 이어질 방법이 없

성 아우구스티누스 요스 반 와센호베(1474년), 루브르 박물관. 파리. 프랑스

을 것입니다. "주의 연대는 무궁하시기 때문에"시편 102:27 당신이 존재하시는 때는 항상 '오늘'입니다. 우리들과 우리 조상들의 많은 나날들이 나름대로의 존재 형태와 방식을 받아들이면서 당신의 '오늘'을 거쳐 지나갔으며, 또 앞으로도 나름대로의 존재 방식과 정도程度를 지니면서 많은 나날들이 지나갈 것입니다. 그렇지만 당신은 언제나 한결같은 분이십니다. 내일과 그 후의 모든 것, 어제와 그 이전의 모든 것

---

11) 아우구스티누스는 하나님으로부터 그 생명을 받은 인간의 존엄에 대한 확신을 버린 적이 없다. 그것은 '인간의 타락'에 대해 신랄한 비판을 가했음에도 불구하고, 그 구원에 대해 필사적인 희망을 품고 있었던 까닭이다.

을 오늘 만드실 것이며, 오늘 만드셨습니다. 다른 사람이 그것을 깨닫지 못한다 해도 나는 아무렇지도 않습니다. 그것을 깨닫지 못하는 사람도 끝내는 "이것이 무엇이냐?" 출애굽기 16:15 하며 기뻐할 것입니다. 비록 당신을 발견하지 못한다고 하더라도 당신을 발견하려고 계속 노력하는 가운데 행복을 느끼도록 해주소서.

어린 시절에도 죄가 있다

하나님, 나의 말을 들어 주십시오. 인간의 죄에 화가 미칩니다. 우리가 이렇게 고백할 때마다 하나님은 우리에게 자비를 베푸십니다. 당신은 우리 인간을 만드셨지만 우리가 지닌 죄는 당신이 만드시지 않았기 때문입니다. 누가 나에게 어린 시절의 죄를 상기시켜 주셨습니까? 사실 "하나님 앞에서 사람이 어찌 의롭다 하겠습니까?" 욥기 25:4 땅 위에 단 하루를 산 갓난 아기일지라도 죄를 지었습니다. 누가 나에게 그러한 죄를 상기시켜 주겠습니까? 그것은 바로 모든 어린이들입니다. 그들에게서 나는 스스로 기억하지 못한 것을 찾아냅니다. 그러면 나의 죄는 무엇입니까? 마구 울어 대며, 젖을 보채 젖가슴에 매달린 것입니까? 만약 지금 내가, 물론 젖 때문이 아니라 내 나이에 먹는 음식 때문에 어린 아이처럼 그렇게 운다면, 마땅히 나는 웃음거리가 되고 꾸중을 들을 것입니다. 그러므로 어린 시절이었을지라도 나는 꾸중을 들을 짓을 하고 있었던 것입니다. 그러나 나는 꾸지람하는 사람들을 이해하지 못했으므로, 어린 나를 호되게 꾸짖는다는 것은 습관상으로나 도리상 용납되는 일이 아니었습니다. 그렇지만 우리들이 성장하면 그런 유치한 짓은 송두리째 제거하여 버리는 것입니

다.[12)]

 또한 알고 있으면서 그 무엇이든 깨끗하게 만들기 위하여 좋은 것까지 내버리는 사람을 나는 본 적이 없습니다.

 자기를 해롭게 하는 것을 한사코 달라고 보채고, 나이 많은 어른들과 자기를 낳아 준 부모를 섬기지 않고 순종하지 않으며, 제 고집대로만 떼를 쓰고 응석을 부리는 것은, 설령 어린 아이의 행위라 할지라도 착한 일이 될 수는 없습니다. 연약한 어린 아이의 몸에는 죄가 없지만 그 영혼에는 죄가 없지 않습니다. 나는 어린 아이가 시기하는 것을 보고 그것을 알았습니다. 아직 말을 못 하는 어린 아이가 어머니의 젖을 빠는 형제를 창백하고 원망스러운 표정으로 보고 있었습니다. 이것은 누구나 아는 사실이고 어머니나 유모들은 그들을 달래기 위해 여러 가지 방법으로 애쓰고 있습니다. 그러나 유방에 젖이 넘쳐흐르는데도, 젖을 주지 않는다면 이 어찌 큰 죄가 아니겠습니까?

 우리는 어린 아이의 질투를 관대하게 용서합니다. 이것은 죄가 아니거나 또는 대수롭지 않은 죄이기 때문이 아니라 성장하면 자연히 없어지기 때문입니다. 확실히 우리는 나이든 사람이 이런 죄를 범했다면 도저히 무심코 보아 넘기지 않습니다.

 나의 주인이신 하나님, 어린 아이에게 생명과 육신을 주신 하나님, 그 육신에는 우리가 볼 수 있듯이 모든 감각 기관과 사지四肢와 몸

---

12) "내가 어렸을 때에는 말하는 것이 어린 아이와 같고 깨닫는 것이 어린 아이와 같고 생각하는 것이 어린 아이와 같다가 장성한 사람이 되어서는 어린 아이의 일을 버렸노라."(고린도전서 13 : 11)

의 균형을 주시옵고, 그리고 모든 행복과 안전을 위해 생명의 본능을 심어 주셨습니다. 당신은 이런 일을 통하여 당신을 찬양하고 참으로 높으신 당신의 이름을 노래하라고 나에게 명령하셨습니다. "지존자여, 십현금과 비파와 수금의 정숙한 소리로 여호와께 감사하며 주의 이름을 찬양하나이다."^{시편 92:1} 전능하시고 선하신 하나님, 당신말고 누가 이런 일을 할 수 있겠습니까? 당신은 유일하며 만물의 원형原型이십니다. 최고의 아름다움을 갖춘 당신은 만물을 아름답게 만드시고, 당신의 법칙에 따라 만물에 질서를 부여하셨습니다.

그러나 주여, 나는 어린 시절에 관하여 조금도 기억하는 것이 없고, 다만 사람들이 하는 말을 받아들여 다른 어린 아이들의 행동을 통해 추측할 뿐인데, 비록 그 추측이 아무리 신뢰할 수 있는 것일지라도 이 세상에 살고 있는 나의 생애에 포함시키고 싶지는 않습니다. 그것은 정녕 망각의 어둠에 싸여 있다는 점에서, 어머니의 뱃속에 있을 때와 같기 때문입니다. 그러나 "내가 죄악 중에 출생하였음이여! 모친이 죄 중에 나를 잉태하였나이다."^{시편 51:5} 주여, 나는 언제, 어디에서 당신의 죄 없는 종이 될 수 있겠습니까? 나의 어린 시절은 이미 지나갔습니다. 더욱이 기억의 흔적조차 남아 있지 않은 그 어린 시절이 지금의 나에게 무슨 상관이 있겠습니까?

처음 배운 말

세월이 흘러 나는 유년기에 이어 소년기로 접어들었습니다. 아니 오히려 소년기가 나에게 찾아와서 유년기를 이었다고 해야겠습니다. 유년기가 아주 자취를 감춰 버린 것은 아니나 나는 이제 말 못 하는 아기가 아니라[13] 말을 할 수 있는 소년이 된 것입니다. 나는 분명히 이것을 기억하고 있으며, 그 후 어떻게 내가 말하는 것을 배웠는가를 알고 있습니다. 물론 어른들이 글을 가르칠 때처럼 일정한 방법으로 나에게 말을 가르쳐 준 것은 아닙니다. 그러나 내가 원하는 것을 충족시켜 줄 모든 사람들에게 표현하는 것이 불가능했을 때, 나는 내 기억 속에 있는 울부짖음과 온갖 목소리와 또 여러 가지 손짓, 발짓으로 의사를 나타냈으며, 나 스스로 하나님께서 주신 슬기를 응용하여 말을 배웠습니다.

나는 사람들이 무엇인가의 이름을 부르면서 그 사물이 있는 방향으로 움직일 때마다 그들이 부르는 그 이름과 물건을 기억 속에 간직했고, 그들의 몸의 움직임이나 얼굴 표정, 시선과 손짓, 발짓을 보면 그들의 의사 표시를 충분히 알아낼 수 있었습니다. 이런 몸의 움직임은 모든 사람들의 공통적인 자연의 언어 같은 것으로 얼굴 표정이나 시선, 손짓, 발짓, 그리고 말소리를 통해 그들이 추구하고 기뻐하며, 거부하고 회피하는 마음의 움직임을 나타내고 있습니다. 그리하여 여러 가지 말을 들을 때마다 나는 그 말들이 어떤 부호인지를 추측으로 알게 되었고, 이 부호들은 나의 입에 익숙해져서 내가 원하는 말을 할 수 있었습니다.

이와 같이 해서 내 주위의 사람들과 의사 소통을 할 수 있었고 어버이의 권위와 손윗 사람들의 지도에 따라 거친 파도가 이는 인생을 시작한 것입니다.

---

13) 라틴어로 'infans'란 원래 '말을 잘 못하다'라는 뜻. 거기에서 어린이를 의미하게 되었다.

공부를 싫어하고 놀이를 좋아함

하나님, 나의 하나님, 이 세상에서 명예와 헛된 부를 얻기 위한 변론술에 뛰어나기 위해 선생님에 대한 복종이 소년기의 생활 규범으로 주어졌을 때, 나는 얼마나 어리석고 비참했었습니까? 그 후 나는 지식을 얻기 위해 학교에 다니게 되었지만, 가엾게도 그것이 무슨 쓸모가 있는지 몰랐고, 또한 공부에 게으름을 피워 매를 맞아야 했습니다. 그러나 어른들은 이러한 법칙을 옳다고 생각했던 것입니다. 우리들보다 앞서 이 세상에 살다 간 많은 사람들이 이 고난의 길을 만들었고, 아담의 자손인 우리들은 이 길을 밟지 않을 수 없으므로 노고와 고통은 몇 곱절 가중되었던 것입니다.

주여, 나는 사람들이 당신에게 기도를 드리며 간청하는 것을 보았으며, 당신이 우리의 감각기관에는 나타나지 않지만, 우리의 기도를 들어 주시고 우리를 도와 주실 수 있는 큰 능력을 가진 분이라는 것을 알게 되었습니다. 그리하여 어린 나는 나의 구주이며 안식처인 당신에게 기도를 올리게 되었고, 서투른 입술로 학교에서 매를 맞지 않게 되기를 비록 어린 나이지만 당신께 열심히 빌었습니다. 당신은 나의 소원을 들어주시지는 않았지만, 나를 어리석은 자로 보시지는 않았습니다. 어른들이나 나에게 불행이 미치는 것을 조금도 바라지 않았던 부모마저도 당시 나의 큰 고통거리인 매맞는 것을 꾸짖었습니다.

주여, 우리가 어릴 때 선생님으로부터 매를 맞아 부모님한테서 꾸중을 받은 것처럼, 여러 가지 고문 도구로 박해를 받는 극단적인 고통을 가벼이 생각하고, 간절한 마음으로 당신에게 매달려 간청할 만큼 강렬한 정신을 가진 사람이 있겠습니까? 이것은 우둔한 사람도 할 수 있는 일입니다. 우리는 저마다 고통을 매우 두려워하면서도 거기서 벗어나기 위해서 진심으로 기도드리는 것은 등한시하고 있습니다. 그러한 사람들이 당신에게 신앙과 관대한 애정을 가지고 있다고 말할 수 있겠습니까? 우리들의 부모가 바로 그런 사람들이었습니다. 그럼에도 불구하고 어린 시절에 읽고 쓰고 글 배우기를 선생님들이 시키는 대로 열심히 하지 않아 죄를 지었던 것입니다.

주여, 많이 배우고 기억하는 일은 당시의 내 나이를 생각하면 너무 벅찬 일이었음을 당신도 충분히 헤아리실 것입니다. 나는 오직 노는 일에만 열중했습니다. 이 때문에 나는 우리와 똑같은 식으로 행동하는 어른들에게 벌을 받은 것입니다. 그러나 어른들의 놀이는 직무職務라 불리지만 소년들이 같은 짓을 하면 그들은 우리에게 벌을 주었습니다. 소년들을 불쌍히 여기는 사람도, 어른들을 불쌍히 여기는 사람도, 더구나 소년과 어른 모두를 불쌍히 여기는 사람은 아무도 없었습니다.

사리를 잘 분간하는 사람이라면 내가 어려서 한 공놀이가 공부에 방해된다고 매질을 하지는 않았을 것입니다. 나는 어른이 된 후에 그 공부라는 것을 더욱 추악한 것으로 생각하게 되었습니다. 나에게 매질을 한 그 선생님도 별다른 사람은 아니었습니다. 친구들과 공놀이를 하다 졌을 때 내가 한 것 이상으로, 선생님도 동료와 사소한 논쟁을 하다 졌을 때에는 심하게 노여워하고 시기하며 가슴을 태웠던 것입니다.

극장 구경

그럼에도 불구하고 역시 나는 죄를 지었습니다. 만물을 창조하시고 다스리며, 죄악에 대한 유일한 심판자이신 나의 하나님, 나는 부모님과 선생님들의 교훈을 듣지 않고 죄를 범했습니다. 그들의 의도가 어떠했든지 간에 그들이 가르쳐 준 것이 유용한 것이었음을 나중에 깨달았기 때문입니다.

내가 그들의 말을 따르지 않았던 것은, 공부보다 더 나은 것을 택했기 때문이 아니라 단지 노는 게 좋았고, 놀이에서 이겼을 때의 기분이 좋았고, 허황된 이야기에 귀를 기울여 점점 강한 흥미를 원했기 때문입니다. 어른들이 즐기는 놀이와 연극을 보았을 때 나의 호기심은 더욱 불타 올랐습니다. 배우들이 사람들로부터 매우 존경을 받았기 때문에 많은 사람들은 자기 자녀들이 자라서 이러한 배우가 되기를 바라긴 했지만, 그것은 차후의 문제이고 지금 당장은 열심히 공부하는 것을 더 바랐기 때문에 공부에 방해가 되는 연극 구경을 못 하도록 매를 때리곤 했습니다.

주여, 자비를 베푸시어 지금 당신을 찾고 있는 우리들을 인도하여 주십시오. 또한 아직도 당신을 찾지 않는 자들을 인도하시어, 그들로 하여금 당신을 찾게 하소서.

중병과 연기된 세례

내가 아직 소년이었을 때, 우리들의 교만함을 참으시고 당신의 겸손함을 통해 우리에게도 영생을 약속하셨다는 말을 들었습니다. 나는 당신 안에서 커다란 희망을 가졌던 어머니의 태내에서 나오자마자 당신의 십자가의 표적을 받고, 당신의 소금으로 채워졌습니다.[14) 주여, 당신도 보셨다시피, 내가 어렸을 때 갑자스러운 위통(胃痛)으로 죽을 뻔한 일이 있었습니다.

나의 수호자이신 하나님[15), 분명히 당신께서는 보셨습니다. 그때 나는 열정과 믿음으로 어머니의 경건과 우리 모두의 모체인 당신의 교회를 통해서, 우리 주님이신 그리스도께서 베푸는 세례를 받으려고 얼마나 갈망했는지 모릅니다. 깨끗한 마음으로 하나님을 믿으신 내 육신의 어머니는 크게 놀라 나의 영원한 구원을 위해 나로 하여금 세례 예식을 받게 하고, 고백하여 죄 사함을 받도록

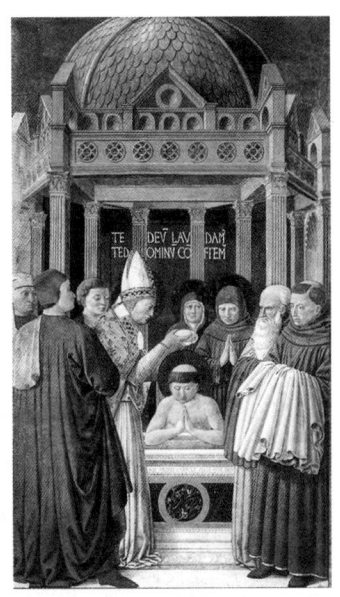

아우구스티누스에게 세례하는 앰브로즈 베노조 고졸리 (1464~65년), 성 아우구스티누스 성당. 산 지미냐노, 이탈리아

모든 준비를 하였습니다. 그러나 나의 병은 갑자기 나았고, 세례는 연기되었습니다. 살아 있는 한 죄를 짓는 것은 필연적인데 세례를 받은 후 내가 다시 불결한 죄에 빠지면 더욱 위험해지기 때문입니다.[16) 그래서 나의 아버지를 제외한 온 가족이 기독교를 믿었습니다. 자신

---

14) 기독교의 입문자(入門者)가 되었다는 뜻. 십자가의 표적과 소금은 당시 세례의식에 사용되었던 것. 아우구스티누스도 태어나자마자 그 의식(유아 세례)을 받은 것 같다.
15) "내가 너와 함께 있어 네가 어디로 가든지 너를 지키며 너를 이끌어 이 땅으로 돌아오게 할지라."(창세기 28 : 15)
16) 세례는 '영혼의 구원'을 위해서 필요 불가결한 것으로 생각됐기 때문에 사람들은 안이하고 섣부르게 세례받기를 두려워했다. 4세기의 아프리카 교회에서는 되도록 세례를 뒤로 미루는 것이 관습이었다. 그러나 아우구스티누스를 비롯하여 4세기의 교부들은 유아 세례의 필요성을 강조했다. 그 결과 5세기에는 그것이 관례가 되었다.

제1권» 어린 시절 31

이 믿지는 않았지만 아버지는 어머니와 나의 그리스도에 대한 신앙을 방해하지는 않았습니다. 어머니는 내 육신의 아버지보다도 차라리 당신이 나의 아버지가 되어 주시기를 갈망했습니다. 그리고 당신은 어머니를 도와 아버지를 극복하도록 하셨으며, 당신의 명령에 순종한 어머니는 아버지보다 뛰어났지만 아버지에 순종하였습니다.

주여, 그때 나의 세례가 연기된 것은 어떤 뜻에 의한 것이었습니까? 당신께서 기꺼이 말씀해 주신다면 알고 싶습니다. 말하자면 죄의 고삐가 늦추어졌다는 것은 나에게 이로운 일인지, 그렇지 않으면 이롭지 않은 일인지 알 수가 없습니다.

여기저기서 "아직도 세례를 받지 않았으니, 원하는 대로 자유롭게 하라"는 말이 귀에 들려 오고 있으니 이것은 대체 무슨 까닭입니까? 육체의 건강에 대해서는 "아직 치유되지 않았으니, 건강이 더 악화되게 내버려 둬라"고 말하지 않습니다. 그러므로 내가 즉시 치료되고 나 자신과 친구의 노력에 의해 내 영혼이 건강을 회복했으며, 이 건강을 주신 당신께서 보호하여 주시니 너무나 행복합니다.

소년 시절 이후로 얼마나 많은 유혹의 물결이 나에게 덮쳐 왔는지 모릅니다. 어머니는 이것을 예견하시어 하나님의 현상으로서가 아니라 차라리 새롭게 형성되어야 할 점토 상태로 나를 유혹의 물결에 내맡기도록 하셨던 것입니다.

억지 공부

소년 시절에는 청년 시절만큼 걱정이 많지는 않았으나, 나는 공부를 좋아하지 않았고 공부를 강제로 시키는 것을 싫어했습니다. 하지만 나는 억지로 공부를 했으며, 좋아하지는 않았지만 나에겐 좋은 일이었습니다. 만일 그렇게 공부를 강제로 시키지 않았더라면 나는 정말 배우지 못했을 것입니다. 그러나 그 공부가 아무리 좋은 것이라 해도 이런 강요는 반가운 일이 아니었습니다. 나에게 공부를 강제로 시킨 사람도 잘한 일은 아니나 그것이 나에게 좋은 것은 하나님 당신에 의한 것이기 때문입니다.

나를 가르치는 선생님들은 나에게 강제로 배우게 하는 지식을 내가 어떻게 선용善用할 것인가에 대해서는 조금도 고려하지 않고, 다만 나에게 욕된 명예와 궁핍한 부에 대한 탐욕스러운 욕구를 충족시켜 주는 지식만을 전달하는 데만 급급했습니다. 그러나 "우리의 머리털까지 다 세신 바 되신"마태 10 : 30 당신은 나를 강제로 배우게 한 사람들의 잘못을 나의 이익이 되도록 이용하셨고, 배우기 싫어하는 나의 잘못은 나를 벌주기 위해 이용하셨습니다. 비록 어리긴 했지만 이런 큰 죄인이었던 나에게 그 벌은 당연한 것이었습니다. 이렇게 해서 당신은 선하게 행동하지 않은 사람들을 이용하여 나에게 선을 베푸시고, 또 나 자신이 잘못을 저지르면 공정하게 벌을 주셨습니다. 당신은, 모든 질서에서 벗어난 영혼은 스스로 벌을 받도록 정해 놓으셨습니다. 그리고 실제로 그렇게 되고 있습니다.

무슨 공부가 제일 즐거웠던가

내가 소년 시절에 그리스어를 왜 그토록 싫어했는지 지금 와서 생각해 봐도 그 이유를 잘 모르겠습니다. 내가 라틴어를 좋아했고, 그 중에서도 초등 교사에 의한 것이 아니라 문법 교사에 의해 공부하는 것이 무척 재미있었기 때문일 것입니다. 기초 과목인 읽기와 쓰기, 그리고 산수를 배우는 것은 그리스어에 못지않게 매우 고통스러웠습니다. 그러나 "저희는 육체뿐이라 가고 다시 오지 못하는 바람 같기에"시편 78:39 이런 것도 이 세상의 죄와 허영에서 나온 것이 아니고 무엇이겠습니까? 이들 기초 과목을 통해 나는 글을 읽을 줄 알게 되고, 또 내가 원하는 것을 스스로 표현할 수 있게 되었으며, 지금도 그 실력을 보유하고 있습니다. 나는 문학 공부를 하면서, 나 자신의 방랑의 몸임을 잊고 아에네아스[17]라는 자의 방랑에 대한 이야기를 읽어야 했고, 또 사랑 때문에 자살한 디도[18]에 대해서 눈물을 흘리기도 했습니다. 그러나 나의 생명이신 하나님, 가련한 나 자신이 당신한테서 멀어져 이러한 일들 사이에서 죽어 가고 있음에도 나는 눈물 한 방울 흘리지 않았습니다.

    자기 자신을 불쌍히 여기지 않는 가엾은 자보다 더 불쌍한 자가 있겠습니까? 내 마음의 빛이고 내 영혼의 양식이며 내 마음의 힘이고 내 생각의 생기인 하나님, 아에네아스를 사랑하다가 죽은 디도에게는 눈물을 흘리면서도, 당신을 사랑하지 않고 죽어 가는 자기 자신에 대해서는 눈물 한 방울 흘리지 않았습니다.

    나는 "주를 멀리하였으며 음녀같이 주를 떠난 자이옵니다."시편 73:27 이렇게 간음을 범한 나에게 사방에서 "잘했다, 참 잘했다"라는 소리가

---

17) 트로이 왕 안키세스와 여신 아프로디테의 아들. 헥토르와 함께 트로이 전쟁의 용장. 트로이 성이 함락된 후 여러 고장을 방랑한 후 드디어 이탈리아에 도착하여 로마 민족의 조상이 되었다고 전해진다. 그 방랑기를 시로 쓴 것이 베르길리우스의 서사시 〈아에네아스〉이다.
18) 티로스 왕 페르스의 딸. 카르타고 도시의 건설자. 아에네아스를 사랑했지만 뜻을 이루지 못하고 그가 떠나는 것을 보고 자살했다.

메아리쳐 옵니다. 진정 이 세상을 사랑함은 당신에게 부정을 범하는 것입니다. 그러한 부정을 범하지 않는 게 오히려 부끄러운 일이듯이, 그들은 "잘했다, 참 잘했다"라는 칭찬을 하고 우쭐거리는 것이었습니다. 그러나 나는 그런 것 때문에 운 것이 아니라 사랑을 위해 손에 든 칼에 엎드려 죽어 버린 디도를 위해 울었습니다. 결국 나는 당신을 버리고 보잘것 없는 피조물의 뒤를 좇아 스스로 흙이 되어 흙을 향해 달리고 있었던 것입니다. 그리하여 누가 이러한 문학작품을 읽지 못하게 하면, 나는 괴로워했습니다. 나는 이런 어리석은 것을, 읽기와 쓰기를 배우는 기초 과목보다 더 고상하고 귀중한 것이라고 생각하고 있었습니다.

그러나 이제 하나님, 나의 영혼에 메아리치는 당신의 진리의 목소리가 들립니다. "아니다, 그것은 틀렸다. 기초 과목이야말로 가장 훌륭한 것이다." 그래서 나는 아에네아스의 방랑과 그와 비슷한 모든 것을 잊을지라도, 읽기와 쓰기 공부만은 잊고 싶지 않았습니다. 문법 학교의 입구에는 장막이 쳐져 있는데,[19] 그것은 심원한 지혜의 상징이라기보다는 오히려 오류를 은폐하려는 것입니다. 하나님, 나의 영혼이 말하고 싶은 것을 고백하고, 당신의 선한 길을 따르기 위해, 내가 걸어가는 나쁜 길을 배척하여[20] 평안을 얻을 때까지, 문법 지식을 사고 파는 무리들을 향해 호통을 쳐주십시오. 나는 이제 그들에 대해서 조금도 두려움을 갖고 있지 않습니다. 만일 내가 그들에게, 아에

---

19) 학교는 거리를 향해 세워졌는데, 거리와는 그저 기둥과 대들보로 경계가 지어져 있을 뿐이어서, 그 기둥과 대들보에 장막이 쳐져 있었다.
20) "너희는 각기 악한 길에서 돌이키며 너희 길과 행위를 선하게 하라."(예레미야 18 : 11)

네아스가 시인들의 이야기처럼 정말 카르타고에 왔었느냐고 묻는다면, 못 배운 사람은 모른다고 대답하고 많이 배운 사람은 왔던 일이 없다고 말할 것입니다. 그렇지만 내가 아에네아스의 이름은 어떻게 쓰느냐고 묻는다면, 배운 사람은 모두 인간 상호간에 보편적인 약속으로 정한 표기에 따라서 올바르게 대답할 것입니다. 그렇다면 인간의 생활에 필요한 것은 읽기와 쓰기냐, 아니면 공상적인 이야기냐고 물을 때 정신이 나간 사람이 아니라면 대답은 명백할 것입니다.

참으로 나는 소년 시절에 많은 도움이 되는 학문보다도 이들 헛된 학문을 좋아하는 과오를 범했습니다. 하나 더하기 하나는 둘, 둘 더하기 둘은 넷과 같은 지식은 그 당시 나에게는 듣기 싫은 노래와도 같았습니다. 그러나 "무장한 병사가 목마를 앞세우고, 트로이 성은 불타 오르며……" 그리고 '크레우사의 유령'[21] 같은 허황된 구절들은 무한히 재미있었습니다.

그리스어를 싫어하다

그런데 나는 왜 이처럼 재미있는 그리스 문학을 싫어했을까요? 사실 호머도 그러한 이야기를 대단히 재미있게 엮었습니다. 그러나 소년인 나에게는 그다지 흥미를 끌지 못했습니다. 내가 호머를 어쩔 수 없이 배워야 했던 것처럼, 그리스 소년들이 베르길리우스를 어쩔 수 없이 배워야 했을 때에는 그들도 나와 마찬가지의 느낌을 가지고

---

21) 아에네아스의 처. 트로이 멸망시 그는 불속에서 아내를 찾아 그 망령과 만나고, 그녀의 입을 통해서 장차 방랑과 로마 건설에 관한 예언을 듣는다.

있었으리라 생각합니다. 참으로 외국어를 배운다는 어려움은 모든 달콤한 그리스 이야기에 쓰디쓴 담즙을 쏟아 넣은 격이 되었습니다. 사실 나는 그리스어를 한 마디도 이해할 수 없었는데, 이 그리스어를 억지로 배우게끔 심한 위협과 벌로써 강요당했습니다.

물론 나는 어릴 때 라틴어도 전혀 몰랐지만, 유모들이 어르거나 주위 사람들이 웃거나 재미있는 농담을 하는 가운데 주의를 기울여 아무런 두려움이나 고통을 느끼지 않고 그 말을 배우게 되었던 것입니다. 나는 아무런 벌에 대한 압박을 받지 않고 배울 수 있었고, 내 마음 속에 생각하는 것을 표현할 수 있게 되었습니다. 이것은 나에게 말을 가르쳐 준 사람들로부터가 아니라 나에게 말을 거는 사람들로부터 자연스럽게 배운 것입니다. 그래서 나도 상대방의 귀에다 내가 품고 있는 생각을 얘기할 수 있게 된 것입니다.

나는 무서운 강제보다도 자유로운 호기심에서 언어를 배우는 것이 훨씬 더 효과적이라는 사실을 알게 되었습니다. 그러나 하나님, 당신의 강제만이 자유로운 호기심의 배회를 당신의 법을 통해 억제합니다. 선생님의 회초리에서부터 순교자가 받는 시련에 이르기까지, 모두가 당신의 법에 의한 것입니다. 당신의 법은 하나님을 멀리하는 해로운 쾌락으로부터 벗어나서 우리를 당신에게 돌아올 수 있게 불러 줍니다.

하나님에 대한 기원

주여, 나의 기도를 들어 주십시오. 당신의 엄한 계율에 나의 영혼이 지쳐 버리는 일이 없도록 하시고, 당신의 자비로 온갖 쾌락의 유혹으로부터 나를 구해 주십시오. 당신이 그렇게 하시면 당신은 내가 구했던 어떤 쾌락보다 감미로운 것이 되시니, 내가 힘을 다해 당신을 사랑하게 하시고, 정성을 다해 당신의 거룩한 손을 굳게 잡도록 하시며, 또 모든 유혹으로부터 나를 구해 내시어 이 생명이 다할 때까지 보살펴 주십시오.

나의 왕이신 하나님, 내가 소년 시절에 배운 모든 유익한 것을 당신을 위해서 쓰게 하여 주시고 말하는 것, 쓰는 것, 셈하는 것도 오직 당신만을 위해서 쓰게 하여 주십시오. 당신은 과거에 공허한 것을 배웠던 나를 깨우쳐 주셨으며, 또 공허한 것을 좋아했던 나의 잘못을 용서하셨습니다. 나는 이 공허한 것들 중에서도 유익한 말을 많이 배운 것은 사실이나, 공허하지 않은 것에서도 유익한 말은 배울 수 있었을 것입니다. 이렇게 하는 것이 소년들의 앞날을 위해서도 안전한 길일 것입니다.

이교문학異敎文學의 해독

그러나 인간의 못된 관습의 흐름에 화 있을지라. 누가 그 흐름을 거스를 수 있겠습니까? 단 한 번이라도 그 흐름이 그친 적이 있었습니까? 그 흐름은 언제까지 그 무서운 바다로 이브의 후손들을 휩쓸고 갈 것입니까? 참으로 이 사나운 바다는 십자가의 방주方舟에 오른 사람이라도 건너기가 어렵습니다. 나는 주피터가 한순간에는 천둥 번개로 사악한 자를 벌했다가 다음 순간에는 간음했다는 이야기를 읽었습니다. 분명히 이 두 가지 역할은 양립할 수 없지만, 그는 가짜 천둥으로 위장하고 진짜 간음을 했던 것입니다.

오늘날 긴 겉옷[22]을 걸친 교사들 중 누가 다음과 같이 말하는 자 ― 키케로처럼 ― 에게 진심으로 귀를 기울이겠습니까? "이것은 호머가 꾸민 이야기다. 그는 단지 인성人性을 신에게 건네 주었을 뿐이다. 신성神性을 인간에게 부여하는 것이 더 바람직할 것이다.[23]" 그러나 사실상 이렇게 말하는 것이 보다 타당할 것입니다. "확실히 이것은 호머가 꾸민 것이긴 하지만, 신성인 어떤 것을 사악한 인간에게 부여하는 한 방법이다. 그럼으로써 죄는 이미 죄가 아니며, 이것을 범하는 자는 타락한 사람을 모방하는 것이 아니라 하늘의 신을 모방하는 것이라고 생각할 수 있을 것이다."

그럼에도 불구하고 인간의 자손들은 못된 관습의 흐름 속으로 휘감겨 들고, 이것을 배우기 위해 많은 수업료를 냅니다. 또한 이 수업료 외에 일정한 급료를 정한 법률에 따라 공공연하게 광장forum에서 수업이 행해질 때에는 교사들은 훨씬 더 허풍을 떱니다. 교사들은 이렇게 외칩니다.

"학교에서 언어를 습득해야 한다. 바로 이 곳에서 너희들 각자의 생각을 발표하고 그 의견을 주장하는 데 가장 필요한 웅변술을 배워야 한다."

그리하여 우리들은 '소나기'라든지 '황금', '태胎', '농락', '천궁天宮' 따위의 언어를 배우기 위해, 테렌티우스[24]가 젊은 난봉꾼을 등장시킨

---

22) 모직물 또는 무두질한 가죽의 소매 없는 긴 겉옷. 아우구스티누스가 살던 시대의 학교 교사들은 평상시에 이런 긴 겉옷을 입고 있었는데, 여기서는 다소 모욕적인 뜻으로 쓰인 듯하다.
23) 키케로의 《투스쿨라나룸 담론(談論)》제1장 26절.
24) 고대 로마 초기의 희극 작가.

작품을 접해야 합니다.

이 청년은 주피터가 여자를 농락하기 위해 황금의 소나기를 다나에[25]의 피부에 수태受胎시키는 대목의 그림을 바라보면서, 주피터를 간음의 본보기로 삼습니다. 보십시오! 이 청년은 마치 하늘의 가르침이라도 받은 것처럼 정욕에 불타 오르고 있습니다. "제기랄, 신은 무슨 놈의 신이야. 거룩한 천궁을 온통 천둥으로 진동시키다니……. 대체 그놈은 어떤 신인가? 나는 인간이지만, 난들 그렇게 할 수 없단 말인가? 나도 했어. 나도 기꺼이 이런 짓을 했어." 이렇게 비열하고 상스러운 행동에 대한 이야기를 듣고 언어를 배운다는 것은 절대로 있을 수 없는 일이며, 다만 이런 언어들로 인해서 거리낌없이 비열함이 행해졌던 것입니다.

나는 결코 언어 그 자체를 탓하지는 않습니다. 언어란 선택된 귀한 그릇과 같은 것이기 때문입니다. 내가 책망하는 것은 술 취한 선생님들이 언어의 용기에 담아 우리에게 마시게 했던 오류의 술입니다. 그 오류의 술을 마시지 않는다고 해서 우리는 매를 맞았고, 우리가 호소할 만한 술 취하지 않은 재판관은 하나도 없었습니다. 그럼에도 불구하고 나의 하나님, 이제 당신 앞에서 마음놓고 과거를 회상할 수도 있습니다만, 나는 불행하게도 당시에는 이런 것을 큰 기쁨으로 여기면서 배웠고, 그러한 이유로 유망한 소년이라고 칭찬을 받았던 것입니다.

---

25) 그리스 신화에 나오는 여신으로, 아르고스 왕 아크리시오스의 딸. 손자에게 살해될 것이라는 예언을 믿은 왕에 의해서 탑 속에 갇혀 있으나, 주피터가 '황금의 소나기'로 변해서 그녀의 태(胎) 속에 들어가 페르세우스를 분만케 했다.

그릇된 교육법

나의 하나님, 당신께서 주신 나의 재능을 내가 얼마나 어리석은 짓에 낭비해 버렸는가 말씀드리겠습니다. 칭찬이나 창피와 그리고 체벌의 공포로 나의 영혼을 몹시 불안하게 했던 과제가 학생 시절의 나에게 주어졌습니다. 그 과제는 "이탈리아로부터 트로이 왕을 축출하지 못하며, 화가 나서 슬퍼하는 주노[26]의 말에 대해 서술하라"는 것이었습니다.

하지만 나는 이와 같은 주노의 말을 들은 적이 없었습니다. 그렇지만 시민들이 한 허구의 창작 자취를 따라 시인이 읊은 것을 그대로 산문으로 서술해야 했습니다. 그리고 이처럼 묘사되는 인물의 품위에 어울리게 분노와 슬픔의 감정을 적절하게 표현했기 때문에 칭찬을 받았던 것입니다.

참다운 나의 생명이신 하나님, 이러한 웅변으로 같은 또래의 동급생들보다 많은 칭찬을 받았다는 것이 무슨 소용이 있겠습니까? 그 모든 것이 연기와 바람과도 같은 것이 아니겠습니까? 그토록 나의 재능과 변론을 발휘할 수 있는 길이 이것밖에는 없었던 것입니까? 주여, 당신을 찬미하기 위해 이것을 사용했다면 아직 부드러운 내 마음의 가지는 당신의 성서의 지주支柱 위에 머물렀을 것이고, 이런 허황되고 보잘것 없는 사이에서 뻗어 나와 공중의 새[27]의 더러운 먹이가

---

26) 그리스의 여신. 아에네아스에게 있어서는 트로이인의 적으로서 아에네아스의 여행을 여러 모로 방해한다.
27) "뿌릴새 더러는 길가에 떨어지매 새들이 와서 먹어 버렸고"(마태복음 13 : 4) 아우구스티누스는 새를 타락한 천사, 즉 죄를 진 악령으로 해석한다.

되는 일은 없었을 것입니다. 왜냐하면 인간은 타락한 천사들의 제물이 될 가능성이 얼마든지 있기 때문입니다.

문법보다도 하나님의 율법에 무관심하다

주여, 그러나 내가 헛된 것에 끌려 당신으로부터 멀어져 나갔던 것은 이상한 일입니다. 당시 배워야 할 모범으로 보여주었던 것은, 반드시 악하지는 않은 자신의 행위를 천한 언어나 잘못된 어법으로 서술할 때에는 얼굴이 붉어지도록 비난을 받고 자신의 추잡한 행위를 바르고 잘 정돈된 어법으로 논술할 때는 칭찬을 받고 자랑하게 되는 그런 것이었습니다. "오래 참으시며 자비와 진리가 풍성하신 주님"시편 86:15, 당신은 이러한 저희들을 보고도 왜 말씀이 없으십니까? 당신은 언제까지 침묵을 지키시렵니까? 지금 이 두려운 심연으로부터 당신을 찾아 구하며, 당신의 은총을 목말라 구하는 영혼을 이끌어 주십시오.

"너희는 내 얼굴을 찾으라 하실 때에 내 마음이 주께 말하되 여호와여 내가 주의 얼굴을 찾으리이다 하였나이다."시편 27:8 나는 암흑의 정욕에 눈이 멀어 당신을 너무 멀리했습니다. 우리가 당신에게서 멀어지거나 가까이 다가가는 것은, 발길이나 거리의 문제가 아닙니다. 복음서에 나오는 작은아들이 아버지가 준 제 몫의 재산을 방탕하게 써버리려고 먼 고장으로 떠날 때누가 15:11-32, 말이나 수레나 배를 타고 간 것도 아니고 눈에 보이는 날개로 날아가거나 제 발로 걸어서 간 것도 아닙니다. 자애로운 아버지는 빈손으로 돌아온 아들을 더욱 풍성한 선물과 사랑으로 맞아 주었습니다. 따라서 진실로 주님에게서 멀어지는 것은 육욕과 음탕한 정욕에 의한 것입니다.

나의 주 하나님, 끝까지 인내심을 가지고 우리들을 굽어살피옵소서. 우리들은 선조들로부터 물려받은 문자나 철자법에 대해서는 한사코 고수하면서도, 당신께서 베푸신 영원한 구원의 언약에 대해서는 얼마나 소홀히 하고 있는지 모릅니다. 예컨대 옛 발음법을 가르치는 자들은, 문법의 규정을 어기고 'human'이란 낱말을 'uman'으로 발음했을 경우에는 매우 화를 냅니다.[28] 인간을 미워하지 말라는 당신의 계율戒律을 깨뜨리면서 말입니다.

사람들은 남을 미워함으로써 자기가 받는 손해보다도 남이 자기를 미워하고 자기에게 고약하게 굴기 때문에 받는 손해가 더 큰 것으로 생각하고 있습니다. 그러나 어떠한 문자의 학문도 실로 마음에 새겨진 양심의 심판로마서 2 : 15만큼 심오하진 못합니다. "자기가 당하기 싫은 일을 타인에게 행해서는 안 됩니다." 지극히 높은 곳에 계시며 언제나 은밀히 우리 곁에 계시는 하나님, 오직 유일무이한 위대한 신이시여! 당신은 지칠 줄 모르는 심판으로 의롭지 못한 정욕 위에 실명失明이라는 큰 벌을 내리십니다. 불쌍한 인간은 명예를 얻는 데 혈안이 되어, 재판관 앞에서 뭇사람들에게 에워싸여 상대방에게 독기에 가득 찬 욕설을 마구 퍼붓습니다. 그러면서 '인간'이라는 발음을 틀리지 않으려고 무척 애를 쓰지만 한 '인간'이 세상에서 버림받게 되는 것은 조금도 걱정하지 않습니다.

---

28) 아우구스티누스적 수사(修辭)의 한 예. 'human'이라는 말의 발음에 신경을 쓰면서도, 정말 중요한 인간 자체에 대한 사랑은 업신여긴다고 말한다.

소년 시절의 죄악

이렇게 나는 소년 시절에 가엾게도 그러한 관습 속에서 헤어나지 못했습니다. 행여나 문법상의 오류를 범하지나 않을까 조마조마한 마음으로 학교를 몹시 두려워했습니다. 그래서 문법을 어기지 않는 친구들을 부러워하며, 나만 태연히 문법상의 오류를 범하고 있을 수만은 없다고 생각했습니다. 주여! 나는 이러한 사연을 아뢰고 당신에게 참회합니다. 나는 문법을 어기지 않았기 때문에 여러 사람들로부터 칭찬을 받았습니다. 그 당시 나는 주위 사람들을 기쁘게 해주는 일이 가장 고귀한 미덕이라고 여겼습니다. 그것은 주님의 보살핌을 외면하고 내가 빠져 있는 추악한 심연을 아직 의식하지 못하고 있었기 때문입니다. 시편 31 : 22

당신의 눈동자 앞에 나보다 더 추악한 죄인이 또 있겠습니까? 참으로 나는 놀기를 좋아했고 어리석은 구경거리에 정신이 팔려 배우들의 흉내나 내면서 늘 마음이 들떠 있었으며, 가정 교사와 학교 선생님, 부모를 헤아릴 수 없을 만큼 속이고 애를 태웠습니다. 그리고 나는 부모님 몰래 장농이나 책상에서 도둑질도 하였습니다. 그것은 군것질을 하거나 친구들의 장난감과 바꾸기 위해서였습니다. 나는 또 친구들과 어울려 트럼프 놀이를 즐겨 하였습니다. 그 때에도 나는 남보다 뛰어나고 싶은 허영에서 속임수를 써서라도 기어코 이기려고 했습니다. 상대방 친구가 이런 속임수를 쓰는 것을 발견하기라도 하면 노발대발 항의하였고, 나의 이러한 짓이 남에게 발각될 때에는 용서를 빌기는커녕 되레 맹렬히 덤벼들곤 했습니다.

이런 짓을 어떻게 '소년의 순진함'이라고 말할 수 있겠습니까? 주

아우구스티누스의 학창시절 베노조 고졸리(1464~65년), 성 아우구스티누스 성당, 산 지미냐노, 이탈리아

여, 이 불쌍한 죄인에게 자비를 베풀어 주소서. 나이가 들어 감에 따라 가정 교사, 학교 선생님, 축구공, 호도, 장난감, 참새에 머물렀던 죄악들은 판사나 왕, 황금, 영토, 노예에게로 옮겨 갑니다. 점점 커감에 따라 선생님의 회초리에서 무서운 형벌로 바뀌듯이 말입니다. 우리의 왕이신 주님께서는 "천국이 이런 자의 것이니라"^{마태 19:14}고 하시며 어린 아이들의 겸손을 칭찬하셨습니다. 그것은 어린 아이들의 키가 작기 때문이었습니다.[29]

---

29) 이것은 어린 아이들의 키가 작은 것이 겸비(謙卑)의 표상(表象)으로서이지, 결코 어린 아이 스스로가 아주 순진무구하기 때문은 아니다. 아우구스티누스는 어린 아이는 그처럼 겸손하지도 천진난만하지도 않다고 했다. 원죄(原罪)의 결과는 이미 어린 시절에 나타나 있으며, 다만 키가 작다는 점이 비하(卑下)로서의 겸손과 비슷할 뿐이라고 했다. 그래서 그리

감사하는 마음

주님, 지극히 거룩하시고 지극히 선하신 조물주이시며 우주의 지배자이신 우리의 하나님, 비록 나는 당신의 뜻대로 어린 시절을 살지 못했지만 그래도 당신께 감사드립니다. 진정 그 때에는 나는 존재하고 느끼고 내 몸의 안전을 얻고 있었습니다. 이 모두가 내가 이 세상에 나오게 된 신비한 섭리攝理의 흔적입니다. 나에게 내재內在하는 감각[30]을 통하여 다른 모든 감각을 통제할 수 있었고, 사소한 것들을 생각함에 있어서도 진리 안에서 기뻐하였습니다.

나는 남에게 속는 것을 싫어했고 왕성한 기억력과 뛰어난 말재주를 가지고 있었으며, 우정을 소중히 여기고 고통과 굴욕과 무지를 멀리했습니다. 이런 미미한 피조물에게 그와 같은 일이 일어나다니 그 얼마나 놀랍고도 갸륵한 일입니까? 그러나 이 모두가 하나님이 주신 은총의 선물이며, 내가 나 자신에게 부여한 것은 아니었습니다. 그리고 이 모든 것들은 선한 것으로써 나와 함께 있었습니다. 그러므로 나를 만드신 하나님은 선하시고 그분은 바로 나의 하나님이십니다. 내가 어린 시절에 지녔던 모든 선善으로 하나님을 찬양하게 되는 것입니다. 이 모든 선한 것들로 인하여 어리기는 할망정 나는 이미 존재하고 있었습니다. 그러나 나는 죄 가운데서 살고 있었습니다. 즉

스도의 참뜻은 그 어린 아이처럼 '마음의 키'를 작게 하여 하나님 나라의 은총을 받으라는 뜻이라고 한다.
30) 현대의 용어로 말하자면, 의식적 통일의 능력이다. 아우구스티누스는 아리스토텔레스와 스토아학파의 공통감각(共通感覺)을 독자적으로 해석하여 다섯 가지의 외적 감각을 주는 것을 통일할 뿐 아니라, 이들 감각을 느끼는 능력 - 즉 자기가 지금 느끼고 있다는 것을 의식하는 능력을 거기에 돌려서 그것을 '내재하는 감각'이라 부른다.

즐거운 것, 거룩한 것, 참된 것을 당신 안에서 찾지 않고 당신의 피조물 안에서 — 나 자신과 기타의 것 — 찾아 헤매는 죄를 범하였습니다. 나는 그 피조물 안에서 환락과 명예와 진리를 구하다가, 번민과 고통과 과오 속으로 빠져 들어갔습니다.

나의 기쁨이고 나의 영광, 나의 근원이 되시는 하나님, 당신에게 감사드립니다. 나에게 주신 당신의 은총에 대하여 진정코 감사드립니다. 나로 하여금 주께서 주신 모든 것을 간직하게 하여 주시옵소서. 그리고 당신이 나를 소유하신다면, 나에게 베풀어 주신 것은 더욱 육성되고 완성될 것입니다. 진정 내가 '존재한다'는 것부터가 당신이 베푸신 은총의 선물입니다.

Sanctus Aurelius Augustinus

제2권» 청년 시절의 초기

청년 초기의 악덕惡德에 관한 회상

나는 지금 지나간 과거의 오점과 육욕에 심취했던 영혼의 부패를 회상하고자 합니다. 이것은 그러한 오점이나 부패의 그리움 때문이 아니라, 나의 하나님이신 당신을 사랑하기 때문입니다. 당신을 사랑하기 때문에 쓰라리고 어두운 과거를 회상하며 뉘우치는 것입니다. 이렇게 뉘우치는 것은 내가 주님과 가까워지기 위해서입니다. 당신께서 베푸시는 사랑은 변함이 없고, 축복과 감미로움을 더해 주십니다. 유일하신 하나님을 배반하고 잡다한 세상에 파묻혀 탕아蕩兒가 된 나를 당신은 친히 부르시고 가까이해 주셨습니다.[31]

나는 젊은 시절에 천박한 것으로부터 만족을 찾으려는 마음에서

---

31) 플로티노스는 물질적 물체조차도 분할될 때에는 통체(統體)임을 상실한다는 사실에서부터 정신 통일의 중요성을 설파했다. 영혼은 유일한 자로부터 멀어져 잡다한 질료(質料) 속으로 향할 때 신과 자기를 잃고 잡다한 것으로 분산하여 파멸한다는 플로티노스의 사상.

그림자와도 같은 속된 사랑에 빠졌던 것입니다. 그리하여 "나의 영화는 좀이 먹어 소멸하였고"시편 39 : 11 나 자신의 만족과 사람들의 눈을 즐겁게 하려다가 당신의 눈앞에서 초라한 몰골로 시들고 말았습니다.

정욕의 불길

또한 나를 기쁘게 한 것은 오직 '사랑을 주고받는 것', 그것뿐이었습니다. 그러나 나는 마음과 마음으로 통하는 사랑의 원칙, 즉 참다운 우정의 한계를 지키지 않고, 육체의 허황된 정욕과 물거품 같은 젊음의 환락에 사로잡혀 어두운 안개 속에 휩싸이고 말았습니다. 그리하여 나는 청명한 사랑과 정욕의 안개를 구별하지 못하였습니다. 나는 방황의 폭풍우 속에서 사랑과 정욕을 혼동하였고, 나약하고 불안정한 나를 정욕의 낭떠러지로 몰아넣어, 드디어 치욕의 심연으로 떨어뜨렸습니다.

주님의 노여움이 내게 이르렀으나 나는 깨닫지 못하였습니다. 죽음의 쇠사슬은 나를 묶어 귀머거리로 만들어 버렸습니다. 이것은 바로 나의 오만한 영혼에 대한 형벌이었습니다. 그리하여 나는 점점 주님으로부터 멀어졌고 주님은 나를 내버려 두었습니다. 나는 내팽개쳐지고 버려져서, 간음으로 정욕을 불태우고 있었지만, 주님께서는 아무 말씀도 없으셨습니다. 오 주님! 언제쯤 내게 기쁨을 허락하시렵니까? 당신은 오직 침묵만을 지키고 계셨고, 피로에 지친 내 영혼은 더욱 고통의 씨를 뿌리며 당신으로부터 멀어져 갔던 것입니다.

아아, 그때 누군가 있었더라면 나의 곤욕을 풀어 주고 가장 보잘것 없는 피조물이 갖추고 있는 미美를 바꾸어 이롭게 하고, 그 매력을 제한하여 청춘의 격정을 결혼으로 이끌어 주지 않았을까요? 주님! 만일에 이렇게 마음이 안정되어 있었더라면, 당신이 정하신 율법에 따라 오직 자식을 얻을 목적으로 살아갔을 것입니다. 당신의 낙원에서 쫓겨날 때 내리신 가시덤불의 저주[32]를 거두어 주옵소서. 전지전능하신 당신의 힘은 우리가 당신을 멀리할 때조차도 항상 우리에게 미칩니다.

나는 깊이 마음을 가다듬어, 구름 속에서 울려 퍼지는 음성에 귀를 기울여야 할 것입니다. "이런 이들은 육신에 고난이 있으리니 나는 너희를 아끼노라."고린도전서 7 : 28 "남자가 여자를 가까이하지 않음이 좋으니라."고린도전서 7 : 1 "너희가 염려 없기를 원하노라. 장가 가지 아니한 자는 주의 일을 염려하여 어찌하여야 주를 기쁘게 할꼬 하되 장가 간 자는 세상일을 염려하여 어찌하여야 아내를 기쁘게 할꼬 하느니라."고린도전서 7 : 32, 33 실로 나는 이런 말씀을 귀담아 들었어야 했습니다. "천국을 위하여 스스로 고자가 되어야"마태 19 : 12 했으며, 주님의 품 안에서 무한한 행복을 누렸어야 했습니다.

그러나 가엾게도 나는 정욕에 눈이 멀어 당신을 저버리고, 당신의 계율을 어겼습니다. 그러나 나는 당신의 채찍을 피할 수가 없었습니다. 그 누가 이것을 피할 수 있겠습니까? 그러나 당신께서 자비를 베풀어 나를 일깨워 주셨고, 또 나로 하여금 진실한 쾌락을 깨닫게 하셨습니다. 주님! 당신이 아니고야 어디에서 이것을 믿을 수 있겠습니까? 당신은 고통을 교훈으로 삼으시고 고치기 위해서 호되게 채찍

---

32) "땅이 네게 가시덤불과 엉겅퀴를 낼 것이라."(창세기 3 : 18)

질하시며, 당신을 떠나서 죽는 일이 없도록 죽도록 매를 때리는 분이십니다.

내 나이 열다섯 살 때에 나는 대체 어디에 있었습니까? 나는 기쁨에 넘치는 당신의 집에서 멀리 벗어나, 당신의 법으로 허용되지 않는 광포한 정욕이 솟구쳐 제멋대로 날뛰다가 그 정욕 앞에 완전히 굴복되고 말았습니다. 그러나 내 주위의 사람들은 내가 마음을 잡도록 정당한 결혼생활을 권하지는 않고, 내가 그 누구보다도 뛰어난 연설을 하고 남을 설복시키는 웅변가가 되기를 바랄 뿐이었습니다.

방랑의 길

나는 이때 학업을 일시 중단하였습니다. 나는 문학과 웅변술을 배우던 인근 도시 마다우라에서 돌아왔는데, 그 이유는 멀리 떨어져 있는 카르타고에 유학할 비용이 마련되었기 때문입니다. 이 비용은 타가스테의 가난한 한 시민에 불과했던 아버지가 무리하게 마련한 돈이었습니다. 대체 나는 누구에게 이런 이야기를 하고 있는 것입니까? 주님, 당신에게 하는 것이 아닙니다. 다만 당신 앞에서 고백하는 것이며, 나와 같은 처지에 있는 사람들에게 또 우연히도 이 글을 읽게 될 극소수의 사람들을 위해서 쓰고 있습니다. 그리고 나와 이 글을 읽는 사람들로 하여금 "영혼 깊은 곳에서 주님께 간절히 부르짖도록"시편 130 : 1 하기 위해서입니다. 사실상 고백하는 마음이나 신앙 속의 삶보다[33] 당신의 귀에 더 가깝게 들리는 것은 없습니다.

---

33) "오직 의인은 믿음으로 말미암아 살리라."(로마서 1 : 17)

그 당시 나의 아버지를 칭찬하지 않는 사람은 없었습니다. 아버지는 오로지 나의 유학을 위해서 힘겹게 비용을 조달해 주었습니다. 당시에는 나의 아버지보다 훨씬 부유한 사람들도 자기 자식을 위해 이렇게 신경을 써주는 사람은 그리 흔하지 않았습니다. 그러나 아버지는 내가 주님 앞에서 어떤 사람으로 성장하고 있는지와 나의 생활의 순결성에 대해서는 전혀 관심이 없었습니다. 다만 내가 구변에 능한 사람이 되기만을 원하였습니다. 그러나 이것은 내 마음의 밭을 가는 농부이신 하나님으로부터 멀어지는 길이었습니다.[34)]

그러나 열여섯 살 난 이 해에 가정 형편상 휴학을 하고 양친의 슬하에서 살기 시작했을 무렵, 정욕의 가시덤불이 내 머리 위에 무성했는데도 이것을 송두리째 뽑아 주는 사람은 아무도 없었습니다. 그런데 아버지는 우연히 내가 목욕하는 것을 목격하고는, 어머니에게 이야기하기를, 나의 육체가 어른처럼 성숙하여 대견하게 여겨져 손자 볼 생각이 나더라고 하면서 매우 흐뭇하게 생각했습니다. 그것은 이 세계가 그 조물주이신 하나님을 망각하고 그 대신 피조물을 사랑하는 그런 따위의 명정(酩酊)입니다.[35)]

아버지는 마치 술에 취한 것처럼 저급한 것에 신경을 썼습니다. 그러나 주님은 내 어머니의 마음 속에 이미 당신의 신전과 당신의 거룩한 집을 짓기 시작하셨습니다. 아버지도 예비 신자였지만[죽기 조금 전에 세례를 받았다] 그것은 아주 최근의 일입니다. 나는 아직 세례를 받지 않

---

34) "너희는 하나님의 밭이요 하나님의 집이니라."(고린도전서 3 : 9)
35) "이는 저희가 하나님의 진리를 거짓 것으로 바꾸어 피조물을 조물주보다 더 경배하고 섬김이라."(로마서 1 : 25)

았으나, 어머니는 내가 "여호와 하나님께 그 등을 돌리고 그 얼굴을 향하지 아니하는 자들"예레미야 2 : 27처럼 하나님을 배반하고 그릇된 길로 들어서지나 않을까 노심초사하였습니다.

그때 참으로 나는 어리석은 자였습니다. 주님! 내가 당신을 떠나서 방랑하고 있을 무렵, 당신께서는 묵묵히 아무 말씀도 없으셨다고 감히 내가 말할 수 있겠습니까? 진정코 그때 당신께서는 나를 향해 아무 말씀도 없으셨던 것입니까?

당신의 충실한 종인 어머니의 기도는 내 귓전을 울리는 당신의 말씀이었습니다. 그러나 그 말씀은 실천에 옮겨질 정도로 내 마음에 아로새겨지지는 못했습니다. 어머니는 그것을 몹시 바라고 있었습니다.

어머니는 매우 걱정하며, "행실을 잘 가져야 한다. 여자와 함부로 간음해서는 안 되며 특히 유부녀와 간통을 해서는 안 된다"고 은근히 나에게 충고하시곤 했습니다. 하지만 나는 어머니의 충고를 무시하고, 이에 따르는 것조차 수치스럽게 여겼습니다. 그렇지만 이 충고는 당신의 말씀이었는데도 불구하고 나는 미처 몰랐던 것입니다.

주님께서는 일체 말씀이 없으시고, 다만 이야기하는 것은 어머니라고 생각했던 것입니다. 그러나 주님은 결코 침묵하지 않으셨고, 어머니를 통해서 말씀하셨던 것입니다. 젊은 나는 어머니를 무시함으로써 주님을 무시했습니다. 즉 그녀의 자식, 즉 당신의 시녀의 자식이자 당신의 종[36]이 외람되게도 당신을 무시했던 것입니다. 그러나

---

36) "여호와여 나는 진실로 주의 종이요 주의 여종의 아들 곧 주의 종이라."(시편 116 : 16)

나는 아무것도 몰랐습니다. 그저 맹목적으로 돌진하는 추한 행동이 불량배 친구들을 앞지르지 못하는 것을 창피하게 생각할 뿐이었습니다. 그리고 단지 육욕의 추한 실천을 자랑했을 뿐만 아니라, 이런 추한 행동을 함으로써 남에게 칭찬받는 것을 기뻐하기도 하였습니다. 비난을 받아야 마땅한 것은 오직 악덕뿐입니다. 그러나 나는 그런 비난을 받지 않으려고 더 한층 악덕을 행하였습니다. 즉 나는 더욱 못된 짓을 하고 또 그 흉악한 방탕아들 틈에 끼기 위해서, 그들 앞에서 실제로 저지르지 않은 일도 저질렀다고 거짓말을 꾸며대곤 했습니다. 왜냐하면 순진무구한 행동을 하면 오히려 그들에게 비굴한 자로 보였고, 또 순결함으로 인해서 되레 그들에게 멸시를 당했기 때문입니다. 그리하여 그들과 한 패거리가 되어 바빌론의 거리를 쏘다니며, 그 죄악의 구렁텅이가 마치 값비싼 향료나 향유[37]인 양 마구 뒹굴었습니다. 그뿐이겠습니까? 그 바빌론의 한가운데에 더욱더 악착같이 나를 발붙이게 하려고 보이지 않는 적이 충동질하였습니다. 사실 나는 유혹받기 쉬운 약한 인간이었습니다.

어머니는 이미 "바빌론의 한가운데로부터 탈출하여"[예레미야 51 : 6] 몸을 피하고, 나에게 절제 있는 생활을 하라고 권하였습니다. 그러나 어머니는 아버지가 말한 그대로 나의 늠름한 육체에 앞으로 어떠한 재앙이 닥쳐오든 그런 것에는 별로 관심이 없었습니다. 타락할 대로 타락한 나를 완전히 구해내지 못할 바에야, 굳이 결혼을 시켜 부부애

---

37) "나도와 번홍화와 창포와 계수와 각종 유향목과 몰약과 침향과 모든 귀한 향품이요"(아가 4 : 14)

라는 울타리 속에 나를 가두어 둘 필요가 없다고 생각했기 때문입니다. 다시 말해서 어머니가 나에게 건 희망이 아내의 속박으로 인해서 방해당하는 것을 두려워했기 때문입니다. 그러나 그 희망은 주 안에서 내세來世의 희망이 아니라 학문에 대한 희망이었습니다. 부모님은 모두 한결같이 내가 학문에 정진해 줄 것을 바라고 있었습니다. 즉 아버지는 조금도 주님을 생각하지 않고 나에게 허황된 기대만 걸고 있었고, 어머니는 그와는 달리 관습으로 되어 있는 그런 학문의 연구가 주님을 가까이하는 데 방해가 되기는커녕, 오히려 도움이 되리라고 생각했기 때문입니다.

내가 기억하는 바로는 부모님의 성격은 대강 이러했습니다. 부모님은 내가 노는 것에 대해서는 너그러이 보아주었기 때문에, 나는 마음껏 방탕을 했고 동시에 여러 모로 고통을 받았던 것입니다. 이리하여 도처에 암흑이 생겨 내 눈이 흐려지고, 그 때문에 나의 주님이신 당신의 진리의 빛이 나로 하여금 가로막히고, "죄악의 풍요로부터 나의 불의는 더욱 싹이 트게 되었습니다."시편 73 : 7

절도죄

주여, 도둑질이란 분명히 당신의 계율에 의해서 벌받습니다. 이러한 계율은 인간의 마음에 새겨져 어떠한 불의도 지울 수 없습니다.[38] 도둑 맞고 태연히 그 도둑을 용서하는 도둑이 있을까요? 도둑

---

38) 마음에 새겨져 어떠한 불의도 지울 수 없는 계율이란, 도덕률을 말한다. 이 사상을 아우구스티누스는 키케로를 통하여 스토아 철학으로부터 받고 있다.

맞는 편이 아무리 넉넉하고 훔치는 편이 아무리 궁핍하다 할지라도 용서하지는 않습니다. 나는 처음부터 도둑질을 하려는 마음을 가지고 있었으며, 실제로 도둑질을 하였습니다. 그것은 굶주림이나 궁핍 또는 빈곤에 못 이겨서가 아니고 다만 정의를 기피하고 불의를 좋아했기 때문입니다. 나는 내가 훔친 것보다 얼마든지 좋은 물건을 가지고 있었습니다. 나는 훔친 물건을 탐낸 것이 아니라 도둑질이라는 그 죄 자체를 즐기려고 했던 것입니다.

우리 집의 포도밭 근처에 배가 주렁주렁 달린 배나무가 있었는데, 실상 그 배는 모양이나 맛이 그다지 신통치 않았습니다. 이 나무를 흔들어서 배를 떨어뜨리기 위하여 심술궂은 젊은놈들은 한밤중에 기어들었습니다. 우리는 한밤중까지 광장에서 빈들빈들 노는 못된 습관이 있었습니다. 그리하여 배를 잔뜩 따서 도망쳐 나왔으나, 그것을 우리가 먹지 않고 몇 개의 배를 씹는 둥 마는 둥 하다가 모조리 돼지에게 던져 주고 말았습니다. 그것이 나쁜 짓인 줄 뻔히 알면서도 장난삼아 행하며 기뻐했던 것입니다. 이것이 바로 나의 마음입니다. 주여! 나의 마음을 굽어살피소서. 내가 수렁의 밑바닥에 빠져 있을 때, 당신께서는 가엾게 여기셨습니다. 오, 주여 이제야말로 참회하며 당신께 고백합니다. 그때 마음내키는 대로 나쁜 짓을 하던 그곳에서 내가 추구한 것은 무엇이었을까요? 결국 나의 죄악의 원인은 죄악 그 자체였습니다. 추한 행동인지 뻔히 알면서도 그것을 좋아했습니다. 나는 스스로 멸망하는 것을 원하고 있었던 것입니다. 나는 나의 죄악을 사랑하고 있었습니다. 어떤 목적을 가지고 죄악을 범한 것이 아니라 단순히 죄악 그 자체를 좋아한 것입니다. 치욕에 의해서 생기는 그 무엇이 아니고 바로 치욕 그 자체를 추구하며, 천국이라는 당신의 견고한 품으로부터 벗어나 멸망의 수렁으로 뛰어내린 이 추악한 영혼이여!

이유 있는 범죄

금과 은처럼 아름다운 물체를 볼 때 우리의 눈은 즐겁습니다. 육체의 접촉에는 특별한 감각이 강하게 작용합니다. 모든 감각은 특정 대상에 따라 상이하게 작용합니다. 명예욕, 정복욕, 권력욕 또한 제각기 매력을 지니고 있기 때문에 우리의 마음을 유혹합니다. 여기에서 복수심이 비롯되는 것입니다. 그러나 주님, 당신의 계율을 어기고 이 모든 것을 얻으려는 것은 당신으로부터 멀어지는 길입니다. 우리의 일생 또한 독자적인 아름다운 존재 양식 때문에 속세의 모든 저급한 아름다움과의 공감에 의해서 스스로의 매력을 간직하는 것입니다.

사람들의 우정도 많은 영혼의 일치와 즐거운 유대에 의해서 깊어집니다. 무릇 이 모든 것 때문에 인간은 죄를 범합니다. 그러나 이런 것들은 지극히 저급한 선인데도, 분에 넘치는 성정性情에 못 이겨 가장 선한 것 — 우리 주 하나님의 진리와 계율 — 을 버리고 있는 것입니다. 확실히 이들 저급한 것에도 여러 가지 즐거움이 포함되어 있기는 합니다. 그러나 만물을 창조하신 하나님에게는 못 미칩니다. "의인은 여호와를 인하여 즐거워하며 그에게 피하리니 마음이 정직한 자는 다 자랑하리로다."시편 64 : 10 그래서 왜 죄를 범했는가 하는 질문을 받을 때, 우리는 보통 하찮은 것을 욕심내고, 또 이것을 잃을까 하는 두려움을 갖고 있기 때문이라고 간단히 대답할 것입니다. 실로 이들 저급한 것은 보다 높은 것에 비하면 천하고 비열한 것에 불과하지만, 그런 것들도 아름답고 좋게 보이기는 합니다.

여기 누가 살인을 했다고 합시다. 무엇 때문에 사람을 죽였느냐는 질문이 나오게 되겠지요. 아마도 남의 아내나 재물이 탐나서 그랬거나, 먹고 살기 위해 남의 것을 빼앗으려고 그랬거나, 또는 남에게 재물을 빼앗길까 두려워서, 혹은 빼앗기고 복수심에 불타서 그런 짓을 했을 것입니다. 다만 그가 아무런 이유 없이 그저 취미로 무심코 사람을 죽였다고 한다면, 누가 그런 말을 믿겠습니까? 아무런 이유 없이 포악하고 잔인무도한 그에게조차도 "아무것도 안 하고 있으면 몸이 근질근질하고 맥이 풀려 손과 마음이 둔해지므로"[39] 라는 이유는 있을 것입니다. 대체 그것은 무엇 때문일까? 그는 왜 그랬을까? 악업을 단련해서 로마를 집어삼키고 명예, 권력, 부를 얻어 재산의 결핍과 죄의식으로부터 생기는 법의 공포와 난처한 상황을 면하기 위함이었습니다. 그러기에 그 로마의 유명한 책략가 카틸리나조차도 죄악 그 자체를 사랑했다고 볼 수는 없습니다. 범죄의 동기와 원인은 딴 데 있었던 것입니다.

파계破戒의 쾌락

나의 죄악이여! 열여섯 살 때 범한 그날 밤의 악행이여! 가련한 나는 어째서 그런 나쁜 행동을 좋아했던 것일까? 참으로 도둑질은 불미

---

[39] '그 사나이'란 로마 공화국의 타도를 계획한 유명한 책략가 카틸리나임. 그에 대한 키케로의 탄핵 연설은 유명하다. 따옴표 안의 말은, 카틸리나가 혁명군의 핵심체를 만들기 위해 모은 장사들을 훈련시켰을 때의 말이다.

스러운 것입니다. 그런데도 어째서 나는 그런 짓에서 쾌락을 느꼈는지 모릅니다. 천지만물을 창조하신 조물주이시며, 최고의 선이신 나의 하나님, 그러나 내가 훔친 과일은 아름다운 것이었습니다. 그것은 당신께서 만드신 것이기 때문입니다. 그러나 가엾은 나의 영혼이 갖고 싶었던 것은 과일이 아니었습니다. 과일이라면 그런 것 말고도 얼마든지 있었습니다. 나는 다만 훔치는 자체에 재미를 붙였던 것입니다. 나는 과일을 따서 먹지도 않고 팽개쳐 버리곤 했습니다. 순전히 도둑질을 하는 데서 유일한 쾌감을 맛보려 했던 것입니다. 그러나 그것은 의로운 일이 아니었습니다. 그때 나는 이 배 한쪽을 베어먹기는 하였지만 그것은 어디까지나 파렴치한 장난에 불과했습니다.

나의 주 하나님! 지금 당신께 묻노니, 그 도둑질 속에서 나는 대체 무슨 즐거움을 찾으려고 했던 것일까요? 그것은 조금도 아름답지 못한 일이었습니다. 거기에는 정의나 예지에 깃들여 있는 아름다움은 고사하고, 인간의 정신과 기억과 모든 감각 및 생명 속에 깃들여 있는 아름다움도 없었습니다. 또한 거기에는 하늘에서 반짝이는 별들의 아름다움도 없었습니다. 우리가 범죄할 때 느끼는 불완전하고 암울한 아름다움은 이런 아름다움과는 그 궤도를 달리하는 것입니다.

'교만'이라는 악덕은 존엄을 흉내내어 가장하고 있는 것입니다. 그러나 만물 위에 존엄을 가지고 군림하시는 분은 오직 주님 한 분뿐이십니다. 사람들은 남으로부터 숭배와 영광을 받고자 야심에 불타고 있습니다. 하지만 오직 주님만이 모든 피조물로부터 숭배를 받고 또 영원히 영광을 누리고 계십니다. 권력을 잡은 자들은 자기들이 화를 내면 남들이 두려워하기를 원하지만, 주님 이외에 두려워할 분이 어디에 또 있겠습니까? 주님의 권능으로부터는 그 어느 것도, 언제 어디서나 어떠한 방법으로도 벗어날 수 없습니다. 음탕한 여인의 사랑이 달콤할 것 같지만, 주님! 당신의 자애보다 더 달콤한 것은 없으며, 모든 것 위에 가장 뛰어나고 아름답게 반짝이는 당신의 진리보다 더 따뜻하고 부드러운 것은 없습니다.

호기심은 지식의 열정에 이르는 출발점입니다. 그러나 당신이야 말로 지극히 높은 차원에서 모든 것을 알고 계십니다. 무지와 우매마저 순진무구하는 미명 아래 몸을 숨기고 있습니다. 당신보다도 더 순진무구한 분이 또 어디에 있겠습니까? 이는 당신보다도 더 순진무구한 인간은 찾아볼 수 없기 때문입니다. 악인의 적은 자기가 행한 악업惡業 그 자체인 것입니다. 인간들은 평안함을 찾으려고 게으름을 피우지만, 주 안에 있는 것보다 더 큰 평안이 어디 있겠습니까? 사치는 부유와 풍요로 불리지만 진정으로 참된 풍요를 누리고 즐거움을 맛볼 수 있는 것은 오직 당신의 품안에 있을 뿐입니다.

낭비는 인심이 후한 것 같지만, 참으로 선한 인심을 쓰시고 푸짐한 선물을 주시는 분은 주님뿐이십니다. 탐욕은 많은 것을 소유하려고 욕심을 부리지만, 오직 주님만이 만물을 죄다 소유하고 계십니다. 질투는 자기의 우월함을 내세워 남과 다투지만, 참으로 주님보다도 더 올바르게 복수를 행한 자가 또 누구이겠습니까?[40] 우리는 예기치 못한 일로 사랑하는 것이 위험에 직면했을 때 그것을 구하려는 조급한 마음에 두려워 떨곤 합니다. 그러나 주님에게는 뜻밖의 일, 돌발

---

40) "원수 갚는 것이 내게 있으니 내가 갚으리라고 주께서 말씀하시니라."(로마서 12 : 19)

적인 일은 없습니다. 주님께서 사랑하시는 것을 누가 주님으로부터 떼어놓을 수 있겠습니까? 참으로 당신 외에 우리가 설 수 있는 굳건한 터전이 어디 있겠습니까? 우리는 아끼고 기뻐하던 것을 잃으면 뼈저리게 슬퍼하지만 주님의 것은 그 무엇도 빼앗을 수 없습니다.

우리의 영혼은 주님을 떠나 방황할 때 영적인 간음을 범하게 됩니다. 우리의 영혼은 당신의 품으로 돌아가지 않고는 깨끗해지지 못하거늘, 당신을 멀리하고 무엇인가를 추구함으로써 이렇게 더럽혀졌나이다. 스스로 당신으로부터 멀어져 스스로 당신을 거역하는 자는 이처럼 그릇되게 당신을 모방합니다. 그렇지만 당신을 모방하면서 그들은 당신이 만물의 조물주이신 것을 부인하지 못합니다. 그리하여 그들은 당신을 아주 저버리고 갈 곳이라고는 한 군데도 없는 것입니다.[41]

그러면 그 도둑질에서 내가 바란 것은 무엇이었을까요? 또 내 마음이 옳지 못해 악행을 하면서도 나의 주님을 따르려고 모방한 것은 무엇 때문이었을까요? 터놓고 그런 짓을 할 수 없으므로 몰래 당신의 율법을 어기는 것에서 쾌락을 느꼈던 것일까요? 그리하여 당신의 포로인 나는 용서받지 못할 일을 저지르고도 처벌받지 않고, 어리석게도 당신의 권능에 편승하여 죄악에 사로잡혀 병적인 자유를 흉내낸 것이 아니었을까요? 그것이야말로 노예의 쾌락이 아니고 무엇이겠습니까? 참으로 그것이야말로 주인집에서 도망쳐 나와 그림자만을

---

41) "내가 주의 신을 떠나 어디로 가며 주의 앞에서 어디로 피하리이까, 내가 하늘에 올라갈지라도 거기 계시며 음부에 내 자리를 펼지라도 거기 계시니이다."(시편 139 : 7,8)

좇는 그 노예의 모습이 아니고 무엇이겠습니까?[42] 부패여, 해괴망측한 삶이여, 죽음의 심연이여! 해서는 안 될 일을 하고 기뻐하며, 해서는 안 된다는 그 사실 때문에 도리어 그런 짓을 하며 쾌감을 맛본 것입니다.

죄의 용서

"여호와께서 내게 주신 모든 은혜를 무엇으로 보답하오리까?"시편 116 : 12 나는 이 같은 죄악들을 더듬어 보는데도 나의 영혼은 전혀 두렵지 않습니다. 주님! 나는 주님을 사랑하며, 당신에게 감사드리며, 주님의 거룩한 이름으로 감사를 올립니다. 그처럼 많은 상스러운 죄를 범했는데도 주님께서는 그것을 용서해 주셨습니다. 주님은 마치 얼음이 녹듯이 나의 죄를 녹여 주셨습니다.

주님의 은총으로, 나는 더 이상 죄악을 범하지 않게 되었습니다. 죄악을 범하는 것을 즐겼던 이 죄인이 아니었습니까? 그렇습니다. 저는 죄인이었습니다. 이제 나는 내가 알고 지은 죄나 주님의 인도하심으로 모두 용서받았습니다.

나는 자신이 나약한 인간임을 알면서도 굳이 나의 정결함과 무죄함을 내세우는 어리석은 인간이었습니다. 누가 감히 당신의 사랑과 자비 따위는 필요없다고 말할 수 있겠습니까? 주님의 음성을 듣고 주님을 따르는 자라도 내가 과거의 모든 죄를 고백하는 이 책을 읽고

---

42) 아우구스티누스는 이것을 신으로부터 얼굴을 돌리고 나무 그늘에 숨으려 한 아담의 상징으로 보았다.

나를 비웃지는 않을 것입니다. 내 마음의 병을 고쳐 주신 주님이 그런 사람들도 병들지 않게 보호해 주시거나, 또는 실제로 깊은 병에서 구해 주실 것이므로 그들도 나와 마찬가지로, 주님을 사랑해야 할 것입니다. 그들 역시 끔찍한 죄를 더 이상 짓지 않게 된 것이 모두 주님의 은덕이라는 것을 깨닫게 될 것이기 때문입니다.

죄악의 군중심리

나는 지나간 철없던 시절을 회상하면서 얼굴을 붉히며 고백하고 있습니다만, 유독 그 과실을 몰래 훔친 죄를 뉘우치게 됩니다. 그런데 가엾은 나는 무슨 이득이 있어서 그렇게 남의 과실을 훔쳤는지 모르겠습니다.[43] 나는 도둑질 그 자체에 쾌감을 얻었지만, 아무런 이득도 없는 그 도둑질로 더욱 불행한 사람이 되었습니다. 곰곰이 생각해 보면 나 혼자서는 그런 짓을 하지 못했을 것입니다. 나는 그런 짓을 좋아하는 같은 또래의 친구들과 어울려 장난삼아 했다는 것 외에는 아무런 목적도 없었던 것입니다. 그리고 장난을 좋아하는 그들과 어울린다는 것도 결국은 쓸데없는 짓이었습니다.

진실을 말한다면 대체 그러한 짓은 무엇을 뜻하는 것일까요? 내 마음 속을 비추어 그 그림자를 헤아리시는 주님 이외에는, 나에게 옳게 가르쳐 준 사람은 아무도 없었습니다. 왜 나는 이런 것을 물어 보고 따지고 곰곰이 생각해 볼 마음이 생겼을까요? 만일 그 당시에 내

---

43) "너희가 그 때에 무슨 열매를 얻었느뇨. 이제는 너희가 그 일을 부끄러워하나니 이는 그 마지막이 사망이니라.(로마서 6 : 21)

가 그 과실이 탐나서 훔치려고 했다면, 즉 나의 흥미를 북돋워 준 이 의롭지 못한 일을 저질러 만족하려고 하였다면 나는 혼자서도 능히 이를 감행할 수 있었을 것입니다. 친구들과의 군중심리에서 내 욕심을 채우려고 굳이 그들과 어울리지 않았을 것입니다. 나는 어디까지나 이 과실에 목적이 있었던 것은 아니며, 그들과 어울려서 죄를 짓는 것에 흥미가 있었던 것입니다.

나쁜 패거리

그러면 내 마음의 이런 욕정은 대체 무엇이었을까요? 매우 추악하고 치욕스러운 감정임에는 분명합니다. 하지만 그것은 대체 무엇이었을까요? "자기 허물을 능히 깨달을 자 누구리요?"[시편 19:12] 자기들이 그런 짓을 하리라고는 상상도 못한 사람들의 분통을 터뜨려 놓고, 우리는 신이 나서 낄낄거리며 서로 웃었습니다. 그런데 그토록 쾌감을 맛보는 일을 나는 어째서 혼자 하지 않았을까요? 혼자서는 재미도 없고 괜히 웃음을 터뜨릴 수도 없어서 그랬을까요? 아무도 혼자서는 미친 사람처럼 웃어대지는 못할 것입니다. 그렇지만 아무도 없이 우두커니 있다가도, 만일 무엇인가 감각이나 마음에 아주 우스운 일이 생기면, 혼자서 웃음을 터뜨리는 경우가 있습니다. 나는 혼자서는 그 도둑질을 하지 못했을 것입니다. 절대로 하지 않았을 것입니다.

주님, 굽어살피소서. 내 영혼의 선명한 과거의 기억이 주님 앞에서 되살아납니다. 나는 혼자서는 이런 죄를 짓지 않았을 것입니다. 나는 어디까지나 훔친 그 과실에 욕심이 있었던 것은 아니며, 훔치는 그 자체에 재미를 붙인 것입니다. 나는 혼자서 이런 짓을 하는 것을 좋아하지 않았으며, 또 하지도 않았을 것입니다. 오오, 그 얼마나 비우정적인 우정이었던가. 그 얼마나 이상스런 유혹이었던가. 장난과 재미로 해를 끼치는 탐욕이여! 나의 이익을 위하거나 복수를 하고 싶어서가 아니라, 단지 남의 손해를 바라는 못된 욕망이여! 오직 "어디 장난을 좀 해보자" 하면서 우리 패거리는, 그런 수치스러운 일을 하지 못하면 바보라고 여겼습니다.

하나님은 최고의 선이다

과연 누가 이 얽히고 설킨 매듭을 풀어 줄 수 있겠습니까? 그것은 혐오스러워 생각하기도 보는 것조차도 싫습니다. 나는 의롭고 죄 없는 그리고 고결한 눈을 향하여 아름답고도 우아한 주님을 따르겠으며, 충족되지 않아도 나는 만족하겠나이다. 참다운 안식과 영원한 생명은 오직 당신에게 있습니다. 당신의 품에 안기는 자는 모두 "네 주인의 즐거움에 참예할지어다."마태 25 : 23 또 주님을 가까이 하는 자는 최고의 선인 당신의 품안에서 가장 선한 자가 될 것입니다. 나의 하나님! 나는 젊었을 때 당신을 떠나서 타락하였고, 굳건한 당신을 멀리하여 몹시 헤매면서 스스로 몹시 궁핍한 나라[44]에서 살고 있었습니다.

---

44) "그 후 며칠이 못 되어 둘째아들이 재물을 다 모아가지고 먼 나라에 가 거기서 허랑방탕하여 그 재산을 허비하더니 다 없이한 후 그 나라에 크게 흉년이 들어 제가 비로소 궁핍한지라."(누가복음 15 : 13,14)

Sanctis Aurelius Augustinus

제3권》 카르타고에서 보낸 젊은 시절

카르타고로 가다

나는 카르타고로 왔습니다. 그런데 막상 이 곳에 와 보니 내 주변의 도처에서 부정不淨한 사랑의 물결과 정사情事가 굽이치고 있었습니다. 나는 아직 사랑에 빠지지 않았으나 사랑에 빠지기를 원했고, 마음 속으로는 애인을 바라면서 여자를 갈망하지 않는 자신이 미워졌습니다. 나는 누군가에게 사랑받기를 바라며, 내가 연애할 상대를 구하면서도 안전하고 함정이 없는 길은 싫어했습니다. 내 마음은 주님을 생명의 양식으로 삼지 못하고 굶주림에 가득 차 있었습니다. 그래도 나는 배고픈 줄을 모르고 지냈습니다. 그러면서도 나는 영원히 썩지 않는 마음의 양식을 구하려고 하지 않았습니다. 그것은 이 영원한 음식을 포식했기 때문이 아니라 오히려 궁핍했었기 때문에 그만큼 영원한 음식을 싫어했던 것입니다. 그래서 나의 영혼은 병들었고, 또 위궤양에 걸려 몸은 상하고, 천하게도 관능적인 대상물에 사로잡혀 욕정을 불태우려고 했던 것입니다. 그러나 그것들에게 영혼이 없었다면 나는 결코 사랑하지 않았을 것입니다. 사랑하고 사랑받는 것은 즐거운 일이었으며, 연인의 육체를 즐기는 것은 더욱 즐거운 일이었습니다.

이리하여 나는 더러운 정욕으로 우정의 샘터를 흐리게 했고, 쾌락의 검은 먼지로 우정의 순수한 빛을 가려 버렸습니다. 게다가 나는 허영에 가득 차 고상한 사람이 되려고 힘썼으며, 사랑에 흠뻑 취해 헤어나질 못했습니다. 자비로우신 주님! 이 가엾은 종을 위하여 지극히 선하신 당신은 얼마나 귀한 피와 눈물을 흘리셨습니까? 나는 사랑에 빠져 향락 속에 사로잡혔으며 의심, 질투, 공포, 분노, 쟁투가 불타는 무쇠의 회초리에 시달리는 몸이 된 것입니다.

즐거운 비극

나는 극장에서 상연되는 비극을 좋아했습니다. 무대 연극은 정욕의 불길에 휩싸인 나의 처참한 신세를 반영하고 있었습니다. 사람들은 왜 이런 비극을 좋아하며 슬픔에 젖어드는지 모르겠습니다. 자기 자신은 슬픈 일을 당하고 싶지 않으면서도, 비극을 즐기는 것입니다. 이 얼마나 어리석은 광란입니까. 관객들이 배우들의 연기에 감동할수록, 그들은 더욱더 불건전한 사람이 되고 맙니다. 그렇지만 스스로가 병들었을 때는 불행이라 부르고 남을 동정할 때는 연민이라 부르는 것이 상례입니다. 하지만 이 허구의 사건에서 연민을 느끼는 것은 진실된 의미가 없는 것입니다. 관객은 다만 고통을 느끼기 위해 초대받은 격이 되고, 슬픔에 젖으면 젖을수록 배우에게 갈채를 보내게 마련입니다. 연극의 내용이 어떠한 것이건, 그것이 사실이건 허구이건 간에 관객에게 슬픔을 주지 못할 때는, 관객은 불평하고 도중에 나가 버리며, 눈물이 나도록 슬픈 연극일 때는 그것에 도취되어 기뻐하기 도 합니다.

그렇다면 인간은 눈물과 비통을 정말 좋아하는 것일까요? 아닙니 다. 모든 사람들이 즐거움을 원한다는 것은 의심할 여지가 없는 사실 입니다. 불행을 원하는 사람은 아무도 없습니다. 그렇지만 사람들은 동정하기를 원합니다. 슬퍼해야 동정을 느끼는 법인데 사람들은 고 통없이 동정하기를 원합니다.

생각해 보면 이 동정은 우정에서 비롯됩니다. 우정은 어디로 흘 러가는 것입니까? 그런데 어째서 이것은 심히 오염된 육욕이 부글부 글 끓는 역청瀝靑의 분류 속에 융화되는 것입니까?[45] 우리들의 마음은 벌써 깨끗하고 순수한 하늘에서 내려와 타락해 버린 것입니다. 그렇 다면 우리는 동정을 배척해야 합니까? 결코 아닙니다. 슬픔이란 때 에 따라 바람직한 것입니다. 그렇지만 내 영혼이여! 불결한 것은 삼 가야 하지 않겠는가. 우리는 모름지기 우리 조상의 하나님이시고, 영 광되고 숭고하신 하나님 앞에서 불순한 것을 삼가야 할 것입니다.

나에게 지금 동정이 없는 것은 아닙니다. 그러나 그 때는 극장에 서 한낱 가상의 연극에 불과한 것이었지만, 그 연인들이 시시덕거리

---

45) 사해(死海)를 연상하여 이렇게 말했는지 모른다. 타키투스의 《역사》에 의하면, 사해는 일 년 중 어떤 계절에 해로운 기(氣)를 토하여, 새와 물고기를 몰살케 하였다고 한다. "싯딤 골 짜기 곧 지금의 염해에는 역청 구덩이가 많은지라 소돔왕과 고모라왕이 달아날 때에 군사 가 거기 빠지고"(창세기 14 : 10).

며 사랑을 구가할 때 나는 함께 즐거워하고, 또 그들이 실연하여 헤어질 때 나는 마치 동정하는 듯이 그들과 함께 슬퍼했습니다. 그리하여 자기만족에 젖어 있었습니다.

그러나 지금의 나는, 파멸로 이끄는 향락을 빼앗기고 천박한 행복을 잃고 가엾게도 비탄에 빠진 자보다도 파렴치한 행위를 즐기고 있는 자들이 더 가엾게 여겨집니다. 분명 이편이 정말 가엾습니다. 그 연민의 정 속에는 슬픔을 기뻐하는 마음은 조금도 없습니다. 사실 가엾은 자를 보고 슬퍼하는 사람은 자비를 베풀 의무가 있다는 것으로 해서 가상한 일이지만, 진정으로 남을 동정하는 사람은 슬픈 일 따위가 아에 처음부터 없기를 바랄 것입니다. 아니할 말로 세상에 '심술궂은 선심'이란 것이 있을지 모르나, 누가 되든 진심으로 남을 가엾게 여기는 사람은 그 동정을 즐기기 위해 가엾은 사람이 생기기를 원하지는 않을 것입니다. 비애悲哀란 때로는 아름다운 것이지만 결코 그것을 바라지는 않습니다.

주님이시여! 당신께서도 이렇게 하셨기 때문입니다. 당신께서는 우리들보다도 훨씬 지극하고 깨끗하게 영혼을 사랑하고, 끊임없이 깊은 연민을 가지고 계십니다. 그러면서도 비애에 젖는 일은 없으십니다. 참으로 당신이 아니고서야 과연 "누가 이것을 감당하리요?"고린도후서 2:16

그러나 그 당시 나는, 가엾게도 슬퍼하기를 좋아하며 슬퍼할 재료를 찾아다녔던 것입니다. 설령 허구의 연극이나 노래와 춤이었다 할지라도, 타인의 불행을 보면 나는 즐거워하였습니다. 격렬하게 나의 마음을 매혹시킨 것은 내 눈에서 눈물을 흘리게 한 배우들의 연기였습니다. 내가 이 정도였으므로, 주님! 당신의 보호를 참을 수 없어, 그 무리에서 벗어나 길을 잃은 불행한 새끼 양[46]이 치욕으로 더럽혀졌던들 조금도 이상할 것은 없습니다. 또 이렇게 나는 비애를 좋아하게 되었습니다. 그렇지만 매우 심각한 영향을 주는 그런 비애는 아니었습니다. 그것은 내가 본 것을 스스로 되새겨 감상하는 것이 아니라, 다만 무대 위에서 배우들의 대사를 가볍게 듣고 넘어가는 수박 겉핥기와 같은 식이었습니다. 그러나 거기에서 느끼는 그 슬픔이 원인이 되어, 거기로부터 마치 손톱으로 갈기갈기 할퀸 것처럼, 맹렬하게 아픈 종기와 부스럼과 진한 피고름이 생겨났습니다. 나의 삶은 그런 부질없는 것이었습니다. 나의 하나님! 이것이 과연 진정한 삶이겠습니까?

학생의 횡포

그리고 주님은 나를 긍휼히 여기시어 당신의 연민은 내 머리 위에서 맴돌고 있었습니다. 나는 하나님을 모독하는 호기심에 사로잡혀 얼마나 죄악 속에 살아왔던 것일까요? 이렇게 하여 나는 주님을 버리고 불신저들의 밑바닥에서, 악령들에게 기만의 봉사를 하고[47] 악행을 저질러 희생이 됨으로써, 당신은 나에게 매질을 하셨습니다. 주님에 대한 예배가 교회 안에서 거룩하게 거행되고 있는 동안에도, 나

---

46) "너희 중에 어느 사람이 양 일백 마리가 있는데 그 중에 하나를 잃으면 아흔아홉 마리를 들에 두고 그 잃은 것을 찾도록 찾아다니지 아니하느냐"(누가복음 15 : 4)
47) "대저 이방인의 제사하는 것은 귀신에게 하는 것이요 하나님께 제사하는 것이 아니니 나는 너희가 귀신과 교제하는 자 되기를 원치 아니하노라."(고린도전서 10 : 20)

는 정욕에 눈이 어두워 죽음의 열매[48]를 따기 위해 서슴지 않고 악행을 저질렀습니다. 이 때문에 주님은 나에게 엄한 형벌을 내리시고 채찍질하셨지만, 그러나 그 죄악이 너무 엄청난 것이어서 아무런 효과도 거두지 못했습니다. 지극히 자비로우신 나의 하나님! 그때 당신은 죄악의 수렁에 빠져 헤매면서 멸망해 가는 나를 건져내셨습니다. 나는 당신으로부터 아주 멀리 떨어져서, 나의 악덕을 사랑하면서도 당신의 참된 길을 사랑하지 않고, 도피자의 자유를 사랑하면서 점점 교만한 자세로 죄를 지었습니다.

일찍이 고귀하다고 말해 왔던 여러 가지의 학문도, 결국은 법정 투쟁을 위한 것에 불과하였으며, 거기서 나는 두각을 나타내려고 애를 썼습니다. 이것은 실로 맹목적인 일이었으며, 이것을 자랑하려고 하는 것은 어리석은 감정이었습니다.

나는 당시 이미 수사(修辭)학교의 우등생이 되어 교만해지고 자부심에 부풀어 있었습니다. 주님! 당신도 아시다시피 다른 자들에 비하면 훨씬 얌전하고, 소위 '난폭한 자들'이 하는 짓과는 아주 거리가 멀었습니다. 하지만 그 끔찍하고 악마적인 이름이 마치 멋쟁이의 상징처럼 생각되었던 것입니다. 나는 그들 난폭한 자들처럼 되지 못하는 것을 창피하게 여기면서도, 그들과 더불어 생활했습니다. 그리하여 그들과 어울려 다니면서 종종 그들과의 우정을 즐겼습니다. 그러나 나는 그들의 악덕 — 즉 난폭한 짓 — 을 늘 증오하였습니다.

---

[48] "우리가 육신에 있을 때에는 율법으로 말미암는 죄의 정욕이 우리 지체 중에 역사하여 우리로 사망을 위하여 열매를 맺게 하였더니"(로마서 7:5)

그들은 선량한 사람들을 짓밟고 때리며 자기네들 마음대로 조롱했고, 아무 이유도 없이 못 살게 굴면서 짓궂게도 그것을 쾌락으로 삼았습니다. 실로 이보다 더한 악마의 행실이 또 어디에 있겠습니까? 그들에 대하여는 '파괴자'라는 이름이 가장 적합합니다. 그들은 완전히 타락한 자로서 변태적이며, 영혼이 완전히 병들어 있었습니다. 그들은 끝까지 남을 속이고 조롱하며 죄를 저지르는 가운데 즐거움을 누리려고 했습니다.

키케로의 문학·사상 탐구

나는 그런 자들 틈에서 어린 나이에 당시의 웅변술을 공부하고 있었습니다. 나는 허영에 날뛰며 말 잘하는 사교가가 되려고 애썼습니다. 이러다가 나는 관례적 학습과정에 따라, 드디어 키케로[49]의 어떤 책을 읽게 되었습니다. 그의 의도와는 달리, 그의 문장은 거의 모든 사람들이 좋아하였습니다. 그 책은 바로 철학 사상이 담긴 《호르텐시우스》라는 책이었습니다. 그런데 주님! 이 책은 실로 나의 성정性情을 변화시키고, 나로 하여금 주님에게 기도드리게 해주었습니다. 그리고 내 장래의 소망을 바꾸어 버렸습니다. 나는 그 책을 읽고 또 읽었습니다. 그리하여 영원한 슬기를 구하게 되고, 주님 앞으로 돌아가기 위해 일어섰습니다.[50] 내가 열아홉 살 때, 그러니까 아버지가 이

---

49) 로마 최대의 변론가. 집정관. 많은 저작이 있고, 그 문장은 라틴어의 표본으로 학교에서 널리 읽혔다.
50) "내가 일어나 아버지께 가서 이르기를 아버지여 내가 하늘과 아버지께 죄를 얻었사오니 지금부터는 아버지의 아들이라 일컬음을 감당치 못하겠나이다. 나를 품군의 하나로 보소서 하리라 하고 이에 일어나서 아버지께로 돌아가니라"(누가복음 15 : 18~20)

미 돌아가시고 2년 후에 어머니가 나를 위해 구입해 온 책으로 추측이 됩니다. 나는 웅변·사교를 위해서 문장이 매끄러운 이 책을 펼치지는 않았습니다. 마침내 이 책이 나를 설복시킨 것은 그의 변설이 아니라, 그가 주장하는 내용이었습니다.

그 당시 나는 얼마나 진리를 열망했는지 모릅니다. 나의 하나님! 나는 지상으로부터 당신에게로 날아가고자 열망했던 것입니다. 그러나 아직도 당신

독서를 하는 성 아우구스티누스 요스 반 와센호베 (1474년), 루브르 박물관, 파리, 프랑스

께서 저에게 베푸시는 은총과 과업을 나는 잘 알지 못하였습니다. 참다운 지혜는 주님에게 있기 때문입니다. 그러나 이 책은 내가 '지혜를 사랑'그리스어로 철학하도록 불을 붙여 주었습니다. 나는 철학이 담겨 있는 키케로의 문학에 도취하고 말았습니다. 사람들은 흔히 철학이라는 그 멋있고 훌륭하고 매혹적인 이름 아래, 자기의 오류를 은폐하려고 하는 수가 많습니다. 이 책은 키케로와 동시대 또는 그 이전의 그러한 사람들을 거의 전부 거론하여 그 정체를 폭로하고 있습니다. 또한 주님은 당신의 선하고 충직한 종을 통하여 분명하게 충고하셨습니다.

"누가 철학과 헛된 속임수로 너희를 노략할까 주의하라. 이것이 사람의 유전과 세상의 초등 학문을 좇음이요 그리스도를 좇음이 아니니라. 그 안에는 신성의 모든 충만이 육체로 거하시고 너희도 그 안에

서 충만하여졌으니 그는 모든 정사와 권세의 머리시라."골로새서 2 : 8-10

내 마음의 빛이신 주님은 잘 알고 계십니다. 그 키케로의 권고 중에서 모모 학파가 아니고 지혜 그 자체를 그것이 어떠한 것이건 사랑하고 탐구하고 획득하려는 정신이 역력히 진리를 탐구하게 되었습니다. 단 한 가지 섭섭한 것은 예수 그리스도의 이름이 나와 있지 않는 점이었습니다. 오! 우리 구주, 이 거룩한 이름 — 하나님의 독생자이시고 나의 구세주이신 이 이름 — 은, 내가 어머니의 젖을 빨 때 젖과 함께 내 몸 깊숙이 들어와 소중히 간직했던 것입니다. 따라서 예수 그리스도의 거룩한 이름이 아니고는, 비록 아무리 문학적으로 세련된 말이라 할지라도 나를 완전히 사로잡을 수는 없었습니다.

성경을 얕보다

나는 성경에 마음을 두고 그 본질에 대해 깊이 생각하였습니다. 성서는 교만한 자는 아무리 읽어도 알 수 없는 책[51]이었습니다. 또한 어린 아이에게는 더욱 알아볼 수 없는 책이며, 그러면서도 읽으면 읽을수록 뜻이 깊어지고 신비에 싸이게 된다는 것을 알게 되었습니다. 그리고 나는 그 당시 성서를 조금이라도 이해할 수 있는 인간은 도저히 되지 못했고, 또 그렇기 때문에 성서 앞에 고개를 숙일 수 있는 인간은 더욱 되지 못하였습니다. 내가 이제 와서 깨달은 것처럼 성서에 대해서 감동을 느끼지 못했으며, 키케로의 책에 비하여 별로 가치가

---

51) "하나님이 교만한 자를 물리치시고 겸손한 자에게 은혜를 주신다 하였느니라." (야고보서 4 : 6)

없는 것처럼 보였습니다. 즉 나는 오만하게도 성서의 문제를 얕잡아 봐서, 그 숨은 진리의 뜻을 헤아릴 수가 없었습니다. 참으로 성서야말로 어린 아이와 같은 순수한 마음으로 이해하려고 해야 하는데, 나는 '어린 인간'이라는 것을 창피스럽다고 생각하고 오만에 부풀어서 자신을 무슨 큰 인물로 착각하고 있었습니다.

마니교의 함정

그리하여 나는 교만하고 육욕을 즐기는 수다스러운 자들[52]의 함정에 빠졌습니다. 그들의 수다스러운 말 가운데에는 분명히 악마의 함정이 도사리고 있었습니다. 당신의 거룩한 이름과 주 예수 그리스도의 이름과 보혜사이며 위로자이신 성령[53]의 이름을 인용하면서 교묘히 사람을 유혹하려 들었습니다. 그들은 이러한 성스러운 이름들을 언제나 입에 담고 있었으나, 그것은 다만 혓바닥에서 굴러나오는 헛소리에 불과했습니다. 그들의 마음 속에는 어떤 진리도 없었습니다. 게다가 그들은 "첫째도 진리, 둘째도 진리"라고 외치면서 이것에 대해 나에게 많은 설교를 하였으나, 진리가 그 속에 있지 아니하였습니다.요한 1서 2:4 그리고 그들은 진리이신 주님에 대해서 뿐만 아니라, 주님께서 창조하신 이 세계의 온갖 피조물에 대해서도 터무니없는 소리를 지껄이곤 하였습니다.

---

52) 마니교도 'Manicheus'의 어원에 대해서 아우구스티누스는 이 어휘가 '광란 전파자'라는 뜻이라고 했으며, 마니교도는 '생명의 빵을 풍부하게 공급하는 자'라는 뜻으로 풀이했다.
53) "내가 아버지께 구하겠으니 그가 또 다른 보혜사를 너희에게 주사 영원토록 너희와 함께 있게 하시리니"(요한복음 14:16)

우리의 하나님 아버지, 최고의 선이시고 만물을 아름답게 만드신 하나님! 나는 소위 진리를 이야기한 철학자들까지도 뛰어넘어 당신의 사랑을 느꼈어야 했습니다. 오오, 진리여, 진리여! 그들이 이따금 여러 가지 방법으로 단순한 헛소리 또는 아주 방대한 서적을 통하여 당신의 성스러운 이름을 나의 귀에 들려준 그 당시에도, 나는 마음 속으로부터 당신의 이름을 얼마나 안타깝게 불렀는지 모릅니다. 당신을 목마르게 갈망하는 나에게, 당신 대신에 해와 달은 당신의 아름다운 창업創業을 담아 보여주는 그릇에 불과했습니다.[54] 이것들은 분명히 당신이 창조하신 피조물임에 틀림없으나 어디까지나 당신 자신은 아니며, 또 당신의 맨 처음의 성업聖業도 아닌 것입니다. 나는 이러한 물질적인 피조물보다도 영적 피조물을 갈망했던 것입니다. 이처럼 오직 진리 그 자체이신 하나님이었습니다. "그는 변함도 없으시고 회전하는 그림자도 없으시니라."야고보서 1 : 17 그들은 이러한 그릇 속에 반짝이는 환상을 담아서, 내 앞에 놓았던 것입니다.

그처럼 사람의 마음을 속이는 허상을 사랑하느니보다는, 차라리 숨어 진실하게 보이는 저 태양을 사랑하는 것이 좋겠습니다. 그런데도 불구하고 나는 그것이 당신이라고 생각했기 때문에, 나의 양식으로 삼았습니다. 그렇지만 나는 이 양식을 통하여 충분히 당신의 본질을 맛볼 수가 없었으므로, 이 양식을 탐내지 않았습니다. 당신은 이들의 허상이 아니고, 나 역시 이것에 의해 양육되지 않으며, 오히려 허기를 느꼈기 때문입니다. 꿈에서 보는 음식은 생시의 음식과 아무

---

54) 마니교에 의하면 아들인 신의 '능력'은 태양 속에, '지혜'는 달 속에 산다.

리 비슷하다 할지라도, 잠자고 있는 사람은 이 꿈 속의 음식을 먹을 수는 없습니다. 육신은 잠자고 있으니까요. 그뿐만 아니라 그것들은 지금 당신이 나에게 타이르듯이, 절대로 당신과 닮은 점이 없습니다. 그것들은 어디까지나 형체가 있는 환상이고 허망한 물체로서, 그것에 비하면 천상의 것이건 지상의 것이건 우리들이 육안으로 볼 수 있는 이 참다운 물체가 더 확실합니다. 우리가 육안으로 본다는 것은 가축이나 날짐승도 마찬가지기는 하지만, 우리들이 머릿속에서 상상하는 것보다도 확실합니다.

그리고 그런 것들로부터 그것과는 다른, 절대로 존재할 수 없는 무한히 큰 것을 추측하는 것보다도, 상상하는 경우가 더 확실합니다. 당시 나는 이러한 허황된 추측 속에서 살고 있지 않았습니다. 그러나 나의 사랑이신 하나님! 나는 강한 사람이 되기 위하여 당신을 향해서 기진맥진하는 것이지만, 당신은 하늘에 계시어 우리들이 볼 수 있는 물체도 아니며, 또 거기에서 볼 수 없는 물체도 아닙니다. 당신께서 이런 것들을 창조하셨지만 이것을 당신의 극히 높으신 성업 속에 두지 않기 때문입니다. 그러므로 당신은 이같은 나의 환상, 절대로 존재하지 않은 물체의 환상으로부터 그 얼마나 멀리 떨어져 있는 것입니까? 이들의 환상에 비하면 존재하는 여러 물체의 표상表象[55]이 훨씬 확실하고 또 물체 그 자체는 표상보다도 더욱 확실합니다. 그러나 당신은 이와 같은 물체가 아니며 또 신체의 생명인 영혼도 아닙니다.

---

55) 아우구스티누스는 표상(phantasia)과 환영(phantasma)을 구별한다. 전자는 실재하는 사물에 관하여 감각을 통해서 얻어지는 것, 후자는 공상의 소산.

고로 신체의 생명은 신체보다도 우위이고, 또 확실한 것입니다. 그러나 당신은 어디까지나 여러 영혼의 생명이고 여러 생명의 생명이며, 당신 스스로에 의해서 살고 계십니다.

내 영혼의 생명이시여! 당신은 영원히 변하시지 않습니다. 주님, 당신은 그때 어디에 계셨습니까? 또 저한테서 얼마나 멀리 떨어져 계셨습니까? 나는 당신 곁에서 멀리 떨어져 이국 땅을 방황하면서, 돼지가 먹는 밥 찌꺼기조차도 먹을 수 없었습니다.[56] 나는 오히려 그땐 문법학자들이나 시인들이 만들어 낸 이야기가 도리어 얼마나 좋았는지 모릅니다. 즉 시와 노래와 '하늘을 나는 메디아'[57]가 암흑 속의 다섯 동굴에 따라서 여러 가지로 빛깔이 변하는 다섯 가지의 원소[58]보다도 분명히 이로운 점이 많았습니다. 이러한 원소란 하나도 없었으며 그것을 믿는 자를 죽여 버립니다.

사실 시나 노래라면 그것을 진실한 양식으로 바꿀 수 있고, '하늘을 나는 메디아'의 시는 노상 사람들이 낭독하고 있었습니다만 나는 이것에 귀를 기울이지도 않고 설령 듣는다 해도 믿지 않았습니다. 그러면서도 그 마니교의 조작된 이야기를 어리석게도 나는 믿었던 것입니다. 이 무슨 재앙의 장난입니까. 이것은 나에게 큰 화근이었습니다. 주님이시여! 당신을 목메어 찾았을 때, 나는 참된 진리의 결핍으로 고통을 당하고 기갈을 느꼈습니다. 이리하여 나는 그 무슨 계단을

---

56) 누가복음 15 : 11~32 참조.
57) 콜키스의 왕 아이에테스의 딸. 난다고 한 것은 '용차(龍車)를 타고서'의 말이다. 그녀는 이아손에게 속아서 버림을 받았다.
58) 마니교는 암흑의 왕국을 '암흑', '연기', '나쁜 바람', '나쁜 불', '나쁜 물'의 다섯 가지 동굴로 분류했다.

밟아가며 한 걸음 한 걸음 지옥의 바다[59]로 끌려 들어갔는지 모릅니다.

내가 아직 참회하지 않고 고백하지 않았을 때에도 나에게 깊은 자비를 베푸신 당신에게, 이제 이 일을 고백하겠나이다. 즉 인간이 동물보다 나은 자가 되기를 당신께서 나에게 원하신 그 슬기의 권능에 의하지 않고, 그저 육(肉)의 정욕에 의해서 나는 당신을 찾았습니다. 그러나 당신은 나의 가장 깊숙한 내부보다 더 내부에 계시고, 나의 가장 높은 곳보다도 더 높은 곳에 계셨습니다. 나는 솔로몬의 비유에 나오는 무지한 여자와 흡사했습니다. "미련한 계집이 떠들며 어리석어서 아무것도 알지 못하고 자기 집 문에 앉으며 성읍 높은 곳에 있는 자리에 앉아서 자기 길을 바로 가는 행객을 불러 이르되 무릇 어리석은 자는 이리로 돌이키라. 또 지혜 없는 자에게 이르기를 도적질한 물이 달고 몰래 먹는 떡이 맛이 있다 하는도다."잠언 9 : 13-17 그녀는 나를 유혹하였습니다. 나는 육체의 눈에 지배받고 있는 나의 영혼을 보았으며, 그 눈이 주는 음식을 새김질하고 탐내는 나의 모습을 그녀는 발견한 것입니다.

마니교의 불합리성

나는 실상 아무것도 아는 것이 없었습니다. 즉 진정한 의미에서 존재하는 분을 몰랐습니다. "악이 어디 있느냐? 악은 어디서 오느냐?

---

[59] "오직 그 어리석은 자는 죽은 자가 그의 곳에 있는 것과 그의 객들이 음부 깊은 곳에 있는 것을 알지 못하느니라."(잠언 9 : 18)

하나님은 발이나 머리카락 같은 것도 있고, 형체도 지니고 있느냐?"
또 "동시에 아내를 여러 명 거느리고, 사람을 죽이고 동물을 산 제물
로 바치는 자들을 의인義人이라고 보아야 하는가?" 따위의 질문을 그
들로부터 받았을 때[60], 나는 여지없이 마음이 흔들려서 그 어리석은
기만자들의 의견에 찬성하고 말았습니다. 이러한 것에 대해서는 나
는 전혀 아는 바가 없었기 때문에, 그만 현혹되고 말았습니다. 진리
로부터 멀어져 가고 있으면서도 마치 진리를 향하여 다가가는 것처
럼 생각하고 있었습니다. 악한 것은 궁극적으로 따지면 완전히 무無
가 되어 버리는 선의 결핍에 불과하다는 것을 그 당시 나는 몰랐던
것입니다. 기껏 내 마음이 볼 수 있는 것이라고는 환영幻影에 지나지
않았던 그 당시의 나로서는, 어찌 그 진리를 깨달을 수가 있겠습니
까. 하나님이 곧 성령이라는 것을[61] 전혀 알지 못하였으며, 하나님은
길이나 폭이 있는 신체가 없으시다는 것, 그리고 그 존재는 부피가
없다는 것을 몰랐습니다. 부피에 있어서 부분은 전체보다 적으며 설
사 그 부피가 무한정으로 크다고 할지라도 어떤 일정한 공간을 차지
하고 있으면 무한보다는 작은 것입니다. 그러므로 성령이나 하나님
처럼 어디에나 두루 전체로서 존재할 수는 없는 것입니다.

성경에 기록된 대로 우리가 "하나님의 형상을 따라"[62] 창조된 인
간이란 사실을, 우리의 존재가 하나님보다 훨씬 작은 존재라는 것을

---

60) 악의 기원을 마니교는 2원론으로 해결하려고 했다. 또 기독교에 대해 마니교가 취한 공격
의 요점은, 《구약성서》에 있어서의 신의 의인화, 도덕적 표준의 불완전성이라는 점이었다.
61) "하나님은 영이시니 예배하는 자가 신령과 진정으로 예배할지니라."(요한복음 4 : 24)
62) "하나님이 자기 형상 곧 하나님의 형상대로 사람을 창조하시되 남자와 여자를 창조하시고"
    (창세기 1 : 27)

나는 전혀 모르고 있었습니다.

 그리고 나는 인간의 관습에 의해서가 아니고, 전지전능하신 하나님의 탁월한 율법에 의해 심판하는 참다운 정의正義에 대하여도 알지 못하였습니다. 어느 나라가 되었든, 또 어느 시대이든 인간의 윤리는 이 율법에 의해서 형성되었던 것입니다. 게다가 이 하나님의 율법은 어디에서나 항상 변함이 없으며, 시대와 장소에 따라서 다르게 나타나는 것이 아닙니다. 실로 이 율법으로 말미암아 아브라함, 이삭, 야곱, 모세, 다윗과 그 밖에 하나님께서 칭찬하신 모든 사람들이 의로운 사람이 된 것입니다.[63]

 그러나 이들 성인들에 대해, 비좁은 인간의 심판에 의해 심판을 하고 또 자기의 좁은 도덕관에 의해 보편적인 윤리를 측정하는 무지無知한 자들은 의롭지 못한 사람들이라고 판단할지도 모를 일이었습니다.[64] 그것은 마치 무장을 하려는 사람이 어디에 어떤 무구武具를 걸쳐야 할지 몰라, 장화를 머리에 쓰고 투구를 발에 신으려 하다가 잘 맞지 않는다고 불평하는 것과 다름이 없습니다. 그것은 또 오후부터 휴업이라는 공고가 나와 있는데도 불구하고, 오전 중에는 물건을 팔고 살 수 있는데 왜 오후에는 그렇게 할 수 없느냐고 괜히 혼자 투덜거리는 사람과 같습니다.

 이를테면 같은 가정에서 음료의 식기 담당자인 하인이 만지지 못하게 한 식기를 다른 하인이 만지는 것을 보거나, 식탁 앞에서 금지

---

63) 히브리서 11 : 8~40 참조.
64) "너희에게나 다른 사람에게나 판단받는 것이 내게는 매우 작은 일이라. 나도 나를 판단치 아니하노니."(고린도전서 4 : 3)

되어 있는 일이 마구간馬廐間 뒤에서 행해지는 것을 보고, 한 집안의 한 식구끼리 모든 장소에서 모든 사람에게 같은 짓을 할 수 없게 한다고 역정을 내는 거나 마찬가지입니다.

  이 시대에서 옳지 못하다고 하는 일이 그 시대에 의인들에 의해서 옳다고 허용되었다는 말을 듣고 화를 내며, 그리고 또 신이 어떤 일시적인 이유에서 저 사람들에게는 그 일을, 이 사람들에게는 이 일을 명령하셨다는 것을 듣고 불공평하다고 벌컥 화를 내는 사람들도 그와 비슷한 무리들입니다. 그러나 사실은 그런 사람들은 모두가 똑같은 정의를 따르고 있는 것입니다. 사실인즉 같은 인간, 같은 날, 같은 집일지라도 각자에게 각각 다른 일이 적절히 주어질 때가 있으며, 일찍이 오랫동안 허용되었던 일이 어느 기간이 경과된 후에는 허용되지 않게 되고, 이 한쪽 지역에서 허용되고 명령된 일이 저쪽 지역에서는 당연히 금지되고 처벌된다는 사실을 똑똑히 보지 않으면 안 됩니다.

  그렇다면 정의란 시시각각으로 변하는 것일까요? 결코 그렇지는 않습니다. 다만 인간의 정의는 시간과 공간의 제한을 받지만 하나님의 정의는 그렇지 않습니다. 시간적으로 제한된 인간은, 즉 "땅에서 사는 날이 적은"욥기 14 : 1 인간은, 감각의 세계에 살고 있기 때문에 경험하지 못한 과거의 시대와 다른 나라의 국민의 주장과 지금 경험하고 있는 시대와 자기 국민들의 주장과를 관련시켜서 판단할 수가 없습니다. 그러나 같은 사람, 같은 날, 같은 집에 있어서는 그 신체 조건이나 시기 혹은 그 인물에 따라 어떤 일이 적합한가를 쉽게 인정할 수 있으므로, 전에 화를 냈던 사람들도 이제는 충분히 납득하여 따르는 것입니다.

  그때 나는 이런 것들을 몰랐으며 관심도 갖지 않았습니다. 이 사실을 깨닫게 하는 여러 가지의 자극이 도처에 있었지만, 나는 그것을 미처 보지 못했습니다. 또 나는 자주 시를 지었는데, 그럴 경우 내가 좋아하는 각운脚韻을 제멋대로 좋아하는 장소에 갖다 놓을 수는 없었습니다. 제각기의 운율에 따라서 각각 다른 방법으로 놓아야만 하는 것입니다. 또 어떤 한 시구詩句에 있어서도 모든 장소에 똑같은 각운을 놓을 수가 없었습니다. 그렇지만 거기에 따라 시를 짓는 기교 자체는 제각기의 장소에서 다를 수 없었고, 전체를 동시에 내포하고 있었습니다.

  나는 이런 것을 보고서도 저 선하고 경건한 성인선지자들이 복종하던 하나님의 정의가 그 자체로서는 변하지 않으면서도, 시간에 따라서 각각 달리 명하신다는 것을 깨닫지 못하였습니다. 이리하여 나는 눈이 어두워져서 저 성스러운 선지자들을 비난하였습니다. 그러나 그들은 하나님의 명령과 영감에 따라서 실제로 눈앞에 있는 것을 사용하고 또 그것에만 그치지 않고 하나님의 계시에 따라 미래의 일까지도 예언했던 것입니다.

마니교도에 대한 공격

  어느 시대, 어느 장소를 막론하고 "네 마음을 다하고 목숨을 다하고 뜻을 다하여 주 너의 하나님을 사랑하라. 그리고 네 이웃을 네 몸과 같이 사랑하라"신명기 6 : 5, 마태 22 : 37, 39는 말씀이 어긋난 적이 있었습니까? 그러기에 천성에 반하는 수치스러운 행실은 어디에서나 책망을 받게 되고, 또 처벌을 받게 되는 것입니다. 예컨대 소돔 사람들의 행실은 자연의 본성에 반대되는 추행입니다.[65] 그와 같은 죄를 범하는 모든 나라 사람들이 하나님의 율법대로 벌을 받을 것입니다. 실로 하나님의 율법은 이렇게 서로 사람을 해치도록 인류를 창조하시지는 않았습니다.

하나님을 조물주로 섬기는 천성이 육욕의 사악으로 말미암아 더럽혀질 때, 하나님과 우리들과의 영적 교류는 끊어지고 마는 것입니다. 그러나 인간의 습관에 어긋나는 죄는 용인되는 것도 있습니다. 이 경우에는 다만 사회 전체에 조화되지 않는 것만이 죄로 규정됩니다. 즉 모든 국가나 민족의 내부에서 그 습관이나 법률에 의해서 확정된 결정은 국민이나 외래인이 마음대로 깨뜨려서는 안 됩니다. 전체에 적합하지 않은 일체의 것은 추하기 때문입니다.

그렇지만 하나님께서 어느 국민의 습관이나 결정에 어긋나는 일을 하라고 명하실 때에는 일찍이 그들이 한 번도 하지 않았던 일이라 할지라도 하지 않으면 안 됩니다. 그렇지 않고 이를 행하다가 중단하였을 경우에는 반드시 다시 회복해야 하며, 아직 한 번도 행하지 않았으면 지금 당장 행해야 합니다. 만약에 어떤 통치자가 자기가 다스리는 국민에게 과거에 한 번도 내리지 않았던 명령을 내렸다면, 국민은 누구나 이것을 지킬 의무가 있는 것입니다. 그 통치자의 명령에 따르는 것이 국가사회의 원칙에 위배되지 않고, 그를 따르지 않는 것이 이에 위배되는 것이라면, 진심으로 자기의 군주를 따른다는 것은

---

65) 창세기 18, 19장 참조.

인간사회의 일반적인 약속인 것입니다. 하물며 만물의 지배자이신 하나님의 명령에는, 우리는 조금도 주저함이 없이 당장 따라야 할 것입니다. 작은 권리에 앞서서 큰 권리에 따라야 하는 것과 같이, 일체의 것에 앞서서 하나님의 명령에 따라야 할 것입니다.

남을 해치는 죄악에 있어서도 마찬가지입니다. 이 죄악 가운데에는 모욕이나 상해에 의해서 남을 해치려는 욕정이 도사리고 있습니다. 그 중 어느 욕정은 원수지간인 경우처럼 복수심이 마음 속에 도사리고 있는 경우가 있고, 나그네를 위협하는 강도처럼 남의 재물을 빼앗으려는 생각이 도사리고 있는 경우도 있습니다. 또한 화를 피하기 위해서 미리 부당한 조처를 취하는 행위, 불행한 사람이 행복한 사람에 대해서 혹은 반대로 무슨 일이 잘 되어가고 있는 사람이 자기와 동등하게 되지나 않을까 두려워하고 있는 사람에 대해서 또는 이미 동등하게 된 사람을 미워할 때와 같이 질투심이 기초가 되어서 생기는 경우도 있습니다. 그리고 칼싸움을 구경하고, 걸핏하면 비웃거나 놀리기를 좋아하는 자들처럼 남의 불행에서 쾌감을 맛보려고 하는 못된 마음에서 생기는 경우도 있습니다. 이런 것은 모두 지배욕이나 안목의 정욕 혹은 관능의 정욕 전부를 또는 그 중 하나, 둘을 불태우려고 하는 불의의 새싹[66]들입니다. 이런 것이 싹트고 있는 경우에, 사람은 세 가지와 일곱 가지의 규칙을 지키는 십현금+絃琴[67] — 즉 하

---

[66] "이는 세상에 있는 모든 것이 육신의 정욕과 안목의 정욕과 이생의 자랑이니 다 아버지께로 좇아온 것이 아니요 세상으로 좇아온 것이라."(요한 1서 2 : 16)
[67] "하나님이여 내가 주께 새 노래로 노래하며 열 줄 비파로 주를 찬양하리이다."(시편 144 : 9) 모세의 십계가 세 가지와 일곱 가지의 규칙이라는 것은 앞의 셋은 신에, 뒤의 일곱은 인간에 대한 규칙이기 때문이다. 아우구스티누스는 십계를 나누어 3신계 7인계와 4신계 6인

나님의 거룩하고도 감미로운 십계명을 외면하고 못된 생활을 하게 됩니다.

그러나 하나님! 이러한 죄가 아무에게도 더럽힘을 받지 않고 상해를 받지 않는 당신을 어찌 해칠 수 있겠습니까. 오히려 죄 짓는 사람에게 당신은 벌을 주십니다. 인간이 당신의 계명에 거슬려 죄를 지으면, 곧 그것은 자기 자신의 영혼을 해치는 것이 되기 때문입니다. 또한 불의라는 것은 결국 스스로를 속이고 허망하다는 것을 깨닫게 됩니다. 즉 당신이 만드시고 질서를 부여하신 자기의 천성^{또는 본성}을 부패시키고 악하게 만들며, 또 허용되지 않은 것을 남용하고, 금지된 일을 하려고 하여 천성에 위배되는 방법을 사용하면서 자기 자신을 속입니다.

그리고 또 죄를 졌다고 책망을 당할 때에는 마음과 말로 당신에게 반항하고 날뛰지만, "가시채를 뒷발질하는 것"^{사도행전 26 : 14}과 같은 고통은 그들을 용서치 않을 것입니다. 인간이 쾌락을 추구함으로써 인간사회의 질서가 파괴되고 그들의 기호에 따라 파당派黨이 조성되고 있습니다.

이러한 일들은 모두가 이 우주의 유일한 조물주이시고 지배자이시며 또 온갖 생명의 원천이 되시는 하나님을 버리고[68], 제멋대로 교

계로 하는 것의 두 종류를 들어, 그 자신은 전자에 찬성할 뜻을 비쳤다. 즉 처음의 계(誡)에 3현(絃)이 있는데, 그것은 신은 3위(三位)이기 때문이다. 다른 계, 즉 우리의 이웃에 대한 사랑에 7현이 있다. 우리들이 만약 10현의 거문고에 맞추어 새로운 노래를 부르려고 하면, 이들의 계를 신의 사랑의 3계(三誡)에 결부시키라고 말하였다.

[68] "내 백성이 두 가지 악을 행하였나니 곧 생수의 근원되는 나를 버린 것과 스스로 웅덩이를 판 것인데 그것은 물을 저축지 못할 터진 웅덩이니라."(예레미야 2 : 13)

만을 부리고 자기 뜻대로 그릇된 짓을 하는 경우에 생깁니다. 그러므로 우리는 마땅히 겸허한 마음으로 경건하게 당신 품안으로 돌아가야 할 것입니다. 이리하여 당신은 우리들을 악습으로부터 벗어나게 해주시고, 또 솔직이 참회하고 고백하는 자의 죄를 자비로써 사해 주시고[69], 쇠사슬에 묶인 자의 신음소리에 귀를 기울이실 것입니다. 그리고 만물의 최고선이신 당신보다도 왜소한 자기 자신의 선을 사랑하고, 재물을 탐내다 결국 모두를 잃어버리고, 교만한 자유의 뿔[70]을 당신 앞에 높이 쳐들지 않기만 하면, 당신께서는 우리들 스스로가 만든 쇠사슬에서 우리를 해방시켜 주실 것입니다.

죄와 신의 판가름

그러나 이러한 추행과 악행과 불의 등 수많은 죄악들이 존재합니다. 만약 이들을 정당하게 재판한다면 완전을 추구하는 규칙에 어긋나므로 비난 받아 마땅합니다. 하지만 그들이 회개한다면 마치 씨뿌린 밭에 많은 곡식의 수확을 기대하듯 어떤 풍성한 희망을 품고 칭찬할 것입니다. 또 추행과 악행처럼 느껴지는 행동일지라도, 우리 주 하나님과 우리 인간사회를 해치는 것이 아닌 것은 죄가 되지 않는 것도 있습니다. 즉 생활의 필요를 위해 물자를 축적하는 경우 그것이 꼭 소유욕 때문이라고 단정하기는 어렵습니다. 또한 어떠한 행위가

---

[69] "오직 하나님은 자비하심으로 죄악을 사하사 멸하지 아니하시고 그 진노를 여러 번 돌이키시며 그 분을 다 발하지 아니하셨으니"(시편 78 : 38)
[70] "내가 오만한 자더러 오만히 행치 말라 하며 행악자더러 뿔을 들지 말라 하였노니 너희 뿔을 높이 들지 말며 교만한 목으로 말하지 말지어다."(시편 75 : 4,5)

교정을 목적으로 정해진 권위의 힘에 의해서 처벌을 받았을 때, 그 처벌이 가해하고 싶은 욕망에 의해서 행해졌는지 아닌지가 분명치 않습니다.[71]

이처럼 사람들이 보아서 바람직하지 못하다고 생각하는 많은 행동이 주님의 증언에 의해서 칭찬을 받고, 또 반면에 사람들이 칭찬하는 많은 행동이 주님의 증언에 의해서 벌을 받는 것입니다. 이것은 그 개개의 행위가 외관상 다르고 또 행하는 자의 마음이나 우리가 알 수 없는 당시의 사정이 흔히 다르기 때문입니다.[72] 그러나 당신께서 인간에게 전혀 생소하고 예측도 못한 명령을 내리신 경우에, 그것이 설령 당신이 전에 금하신 일이라 하더라도 또는 한동안 명령의 이유가 밝혀지지 않는다 하더라도, 그리고 그것이 인류의 어떤 사회의 약속에 위반된다고 하더라도 주저하지 말고 행해야 합니다. 그 까닭은 주님을 섬기는 사회만이 정의를 구현할 수 있기 때문입니다. 따라서 당신께서 내리신 명령을 깨닫는 자는 행복한 자입니다. 무릇 당신을 섬기는 사람들이 행한 일은 그 당시에 필요한 것임을 제시하고 있으며, 또 미래에 필요하다는 것을 예언하고 있기 때문입니다.

마니교도의 망언

나는 이러한 것을 모르고 이들 거룩한 하나님의 종들과 당신의 예언자들을 조롱했습니다. 그리하여 그들을 비웃고 얕본 나는 과연

---

71) 아우구스티누스는 이론의 유혹에 빠져서 신을 배반한 유태인 3천 명을 죽이게 한 모세의 행위를 들고 있다. 출애굽기 32 : 25 이하 참조.
72) 삼손의 자살 내지는 이삭을 산 제물로 바치라고 명했을 때와 같은 것.

무엇을 얻었다는 말입니까? 그들을 비웃은 나는 당신 앞에서 나 자신을 웃음거리로 만든 것밖에 되지 않았습니다. 나는 부지중에 점차로 유혹되어, 우리가 무화과를 따면 그 나무들이 울고 그 어미 나무가 젖과 같은 눈물을 흘린다는 어리석은 이야기를 그대로 믿었던 것이 아니겠습니까.[73] 땅 위의 열매는 인간을 위해 생긴 것이었지만, 나는 인간보다도 과일을 더 가엾게 여겨야 하는 줄 알았습니다. 그 무화과는 한 성도聖徒가 불경한 마음으로 따먹지는 않겠지만, 만일에 마니교도가 아닌 다른 사람이 이것을 따먹는 날에는 그것이 창자 속에 들어가 무화과에서 천사들을, 그뿐 아니라 기도하는 사이에 신神의 분자分子조차도 신음하고 트림을 하면서 토해 낸다는 겁니다.[74] 그리하여 마니교도가 아닌 사람이 배가 고파서 그 과일을 한입 떼서 먹기만 하여도, 사형에 처할 수 있는 죄를 지은 것이라고 생각하였습니다.[75]

어머니 모니카의 기도

그러나 당신의 충실한 여종인 나의 어머니가, 세상의 어머니들이 죽은 자식을 위해 우는 것보다 더 슬피 울면서, 나를 위한 애절한 마음으로 당신에게 기도를 했을 때, 주님은 높은 곳으로부터 거룩한 손

---

73) 마니교에 의하면 모든 식물 속에는 신령(神靈)이 작은 조각이나 분자(分子)가 되어 깃들어 있다는 것이다. 나무의 열매가 나무에서 따질 때 나오는 물은 곧 그 눈물이라는 것이다.
74) 마니교는 성자와 청문자(聽聞者)의 계급으로 나누고 있다. 성자는 물질 속에 들어 있는 신의 '작은 조각'을 해방시키는 권능을 갖고 있다고 한다. 성자는 손수 식물을 죽이지 않으나, 청문자가 딴 과실을 공양물로 세받아 먹음으로써, 나무 열매에 깃들이는 신의 영(靈)을 해방시키고 겸해서 식물을 죽인 청문자의 죄업도 소멸시킨다고 했다.
75) 마니교도는 가난한 사람에게 빵이나 과일을 주지 않고, 돈을 주었다. 이것은 가난한 사람이 과일을 먹고 그 속에 들어 있는 '신의 분자'를 더럽히는 것을 두려워했기 때문이다.

길을 뻗치시어[76] 이 어두운 구렁텅이에서 내 영혼을 구해 주셨습니다.[77] 즉 어머니는 주님으로부터 받은 믿음과 성령의 불길로[78] 나의 죽음을 본 것입니다.

그리고 주여! 당신께서는 어머니의 소원을 받아 주셨습니다. 당신은 어머니의 소원을 받아들여, 어머니가 넘쳐 흐르는 눈물로 땅을 적셨을 때, 그 눈물을 소홀히 여기지 않으셨습니다. 참으로 주님은 어머니가 드린 눈물의 기도를 들어주셨습니다. 그리하여 꿈을 통하여 그녀를 위로했습니다. 어머니와 내가 함께 같은 집에 살면서 밥상을 같이하는 그 꿈은 대체 어디서 온 것입니까? 내가 죄의 구렁텅이에서 하나님을 모독하는 말을 입 밖에 냈을 때, 어머니는 이를 결코 용납하지 않았으며, 눈물의 기도도 게을리하지 않았습니다. 그러던 중 어머니는 꿈을 꾸었던 것입니다.

그녀가 몸소 나무로 만든 자 위에 서 있었는데, 한 젊은 청년이 와서 수심에 잠겨 슬퍼하는 어머니에게 미소를 지었습니다. 그리고 왜 슬퍼하는지, 왜 매일 같이 눈물로 세월을 보내느냐고 물었습니다. 그 젊은이는 반드시 그 원인을 캐묻고 싶어서가 아니라, 가르침을 주기 위한 것이었습니다.[79] 어머니가 아들이 죄 속에서 멸망하고 있는 것을 한탄하고 있다고 대답하자, 그 청년은 안심하라고 명령하고 그녀

---

76) "위에서부터 주의 손을 펴사 나를 큰 물과 이방인의 손에서 구하여 건지소서."(시편 144 : 7)
77) "이는 내게 향하신 주의 인자가 크사 내 영혼을 깊은 음부에서 건지셨음이니다."(시편 86 : 13)
78) "우리가 성령으로 믿음을 좇아 의의 소망을 기다리노니"(갈라디아서 5 : 5)
79) 천사가 사람 앞에 나타나서 무엇을 묻는 것은, 사실은 무엇을 가르치려는 것이 목적이다. 이를테면 갈릴리 사람을 향해서 "왜 하늘을 우러러보고 서 있는가?"라고 물어 본 천사는, 그들에게 예수의 승천과 재림을 가르쳐 준다.

가 있는 곳에 자기도 같이 있다는 것을 주의해서 살피도록 권유하였습니다. 그 말을 듣고 주의해서 보니 그녀가 서 있는 나무 곁에 내가 또 서 있는 것을 보게 되었습니다.

대체 이 환영幻影은 어디서 온 것일까요? 그것은 다름이 아니라 바로 어머니의 마음에 주님이 귀를 기울이고 계셨던 것입니다. 오, 전능하시며 선하신 주님! 당신께서 우리 인간을 한 사람 한 사람 보살펴 주시며, 또한 만인을 마치 한 사람을 보살피듯 하십니다. 어머니가 이 꿈 이야기를 나에게 들려주었을 때, 나는 이것을 해몽하여 "어머니는 장차 나의 현 상태에 대해 희망을 버리지 말라"는 뜻이라고 말했더니, 어머니는 조금도 망설이지 않고 즉각 "아니야, 아니야, 그가 나에게 고한 것은 아들이 있는 곳에 어머니도 함께 있을지어다"가 아니라, "주님이 있는 곳에 아들도 있게 되느니라"고 말한 것이라고 반박하였습니다.

주여, 나는 지금도 잘 기억하고 있습니다. 나의 어머니의 그 대답은 분명히 주님으로부터 온 것입니다. 주여, 나는 주님 앞에 모든 것을 고백합니다. 그 대답은 꿈 이야기 그 자체보다도 나의 마음을 더욱 감동시켜 주었습니다. 이 꿈을 통하여 주님께서는, 경건한 어머니에게 훨씬 후에 주어져야 할 이 기쁨을, 이처럼 빨리 예시해 주셨던 것입니다. 그것은 어머니의 괴로움을 위로하기 위해서였습니다. 그 후 9년 동안 나는 여전히 저 깊은 구렁텅이와 어두운 망상妄想 속을 헤매었습니다. 나는 헤어나오려고 애도 써 보았으나 더욱더 깊이 빠져들어갔습니다. 그러나 그 정결하고 경건하고 착실한 과부는주님께서 이런 어머니를 긍휼히 여기셨습니다 이미 그 때에는 희망을 품고 있어 그 전보다는 활기에 차 있었습니다. 그러나 역시 한숨과 탄식 속에서도 오직 나를 위해서 기도하고 애원한 보람이 있어 끝내 주님께서 그 간절한 소원을 들어주셨습니다.[80] 그렇지만 여전히 주님께서는 나를 시험하시어 어두운 구렁텅이에서 구해 주시지 않았습니다.

주님의 역사役事

이리하여 그때 당신은 또 하나의 대답을 어머니에게 주셨습니다. 나는 이것을 기억하고 있습니다. 그 밖에도 더 많은 일이 있습니다만 당신께 고백할 것이 하도 많아서 일일이 말씀드릴 수도 없고, 그리고 미처 생각이 나지 않는 것도 많습니다. 그때 당신은 어머니에게 새로운 대답을 해주신 것입니다. 그것은 교회 안에서 자랐으며 당신의 가르침에 대하여 조예가 깊은 당신의 사제司祭를 통하여 주신 대답입니다. 어머니는 초조한 마음으로 그 사제를 찾아가 그에게 나의 잘못을 털어놓고 나를 악의 길에서 끌어내어 바로잡아 달라고 간청하였습니다. 그러나 그는 거절하였습니다 사실 그 사제는 필요한 사람을 보면 으레 그런 일을 했습니다.

후에 내가 안 사실이지만, 그는 극히 현명한 분이었습니다. 그는 내가 어떤 길을 걷고 있으며 얼마나 고집이 센가를 잘 알고 있었고, 나에게 타일러도 아무런 효과가 없다는 것을 잘 알고 있었기 때문입니다. 즉 그는 "아직 아들에게 손을 댈 수 없소" 하고 어머니에게 대

---

80) "여호와 내 구원의 하나님이여, 내가 주야로 주의 앞에 부르짖었사오니 나의 기도로 주의 앞에 달하게 하시며 주의 귀를 나의 부르짖음에 기울이소서."(시편 88 : 1,2)

답한 것입니다. 저 이단異端에 내가 사로잡혀 있고 어머니도 그에게 실토했듯이, 이미 많은 미숙한 자들을 섣불리 설득시키다가 되레 현혹시키고 있다고 변명하였습니다. "모름지기 아들을 위해 주님께 기도하시오. 때가 오기까지 내버려 두고 아들 스스로 깨닫게 될 때까지 기다리시오" 하고 그 사제는 어머니에게 말했습니다.

그는 말을 이어 다음과 같이 늘어놓았습니다 ― 자기도 어렸을 때 마니교에 홀린 어머니에 의해서 그들 손에 넘어가, 마니교의 책을 거의 모두 숙독했을 뿐 아니라 베껴 쓰기까지도 했습니다. 그러나 아무에게서도 공박을 들은 일도 없고 설득을 받은 일도 없었지만, 나 스스로가 그 종파의 부당성을 깨닫게 되어 거기에서 빠져 나온 것입니다. 그가 이렇게 말하였지만 그래도 어머니는 불안한 마음으로, 그에게 나와 만나서 좀 설득을 시켜 달라고 보채자, 약간 불쾌한 기분이 된 그 사제는 "어서 돌아가시오. 그럼 마음도 편해질 겁니다. 이렇게 어버이가 눈물을 흘리는 자식은 멸망할 리가 없습니다" 하고 말했습니다.

그 사제가 하는 말이 마치 하늘에서 울려 오는 것처럼 느껴졌다고 어머니는 나와의 대화에서 종종 말씀하셨습니다.

Sanctus Aurelius Augustinus

제4권 » 죽음과 사랑

어떻게 타인을 유인했는가

내 나이 19세 때부터 28세에 이르기까지의 9년 동안에, 표면적으로는 학예(學藝)[81]라는 미명 아래 그리고 숨어서는 종교[82]라는 미명 아래, 우리들은 여러 가지 정욕에 사로잡혀 남을 유혹하고 또 유혹을 받기도[83] 하고, 남을 속이고 또 속임을 당하기도 했습니다. 학문에는 과장이 있고 종교에는 미신이 있어, 모든 것이 허망하기만 했습니다. 여기서는 공연한 칭찬을 받으려는 허영심이 깃들여 있었고, 극장의 광대 노릇에 현혹되고 건초로 만든 관(冠)을 목표로 하는 경기에 미치

---

81) 학예란 어떤 전문적 기술을 위해서가 아니라 소위 일반 교양인에게 어울리는 학문이다. 고대 말기로부터 중세에 걸쳐 문법, 수사학, 변증법(지금의 논리학), 수학, 기하학, 천문학, 음악의 '7 자유학과'라고 일컫던 것.
82) 마니교는 기독교 교회 및 국가에서 금했던 종교이다. 372년에 바렌티니아누스 황제는 준엄한 법으로써 이를 압제했다.
83) "악한 사람들과 속이는 자들은 더욱 악해져서 속이기도 하고 속기도 하나니" (디모데후서 3 : 13)

고, 또 허식과 정욕의 방종에까지 이르렀던 것입니다. 또 한편으로는 소위 '선민選民' 혹은 '거룩한 성자'라 불리는 사람들에게 음식을 가지고 가서, 그러한 더러움으로부터 깨끗이 벗어나기를 간청하기도 했던 것입니다. 그들은 이 음식을 먹고 조그만 물그릇을 만드는 공장[84]에서, 우리를 구제하는 천사나 신들을 만들어 줄 것이라고 바랐던 것입니다.

나는, 나와 함께 속임수에 빠진 내 친구들과 더불어 이런 짓을 행했던 것입니다. 주여! 이것은 내가 내 자신을 속인 것이 아니고 무엇이겠습니까?

교만한 자들은 나를 비웃겠지만 나는 주님 앞에 나의 수치를 고백하여 "내가 주께 감사제를 드리고 여호와의 이름을 부르리이다."시편 116 : 17 진정으로 원하옵건대, 현재의 추억 속에서 과거의 과오를 회상케 하여, 당신 앞에 기쁨의 제물이 되게 하소서. 만일 주님의 은총이 없었더라면 나는 존재하지 않았을 것입니다. 선한 마음으로 돌아가는 나란 대체 누구일까요?

그것은 바로 당신의 젖을 빨고[85] 또 영원히 썩지 않는 생명의 양식인 당신을 우러러보고 있는 것이 아니고 무엇이겠습니까? 인간은 결코 주님을 떠나서는 존재할 수 없습니다. 권세 있는 자들은 약하고 무능한 우리를 비웃을지 모르나, 우리는 당신께 모든 것을 고백하겠나이다.

---

84) 위장(胃腸)을 풍자한 것.
85) "갓난 아이들같이 순전하고 신령한 젖을 사모하라. 이는 이로 말미암아 너희로 구원에 이르도록 자라게 하려 함이라."(베드로전서 2 : 2)

동거 생활

이 당시 나는 수사학을 가르쳤습니다. 정욕엔 굴복하면서 남을 말솜씨로 굴복시키는 기술을 팔아먹고 있었습니다. 오, 주님! 그러면서도 나는 선한 제자를 갖고 싶어했습니다. 나는 학생들에게 속임수를 가르치면서, 깨끗한 생활을 하기 위해서는 죄를 져서는 안 된다는 것을 가르치지 않고 도리어 때에 따라서는 자기의 육신과 정욕을 위하여 죄를 지어도 좋다고 가르쳤습니다. 주님! 그래도 나는 저 멀리서 당신이 바라보고 있는 짙은 연기 속에서 빛나고 있는 나의 정성을 저버리지는 않았습니다.[86]

헛된 것을 좋아하고 거짓을 좋아하는[87] 학생들을 가르칠 때, 나는 그들과 역시 한패이기는 했으나 나의 정성을 보여주고 있었습니다. 이 무렵 나는 한 여인과 동거를 하고 있었지만, 정식으로 결혼한 것도 아니고 무분별하고 방종에 흐른 나의 정열이 그녀를 붙잡게 하였습니다. 그래도 나는 그녀 한 사람을 지키고 그녀에 대해서 진실을 다했습니다. 그녀와의 생활을 통하여 나는, 자식을 낳기 위해서 결합되는 혼인 약속의 속박과, 정욕적인 사랑 약속과의 사이에 어떠한 차이가 있는가를 뼈저리게 느꼈습니다. 후자의 경우, 일단 자식이 태어나면 애정이 생긴다고는 하지만 그 아이[88]는 남녀의 의사에 반해서 태어난 것입니다.

---

86) "상한 갈대를 꺾지 아니하며 꺼져 가는 등불을 끄지 아니하고 진리로 공의를 베풀 것이며" (이사야 42 : 3)
87) "인생들아 어느 때까지 나의 영광을 변하여 욕되게 하며 허사를 좋아하고 궤휼을 구하겠는고"(시편 4 : 2)
88) 이 사이에서 태어난 사내아이 아데오다투스를 몹시 사랑하였다.

나는 또 생각이 납니다. 내가 극장에서 극시劇詩 경기에 참가하기로 결심했을 때의 일입니다. 내가 전혀 모르는 어떤 점장이가, 이 경연에서 우승하고 싶거든 귀신에게 짐승을 잡아 제물로 바치라는 것이었습니다. 그러나 나는 그러한 미신 같은 소리를 대번에 물리치고, "설령 우승의 상으로서 반짝거리는 황금으로 만든 관冠이 나온다 하더라도, 이것을 따기 위해서 파리 한 마리라도 죽일 생각은 없다"고 대꾸하였습니다. 사실 그는 동물을 죽여 제물로 바치고, 그 제물로 잡귀들을 불러 나를 도우려고 했던 것입니다. 그러나 내 마음의 하나님[89], 내가 이러한 헛된 일을 배척한 것은 당신에 대한 정결을 지키기[90] 위함은 아니었습니다. 나는 주님을 사랑하는 길을 몰랐던 것입니다. 단지 육체적 욕망을 위해 그랬던 것입니다.

실로 우리의 영혼은 이러한 허무맹랑한 이야기에 귀를 기울였다가 넘어지고, 당신의 율법을 떠나서 간음을 하며[91] 거짓된 것을 철석같이 믿고, 바람을 먹이는 것이 아니겠습니까.[92] 분명히 나는 그 잡귀들에게 제물을 바치는 것을 원하지 않았으나, 이 미신으로 말미암아 은연중에 스스로를 제물로 바치고 있었던 것입니다. 이와 같이 귀신들에게 제물을 바치는 것은 바로 '바람을 먹는' 일이 아니겠습니까?

---

89) "내 육체와 마음은 쇠잔하나 하나님은 내 마음의 반석이시요 영원한 분깃이시라."(시편 73 : 26)
90) 동물의 희생을 거절한 동기는 마니교의 신앙 때문이다. 이 교에서는 동물뿐 아니라 식물을 죽이는 것조차도 큰 죄라 하여 금지하고 있었다.
91) "대저 주를 멀리하는 자는 망하리니 음녀같이 주를 떠난 자를 주께서 다 멸하셨나이다."(시편 73 : 27)
92) "에브라임은 바람을 먹으며 동풍을 따라가서 날마다 거짓과 포학을 더하며 앗수르와 계약을 맺고 기름을 애굽에 보내도다."(호세아 12 : 1)

길을 잃고 헤매는 나 같은 자가, 어찌 그것들의 조롱과 웃음거리가 되지 않겠습니까?

점성술과 미신

나는 이른바 점성가라고 부르던 그 사기꾼들과 어울려 마음을 터놓고 의논하고 했습니다. 그들은 귀신에게 제물을 바치는 일도 없고 또 점치기 위하여 어떤 영에게 비는 일도 없었기 때문입니다. 그렇지만 진실로 경건한 기독교 신자라면 마땅히 그 점치는 일을 비난하고 배척해야 할 것입니다. "여호와여 나를 긍휼히 여기소서. 내가 주께 범죄하였사오니 내 영혼을 고치소서."시편 41 : 4 또한 주님의 자비심을 남용하여 죄 짓지 말고 주님의 말씀을 마음 속에 새겨 두게 하소서. "보라, 네가 나았으니 더 심한 것이 생기지 않게 다시는 죄를 범치 말라."요한 5 : 14

그러나 점성가들은 자네의 "죄의 원인은 하늘의 별들에 의하여 결정된다"는 둥, "금성과 토성과 화성이 이 죄의 원인이다"라는 둥 희한한 말을 하고 있었습니다. 그리하여 피와 살이 있고 오만하기 짝이 없는 인간에게는 아무런 책임이 없고, 오직 책망을 받을 자는 하늘과 별을 창조하고 주관하시는 하나님이라는 것입니다. 이 하나님은 바로 유화하시고 모든 의義의 근원이신 우리들의 하나님이 아니고 누구이겠습니까? "하나님께서 각 사람에게 그 행한 대로 보응하시되"로마서 2 : 6, "상하고 통회하는 마음을 주께서 멸시치 아니하시리이다."시편 51 : 17 그 무렵 의술에 정통하여 명성이 높았던 한 현인賢人이 있었습니다. 황제의 시의侍醫인 그가 지방 총독으로 있으면서 내가 극시 대회에서 우승했다고 하여, 내 머리에 손수 관을 씌워 준 일이 있었습니다. 그렇지만 그 당시 그는 참다운 영혼의 병을 고치는 의사로서 그 관을 씌워 준 것은 아니었습니다. 오직 "교만한 자를 대적하시되 겸손한 자들에게는 은혜를 더하여 주시는"베드로전서 5:5, 야고보서 4:6 하나님만이 영혼의 병을 고칠 수가 있습니다. 그러나 당신은 이 노인을 통하여 내 영혼의 병을 고칠 수 있게 도와 주셨습니다. 나는 그 노인과 점점 친해져서 그의 이야기에 — 그의 이야기는 질서정연한 논리는 없었으나, 실생활에 도움이 되는 성실한 내용이었습니다 — 열심히 귀를 기울였습니다. 그리하여 서로 이야기를 나누는 동안에 내가 점성술 책에 몰두하고 있는 것을 알아차렸고, 이를 배척하고 유용한 것에 필요한 배려와 노고를 해야 하거늘, 헛된 일에 시간을 허비하지 말라고 자애심 많은 어버이와도 같이 나에게 충고를 해주셨습니다.

그는 이렇게 입을 열었습니다. "나 자신도 어릴 때 이 학문에 미치고 이것을 생업으로 삼으려고까지 생각하였네. 그러나 나는 히포크라테스의 사상을 잘 이해하고 있느니만큼 이것을 버리고 의학에 전념하게 되었네." 그는 점성술이 새빨간 거짓말이라는 것을 깨닫고, 진실한 한 인간으로서 남을 속여 생계를 도모할 의사가 전혀 없었기 때문이라고 말했습니다. 그는 계속해서 말했습니다. "자네는 생계를 꾸려 나갈 수 있는 수사학자라는 직업을 가졌으니 어떤 경제적 필요에서도 터무니없는 점성술에 유혹되지 말게나. 나는 이 점성술만으로 먹고 살려고 온갖 노력을 다한 사람이네. 부디 내 말을 믿어 주게나." 그렇지만 이 점성술로 많은 미래의 사실을 예언할 수 있는 것은 웬일입니까? 하고 질문을 던지자, 그는 다음과 같이 대답하였습니다. "그것은 자연계에 빈틈없이 깔려 있는 우연의 힘에 의한 것이네. 한 예로 누가 어떤 시인의 시집을 펼쳤을 때 우연히 눈에 띈 그 시는 그 시인이 다른 뜻에서 표현한 것이지만, 신기하게도 그 시가 읽는 사람의 처지와 감정에 꼭 들어맞는 경우가 있네. 이것은 별로 이상할 것도 없는 일이지. 스스로의 마음속에 무슨 일이 생기고 있는지 모르면서도, 질문을 하는 상대방의 사건이나 행위에 부합되는 답이 본능이나 영혼의 일종인 영감에서 또는 학문에 의해서가 아니라, 순전하게 우연히 튀어나와도 조금도 놀랄 것은 없네."

이것은 모두가 주님께서 그를 시켜 나로 하여금 나 자신을 지키게 하고 그에게서 배우게끔 하신 것입니다. 그리하여 내 자신을 스스로가 가두어야 할 것을 미리 머릿속에 새겨 주신 것입니다. 그러나 그 당시에는 그 노인도, 또 그런 미신 같은 점성술을 아예 처음부터 배척한 선량하고도 깨끗한 나의 친구 네브리우스도 감히 나를 설득시키지 못했고 나에게 강한 영향력을 주고 있던 점성술 저자들의 권위를 꺾지는 못하였습니다. 나로서는 이렇듯 점성가들이 매우 소중하게만 여겨졌습니다. 점성가들의 말이 꼭 들어맞았을 경우, 그것은 운이 좋았거나 우연히 맞는 것이지 별을 학문적으로 관찰한 결과가 아니라는 확실한 증거를 찾지 못하였기 때문입니다.

친우의 죽음

그 무렵 나는 처음으로 나의 고향 땅에서 교편을 잡기 시작하였는데, 같은 학교에서 공부했던 아주 절친한 친구를 만났습니다. 우리는 동갑내기였고, 막 성년으로 접어드는 나이였습니다. 그는 어렸을 때 함께 크고 같은 학교를 다니고 함께 놀았던 죽마고우였습니다. 그러나 지금은 어린 시절의 솔직한 우정을 나눌 수 있는 처지가 되지 못했습니다. 진정한 우정이란 주님께서 우리에게 주신 성령으로 말미암아 그리고 우리의 마음에 부어 주시는 사랑으로 말미암아 주님을 의지하고 주님께서 맺어 주시지 않고는 이루어질 수가 없습니다. [93)](하지만 우리들의 우정은 같은 학문의 정열로 타올라 아주 가까운 사이가 되었습니다.

성 아우구스티누스 작가 미상(6세기), 로마, 이탈리아

그런데 그 친구는 어려서부터 진정한 신앙을 모르고 자란 탓으로 참된 믿음이 없었습니다. 하지만 나는 나대로 참된 신앙 생활을 하지 못하면서도 어머니가 나를 위해 한탄하던 미신적이고 사악한 마니교의 이야기로 그를 유혹하였습니다. 이미 이 친구는 마음 속에서 나와 더불어 헤매기 시작했고, 나의 영혼은 그 친구 없이는 살 수 없게 된 것입니다. 그것은 나에게 있어서 그 무엇보다도 감미로운 것이었습니다.

그러나 보십시오! 복수의 신(神)[94)]이시며 자비의 근원이신 당신은, 당신의 품에서 떠나려는 자의 등 뒤에서 위협하시고 놀라운 방법으

---

93) "우리에게 주신 성령으로 말미암아 하나님의 사랑이 우리 마음에 부은 바 됨이니"(로마서 5: 5)
94) "여호와여 보수하시는 하나님이여 보수하시는 하나님이여 빛을 비취소서."(시편 94 : 1)

로 우리를 당신 품안으로 되돌아가게 하셨습니다. 결국 당신은 나의 친구를 이 세상에서 불러 가셨던 것입니다. 그와의 우정이 채 일 년도 계속되지 못한 때의 일입니다.

스스로 나 혼자만이 느끼는 당신에 대한 찬미를 누가 헤아릴 수 있겠습니까?[95] 그때 당신께서는 어떤 역사를 하셨으며, 또 당신의 심판이 얼마나 엄한 것이었는지 나로서는 측량할 수가 없었습니다. 그는 열병을 앓고 식은땀을 흘리면서 오랫동안 의식을 잃고 병상에 누워 있었으며, 회생할 가망이 보이지 않자, 그도 알지 못하는 사이에 사람들은 그에게 세례를 주었습니다. 그러나 나는 이것을 마음에 두지도 않고, 그의 마음 속에는 무의식중에 행한 그 세례보다도 나한테 받은 영향력이 클 것이라고만 생각하였습니다.

그러나 그 기대는 빗나갔습니다. 그는 갑자기 병에서 회복되어 위험한 고비를 넘기고, 나와 함께 대화를 나눌 수 있게 되었습니다. 그가 병에서 깨어나 말할 수 있게 되자, 우리는 서로 떨어질 수 없는 사이였으므로 속을 터놓고 이야기를 나눈 것입니다. 원기를 되찾은 그 친구는 나에게 이렇게 충고해 주었습니다. "내가 세례를 받은 것은 이미 알고 있었네. 하지만 나를 마치 원수 대하듯 하지는 말게. 나를 참된 친구로 생각한다면 그와 같은 말은 하지 말게." 나는 친구의 말에 당황했지만 내 감정을 꾹 억눌렀습니다. 그가 완쾌될 때까지 접어두기로 했기 때문입니다. 그러나 나의 이러한 생각과 기대는 곧 무산되고 말았습니다. 며칠 후 내가 그의 곁에 없었을 때, 그 친구는 열

---

95) "뉘 능히 여호와의 능하신 사적을 전파하며 그 영예를 다 광포할고."(시편 106 : 2)

병이 재발하여 세상을 떠나고 말았습니다.

이 슬픔으로 내 마음은 어두워지고 내 눈에 비치는 모든 것은 오직 죽음으로밖에 보이지 않았습니다. 나에게 있어서 고향은 고통의 씨가 되고 내 부친의 집이 이상하게 불행하게만 보였습니다. 동시에 내가 그 친구와 함께 살아온 모든 추억이 갑자기 한없는 괴로움으로 변하였습니다. 나는 도처에서 그 친구의 그림자를 찾아보려고 했으나 이미 세상을 하직한 그가 내 눈에 뜨일 리가 없었습니다. 그와 만났던 모든 장소들도 싫어졌습니다. 그 장소들은 우리가 만날 시간이 되면 "보세요! 그가 오고 있어요" 하고 말해 주었는데 이제는 그럴 수도 없게 되었습니다. 이젠 나 자신이 스스로 커다란 수수께끼가 되고 말았습니다. 그리하여 나는 내 영혼을 향해 "어째서 슬퍼하고 또 어째서 그토록 상심하느냐"[96]고 자문하였을 때, 아무런 답도 나올 수가 없었습니다. 만약 그때 내 영혼을 향해 "하나님을 섬기라!"고 타일렀다면 내 영혼은 쉽게 받아들이지 않았을 것입니다. 내 영혼을 빼앗긴 사랑했던 그 친구는 "하나님을 섬기라!"고 명한 이 환상보다는 더 현실적이고 친밀감이 있었던 것입니다. 다만 눈물만이 마음의 위안이 되었고, 그 눈물만이 가장 사랑했던 친구 대신에 나의 마음에 일종의 즐거움마저 안겨다 주었습니다.

가엾은 자의 눈물

그러나 주님! 이제는 그러한 일도 지나가 버렸고, 세월이 흐름에

---

96) "내 영혼아 네가 어찌하여 낙망하며 어찌하여 내 속에서 불안하여 하는고?"(시편 42 : 5)

따라 내 마음의 상처도 아물었습니다. 어째서 눈물을 흘린다는 것이 불행한 자에게 감미로운 것인지, 진리이신 당신[97]께서 나에게 가르쳐 주소서. 당신께서 말씀하실 수 있도록 내 마음의 귀를 감히 당신에게 기울일 수 있을까요? 혹시나 당신은 어디에나 계시면서도 우리들의 불행을 외면하시고, 멀리 떨어진 곳에 우리를 버리시는 것은 아니십니까? 또한 당신은 오직 당신 속에 머무르시면서, 왜 우리들을 여러 가지 시련 속에서 방황하도록 내버려 두시는 것입니까?

진정 우리가 당신의 귓전에 한탄하고 호소하지 못한다면, 우리는 아무런 희망을 가질 수 없습니다. 대체 우리들은 어떻게 해서 신음, 눈물, 한탄, 불평 같은 것으로 점철되는 그 인생의 고난 속에서 감미로운 결실을 볼 수가 있는 것입니까? 이런 감미로운 열매는 우리의 절실한 기도가 당신의 귓전에 미칠 때 얻어지는 것일까요? 참으로 절실한 기도는 당신에게 미치고 싶은 열망을 내포하고 있으니까 말입니다.

그러나 잃은 것에 대한 비탄, 그 비탄 속에 잠긴 경우에도 가능한 것입니까? 나는 그 친구가 되살아나기를 바랐던 것도 아니며, 또 이것을 위해 기도를 드린 것도 아니었습니다. 다만 그 친구가 가엾고, 즐거움을 같이 나눌 수 있는 친구를 잃었기 때문에 그토록 슬퍼하고 울었던 것입니다. 하지만 우리가 즐기던 기쁨의 대상을 잃어버렸을 경우에, 슬퍼하고 운다고 해서 그 기쁨이 되살아날 수 있을까요?

---

97) "예수께서 가라사대 내가 곧 길이요 진리요 생명이니 나로 말미암지 않고는 아버지께로 올 자가 없느니라."(요한복음 14 : 6)

죽음에 대하여

그런데 어째서 나는 이러한 말을 하고 있는 것일까요? 지금은 의문을 캐물을 때가 아니고, 다만 주님에게 참회하고 고백할 때이기 때문입니다. 나는 비참한 사람이었습니다. 병들어 죽어야 할 자에 대한 우정에 얽매여 있는 마음은 전부가 비참한 것이며, 이런 우정을 잃을 때에는 마음이 갈기갈기 찢기는 듯한 아픔을 느끼는 것입니다. 이러한 느낌은 그 우정을 잃기 전부터 있었던 것입니다.

그 당시 나는 그런 상태에서 몹시 괴로운 마음으로 울고 있었지만, 그러면서도 그 괴로움 속에서 안식을 느끼고 있었습니다.[98] 그토록 나는 비참했으나, 그 비참한 삶을 친구보다 더 귀하게 여기고 있었습니다. 따라서 나는 내 친구를 잃는 것보다 그러한 삶을 잃는 것을 더 싫어하였습니다. 그러나 마음 한 구석에서는 그 친구를 위하여 나의 삶을 포기하려는 생각이 움트고 있었는지도 모를 일입니다. 이것은 마치, 서로 같이 살지 못할 바에는 차라리 죽는 것이 낫다고 하여 함께 죽으려던 '오레스테스와 필라데스'[99]의 이야기처럼, 나도 친구를 위해 죽고 싶어했는지도 모르겠습니다. 그러나 이와는 반대되는 어떤 감정이 솟구쳤습니다.

그리하여 나는, 산다는 것은 가장 괴로운 것이며 죽는다는 것은

---

98) "어찌하여 곤고한 자에게 빛을 주셨으며 마음이 번뇌한 자에게 생명을 주셨는고."(욥기 3 : 20)
99) 오레스테스는 아르고스 왕 아가멤논의 왕자이고, 필라데스는 포키스 영주인 스트로피오스의 아들로서 두 사람은 막역한 친구. 오레스테스는 그 친구의 도움으로 아버지의 원수인 자기 어머니를 죽이고, 함께 여러 나라를 유랑한다. 타우로 이인에게 붙잡혀 인신공물(人身供物)이 되게 되었는데, 두 사람이 서로 상대방 대신 죽기를 자청하였다. 오레스테스의 누이이며 아르테미스의 무녀(巫女)인 이피게네이아에 의해 두 사람 모두 구출된다.

가장 두려운 일이라고 생각했습니다. 나는 생각하기를, 내가 그 친구를 사랑하게 됨에 따라 차츰 나로부터 그를 빼앗아 간 그 죽음을 가장 흉악한 원수와도 같이 미워하고 두려워했던 것입니다. 죽음이 그를 빼앗아 간 것처럼 죽음이란, 조금도 지체없이 만인을 멸망시킬 것이라고 나는 생각하였습니다. 나는 지금도 그것을 뚜렷이 기억하고 있습니다.

오, 주여! 내 마음을 굽어살피시고 긍휼히 여겨 주시옵소서. 나의 희망이신 주님! 정말로 나에게 자비를 베풀어 주소서. 당신은 나의 눈을 당신에게로 돌리게 하여 정욕에 사로잡힌 나를 정결케 하시옵소서. "내 눈이 항상 여호와를 앙망함은 내 발을 그물에서 벗어나게 하실 것임이로다." 시편 25 : 15 나는 언젠가는 한 번 죽어야 할 존재가 엄연히 살아 있다는 사실을 이상하게 생각했습니다. 결코 죽지 않을 것 같았던 사랑하는 내 친구가 맥없이 졸지에 죽어 버렸기 때문입니다. 또한 그 친구는 죽었으나 그와 한몸이라 볼 수 있는 내가 살아 있다는 것이 더욱 이상하게 생각되었습니다.

어느 시인이 자기의 절친한 친구를 가리켜 "자기 영혼의 반쪽"이라고 한 것은 실로 맞는 말입니다. 나는 내 영혼과 그 친구의 영혼이 비록 몸은 다를지라도 똑같은 한 영혼이라고 느끼고 있었던 것입니다. 그러므로 나는 반쪽이 되어 살아갈 수 없기 때문에, 내가 산다는 것은 나로서는 분명 크나큰 두려움이었습니다. 그렇다고 죽기를 원하는 건 아니었습니다. 적어도 나라도 남아서 그토록 아끼고 사랑하던 친구가 완전히 죽지 않게 하려는 간절한 소원에서 그랬는지도 모릅니다.

타가스테에서 다시금 카르타고로

마땅히 사람을 사랑해야 하거늘 나는 전혀 그것을 모르는 미치광이였습니다. 나는 인간에게 주어진 운명을 참을성 있게 견디지 못하고 난폭하게 굴었던 어리석은 자였습니다. 그러기에 나는 초조하고 울분을 누를 길 없어 평안도, 사려도 찾을 수 없었던 것입니다. 즉 나는 내 몸을 감당하지 못하고, 갈기갈기 찢겨진 비참한 내 영혼을 이끌고 한없이 피를 흘리며 돌아다녔습니다. 그러나 어느 곳에도 내 영혼의 안식처는 없었습니다.

즐거운 숲속에서도, 놀이나 노래 속에서도, 달콤한 향기가 감도는 장소에서도, 화려한 연회석상에서도, 또 규방의 쾌락 속에서도, 심지어는 독서나 시작詩作 속에서도 끝내 안식과 평안을 찾을 수 없었습니다. 만물을 환히 비추는 빛마저도 싫었습니다. 친구가 떠나간 세상은 더 이상 의미가 없었고 모든 것이 불쾌하고 귀찮게만 느껴졌습니다. 다만 비탄과 눈물 속에서만 약간의 안식이 있었습니다. 그러나 내 영혼이 그 비탄과 눈물마저 잃었을 때 무거운 짐이 내 어깨를 내리눌렀습니다.

주님! 나는 당신에게로 달려가야 했습니다.[100] 나는 이것을 잘 알면서도 이렇게 할 의지도 힘도 없었습니다. 어쩐지 당신이 그렇게 미덥지 못한 것만 같았습니다. 그럴 수밖에 없는 것이, 아직 당신은 나의 주님이 아니었으며, 나는 한낱 꼭두각시에 불과한 분으로 간주하

---

100) "여호와여 나의 영혼이 주를 우러러보나이다. 나의 하나님이여 내가 주께 의지 하였사오니 나로 부끄럽지 않게 하시고 나의 원수로 나를 이기어 개가를 부르지 못하게 하소서." (시편 25 : 1,2)

고 있었던 것입니다.

사실 내가 생각한 것은 당신이 아니고 허망한 환영幻影이었습니다. 즉 나의 오류는 나의 신神이었습니다. 영혼을 편히 쉬게 하기 위하여 거기에 놓으려고 하면, 영혼은 공해 속에서 감돌다가 다시 나한테로 떨어져서, 나는 여전히 비참한 곳에 머물러 있을 수밖에 없었습니다. 곰곰이 생각해 볼 때, 나의 영혼은 내 영혼을 떠나서 어디로 도피할 수가 있겠습니까? 나는 나 자신을 떠나서 어디로 도피할 수가 있겠습니까? 그러나 나는 내 고향을 떠났습니다. 이미 죽은 내 친구를 보지 않았던 곳이라면, 내가 친구를 그리워하는 마음도 덜할 것 같아서 나는 타가스테를 떠나 카르타고로 왔습니다.

아름다운 우정

시간은 쉬지 않고 흐릅니다. 우리의 감각을 통하여 시간은 우리의 마음 속에 신기한 작용을 합니다. 보십시오. 시간은 날마다 다가왔다가는 사라져 버리지만 우리들 마음 속에 새로운 희망과 새로운 추억을 심어 줍니다.

또한 내 마음의 상처를 지난날의 기쁨과 추억으로 어루만져 주기도 합니다. 이런 기쁨을 느낄 때마다 친구를 잃은 그 비통한 슬픔은 사라져 갔습니다. 가슴 속에 남아 있던 또 다른 슬픔은 새로운 슬픔을 불러일으킵니다.

나는 이 커다란 슬픔 속에 쉽게 침잠해 버리고 맙니다. 나는 실은 반드시 죽어 없어질 티끌 같은 인간을, 마치 영원히 죽지 않을 것처럼 사모하고 있었던 것입니다. 나는 이렇듯 내 영혼을 모래 위에 물을 붓는 것처럼 허무 속에 쏟고 있었습니다. 특히 나에게 힘을 불러 일으키게 하여 새로운 희망을 안겨다 준 것은 주님을 사랑해서가 아니라, 다른 친구들을 사귀어 위로를 받았기 때문입니다. 나는 그들과 어울려 다니며 당신 대신에 다른 것에 사랑을 베풀었습니다. 그것은 어처구니없이 장황하게 꾸며낸 엉터리 이야기였습니다. 그 간음과도 비슷한 거짓 이야기에 자극을 받아 우리들의 정신은 귀가 솔깃하여[101] 부패해 있었던 것입니다.

그러나 정욕을 일으키는 이 허황된 이야기는 그 어느 친구의 죽음보다도 오래 남아 마음 속에 강렬히 되새겨졌습니다. 게다가 친구들 중에는 내 마음을 강하게 끄는 친구도 있었습니다. 그들과 어울려 이야기를 나누며 희롱하고 달콤한 소설책을 나누어 읽으며, 어리석은 짓을 하면서 자기 자신을 망각함으로써 시간 가는 줄도 모르고 유쾌히 지냈습니다.

우리들은 때로는 무엇인가를 서로 가르쳐 주기도 하고 배우기도 하면서, 친구가 보이지 않을 때에는 초조한 기분으로 기다렸다가 친구가 오면 반가이 맞이하였습니다. 서로 사랑하고 사랑받는 사람들의 마음으로부터, 우리들의 눈으로부터, 그리고 갖가지 즐거운 동작에서 또 그들의 풍모나 입에서 흘러나오는 모든 표정에서 참으로 땔감처럼, 우리들의 영혼을 불태우고 많은 영혼들을 하나로 뭉치게 하였습니다.

---

101) "때가 이르리니 사람이 바른 교훈을 받지 아니하며 귀가 가려워서 자기의 사욕을 좇을 스승을 많이 두고"(디모데후서 4 : 3)

하나님과의 교제

이러한 것들이 친구들 사이에서 받은 사랑이었습니다. 이렇게 우정어린 사랑 속에서 자기를 사랑해 주는 자에게 사랑을 주지 않고, 오직 남이 사랑해 주기만을 기대하며 전혀 친구에게 사랑을 베풀려고 하지 않는다면, 이는 양심의 가책을 받는 일일 것입니다. 그러나 사랑하는 사람이 누군가 죽으면 한탄과 슬픔이 엄습하여 드디어는 눈물에 젖게 되며, 달콤하던 사랑은 쓰디쓴 괴로움으로 바뀌게 됩니다. 그리하여 살아 남은 자도 죽은 자의 뒤를 따라 죽는 비운이 생기기도 합니다.

주여, 참으로 하나님을 사랑하고 당신의 사랑 안에서 친구를 사랑하고, 당신을 위하여 원수를 사랑하는 자[102]는 복을 받을 것입니다. 그러한 사람만이 자기와 가까운 사람을 잃는 법이 없습니다. 그는 오직 천지를 창조하시고 창세기 1:1 천지에 충만하신 예레미야 23:24 하나님 안에 있기 때문입니다. 실로 하나님을 버리는 자 이외에, 그 누구도 당신을 잃은 자는 없습니다. 우리가 어찌 하나님을 외면하고, 또 어디로 도피할 수 있겠습니까?[103] 당신에게 속해 있는 사람은 어디를 가나 당신이 함께 해주시므로 그는 언제나 즐거운 것입니다. 참으로 당신을 떠나는 자는 갈 데가 없습니다. 그런 자는 하나님의 형벌 속에서 언젠가는 당신의 율법을 발견할 것이 분명합니다. 당신의 율법은

---

102) "나는 너희에게 이르노니 너희 원수를 사랑하며 너희를 핍박하는 자를 위하여 기도하라." (마태복음 5:44)
103) "사람이 내게 보이지 아니하려고 누가 자기를 은밀한 곳에 숨길 수 있겠느냐"(예레미야 23:24)

진리[104]이며 또 당신 자신이 바로 진리이기 때문입니다.[105]

만물의 생멸

"만군의 하나님이여 우리를 돌이키시고 주의 얼굴빛을 비춰사 우리로 구원을 얻게 하소서."[시편 80:7] 참으로 인간의 영혼은 당신을 향하지 않는 한, 어느 쪽을 바라다보더라도 슬픔에 잠길 뿐입니다. 아무리 아름답고 선한 곳으로 발길을 옮긴다 해도 그는 슬픔에 싸일 뿐입니다. 실로 당신이 아니고 어찌 우리들이 이 세상에 존재할 수가 있겠습니까? 비록 이 세상에서 아름다운 것이라 할지라도, 그것은 생겼다가 없어지는 것입니다.

인간도 한 번 이 세상에 태어나 차츰 성장하다가 나이가 들면 결국은 죽습니다. 반드시 만물이 늙는 것은 아니지만 모든 것은 끝내 없어지고 맙니다. 그러므로 생겨서 존재하기 시작하여 생장하는 속도가 빠르면 빠를수록, 그만큼 사멸死滅:非存在을 향하여 서두르는 것입니다. 이는 바로 만물의 법칙입니다. 하나님께서는 이렇게 만물의 법칙을 정하셨습니다. 그들은 이 세계의 일부를 구성하고 있는 부분에 불과합니다. 그들은 서로 조화를 이루어 가며 각기 다른 시간대에 존재하고 있습니다. 전체를 이루고 있는 부분들이기 때문입니다. 보십시오! 우리의 이야기도 울리는 소리가 되어 나오면서 낱말 하나하나가 연결되어 전체를 이루는 것입니다. 우주는 그 부분적인 만물로

---

104) "주의 의는 영원한 의요 주의 법은 진리로소이다."(시편 119:142)
105) "내가 곧 길이요 진리요 생명이니 나로 말미암지 않고는 아버지께로 올 자가 없느니라."
 (요한복음 14:6)

인해서 존재하고, 그 만물은 또 우주를 형성해 가고 있습니다.

그러므로 내 영혼은 만유의 주인이신 하나님을 찬양하옵니다. 나의 영혼이 육신의 감각적 정욕에 집착하지 않도록 해주소서. 이러한 것들은 결국 무^無로 가고 있으며, 또 이들 속에는 영혼이 쉴 곳은 없습니다. 그것들은 오래 존재하지 못하고 사라지기 때문입니다. 그 누가 육체의 감각으로써 이를 능히 추구하여 얻을 수 있겠습니까? 아무리 가까이 있다 해도 과연 그 누가 이를 포착할 수 있겠습니까? 그것은 어디까지나 한낱 육체의 감각에 불과하며, 거기에는 오직 제한성^{制限性}과 불완전성이 있을 뿐입니다. 감각이란 그것이 만들어진 목적을 완수하는 데에는 충분합니다만, 정해져 있는 발단에서부터 정해져 있는 종말을 향하여 달려가는 만물을 붙들어 놓기에는 충분하지 못합니다. 만물은 어디까지나 당신의 말씀에 의해서 만들어지는 것이지만, 그 말씀 속에서 '여기서부터 여기까지만'[106] 이라는 소리를 듣습니다.

영원한 안식

나의 영혼이여, 헛된 것이 되지 말고 또 그 헛된 소음으로 내 귀를 막지 말아 다오. 거룩한 주님의 음성이 너를 부르고 있지 않는가. 너를 부르시는 음성 속에 조금도 번거로움이 없는 안식처가 있으며, 사랑이 버림받지 않는 장소, 거기에 고요한 휴식이 있도다. 보라! 어떤 것은 사라지고 이어서 다른 것이 나타나더라도 부분과 부분이 조

---

106) "네가 여기까지 오고 넘어가지 못하리니 네 교만한 물결이 여기 그칠지니라"(욥기 38 : 11)

화를 이루며 존재하고 있다. 내 영혼아! 하나님이 말씀하셨듯이 너는 어디로 가든지 결코 하나님을 피할 수가 없다. 하나님의 말씀 가운데 네가 영원히 거할 곳[107]이 있느니라.

내 영혼이여, 거기서 얻는 것은 모두 거기에 맡겨야 한다. 정녕 너는 여러 가지 기만에 지쳐 있다. 진리로부터 네가 얻은 것을 모조리 진리에 맡길지어다. 그러면 너는 아무것도 잃지 않을 것이다. 너의 영혼의 부패는 다시금 꽃을 피우고, 너의 영혼의 병은 고쳐지리라.[108] "죽어 썩어질 너의 육체가 영원한 생명을 누릴 수 있는 새로운 것으로 변하게 될 것이며, 영원토록 변치 않는 하나님 앞에서는 굳건히 서서, 영생토록 축복을 받을지어다."[109]

그런데 어째서 너는 하나님을 거역하고 너의 정욕을 따르고 있는 것이냐? 차라리 마음을 하나님에게로 돌리어 너의 육체의 정욕을 억눌러야 한다. 네가 육체에 의해서 느끼는 것은 결국 부분에 지나지 않는 것이다. 이것들을 부분으로 하는 전체를 너는 모르고 있는 것이다. 게다가 너는 그 부분적인 것에 현혹되어 있다. 그러나 만일 너의 육체의 감각이 전체를 인식하게 되고 그리고 스스로 벌로써 전체의 부분 속에 한정되어 버리지 않았다면, 눈앞에 있는 임시적인 것은 모두 흘려 보내고 오직 그 전체를 즐기려고 했을 것이다.

우리들의 이야기에 있어서도 낱말 하나하나를 듣는 것보다 그 낱

---

107) "우리가 저에게 와서 거처를 저와 함께 하리라."(요한복음 14 : 23)
108) "저가 네 모든 죄악을 사하시며 네 모든 병을 고치시며."(시편 103 : 3)
109) "너희가 거듭난 것이 썩어질 씨로 된 것이 아니요, 썩지 아니할 씨로 된 것이니 하나님의 살아 있고 항상 있는 말씀으로 되었느니라."(베드로전서 1 : 23)

말로 엮어진 문장 전체를 들을 때, 우리는 어떤 의미를 깨닫게 되는 것이다.

무엇이든 간에 하나의 부분이 있을 때보다도 전체가 존재할 때에, 사람들을 보다 더 기쁘게 한다는 것은 우리가 쉽게 알 수 있는 일이다. 부분은 전체를 위하여 있는 것이며, 또한 전체는 하나님을 위하여 있는 것이다. 하나님은 결코 없어지는 법이 없으며, 또 하나님을 대신할 자는 아무도 없다. 하나님은 완전히 전체이신 분이다. 실로 그분이야말로 우리들의 신이신 것이다.

하나님의 사랑

만약에 육체가 너의 마음에 든다면 그 일로 인하여 하나님을 찬양하고, 너의 사랑을 조물주에게 돌리려무나. 네 마음에 드는 것으로 해서 그분의 마음을 상하게 하지 않게 하기 위함이니라. 만약 네 영혼이 너의 마음에 든다면 하나님의 이름으로 이를 사랑하라. 영혼도 역시 변할 때가 있기 때문이니라. 그러나 인간의 영혼은 하나님의 사랑 안에서 굳게 설 수 있으며, 그렇지 않을 때는 그 영혼은 사라져 없어질 것이다. 그러므로 영혼을 하나님 앞에서 사랑하라. 그리고 하나님의 슬하에 되도록 많은 영혼을 데리고 가라. 그들을 하나님에게로 인도하여 다음과 같이 말하는 것이 좋으리라.

우리는 이분을 사랑하자. 이분은 만물을 창조하셨으며 "그는 우리 각 사람에게서 멀리 떠나 계시지 아니하도다." 만물은 이분으로부터 나왔고, 이분 품안에 있다. 보라! 진리의 향기를 풍기는 곳 거기에 이분은 계신다. 이분은 우리의 마음 가장 깊숙한 곳에 계신다. 그러나 우리의 마음은 이분을 떠나서 방황을 거듭하고 있다.

길을 잘못 디딘 자들이여! 본래의 마음으로 되돌아가 너희들을 창조하신 조물주에게 의지하라. 하나님과 더불어 일어서라, 그러면 너희들은 능히 일어설 수가 있을 것이다. 하나님 안에서 쉬면 너희들은 안식을 얻을 수 있으리라. 너희들은 험한 길을 더듬어서 어디로 가고 있는 것이냐? 너희들이 바라는 축복은 이분으로부터 나온다. 그러기에 하나님을 의지하는 자는 모두가 선하고 즐거울 것이다. 그러나 만약 하나님께서 베푸시는 것을 부당하게 사랑하고 그 때문에 하나님을 거역한다면, 마땅히 큰 괴로움을 당할 것이다. 그런데 어째서 너희들은 이같이 험난한 길을 그토록 헤매고 있느냐? 너희들이 무엇을 구하든지 너희들이 구하는 곳에는 안식과 평안이 있을 리 없고, 생명 그 자체가 없는 곳에 어찌 축복의 생명이 있으랴!

그러나 참 생명이 되시는 주님이 이 죽음의 나라에 오셔서 생명이 넘치게 하심으로써[110] 우리의 죽음을 그치게 하셨다. 그리고 주님은 큰 목소리로 하나님이 계신 곳으로 돌아오라고 외치셨다. 주님으로 하여금 이 땅에 강림하시게 하기 위하여 이 은밀한 곳에서 나와, 우선 동정녀의 태내에 오시어 거기서 죽어야 할 육체의 피조물과 결합하셨지만, 이것으로써 우리 인간은 다시는 죽지 않는 길을 찾게 된 것이다. 태양과 같은 그는 "그 방에서 나오는 신랑과 같고 그 길을 달리기 기뻐하는 장사 같도다."[시편 19:5] 그리하여 그는 조금도 지체하지 않고 말과 행동, 죽음과 삶, 강림과 승천을 통하여 외치며 달리셨다.

---

110) "하나님의 떡은 하늘에서 내려 세상에게 생명을 주는 것이니라."(요한복음 6:33)

그러면서 우리를 향하여 하나님께로 돌아오라고 외치셨다. 그렇게 한 후에 그는 우리들의 시야에서 사라져 갔지만, 그것은 우리들로 하여금 우리의 본심으로 돌아가고[111] 거기서 그를 발견하게끔 하기 위해서였다.

그는 사라졌다. 그러나 보라! 그는 여기에 계신다.[112] 우리와 오래 있기를 원하지 않으셨지만, 그래도 우리를 버리시지는 않으셨다. 그가 떠나신 곳은 먼 곳이 아니라 우리와 지극히 가까운 곳이다. "그가 세상에 계셨으며 세상은 그로 말미암아 지은 바 되었으되요한복음 1 : 10, 그리스도 예수께서 죄인을 구원하시려고 세상에 임하셨다디모데전서 1 : 15." 죄 지은 내 영혼이 주님에게 모든 것을 고백하면 그분은 내 영혼을 고쳐 주신다.

인간의 자식들이여, 언제까지 그토록 무딘 마음으로 있을 것인가. 그러나 너희들이 높은 곳에 서서 그 입을 하늘에 둔다면,[113] 어디에 너희들이 올라갈 곳이 있겠느냐. 하나님을 향하여 올라가려면 너희들은 높은 곳에서 내려와야 한다. 너희들이 타락한 것은 다름이 아니고 하나님을 거역해서 올라갔기 때문이다. 비탄과 눈물의 계곡에서 뉘우치게 하기 위하여[114] 이런 이야기를 인간의 자식들에게 들려주고, 그들과 함께 하나님 곁으로 가게 하소서. 타오르는 사랑의 불과

---

111) "너희 패역한 자들아 이 일을 기억하고 장부가 되라. 이 일을 다시 생각하라."(이사야 46 : 8)
112) "그때에 사람이 너희에게 말하되 보라 그리스도가 여기 있다. 혹 저기 있다 하여도 믿지 말라."(마태복음 24 : 23)
113) "저희 입은 하늘에 두고 저희 혀는 땅에 두루 다니도다."(시편 73 : 9)
114) "저희는 눈물 골짜기로 통행할 때에 그 곳으로 많은 샘의 곳이 되게 하며 이른 비도 은택을 입히나이다."(시편 84 : 6)

성령으로 그들에게 말씀하여 주옵소서.

사랑의 아름다움

나는 그 당시 이러한 것을 모르고 있었습니다. 그리고 이 세상의 차원이 낮은 미를 사랑하면서 거기에 깊게 빠져들어, 친구들에게 이렇게 말하곤 하였습니다. "우리는 아름다운 것 이외에 또 무엇을 사랑한다는 말인가? 그러면 아름다운 것이란 대체 무엇인가? 또 아름다움이란 무엇인가? 우리를 유혹하여 우리가 사랑하는 것에 마음이 기울게 하는 것은 무엇인가? 그것들 속에 우아한 미가 없다면 결코 우리의 마음을 끌 수는 없을 것이다."

또한 나는 육체 자체도 부분적인 미가 전체적인 미를 형성한다는 사실을 알았습니다. 마치 구두가 발에 맞듯이 말입니다. 이러한 고찰이 내 마음 속에서 우러났기 때문에 《미와 조화에 관하여》[115]라는 제목으로 책을 썼습니다. 두세 권이었다고 생각됩니다. 주여! 정확한 것은 당신이 알고 계십니다. 나는 그 책을 분실했습니다. 왜 그렇게 되었는지 모르지만 현재 갖고 있질 않습니다.

히에리우스를 존경함

그러나 나의 주님, 내 마음을 움직여 그 책을 로마의 웅변가 히에

---

115) 이 책은 아우구스티누스의 처녀작이다. 380, 381년 그의 나이 스물여섯 일곱 살에 쓴 것이다. 아우구스티누스는, 미를 그 전체적 측면과 부분의 전체로의 조화적 측면 두 관점에서 고찰하여, 다시 미와 사랑과의 관계에 독창적 서술을 하고 있다. 이 책을 통해서 회심 이전의 아우구스티누스의 사상을 더 잘 알 수 있겠지만, 이 책은 소실된 것으로 알려지고 있다.

리우스에게 바치게 한 동기는 무엇일까요? 나는 직접 만나 보지는 않았지만, 학문상의 명성 때문에 그를 좋아하였습니다. 그러나 이보다도 더 나를 기쁘게 한 것은 그가 사람들을 즐겁게 하고 또 사람들이 무척 그를 찬양했기 때문입니다.

그는 시리아 사람으로서 처음에는 희랍어의 웅변에 능하였는데, 나중에는 놀랄 만한 라틴어의 웅변가가 되고 또 지혜에 관한 학문인 철학에도 정통해 있었습니다. 이러한 사람은 눈앞에 없어도 칭찬을 받으며, 또 사랑을 받습니다. 이 사랑은 칭찬하는 사람의 입에서 듣는 사람의 마음 속으로 들어가는 것일까요? 그렇지는 않습니다. 그를 사랑하는 사람에 의해서 다른 사람이 감동받게 되는 것입니다. 그러기에 사랑하는 사람이 속임 없는 마음으로 칭찬할 때 칭찬받는 자는 곧 사랑을 받게 되는 것입니다.

오, 아무도 속이는 일이 없는 나의 주님, 그때 나는 당신이 아니라 사람들의 판단에 입각하여 사람들을 사랑했습니다. 그러나 그의 명성이 맹수들과 싸우는 장사나 용사들의 명성과 다를 바가 무엇이겠습니까? 되도록이면 나도 그런 칭찬의 대상이 되고 싶었던 것이었습니다.

그러나 나는 희극 배우가 받는 그러한 사랑이나 칭찬을 받고 싶지는 않았습니다. 나도 배우를 사랑하고 칭찬하기는 하였지만, 그러한 방법으로 유명해지고 싶지는 않았습니다. 이렇게 사람들에게 알려지느니보다 차라리 숨는 편을, 이렇게 사랑을 받느니보다 차라리 미움을 받는 편을 택하였기 때문입니다.

한 영혼 속에 이런 여러 가지 다른 무게의 사랑이 생기는 이유는 무엇입니까?[116] 미워하기 때문에 물리치고 싫어하는 것을 타인에게서는 사랑하는 이유는 무엇이겠습니까. 비록 이것이 가능한 것이라 할지라도, 이것은 마치 말이 되기를 원치 않는 사람이라도 착한 말을 사랑하는 것과 같은 심리입니다. 배우를 사랑하는 것도 결국 그것과 같은 것이라고 말해서는 안 될 것입니다. 배우들도 역시 우리와 본성을 같이하는 인간이기 때문입니다. 그러면 나 역시 인간이면서 나 자신을 미워하고 남을 사랑하는 것일까요? 오, 주님! 인간이 범하는 아무리 조그만 실수라도 당신과 상관없이 이루어지는 것은 아무것도 없습니다. 사람의 머리카락 하나까지도 다 세시는[117] 주님, 사람의 머리카락을 세는 것은 사람의 감정과 마음 속을 헤아리는 것보다는 쉬운 일입니다. 그러나 당신 앞에서는 사람이 간직하고 있는 깊은 비밀도 숨길 수 없습니다.

그러나 나는 교만한 마음으로 웅변가가 되기를 열망했습니다. 나는 오만한 태도로 그릇되게 바람부는 대로 떠돌아 다니고 있었습니다만,[118] 그래도 마음 속 깊은 곳에서는 당신에게 이끌리고 있었던 것입니다. 또 내가 그를 존경하고 사랑했던 것은 그가 칭찬받고 있다는 사실보다는 오히려 그를 칭찬한 사람들이 그를 사랑했기 때문입니다. 나는 어떻게 그것을 깨달았으며, 왜 분명하게 당신께 고백하

---

116) 아우구스티누스는, 사랑은 일종의 무게, 즉 압력이어서 지향하는 방향으로 끌려 간다고 한다. 그런데 같은 영혼 속에 여러 가지 다른 무게의 사랑이 있을 때는 그 대상이 다름으로써 사랑은 분열된다고 한다.
117) "너희에게는 머리털까지 다 세신 바 되었나니"(마태복음 10 : 30)
118) "사람의 궤술과 간사한 유혹에 빠져 모든 교훈의 풍조에 밀려 요동치 않게 하려 함이라." (에베소서 4 : 14)

는 것일까요? 그 이유는 간단합니다. 만약 그가 칭찬받지 못하고 사람들이 그를 비난하고 멸시했다면, 나는 절대로 그토록 정열을 불태우고 마음이 통하지 않았을 것입니다. 그렇지만 분명히 사실 자체도 이야기의 대상이 되는 그 사람도 다를 바가 없으나, 다만 이야기하는 사람들의 감정이 달랐을 뿐입니다. 무기력한 영혼이 어찌 진리를 파악할 수 있겠습니까? 여러 가지로 억측을 하는 사람들의 말 여하에 따라 내 영혼은 이리저리 나부꼈습니다. 그리하여 영혼의 빛은 구름으로 가려져 진리를 분별할 수 없었습니다. 그러나 보십시오, 진리는 우리들 앞에 있습니다. 그런데 만약 나의 논설과 학문 연구가 그에게 알려졌다면, 그것은 나에게는 큰 사건이었을 것입니다. 만약 그가 나를 인정해 주었더라면 나는 더욱 감격했을 것입니다. 이와 반대로 만약 인정받지 못했다면 당신의 곁을 떠난 나의 공허한 마음은 상처를 입었을 것입니다. 내가 《미와 조화에 관하여》라는 책을 써서 그에게 보낸 것은, 그가 누리고 있는 명성을 나도 원하였기 때문입니다. 그러나 나는 이 논설을 명상 속에서 관조하고 스스로 기뻐했으며, 칭찬해 주는 자가 아무도 없었지만 혼자서 감탄하고 있었습니다.

영적인 것의 파악

"홀로 큰 기사를 행하시는"시편 136:4 전지전능하신 주님, 나는 이때 아직 당신의 지혜로써 나의 잘못을 깨치지 못하였습니다. 그리고 내 마음은 늘 형체가 있는 것을 갈구하고, 나는 언제나 육체가 지닌 조화미調和美를 미로 여겼고, 이런 관념과 다른 사물과의 적응으로 아름다움이 형성된다고 생각하였습니다. 이것은 육체에 너무 집착했기 때문입니다. 또한 나는 마음의 본성에 대해 고찰했습니다만, 내가 품었던 그릇된 관념 때문에 나는 진실을 깨닫지 못했습니다. 나의 눈에 그 진실이 비쳐도 그것을 보지 못하고, 다만 겉에 나타난 용모와 빛깔의 아름다움에만 신경을 썼습니다. 이러한 물체들을 정신마음 속에서 볼 수 없었기 때문에 나는 나 자신의 영혼을 들여다볼 수가 없었습니다. 또 나는 덕德 속에서 평화를 사랑하고 악덕 속에서 불화를 증오했습니다. 나는 전자에는 일치가 있지만 후자에는 어떤 분열이 있다는 것을 깨달았습니다. 이 일치 속에 이성理性이 있는 정신과 진실의 성질, 그리고 최고선이 있는 것처럼 생각했으며, 분열 속에는 이성이 없는 생명과 최고악을, 단지 실체일 뿐만 아니라 참된 생명이라 여기고, 만물의 근원이 되시는 하나님[119]으로부터 생긴 것이 아니라고 생각하였습니다. 그리고 전자를 무성질無性質의 정신이라는 뜻에서 단자單子라 부르고, 후자를 쌍자雙子라 불러[120] 범죄에 있어서의 분노와 격정 중에 있는 육욕이 바로 이에 속한다고 말하였습니다. 나는 그렇게 말하기는 했으나 무슨 말을 하는지 나 자신도 잘 몰랐으며, 사실 그 당시 나는, 악은 아무런 실체도 아니며 또 우리의 정신도 최고선이 아니라는 것을 배우지도 못한 채 전혀 모르고 있었습니다.

즉 충동이 생긴 인간 영혼의 작용이 악에 젖어서 무질서하고 난잡하게 발동하면 악행이 생기고, 또 그 영혼의 정욕이 솟구쳐 육체의

---

119) "만물이 그에게서 났고 우리도 그를 위하여 또한 한 주 예수 그리스도께서 계시니 만물이 그로 말미암고 우리도 그로 말미암았느니라."(고린도전서 8 : 6)
120) '단자(monas)', '쌍자(duas)'는 피타고라스 철학의 기본 개념이며, 거기에서 《미와 조화에 관하여》가 마니교와 더불어 신(新)피타고라스 철학의 영향을 받았다는 것을 알 수 있다.

쾌락에 취할 때 파렴치한 행동을 하게 되는 것처럼, 이성적 정신 그 자체가 악에 물들면 여러 가지 오류나 망언妄言에 의해서 생명이 더럽혀지는 것입니다.

나는 당시 이런 것을 모르고, 이성적 정신은 그 자체가 진리의 성질을 띠고 있는 것이 아니므로, 진리의 공유자共有者가 되려면 그 정신이 다른 빛으로 비추어져야만 한다는 것을 몰랐습니다.

"주께서 나의 등불을 켜심이여 여호와 내 하나님이 내 흑암을 밝히시리이다."시편 18:28 "우리가 다 그의 충만한 데서 받으니 은혜 위에 은혜러라."요한 1:16 "참빛 곧 세상에 와서 각 사람에게 비취는 빛이 있었나니"요한 1:9 "그는 변함도 없으시고 회전하는 그림자도 없으시니라."야고보서 1:17

나는 주님에게로 다가갔으나 당신에게 추방당하여 죽음을 맛보는 자가 되었습니다. "하나님이 교만한 자를 물리치시기"야고보서 4:6 때문입니다. 나는 스스로 당신의 본질을 지니고 있는 자라고 자부하고[121] 있었으니, 이 얼마나 불손하고 교만한 자였습니까? 나는 변해 가는 존재였으며, 그리고 현명해지려고 한 나의 소원은 악에서부터 선으로 향하려고 한 것임에는 틀림이 없었습니다. 그러나 오만하게도 나는 당신과 같아질 수는 없다고 생각하기는커녕, 오히려 당신이 가변적인 존재라고 생각하였습니다. 그래서 나는 당신한테 내쫓겼고, 당신은 나의 헛된 고집을 물리치셨습니다.

그리하여 나는 눈에 보이는 유형有形의 것을 생각하고, 육체를 지

---

121) 마니교의 교리에 있어서는 사람의 내부에 있는 '선한 영혼'은 신의 본체 그것이다.

닌 나는 오직 육욕에만 젖어 있었습니다. 바람부는 대로 방황했던 [122] 나는 주님에게로 돌아가지 않고 당신 속에도, 내 육체 속에도 있지 않은 허구로 꾸며진 물체 속을 전전하였습니다. 이 물체들은 주님의 진리에 의해서 나를 위해 만들어진 것이 아니고, 다만 나의 허영에 의해서 만들어진 것이었습니다. 게다가 나는 그 무렵에 주님에게 충실한 어린 종들[123]에게 곧잘 이렇게 물어 보곤 하였습니다. "왜 하나님께서 창조한 인간의 영혼이 죄를 범하는가?" 그들로부터 버림을 받고 있는 나는 건방지게 이런 질문을 던졌던 것입니다. 그러면 그들은 곧 "하나님께서 실수를 저질렀단 말인가?" 라고 반문하였습니다. 나는 나의 가변적 존재가 자유의지로 방황하며 그 벌로써 잘못을 저지르게 되었다고 참회하고 고백하는 것이 아니고, 오히려 주님의 불변적인 실체가 나의 잘못을 억제하지 못했다고 말하는 것이었습니다.[124]

나는 《미와 조화에 관하여》라는 책을 쓴 스물예닐곱 살 때, 내 마음을 울려 주는 물체의 가상假想 속에 사로잡혀 있었습니다. 나는 그때 감미로운 진리인 '미와 조화'에 관해 생각하면서, 마음의 귀를 당신의 내적인 운율에 기울이고 있었습니다. 그리고 일어서서 새신랑의 음성을 듣는 것처럼 당신의 목소리를 듣고자 했지만,[125] 그렇게 되질 않

---

122) "저희는 육체뿐이라 가고 다시 오지 못하는 바람임을 기억하셨음이로다."(시편 78 : 39)
123) "너희가 돌이켜 어린 아이들과 같이 되지 아니하면 결단코 천국에 들어가지 못하리라."
(마태복음 18 : 3)
124) 빛의 악령이 유폐된다고 하는 마니교의 교리를 가리킴.
125) "신부를 취하는 자는 신랑이나 서서 신랑의 음성을 듣는 친구가 크게 기뻐하나니 나는 이러한 기쁨이 충만하였노라."(요한복음 3 : 29)

않습니다. 끝내 주님의 음성을 듣지 못한 것은, 그릇된 나의 육성肉聲이 나를 당신에게서 멀리하게 했고, 나는 교만의 무게로 인하여 더욱 심연深淵으로 빠져 들어갔습니다. "나로 즐겁고 기쁜 소리를 듣게 하사 주께서 꺾으신 뼈로 즐거워하게 하소서."시편 51 : 8

아리스토텔레스의 책을 탐독하다

내가 아직 스무 살이 채 못 되었을 때, 《십범주十範疇》[126]라는 아리스토텔레스의 책을 접하게 되었습니다. 나는 혼자서 그 책을 읽고 이해하기는 했지만 이것이 과연 내게 무슨 보탬이 되었을까요? 그의 명성은 나의 스승인 카르타고의 수사학자들과 저명한 학자들 사이에 널리 알려져 있었습니다. 그래서 나는 훌륭한 영감을 얻으려고 이 책을 탐독하였습니다.

그런데 다른 사람들은 말뿐만 아니라 모래 위에 수많은 그림을 그려서 자세히 설명해 주는 선생님들의 강의를 듣고도 그 책의 내용을 이해할 수 없다고 했는데, 나는 혼자서 그 책을 읽고 있었습니다. 그 책은 인간의 실체가 어떻고 사람의 형태가 어떻고 신장이 몇 피트라든가 친척 관계, 즉 누구의 형제인가, 또 어디에 살고 있고 언제 태어났는가, 서 있는가 앉아 있는가, 신발을 신고 있는가 무장을 하고 있는가, 능동적인 일을 하고 있는가 수동적인 일을 하고 있는가 등

---

126) 아리스토텔레스의 저서 중에서 《오르가논(Organon, 논리학)》에 속하는 것. 이 범주의 진위성(眞僞性)이 오랫동안 문제가 되어 왔으나, 지금은 대체로 참된 것으로 보고 있다. 실체, 양, 질, 관계, 장소, 시간, 위치, 상태, 능동, 피동의 열 가지의 최고류(最高類)에 관해서 논한다. 이 《오르가논》이라는 책은 마류스 — 빅토리누스에 의해서 4세기에 라틴어로 번역되어, 당시 유럽 논리학의 기초가 되었다.

사물의 범주를 열 가지로 나누어 설명하고 있었습니다.

　이것이 내게 무슨 이익을 준다는 말입니까? 오히려 내게는 해가 되었습니다. 무릇 만물은 다 이 열 가지의 범주 속에 포함시켜야 한다고 생각하여, 당신의 오묘하고도 불변적인 본체本體조차 이 범주 속에 집어넣으려고 했습니다. 마치 물체의 속성을 파악하듯이, 그러한 방법으로 당신도 이 범주에 따라 미美의 소유자이신 줄로 알았습니다. 그러나 당신은 스스로 위대하시며 미의 본체이십니다. 하지만 물체는 물체인 까닭에 훌륭하지 않으며 미의 존재도 아닙니다. 물체는 어디까지나 물체에 지나지 않습니다. 하나님을 그렇게 생각했던 것은 가엾은 내가 만들어 낸 허구였으며, 진리는 아니었습니다. 당신을 이런 범주로써 인식하려고 했던 나는 참으로 어리석은 자였습니다. 당신의 명령이 내게 이루어졌습니다. "땅이 네게 가시덤불과 엉겅퀴를 낼 것이라."창세기 3 : 18 "네가 얼굴에 땀이 흘러야 식물을 먹고 필경은 흙으로 돌아가리라."창세기 3 : 19

　내가 이른바 학예學藝에 관한 모든 책을 혼자서 읽고 이해했다고 하더라도 이것이 대체 나에게 무슨 도움을 주었겠습니까? 나는 그 책들을 읽고 흥분하고 기뻐했지만, 그 속에 담겨져 있는 진실하고 확실한 것이 모두 어디로부터 유래하는지를 몰랐습니다. 이는 내가 참된 빛을 등지고 나의 얼굴은 이 세상에 속한 빛을 향하고 있었기 때문입니다. 그러므로 나는 속된 이 세상의 일들은 알고 있었지만, 참된 하나님의 진리는 모르고 있었습니다. 수사학, 논리학, 기하학, 음악, 산수 등에 관한 모든 공부에 있어서 별로 크게 곤란을 느끼지 않고 또 누구에게서도 가르침을 받은 일 없이 척척 이해할 수가 있었습니다.

성 아우구스티누스 작가 미상(6세기). 로마. 이탈리아

나의 주 하나님, 이 모든 재능은 오직 당신이 주신 은총입니다. 그러나 나는 당시 당신에게 감사할 줄을 몰랐습니다. 그러기에 이것들은 나의 이로움이 되지 않고 되레 나를 멸망시키는 원인이 되었습니다. 나는 이 고귀한 재산의 힘을 선용하지 못하고 또 당신의 영광으로 돌리지 않고, 당신으로부터 떨어진 먼 나라로 가서 창부娼婦의 정욕에 이를 쏟았기 때문입니다. 당신께서 주신 아무리 좋은 재능도 이를 선용하지 않는다면 무슨 보람이 있겠나이까? 사실상 이러한 학문들은 부지런하고 재능이 있는 사람일지라도, 정말로 그 학술을 충분히 터득하기는 어려운 일이었습니다. 그러나 내가 그들에게 설명해 주면 별로 어렵지 않게 그들은 알아들을 수 있었던 것입니다.

그러나 주여, 진리이신 주님이시여! 나는 어리석게도, 당신은 한량없이 큰 빛나는 물체이며 나는 그 물체의 조그만 조각이라고 생각하였습니다. 이 얼마나 큰 오류입니까? 그러나 주님이시여! 지금 나는 당신을 향해서 나에게 베풀어 주신 당신의 자비하심을 고백하면서, 당신을 갈망하고 부르는 것이 부끄럽지 않습니다. 지난날에는 나는 당신에 대하여 사람들 앞에서 모독적인 언사를 쓰고 당신에게 몹시 거역하였습니다. 이러했을진대, 그런 학문들을 혼자서 쉽사리 해득하고 수많은 난해한 구절이 있는 책을 교사의 도움 없이 이해할 수 있었다는 나의 재능이, 그 당시의 나에게 무슨 참된 도움을 주었겠습니까?

그리하여 나는 추한 모습으로 몰락했고, 당신의 경건한 가르침에 대하여 큰 과오를 범하고 있었습니다. 이와 반대로 주님을 따르는 보잘것 없는 어린 양들이, 당신의 곁을 멀리 떠나지 않고 교회라는 둥지[127] 속에서 안전하게 보호를 받으며, 새털이 나고 사랑의 날개가 건전한 신앙의 양식에 의해서 살찌고 있을 때, 비록 그들의 재능이 나에 비해 훨씬 뒤진다 할지라도 그것이 무슨 큰 문제가 되겠습니까?

오오, 주님! 이 재능은 나를 조금도 이롭게 해주지 못하였습니다. 주님, "인생이 주의 날개 그늘 아래 피하나이다." 시편 36 : 7 우리를 보살피시어 어렸을 때부터 우리가 백발 노인이 될 때까지 보호하여 주시옵소서[128], 당신이 우리의 강한 힘일 때 정말로 강한 힘이 되며, 우리

---

127) "주의 제단에서 참새도 제집을 얻고 제비도 새끼 둘 보금자리를 얻었나이다."(시편 84 : 3)
128) "백발이 되기까지 내가 너희를 품을 것이라."(이사야 46 : 4)

인간의 힘이 강할 때에는 오히려 약해집니다. 우리는 언제나 당신과 함께 있을 때 축복을 받습니다. 우리가 당신을 거역하고 당신 곁을 떠날 때 우리의 마음은 사악해집니다.

주님이시여! 부디 우리로 하여금 당신에게 되돌아가게 하시고, 우리가 가는 길에 우리가 넘어지지 않도록 해주시옵소서. 우리는 오직 당신과 함께 할 때 축복을 받으며, 당신은 영원토록 우리의 행복의 근원이 되십니다. 우리는 스스로 타락한 몸이기는 하지만 주님이 계시기 때문에 우리가 가야 할 곳을 염려하지는 않습니다. 우리의 영원한 고향은 당신이며, 당신은 영원토록 멸하지 않고 실체實體하는 절대자로서 계실 것입니다.

Sanctus Aurelius Augustinus

제5권» 마니교도와의 해후

만물은 신을 찬양한다

주여, 나의 혀로 당신에게 고백하나이다. 당신은 나의 혀를 만드셨고 당신의 거룩한 이름을 찬양하도록 하셨습니다. "내 모든 뼈가 이르기를 여호와와 같은 자 누구리요?"시편 35:10라고 말하게 하여 주소서. 고백하는 자는 자기 속에서 일어나는 일들을 당신에게 새삼 알려드리는 것이 아니며, 닫혀진 마음도 당신의 눈을 피할 길 없고 아무리 냉정한 마음이라도 당신의 손길을 뿌리치지 못하기 때문입니다. 이는 당신께서 불쌍히 여기시든지 또는 복수를 하시든지 원하시기만 하면 하실 수 있고, "그 온기에서 피하여 숨은 자 없기"시편 19:6 때문입니다.

사랑하는 주님! 내 영혼이 당신을 찬양하게 하옵소서. 또한 당신을 찬양하면서 내 영혼으로 하여금 당신의 자비를 감사하게 하여 주옵소서. 당신의 창조물이 항상 침묵에 잠기지 않고 당신을 찬양하고 있습니다. 모든 사람의 영혼이 당신에게 의지하려고 이와 같이 찬양하고, 생물도 무생물도 이들을 명상하는 자의 소리를 통하여 당신을 찬양합니다. 우리 영혼이 당신의 피조물에 의존하는 게으름에서 벗어나 당신께로 향하는 것은, 만물을 묘한 솜씨로 창조하신 당신께 다 다르게 되기 때문입니다. 여기에 소생과 진정한 힘이 있나이다.

만물은 신을 피할 수 없다

불안한 죄인들이 당신을 멀리 떠날지라도 당신께서는 그들을 분별하시나니, 그들과 함께 하는 만물이 아름다워도 그들 자신은 추할 따름입니다. 그러나 그들 때문에 당신께서 추해지실 리가 있겠습니까? 또한 하늘과 땅을 다스리시는 의롭고 완전하신 당신의 다스리심을 어찌 감히 더럽힐 수 있겠습니까? "내가 주의 신을 떠나 어디로 가며 주의 앞에서 어디로 피하리이까?"[시편 139:7] 그들은 주님의 얼굴을 피할 수 있는 줄 알고 도망치지만 한시라도 주님의 눈을 피할 수는 없습니다. 왜냐하면 당신은 당신이 창조하신 것을 무엇 하나 버리실 리 없기 때문입니다. 의롭지 못한 자는 당신의 발에 걸려 넘어져 합당한 고통을 당하게 되고, 당신의 아늑한 품을 떠나면 당신의 정의에 넘어져[129] 당신의 진노 속으로 떨어질 것입니다.

참으로 그들이 당신께서 어디에나 계시지 않는 곳이 없고 또한 당신을 멀리하는 자에게도

당신만이 가까이 계심을 모르는 탓이옵니다. 그러므로 그들을 되

---

129) "내가 말하노니 저희가 넘어지기까지 실족하였느뇨? 그럴 수 없느니라."(로마서 11:11)

돌아오게 하여 그들을 구하여 주옵소서. 그들이 제 창조주를 버렸으나 당신만은 그 피조물을 버리지 마소서. 그들이 돌이켜 당신을 찾게 하소서. 당신은 고백하는 자들의 마음 속에 계시오니, 그들이 고백함으로써 당신에게 몸을 의탁하고 각기 험한 인생살이에서 벗어나게 하시고 당신의 품안에서 통곡하게 하소서. 그들의 눈물을 고이 닦아 주시며 그들로 하여금 더욱 복받치도록 울게 하사 당신의 참 기쁨을 맛보게 하소서.[130] 주여! 당신은 피와 살을 가진 인간과는 달라 그들을 창조하시고 그들을 거듭나게 하시고 그들을 위로하여 주십니다. 내가 당신을 찾아야 할 때에 나는 어디 있었습니까? 당신은 내 앞에 계셨건만, 난 나 자신을 떠나 나 스스로를 발견치 못하고 방황했거늘 하물며 당신을 발견할 수 있었겠습니까?

마니교의 감독 파우스투스

내 나이 스물아홉 살 때의 일을 주님 앞에 고백하려 합니다. 그 무렵 마니교의 교주(敎主)인 파우스투스라는 사람이 카르타고에 왔었는데, 그는 "마귀의 올무"디모데전서 3:7로서 그의 감언이설에 유혹되어 그 올무에 걸려든 사람이 많았습니다. 나 역시 그의 구변에 찬사를 보냈으나 진리를 배우기에 열심이었던 나였기에 진리와 거짓을 분별할 수 있었습니다. 나는 그렇게도 그들이 훌륭하다는 파우스투스가 내 앞에 먹으라고 내놓은 학문 내용이 무엇인지를 살폈지만, 어떠한 표현의

---

130) "모든 눈물을 그 눈에서 씻기시매 다시 사망이 없고 애통하는 것이나 곡하는 것이나 아픈 것이 다시 있지 아니하리니 처음 것들이 다 지나갔음이러라.(요한계시록 21:4)

그릇인지를 유의하지 않았습니다. 내가 들은 바로는 그가 모든 학문에 조예가 깊고 특히 학예에 박학하다는 것이었습니다. 나는 철학서적을 많이 읽었으므로, 그것과 마니교의 긴 이야기를 비교하는 데서 철학자들의 주장이 더욱 진실함을 알았습니다. 비록 그들은 주님을 발견하지 못했지만 제 이성으로써 세계의 인식에 도달했기 때문입니다.

주여, 당신은 위대하시어 낮은 사람을 "높이 계셔도 낮은 자를 하감하시며 멀리서도 교만한 자를 아시나이다."시편 138 : 6 또한 "마음이 상한 자에게 가까이 하시고"시편 34 : 18 거만한 자들을 물리치십니다. 비록 그들이 온갖 재주를 써서 별과 모래를 헤아리고 천체를 측량하여 성좌의 길을 연구했다 하더라도 당신만은 발견할 수 없습니다. 그들은 당신께서 그들에게 내려 주신 지혜와 재주로써 이런 것들을 탐색합니다. 또한 그들은 여러 가지를 발견하고, 일식과 월식이 어느 날 어느 때 어느 쪽에서부터 있으리라는 것을 여러 해 전에 예언하기도 합니다. 그들의 계산은 틀림없으므로 예언한 일이 그대로 일어났습니다. 이와 같이 발견한 법칙을 기록했기 때문에 오늘날에도 읽을 수 있고, 그리하여 사람들은 해나 달이 어느 해 어느 달 어느 날 어느 때에 볕의 어떤 부분이 이지러지리라고 예언을 하면 그대로 실현되었습니다. 모든 사람들은 이 신기로운 사실에 경탄했으며 예언한 자들은 뽐내며 좋아했습니다. 그러나 그들은 교만한 마음에 사로잡혀 주님 곁을 떠나, 주님의 빛을 등지고, 일식을 오래 전부터 예언했지만 자기 마음 속의 일식은 보지 못했습니다.

그것은 이를 연구하는 그 재주가 어디서 오는가를 경건하게 생각하지 못했기 때문입니다. 또한 당신이 그들을 창조하신 것을 깨닫지 못한 그들은 창조하신 바를 보존하기 위하여 당신께 변제를 드리지 아니하며, 마치 그들 스스로 자신들을 지어낸 것처럼 생각하고 있습니다. 또한 공중을 높이 나는 새들처럼 그 오만을 죽이지 아니하며, 심연의 은밀한 길을 찾아다니는 바다의 물고기 떼처럼 그 호기심을 죽이지 아니하고, 들짐승들처럼 그 방종을 죽이려 들지 않습니다. "소멸하는 불"신명기 4 : 24, 히브리서 12 : 29이신 주님이시여! 그들의 죽은 염원을 불사르사, 그들을 영원히 죽지 않는 새로운 피조물로 창조하여 주옵소서.[131] 하지만 그들은 길, 즉 주님의 말씀을 알지 못했습니다. 이 말씀에 의하여 당신은 그들에게 셈하는 능력을 주셨고, 그들이 셈하는 것을 알 수 있는 감각을 주셨으며, 그들에게 셈하는 판단력을 지어 주셨습니다. "주는 광대하시고 능력이 많으시며 그 지혜가 무궁하십니다."시편 147 : 5 "우리는 하나님께로부터 나서 그리스도 예수 안에 있고 예수는 하나님께로서 나와서 우리에게 지혜와 의로움과 거룩함과 구속함이 되셨습니다."고린도전서 1 : 30 그리고 주님은 우리 중에 거하셨고 가이사에게 세를 바쳤습니다.[132] 그들은 이 길을 몰랐습니다. 그들은 자신으로부터 그분에게로 내려가는 길과 그분에 의하여 그분에게로 올라가는 길을 알지 못했습니다. 그들은 이 길을 모르면서도 교만하여 "하나님의 뭇별 위에 그들의 보좌를 높이려고 했습니

---

131) 5백 년을 산 후 소사하여 그 재에서 다시 새로이 살아난다고 일컬어지는 아라비아의 괴조(怪鳥) 피닉스의 신화를 암시. 이 신화는 일찍부터 기독교 교리에 채용되었음.
132) "낚시를 던져 먼저 오르는 고기를 가져 입을 열면 돈 한 세겔을 얻을 것이니 가져다가 나와 너를 위하여 주라 하시니라."(마태복음 17 : 27)

다."이사야 14 : 13 그리하여 그들은 땅에 떨어지고[133] "그들의 미련한 마음은 어두워졌습니다."로마서 1 : 21

그들은 피조물에 대하여 참된 말을 많이 했으나 그 피조물의 창조자인 진리를 경건하게 찾지 아니하였으므로 그들은 주님을 발견하지 못했습니다. 설혹 발견한다 하더라도 "하나님을 알되 하나님으로 영화롭게도 아니하며 감사치도 아니하고 오히려 그 생각이 허망하여지며"로마서 1 : 21 "그들은 스스로 지혜 있다 하나 우둔한 자들입니다."로마서 1 : 22 그들은 눈이 멀어 하나님의 것을 자기의 것으로 주장합니다. "썩어지지 아니하는 하나님의 영광을 썩어질 사람과 금수와 버러지 형상의 우상으로 바꾸었느니라."로마서 1 : 23 "하나님의 진리를 거짓 것으로 바꾸어 피조물을 조물주보다 더 경배하고 섬겼습니다."로마서 1 : 25

하지만 제가 그들에게서 대자연에 대한 지식을 얻은 것은 사실입니다. 산법과 계절의 순서, 눈에 보이는 별들의 중명을 통하여 그 이치도 밝힐 수 있었습니다. 그리고 그것을 마니교도들의 주장과 비교해 보았습니다. 그들은 이같은 일에 대하여 엄청나게 많이 썼습니다만, 동지·하지와 춘분·추분, 일식·월식 등의 주장은 터무니없었습니다. 내가 속세 철학자들 책에서 배운 그 어느 것도 찾아볼 수 없었습니다. 나는 오로지 이 책 속에 있는 일을 믿으라는 강요만 당할 뿐이었으나, 내 눈으로 관찰한 법칙에 맞지 않았을 뿐만 아니라 오히려 아주 동떨어진 것이었습니다.

---

133) "그 꼬리가 하늘 별 삼분의 일을 끌어다가 땅에 던지더라."(요한계시록 12 : 4)

모든 부는 신에게 있다

진리의 주 하나님이시여![134] 이런 일을 아는 사람이면 모두 당신을 기쁘게 할 수 있습니까? 이런 모든 일을 안다 해도 당신을 알지 못하는 사람은 불행합니다. 하지만 비록 이런 일을 몰라도 당신을 아는 사람은 복된 사람입니다. 두 가지 사실을 다 알아도 행복한 것은 아닙니다. "하나님을 알고 하나님을 영화롭게 하며 감사하고 그 생각이 허망하여지지 않는 자"로마서 1 : 21가 진정으로 복된 자입니다. 나무를 간수할 줄 알고 또 이로써 당신에게 감사하는 사람은 비록 그 나무의 높이와 너비를 몰라도 능히 이를 재며, 그 가지를 다 헤아립니다. 하지만 그는 이를 간수할 줄 모르고 그 창조주를 알지도 못하며, 사랑하지도 않는 사람보다는 더 복되나니, 믿는 사람도 이와 같습니다. 모든 부의 세계는 주를 아는 자의 것입니다. 또한 만물이 시종하는 당신께 의지함으로써 그는 아무것도 지니지 않은 양 모든 것을 가진 자입니다.[135] 그가 큰곰자리의 운행을 모르고 하늘을 측량하지도 못하며 별들을 헤아리지 못한다 할지라도 "모든 것을 잘 재고 헤아리고 달아서 처리하시는"지혜서 11 : 20 주님을 저버리는 자보다 훨씬 행복한 자입니다.

마니교의 정체

누가 마니교도들로 하여금 이따위 일을 쓰게 했을까요? 이 같은

---

134) "내가 나의 영을 주의 손에 부탁하나이다. 진리의 하나님 여호와여 나를 구속하셨나이다."(시편 31 : 5)
135) "아무것도 없는 자 같으나 모든 것을 가진 자로다."(고린도후서 6 : 10)

주제는 신앙에 불필요하지 않습니까? 당신께선 인간에게 말씀하셨습니다. "주를 경외함이 곧 지혜이니라."욥기 28 : 28 비록 그가 이 일에 대하여 제아무리 지식을 가졌다 해도 이 경건함에 대해서는 무지하였습니다. 그는 경건함을 알지 못하면서도 무엄하게 가르치려고 하였으니 모르는 것도 이만저만이 아니었습니다. 비록 안다 할지라도 이 세상일을 선언함은 헛된 것이요, 당신을 향해 고백함이 경건함입니다. 그는 이에서 벗어나 이 일에 대하여 여러 말을 하게 되었지만 곧 진정한 학자들에 의하여 그의 무식이 증명되고, 나아가 더 심오한 일에 대한 그의 지각이 어떠한가를 명백히 드러내게 된 것입니다. 그는 자기를 낮게 여기려 함이 없이, 나아가 당신의 신자들을 위로하시고 풍요롭게 하시는 성령께서 모든 권능을 가지시고 자기 자신 안에 계신다고 믿게 하려고 했습니다.[136] 결국 하늘과 별, 해와 달의 운행에 대하여 그가 거짓을 가르쳤음이 드러났을 때, 비록 이 일은 종교적 교리와는 관계가 없다고 하더라도 신을 모독하는 참람僭濫함은 충분히 드러났다 하겠습니다. 그는 자기가 잘 모르는 것을 이야기했을 뿐만 아니라, 터무니없는 거짓까지 그 미친 듯한 오만으로 가르쳐서 마치 자기가 신적인 인격자인 체했던 것입니다.

　이러한 자연현상에 관한 법칙은 잘 모르지만 그리스도를 믿는 형제를 만난 적이 있었습니다. 그의 의견은 비과학적이고 논리가 없었지만 나는 그의 주장을 잠자코 듣고 있었습니다. 비록 그가 피조물의

---

136) "진리의 성령이 오시면 그가 너희를 모든 진리 가운데로 인도하시리니 그가 자의로 말하지 않고 오직 듣는 것을 말하시며 장래 일을 너희에게 알리시리라."(요한복음 16 : 13)

현상과 상태에 관해서는 몰라도, 만물의 창조주이신 주여, 당신께 욕되는 일을 믿지 않는 이상 그에겐 아무런 해가 없음을 봅니다. 하지만 이것이 종교적 교리의 진수에 관련이 있다고 단정하여 자기가 모르는 일을 완강하게 고집하고 나서는 경우에는 그에게 해가 됩니다. "우리가 다 하나님의 아들을 믿는 것과 아는 일에 하나가 되어 온전한 사람을 이루어 그리스도의 장성한 분량이 충만한 데까지 이르리니 이는 우리가 이제부터 어린 아이가 되지 아니하여 사람의 궤술과 간사한 유혹에 빠져 모든 교훈의 풍조에 밀려 요동치 않게 하려 함이라."에베소서 4 : 13,14

그러나 스스로 스승, 저자, 지도자 또는 수령이라 일컫는 자가 이런 일을 가르치면서 자기를 따르는 이로 하여금 다만 인간을 따름이 아니라 당신의 성신을 따르는 것으로 판단하게 한다면, 한 번 그 거짓 가르침이 판명되었을 때 이따위 광증을 누가 타기唾棄하지 아니하며 떨어버리지 않겠습니까? 내가 그 때까지 아직도 똑똑히 모르던 것은 낮과 밤의 길이 변화, 낮과 밤 그 자체, 큰 일식과 월식, 그 밖에 여러 가지 책 중에서 내가 읽은 이런 따위들이 과연 그의 주장대로 해석해야 옳은가 하는 점이었습니다. 해석이야 그렇게 할 수 있다 치더라도 그것이 사실인지 아닌지에 대해서는 자신이 없었습니다. 그래서 나는 내 신념을 떠나 그가 인정하는 권위에 놓여 있었습니다.

천박한 파우스투스

나는 거의 9년 동안 혼미한 마음으로 마니교도의 제자가 되어 파우스투스가 오기만을 학수고대하고 있었습니다. 이따금 만나게 되는 마니교도들은 내가 묻는 질문에 대답이 궁하게 되면 그를 내세우는 것이었습니다. 그가 와서 그와 함께 이야기하면 이런 의문, 아니 이보다 더한 것이라도 아주 쉽고 명확하게 해명해 주리라는 것이었습니다. 마침내 그가 왔을 때, 그는 시원시원한 말씨로 그들이 어느 때 하는 말투보다는 훨씬 구수하고 재미나게 지껄였습니다.

하지만 깔끔한 옷차림으로 내게 귀한 술을 바친들 어찌 내 갈증을 풀 수 있겠습니까? 내 귀는 이미 그런 말에 싫증이 났습니다. 재간 있게 말한다 해서 더 좋게 여겨지지 않고 언사가 화사하다 해서 영혼이 슬기로운 것이 아님을 알았습니다. 나에게 그를 추천한 사람들도 사물을 옳게 판단할 줄 몰랐습니다. 그들이 그를 지혜롭고 현명하다고 하는 것은 그의 말이 귀에 달콤했기 때문입니다.

또 한편 나는 다른 부류의 사람들도 경험했는데, 그들은 만약 누가 말을 꾸미거나 많이 하는 경우, 그 진실됨마저 믿으려 하지 않고 들어 주지 않았습니다. 하지만 주님이시여! 당신은 벌써 오묘한 방법으로 나를 가르쳐 주셨습니다. 오직 주님만이 진리이며 주님께서 직접 나를 가르쳐 주셨다고 믿습니다. 누가 어디서 이름을 떨치더라도 진리의 스승은 오직 주님뿐이라고 믿습니다. 그래서 이제 나는 당신께 배우는 것입니다. 말을 잘한다 해서 다 참말이 아니며, 또한 두서없이 말한다 해서 거짓이라고 여기지 않습니다. 또 서투르게 말한다 해서 참말이라고도, 말이 화사하다 해서 거짓이라고도 여기지 않습니다. 지혜로움과 어리석음은 마치 이롭거나 해로운 음식처럼 함께 있을 수 있습니다. 꾸민 말과 꾸밈없는 말도 좋은 그릇이나 나쁜 그릇에 담을 수 있다는 사실과 같습니다.

나는 그토록 오랫동안 그 사람을 만나려고 했기 때문에 그가 담론할 때의 동작과 감정, 그리고 그의 관념을 꾸미는 적절하고도 유창한 말에 진정 기뻐했습니다. 그래서 나는 여러 사람과 함께 기뻐하며 그들보다 한결 더 그를 치켜세웠습니다. 그러나 내가 언짢게 여긴 것은 청중들 모임에서 그와 좀더 친근하게 말을 주고받음으로써 나를 괴롭히는 의문을 제시하여 서로 다루어 보는 일이 허락되지 않은 점이었습니다. 드디어 내 친구들과 더불어 그와 토론해도 좋은 기회가 와서 답답해 하던 문제를 제시했을 때, 나는 우선 그가 문법 이외에는 학예에 대한 교양이 전혀 없는 사람임을 알았습니다. 그는 문법에 대한 지식도 보통 정도에 불과했습니다. 하지만 그는 약간의 키케로의 연설집, 그리고 세네카의 저서 한두 권, 시집 몇 권과 라틴어로 기록된 자기 교파의 서적쯤은 읽었고, 게다가 날마다 강연하는 일을 연습했으므로, 능란한 말재간과 타고난 우아스러움 덕분에 하는 말은 들음직하고 솔깃한 것이었습니다.

내 양심의 심판자이신 주님이시여! 내 기억을 더듬어 당신 앞에 내 마음을 열어 놓습니다. 그 당시부터 당신께선 그 섭리의 그윽한 신비로 나를 움직여 주시고 부끄러운 모든 허물을 내 얼굴 앞에 보여 주셨습니다. 나로 하여금 이를 보게 하여 미워하라는 뜻이었습니다.

파우스투스에 대한 절망

나는 그가 뛰어난 줄만 알았던 학예에 무식하다는 사실을 확실히 안 뒤부터 내가 궁금해 하던 문제를 그가 풀어 주기를 바랄 수 없어서 환멸을 느끼기 시작했습니다. 비록 그가 학예에 무식하다손 치더라도 그가 마니교도가 아니었다면 신앙의 진리를 모르라는 법은 없었습니다. 그들의 책은 하늘과 별과 해와 달에 관한 장광설로 가득 차 있었습니다. 그래서 내가 간절히 바랐던 것, 즉 내가 다른 책에서 읽은 많은 이론에 비추어 볼 때, 마니교도들의 책에 씌어진 그대로인가, 아니면 이론만이라도 적합하고 대등한가를 파우스투스가 상세하게 풀어 주리라고는 생각할 수 없었습니다. 내가 이 문제를 캐물을 때마다 그는 아주 겸허한 태도로 솔직이 자신의 무지를 고백하였습니다.

그는 요설가饒舌家 따위는 아니었습니다. 나는 숱한 요설가를 경험했는데, 그들은 나를 가르친답시고 얼토당토 않은 소리를 하곤 했습니다. 하지만 파우스투스는 비록 당신껜 올바른 존재는 아니었어도 그 자신에겐 충실한 마음을 가졌었습니다. 그는 스스로의 무지를 모를 만큼 무지하지는 않았으며, 또한 스스로 깨끗이 물러설 줄 알고, 자신을 빠져나오기 어려운 논쟁 속에 경솔하게 끼여드는 것도 바라지 않았습니다. 이런 점이 내 마음에 들었습니다. 내가 알고 싶어하던 그것들보다도 고백하는 사람의 겸손이 더 아름다운 것이 아니겠습니까? 어렵고 미묘한 문제를 대할 때마다 그의 태도가 이러했음을 나는 보았던 것입니다.

그리하여 마니교도의 글에 열중하던 내 마음도 꺾이고 말았습니다. 또한 그들 사이에 그토록 유명하던 그가 그러할진대 나머지 마니교의 다른 교사들에게 기대를 걸 수는 더욱 없었습니다. 나는 그와 함께 웅변학에 힘쓰기 시작했습니다. 그 자신도 열심히 배웠고, 또 그즈음 나는 벌써 수사학자로 청년들을 가르치고 있었고, 그가 듣고 싫어하는 것이나 내 생각에 그의 지능에 알맞다고 생각되는 것을 그와 함께 읽었습니다. 하지만 그 종파에 정진하려던 나의 맹세와 모든 노력은 그 사람을 알게 되자 중단되고 말았습니다. 그러나 갑자기 마니교를 떠나는 것보다는 지금의 상태에서 더 좋은 빛이 비쳐질 때까지 그럭저럭 눌러 있자는 생각을 했습니다.

이리하여 숱한 사람들에게 "사망의 올무"^{시편 18 : 5} 노릇을 해왔던 파우스투스도 내가 옭혀들었던 올무를 자신도 모르게 비로소 풀기 시작했습니다. 주여! 당신의 섭리의 비밀 속에 있는 당신의 두 손이 내 영혼을 버리지 않으신 것은 당신께 바치는 어머니의 심장의 피가 밤낮으로 눈물이 되어 흘러내린 까닭입니다. 주님이시여! 당신은 실로 오묘한 방법으로 내게 역사하셨습니다. "여호와께서 사람의 걸음을 정하시고 그 길을 기뻐하십니다."^{시편 37 : 23} 친히 창조하신 만물을 다시 고쳐 주시는 당신의 손길을 뿌리치고 어찌 구원을 얻을 수 있겠습니까?

어머니를 속이고 로마로

당신은 내게 로마로 가거라, 카르타고보다는 거기 가서 가르치는 것이 훨씬 나으리라고 권하시고 확신을 주셨습니다. 이처럼 나를 권유해 주신 당신에게 어찌 고백하지 않을 수 있겠습니까? 또한 당신의 지혜 깊으신 뜻과 우리에게 베푸시는 당신의 변함없는 자비를 되새겨 드리고자 합니다.

내가 로마로 떠난 이유는 친구들의 권유에 마음이 흔들리지 않은 것은 아니지만, 가장 큰 이유는 로마에서는 젊은이들이 차분히 공부할 수 있고, 또 엄격한 규율이 서 있었기 때문입니다. 자기가 배우지 않는 스승의 교실에 밀어 닥치지 못할 뿐더러, 스승의 허락 없이는 결코 스승에게 드나들 수조차 없었습니다.

이에 반하여 카르타고 학생들의 방종은 이루 말할 수 없었습니다. 스승이 제자들의 이익을 위해 정한 질서를 그들은 무지하게 깨뜨리고, 광폭한 행동으로 난장판을 만드는 것이었습니다. 관습이 비호해 주니까 망정이지 법률에 따라 벌을 받아야 할 유해한 행위를 그들은 놀랄 만큼 태연히 행하고 있습니다.

당신의 영원한 율법에 의하면 도저히 용납될 수 없는 짓을 옳다는 듯이 하고 있으니, 이 습관은 더욱 그들의 한심스러움을 나타내고 있습니다. 그들은 그처럼 행동하면서 자신에겐 벌이 없다고 판단합니다. 그러나 그들이 그런 짓을 하게 하는 그 맹점이 곧 벌이며, 또 그들이 치뤄야 할 고통은 자신들이 저지른 악행에 비하여 더할 나위 없이 큰 것입니다.

나는 학생 시절에 이같은 폐습을 몸에 적시고 싶지 않았는데, 교사가 된 뒤로 남들이 이같은 행위를 할까봐 무척 애썼습니다. 그러나 그 곳을 아는 사람은 모두 나에게 거기만은 그렇지 않다고 말해 주어 그 곳으로 가고 싶었습니다. 하지만 참으로 내 희망이며 산 자의 땅에 내 몫이여[137], 당신은 카르타고에서 내게 채찍을 치셨습니다. 그리하여 나를 카르타고에서 떠나게 하시고, 내 영혼의 구원을 위해 땅

---

137) "여호와여 내가 주께 부르짖어 말하기를 주는 나의 피난처시요 생존 세계에서 나의 분깃이시라 하였나이다."(시편 142 : 5)

위의 거처를 변경해 주셨습니다. 그
리고 당신은 이 죽음의 생명을 즐기
는 사람들을 시켜서 나를 로마로 이
끌었습니다. 하지만 로마 역시 카르
타고처럼 나를 유혹하는 것이 많았습
니다. 그들은 미친 짓을 일삼고 허황
된 일을 약속하는 자들이었습니다.
또 당신은 내 발걸음을 바로잡아 주
시려고 은밀히 그들과 나의 사악함을
함께 이용하셨습니다. 나의 평안을
어지럽히던 자들은 부끄러워해야 할
광란에 눈이 멀었고 나를 로마로 오
라고 손짓한 친구들은 세속적 향락에

로마를 향해 떠나다 베노조 고졸리(1464~65년), 성 아
우구스티누스 성당, 산 지미냐노, 이탈리아

만 골몰하였습니다. 그리고 카르타고에서의 현실적 불행이 역겨웠
던 나는 로마에서의 허망된 행복을 갈구하고 있었습니다.

하지만 내가 왜 이 곳을 떠나 저 곳으로 갑니까? 주여! 그것은 당
신만이 아실 뿐 저에게도, 또 떠나는 나를 애처롭게 울면서 멀리 바
다까지 따라 나온 내 어머니에게도 그 까닭을 알려 주시 않으셨습니
다. 나를 붙들고 한사코 가지 못하게 하였고 굳이 떠나겠다면 함께
가자고 하던 어머니에게, 나는 친구 한 명이 있는데 순풍이 불기 전
까지는 출범할 수 없다고 꾸며대었습니다.

어머니! 그런 어머니를 나는 속이고 떠났습니다. 그래도 주님은
자비로써 나를 용서해 주셨고, 저주받을 던적스러움으로 충만된 나

를 바닷물로부터 살려 두시사 당신의 은총의 물에 이르게 하셨습니다. 내가 물에 씻기어 깨끗해졌을 때, 나를 위해 날마다 당신을 향해 얼굴 아래의 땅을 적시는 내 어머니의 눈물을 마르게 해주셨습니다. 어머니가 나를 떼어 두고 혼자서는 돌아가지 않으려 하자, 나는 가까스로 어머니를 설득하여 우리 배 근처에 있는 성 키프리아누스 기념 성당에서 그날 밤을 지내게 했습니다. 그러나 그날 밤 나는 몰래 떠났습니다. 어머니는 남아서 기도하며 울기만 했습니다.

주여! 어머니가 그토록 눈물을 흘리며 당신께 무엇을 빌더이까? 나를 떠나지 못하게 해달라는 것뿐이었습니다. 당신께선 깊이 통찰하시어, 결국 어머니의 긴한 소원을 들어주셨으나 그때엔 어머니의 기원만을 돌아보지 않으셨습니다. 이는 당신께서 어머니가 항상 빌고 있는 바를 나를 통하여 이루어 주시기 위함이었습니다. 바람이 일고 우리가 돛을 펴자 해안이 우리 눈에서 멀어져 갔습니다. 이튿날 아침이 되자 어머니는 해변에서 미친 듯 애통해 하며 푸념과 울부짖음으로 당신의 귀를 메웠습니다.

그러나 당신은 이를 돌보지 않으셨습니다. 당신은 나의 육체적 욕망을 끊어 주기 위하여 하루바삐 나를 육체적 욕망 속으로 보내려고 하셨으며, 어머니의 육정肉情을 알맞은 고통의 채찍으로 매질하여 주셨습니다.

하지만 다른 어머니들처럼, 아니 그보다 훨씬 더 어머니는 나와 함께 지내기를 원했지만, 내가 없음으로 해서 어머니를 위해 당신이 얼마나 큰 기쁨을 예비하여 두셨는지 모르고 있었습니다. 이것을 모르는 어머니는 눈물을 흘리며 울부짖었습니다. 그 고통으로 괴로워하며 그녀는 울며 낳은 자식을 울며 찾는 하와의 후에[138]임을 보여주었습니다.

마침내 어머니는 내가 속인 것과 나의 무정함을 원망한 후, 마음을 돌이켜 나를 위해 주님께 기도하며 집으로 돌아가셨고 나는 로마로 떠났습니다.

열병, 어머니의 기도

그런데 로마에서 나는 육체의 질병으로 초죽음이 되었습니다. 내가 지은 온갖 죄악과 "아담 안에서 모든 사람이 죽은"고린도전서 15:22 원죄의 사슬 외에 많고도 중한 죄를 짊어지고 지옥으로 떨어질 뻔했습니다. 당신은 그 어느 한 가지 죄도 그리스도 안에서 용서해 주지 않으셨고, 또한 내가 지은 죄에서 초래된 원한을 그리스도의 십자가로써 풀어 주지 않으셨습니다.[139] 나는 환영幻影의 십자가로써 어찌 그 모든 죄를 풀 수 있겠느냐고 의심했습니다. 나는 그를 환영이라고 믿고 있었습니다. 그의 육체의 죽음이 내게 거짓으로 보일 만큼 내 영혼의 죽음은 진실된다고 믿었습니다. 또한 그의 육체의 죽음이 진실이라면 내 영혼의 생명은 거짓이라고 생각했습니다. 그런데 열병은 점점 더 심해져서 나는 거의 죽을 고비에 이르렀습니다.

그때 만약 이 세상을 떠났다면 어김없는 당신의 진리에 비추어,

---

138) "내가 네게 잉태하는 고통을 크게 더하리니 네가 수고하고 자식을 낳을 것이며"(창세기 3:16)
139) "십자가로 이 둘을 한몸으로 하나님과 화목하게 하려 하심이라, 원수된 것을 십자가로 소멸하시고"(에베소서 2:16)

내 허물에 마땅한 불과 고통으로 가득 찬 지옥으로 떨어졌을 것입니다. 어머니는 이런 줄도 모르고 이미 살아 있지도 않을 나를 위해 기도했을 것입니다. 하지만 어느 곳에나 계시는 당신은 어머니가 있는 자리에서는 그녀의 기도를 들어주셨고, 내가 있는 곳에서는 나를 가엾게 여기셨습니다. 그래서 나의 육체는 회복되었으나 신을 모독하는 마음은 여전히 병들어 있었습니다. 나는 이러한 위기에 처해 있으면서도 당신의 세례를 원치 않았습니다. 이미 고백한 바 있지만 소년 시절에 어머니의 애정을 믿고 세례를 조르던 때가 차라리 나았습니다. 하지만 나는 남부끄러운 인간으로 성장하여, 이와 같이 죽어야 할 나를 두 번 죽게 아니하신 당신의 성령을 어리석게도 코웃음 쳤습니다. 만약 어머니가 그 상처를 입었던들 영원히 회복할 수 없었을 것입니다. 어머니가 내게 베풀어 준 사랑은 잊을 수가 없으며, 몸으로 낳아 준 것보다 성령으로 그 얼마나 큰 정성을 기울여 나를 낳아 주었는가를 충분히 알았습니다. 만약 내가 그렇게 죽었다면 어머니의 가슴에 영원히 나을 수 없는 상처를 안겨 주었을 것입니다.

어느 누가 나의 어머니처럼 밤낮으로 끊임없이 당신께 간절히 기도를 올렸겠습니까? 자비로운 하나님이시여! 이 선한 과부의 "상하고 통회하는 마음을 주께서 멸시치 아니하셨습니다."시편 51 : 17 어머니는 "성도들의 발을 씻기며 혹은 환난당한 자들을 구제하며"디모데전서 5 : 10 날이면 날마다 아침 저녁 두 번씩 당신의 제단에 제물을 바치지 않은 적이 없으며, 빠짐없이 당신의 성당을 찾았습니다. 그것은 횡설수설하는 이야기나 노파의 잔소리를 듣고 싶어서가 아니라, 그 이야기 속에서 당신의 말씀을 듣고 싶어서였습니다.

그래서 당신으로 하여금 그녀의 기도 소리를 들으시도록 하기 위함이었습니다. 이러한 그녀의 눈물을 어찌 멸시할 수 있으며 당신의 구원 밖에 둘 수 있겠습니까? 어머니가 당신께 간구함은 금은을 주시라 함이 아니요, 하찮은 보물을 달라 함도 아니며, 오직 아들의 영혼을 구원하기 위해서입니다.

당신의 은총으로 어머니가 그러한 사람이 되었으며 당신은 그녀의 기도를 멸시하지 않으셨습니다. 주여! 당신은 곁에 계시어 들어주시고, 머리부터 정하신 일을 차례대로 이루어 주셨습니다. 당신은 여러 가지 환상을 통하여 어머니에게 응답하셨습니다. 이것은 어머니가 믿음으로 가슴 속 깊이 간직하여, 마치 당신의 친서인 양 당신께 펼쳐 간원한 것에 대한 응답이었습니다. "선하시며 그 인자하심이 영원하신 하나님"시편 118 : 1은 약속하신 대로 죄악의 빚을 진 모든 사람들의 채무자까지 되어 주심으로써 모든 사람들의 죄를 완전히 용서하셨습니다.

물질적 신관神觀, 회의설에 대하여

주님은 마침내 나를 낫게 해주시고 "주의 여종의 아들"시편 116 : 16의 육체를 잠시나마 편안케 해주셨습니다. 당신이 다시 더 좋고 더 확실한 건강을 나에게 주신 것은 내가 주님을 위해 살기를 바라셨기 때문입니다. 하지만 그 무렵 나는 로마에 머물면서 거짓되고 남을 속이는 '거룩한 성자'와 그 '선택받은 성도'내가 앓다 나은 그 집 사람들도 그 중의 한 사람이었습니다뿐만 아니라 그들이 '선민'이라 일컫는 자들과도 사귀었습니다. 그때까지도 나는 죄를 짓는 것은 인간 자신이 아니라 인간 안에 있는

다른 본성이 죄를 짓는다고 여겼습니다. 그리하여 내게 허물이 없다
는 생각과 또 어떠한 나쁜 짓을 했을 때도 "내가 주께 범죄하였사오
니 내 영혼을 고치소서"시편 41 : 4라는 고백을 하지 아니하고 교만한 마
음으로 즐거워했습니다. 나는 죄에 대해 자유롭고 내 안에 있는 다른
무엇이 죄를 짓는다고 생각했습니다. 그러나 사실 나는 하나뿐인 나
자신을 불신하여 스스로 둘로 갈라놓은 것입니다. 나 스스로를 죄인
으로 여기지 않는 것은 고칠래야 고칠 수 없는 죄악이었습니다. "전
능하신 하나님"창세기 17 : 1 나 스스로를 굽혀서 구원받기보다는 차라리
당신을 내게 굽혀서 스스로 죽으려 하는 것은 저주받을 불의입니다.
"여호와여 내 입 앞에 파수꾼을 세우시고 내 입술의 문을 지키소
서. 내 마음이 악한 일에 기울어 죄악을 행하는 자와 함께 악을 행치
말게 하소서."시편 141 : 3,4 나는 그 때까지 그들의 선택된 자들과 사귀
고 있었습니다. 하지만 더 나은 진리를 발견할 수 없다고 하더라도
그들의 거짓된 교리에 더 이상 만족할 수는 없었습니다. 나는 점점
회의를 느끼고 있었습니다.
 그 무렵 아카데미학파라 불리는 철학자들은 모든 것을 회의해야
한다고 주장하며 인간은 아무런 진리도 깨달을 수 없다고 단정했으
므로, 나는 그들이 다른 자들보다 현명하다고 생각하기에 이르렀습
니다. 나는 미처 그들의 진의를 알아내지 못한 터였지만 그 때의 여
론에 따라 확실히 옳은 것이라고 보았습니다. 그리고 나는 내가 묵고
있는 집주인이 마니교도의 책에 가득 찬 모든 허황된 말을 그대로 확
신하는 것을 보고 충고를 꺼리지 않았습니다. 하지만 나는 이단에 빠
져 있지 않은 사람들보다 마니교도들과 더 친밀히 사귀고 있었습니

다. 나는 그전 같은 열성으로 이 이단을 옹호하지는 않았으나, 이 때까지의 나와 이 종파로마에 상당히 잠입해 있는 사람들와의 사귐은 나로 하여금 새로운 진리를 찾는 일을 더디게 했습니다.

"천지의 주재이신 아버지여!"마태 11 : 25 눈에 보이는 것과 보이지 않는 모든 것의 창조주시여, 나는 진리를 찾겠다는 희망을 잃고, 그들은 당신의 교회로부터 나를 멀어지게 했습니다. 당신이 인간의 육체의 모습을 지니고, 우리의 팔다리처럼 육체의 속박을 받는다고 믿는 것은 지극히 부끄러운 일이라고 여겨졌던 것입니다. 그리하여 내가 신에 대하여 생각할 때 나는 물체의 용적밖엔 아무것도 생각할 줄 몰랐는데무릇 물체 아닌 것은 존재하지 않는다고 생각했기 때문, 바로 이것이 피할 수 없는 나의 가장 큰 오류이며, 유일한 원인이었습니다.

이런 까닭에 나는 악도 일종의 본체로 하여 추하고 징그러운 용적을 가진 것으로 믿었습니다. 그들이 말하는 대로 땅덩이처럼 거친 것인지, 기체처럼 희박하고 미세한 것인지는 알 수 없지만, 그들은 이를 지상을 휩쓰는 악신이라고 믿는 것입니다. 보잘것 없는 내 신앙이었지만, 선하신 하나님께서 악한 본체도 창조하셨다고는 절대로 믿지 않기 때문에 상반되는 두 가지의 용적을 세워, 둘 다 무한하나 다만 악한 쪽은 좁고 선한 쪽은 크다고 생각했습니다.

그래서 이 해로운 발단에 따라 여러 가지 모독이 내게 따르게 되었습니다. 내 마음은 애써서 공동의 신앙으로 달려가게 했지만, 나는 물러설 수밖에 없었습니다. 내가 주장한 것은 공동의 신앙에 있지 않았기 때문입니다.

주님이시여! 당신의 자비에 대하여 당신에게 감사하오며, 모든 면에서 인체의 속박을 받으셨다고 상상하느니보다 당신께서 비록 악의 용적과 구별되는 그 부분에서는 유한하심이 틀림없다 하더라도 다른 면에서 당신께선 무한하시다고 믿는 것이 한층 더 경건하게 여겨졌습니다. 뿐만 아니라 악의 본체가 당신에게서 나온 것으로 믿기보다, 그 어떠한 악도 당신께서 창조하지 않으셨다고 믿는 것이 훨씬 낫다고 여겨졌던 것입니다. 무지한 내게 악은 단지 실체일 뿐만 아니라 물체로도 보였습니다. 그것은 정신을 공간에 퍼지는 미세한 물체로밖에 생각하지 않았기 때문입니다. 또한 당신의 독생자이신 우리의 구세주마저도 한없이 빛나는 당신의 용적의 덩어리로부터 우리를 구원하러 오신 것으로 믿었습니다. 그리하여 그분에 대하여 내가 믿는 바는 내 스스로 허망하게 상상하는 것밖에 아무것도 없었습니다. 그의 실체가 이와 같다면 육체와 섞이지 않은 채 동정녀 마리아에게서 태어날 수 없다고 생각하였습니다. 하지만 그 실체가 섞어지면서 어떻게 더럽혀지지 않았는가를 알 수 없었습니다. 나는 그분이 살로서 더럽혀졌다고 믿어지지 않았으므로 그분이 살을 입었다고 믿기가 두려웠습니다. 당신의 거룩한 성도들이 나의 이 고백을 읽는다면 나를 향해 부드럽고 상냥한 미소를 지을 것입니다. 그러나 그 때의 나는 실제로 그런 사람이었습니다.

마니교의 성서 비평

저는 당신의 성서를 마니교도들이 비난하는 것을 아무도 반박할 수 없을 것이라고 생각했습니다. 하지만 나는 그 책에 정통한 사람을 만나서 이런 일에 대하여 자세히 물어 그의 의견이 어떤가를 알아보

로마에서 사람들을 가르치다 베노조 고졸리(1464~65년), 성 아우구스티누스 성당, 산 지미냐노, 이탈리아

고 싶었습니다. 그것은 마니교에 반대하여 공개 토론을 했을 때, 엘피디우스라는 사람의 말이 이미 카르타고에서 내 마음을 움직이기 시작했기 때문입니다. 그가 쉽사리 반박할 수 없는 말을 성서에서 인용했을 때, 마니교도들의 답변은 내게 빈약하게 느껴졌습니다. 그래서 그들은 이 답변을 공개된 자리에서 하지 못하고 남몰래 우리에게만 이렇게 말하는 것이었습니다. "기독교의 신앙에 유태인의 율법을 접붙이려고 누군가 《신약성서》를 위조한 것이다." 그러나 그들은 위조되지 않은 사본을 내놓지 못했습니다. 형체 있는 것에만 괘념하던 나는 그들의 용적에 짓눌렸습니다. 나는 이 용적 아래에서 헐떡이면서 당신의 진리의 숨길을 찾았으나 주님의 맑고 순수한 공기를 마실

수 없었습니다.

로마 학생의 횡포

나는 로마에 온 목적대로 수사학을 열심히 가르치기 시작했습니다. 그래서 우선 몇명 사람들을 나의 집으로 불러 모았습니다. 그들을 통해 나의 명성은 다른 사람에게 알려지게 되었습니다. 그런데 아프리카에서도 겪지 못한 엉뚱한 일을 로마에서 당하게 되었습니다. 물론 그 곳의 타락한 청년들처럼 난폭한 행동은 하지 않았지만 대다수의 청년들은 스승에게 보수를 주지 않으려고 작당하여 다른 스승을 찾아 다른 학교로 옮겼습니다.

돈이 앞서고 정의를 천히 여기는 신의의 파괴자들이었습니다. 나는 비록 완전한 증오심[140]은 아니었지만, 그들이 마음 속으로 미워졌습니다. 돈 몇 푼 때문에 그런 것이 아니라 그들이 정의를 포기했기 때문입니다. 그들은 정말 이같이 비열한 자들이어서, 당신을 떠나 간음을 하고, 만지면 손이 더러워질 덧없이 지나가는 세상의 진토 같은 이득을 탐내며, 흘러가는 세상을 부여안으시고 사람들의 간악한 혼을 불러들이시며 당신께로 돌아오는 이를 용서해 주시는 당신을 능멸하였습니다. 그래서 나는 지금도 이같이 나쁘고 옳지 않은 자들을 미워합니다. 하지만 만약 그들이 돈보다도 배움을 더 중히 여기고, 학문보다도 당신, 즉 진리이시며 확실한 선이시며 지극히 순결한 평화이신 당신을 중히 여긴다면 나는 그들을 사랑하겠습니다. 나는 그

---

140) "내가 저희를 심히 미워하니 저희는 나의 원수이니이다."(시편 139 : 22)

들이 당신을 위한 착한 인간이 되기를 바라기보다도, 나 자신을 위해 그들이 내게 나쁜 짓을 하는 것을 더 싫어했습니다.

암브로시우스와의 만남

이때 마침 밀라노 사람들이 로마 시장에게 사람을 보내어, 그들의 시를 위해 수사학 교사를 보내 달라고 요청했습니다. 당시 시장이었던 심마쿠스는 구두시험을 거친 뒤 나를 파견했습니다. 모든 일이 마니교의 허망에 취해 있는 마니교 친구들의 알선 때문이었지만, 사실은 그들로부터 떠나지 않으려고 나는 가지 않겠다고 했습니다. 하지만 이것이 그들과의 이별이 될 줄은 몰랐습니다. 나는 밀라노에 가서 세상에서 가장 훌륭한 자라고 널리 알려진 당신의 경건한 종인 주교 암브로시우스를 만났습니다. 그의 웅변은 "사람의 마음을 기쁘게 하는 포도주와 사람의 얼굴을 윤택케 하는 기름과 사람의 마음을 힘있게 하는 양식을 주셨습니다."시편 104 : 15 그래서 나는 당신에 의하여 모르는 사이에 그의 곁으로 이끌려 갔습니다. "하나님의 사람"신명기 33 : 1 아버지처럼 나를 맞아 주었고 주교답게 환영해 주었습니다.[141]

나는 그를 사랑하기에 이르렀습니다. 주님의 진리에는 별로 관심이 없었던 나는 다만 그의 친절함에 감사했습니다. 나는 그가 청중에게 강론하는 것을 열심히 들었습니다. 그의 웅변이 과연 세평 그대로인가, 혹은 그 유창함이 듣던 것보다 나은가 못한가를 알아보기 위해

---

141) "감독은 책망할 것이 없으며 한 아내의 남편이 되며 절제하며 근신하며 아담하며 나그네를 대접하며 가르치기를 잘하며"(디모데전서 3 : 2)

서였습니다. 이와 같이 나는 그의 말에 열심히 귀를 기울였나이다. 하지만 그 주제에 대해서는 냉담하거나 얕보는 방관자였습니다. 나는 그의 이야기가 신나고 기뻤지만, 그의 연설은 파우스투스보다는 매력이나 쾌감이 덜한 것 같았습니다. 그러나 그 내용에 있어서는 비교도 되지 않을 만큼 뛰어났습니다. 그것은 파우스투스는 마니교의 허망 속에서 헤매는 자요, 이분은 더없이 건전하게 구원을 가르쳤기 때문입니다. 하지만 그 당시 나 같은 죄인에게는 구원은 멀리 떨어져 있었습니다.[142] 그러나 나도 모르게 점점 주님에게로 가까워져 가고 있었습니다.

신앙의 서광曙光

나는 그의 이야기를 교훈으로 받아들이려 하지 않고, 다만 어떻게 말하는가를 듣기에만 신경을 쓰고 있었는데 인간이 당신에게 이르는 길을 이미 단념한 나에게는 단지 이 헛된 소원만 남아 있었기 때문에, 내가 중히 여기는 말과 더불어 가벼이 여기는 말도 함께 내 머릿속으로 들어왔습니다. 그것은 내가 이를 분별할 수 없었기 때문입니다. 그리하여 마음을 열고 '그가 얼마나 재미있게 이야기하는가'를 생각할 때에 동시에 '또한 그가 말하는 바가 얼마나 진리인가'도 점점 머릿속에 들어오는 것이었습니다. 이 때에 처음으로 그의 말이 변호의 여지가 있다고 느껴지기 시작했습니다. 마니교도의 공격에 대하여 아무런 반박도 할 수 없다고 생각했던 기독교 신앙도 이제는 부끄러움없이 긍정할 수 있다고 믿었습

---

142) "구원이 악인에게서 멀어짐은 저희가 주의 율례를 구하지 아니함이니이다."(시편 119 : 155)

니다.

특히 《구약성서》의 해석은 내가 고민해 왔던 의문을 풀어주었습니다. 그것을 문자적으로 이해하려 했을 때는 나에게는 죽음의 원인이 되는 것입니다.[143] 그리하여 《구약성서》의 여러 대목을 영적 의미로 해명한 것을 듣고는 여태까지 율법과 예언서를 저주하고 비웃던 마니교도들에게 결코 대항할 길이 없다고 믿었던 나의 마음을 스스로 나무랐습니다. 하지만 황당무계함에 빠짐이 없이 자세하게 반대 의견을 반박하는 학자의 변호가 있다 해서 기독교를 택해야 한다고는 생각지 않았으며, 또한 어느 쪽이나 다같이 변호할 수 있다 하여 내 주장은 배척되어야 할 거라고도 생각지 않았습니다. 그러므로 당시 기독교는 내게 있어서 패배도 승리도 아니었습니다.

그래서 나는 다부진 마음으로 어떻게 하면 마니교의 교리가 거짓임을 확실하게 밝힐 수 있을까 하고 생각했습니다. 만약 그때 내가 영의 실체를 개념화할 수만 있었다면 당장 그들의 무기를 다 무너뜨리고 내 마음 속에서 싹 씻어 버릴 수 있었을 것입니다. 하지만 나는 그렇게 하지 못했습니다. 곰곰이 생각하고 비교해 본 나는 이 세상의 구조와 육체 감각의 대상인 자연의 전체에 대해서는 철학자들의 설이 훨씬 더 마니교의 그것보다 진리에 가깝다고 믿었습니다. 또한 나는 아카데미학파가 모든 것을 회의하듯이 모든 것 안에 표류하면서 마침내 마니교도들을 떠나기로 결심했습니다. 내가 회의를 품었을 때마저도 이미 어느 철학자들보다도 뒤떨어졌다 하여 이런 종파에 눌러

---

143) "의문은 죽이는 것이요 영은 살리는 것임이니라."(고린도후서 3 : 6)

있을 수 없다고 생각했습니다. 하지만 이 철학자들도 내 영혼의 병을 고치고 구원하시는 그리스도의 이름을 제시해 주지는 못했습니다. 그러므로 나는 어떤 확실한 빛이 나의 항로를 비추어 줄 때까지 나의 부모님이 당부하던 그리스도 교회의 초보 신자가 되기를 결심하였습니다.

Sanctus Aurelius Augustinus

제6권» 밀라노 주교

어머니 모니카도 밀라노로

내 어릴 적부터의 희망이시여[144], 당신은 어디에 계셨으며 어디로 가셨었습니까? 당신은 나를 네 발 가진 짐승과 공중을 나는 새와 구별하여 주시고 지혜롭게 해주셨습니다.[145] 그런데도 나는 어둠 속과 미끄러운 길을[146] 돌아다녔고, 나의 밖에서 당신을 찾았으나 내 마음 안의 하나님을 만나지 못하였습니다. 또한 바다 깊은 곳에 빠져 들어가서 진리의 발견을 믿지 않고 단념했습니다.[147]

이때 내 어머니는 당신의 신앙에 힘입어 모든 위험을 무릅쓰고 산을 넘고 바다를 건너 저를 찾아오셨습니다. 어머니는 배가 위험에

---

144) "주 여호와여 주는 나의 소망이시요 나의 어릴 때부터 의지시라."(시편 71 : 5)
145) "땅의 짐승에게 하심보다 더하게 하시며 우리에게 지혜 주시기를 공중의 새에게 주심보다 더하시는 이가 어디 계신가 말하는 자가 한 사람도 없구나."(욥기 35 : 11)
146) "저희 길을 어둡고 미끄럽게 하시고 여호와의 사자로 저희를 따르게 하소서." (시편 35 : 6)
147) "내가 저희를 바산에서 돌아오게 하며 바다 깊은 데서 도로 나오게 하고"(시편 68 : 22)

빠졌을 때 뱃길에 익숙하지 못한 승객과 그들을 진정시켜야 할 선원들마저 당황하는 것을 보고 그들을 진정시켰습니다. 이는 이미 현몽으로 당신께서 이 일을 어머니에게 알려 주신 까닭입니다.[148] 내가 진리를 탐구하는 일을 단념하고 큰 위험에 빠져 있음을 어머니는 알고 있었습니다. 내가 어머니에게 이미 마니교도가 아니며 그렇다고 기독교도 아니라고 말했을 때, 어머니는 어떤 뜻밖의 소리를 듣는 사람처럼 기뻐하는 빛이 없었습니다. 이미 어머니는 나의 비참함을 간파하고 있었습니다. 어머니는 나를 죽은 자로 간주하고 당신 앞에서 눈물을 흘리며 호소하고, 나를 어머니의 믿음의 관(棺) 속에 넣어 당신께로 운반해 왔습니다. 이는 당신께서 죽은 과부의 아들에게 "청년아 내가 네게 말하노니 일어나라"누가 7 : 14 하고 말씀하시자 곧 죽은 시체가 살아나 만물을 열어 그 어미에게 돌려주셨기 때문입니다.

날마다 당신께 눈물로 간구하던 어머니는 응답을 받았습니다. 내가 아직 진리를 터득하지 못했으나 거짓을 벗어났다는 사실에 어머니의 마음은 너무나 기뻐 어찌할 바를 몰랐습니다. 어머니는 전부를 약속하신 당신께서 나머지 기도도 들어주시리라 확신하고 있었기 때문에 믿음에 가득 찬 조용한 마음으로 내게 말했습니다. "내가 세상을 떠나기 전에 네가 기독교인이 되는 것을 볼 줄로 믿는다." 내게 말한 것은 오직 이것뿐이었습니다. 어머니는 자비의 샘이신 당신께서 내 어둠을 밝혀 주시기를[149] 당신 앞에서 기도와 눈물로 호소했습

---

148) "나의 섬기는 하나님의 사자가 어젯밤에 내 곁에 서서 말하되"(사도행전 27 : 23)
149) "주께서 나의 등불을 켜심이여 여호와 내 하나님이 내 흑암을 밝히시리이다."(시편 18 : 28)

니다. 게다가 더욱더 열심히 교회로 달려갔고, 마치 "영생하도록 솟아나는 샘물"요한 4 : 14인 듯 암브로시우스의 말에 귀를 기울였습니다. 어머니는 그 사람을 하나님의 사도로[150] 섬겼습니다. 왜냐하면 어머니는 나를 불안한 번민에 빠지게 한 것이 그 사람임을 알았고, 의사들이 '위기'라고 부르는 날카로운 경련이 지나간 후 내 병든 영혼이 회복되리라는 것을 굳게 믿었기 때문입니다.

모니카의 순종

어머니는 아프리카에서 하던 관례대로 순교자들의 무덤에 떡과 빵과 포도주를 갖고 가려다가 수위에게 저지를 받았습니다. 주교의 명령으로 금지된 것을 안 어머니는 진실로 순종하는 경건한 여인이어서 주교의 금지령을 따지기는커녕, 도리어 자신을 탓하는 것을 보고 나는 놀라지 않을 수 없었습니다. 허다한 남녀가 금주의 노래만 들어도 외면하고 음주가들의 물 탄 술만 보아도 메스꺼워하건만, 어머니는 술을 마셔도 정신을 흐트러뜨리지 않았고 진리로부터 멀어지게 하는 술을 즐기지 않았습니다. 도리어 어머니는 바구니에 담아 간 음식을 나누어 줄 때에도 먼저 자기가 맛본 후 나누어 주고, 술을 즐기시 않는 자기 미각에 맞추어 충분히 옅게 하고, 예의를 갖춘 한 잔의 작은 술잔밖에는 쓰지 않았습니다. 또 만약 이런 식으로 제사를 드려야 할 순교자들의 무덤이 많을 때도 그 술잔을 들고 여기저기 돌

---

150) "오직 나를 하나님의 천사와 같이 또는 그리스도 예수와 같이 영접하였도다."(갈라디아서 4 : 14)

아다니며 썼습니다. 그래서 이미 물을 듬뿍 탔을 뿐만 아니라, 들고 돌아다녔기 때문에 밍근해진 이 포도주를 거기 있는 사람들에게 조금씩 맛보게 하였습니다.

어머니는 그들의 환락을 위해서가 아니라 그들의 신앙을 찾았던 것입니다. 그러다가 이는 조상의 제사와 흡사하고, 이교도의 미신과도 아주 비슷하기 때문에 아무리 경건하게 행하는 사람일지라도 안 될 일이라는 주교의 설교와 공포된 금주령 때문에 어머니는 감심하여 이를 그만두었습니다. 이와 같이 지상의 열매로 가득 채운 바구니 대신에 한결 더 깨끗한 소원으로 가득 찬 마음을 가지고 순교자들의 무덤을 찾았습니다. 주님의 고난을 본받고, 순교자들이 몸바쳐 영관을 쓰기에 이르는 곳에 주님의 육체의 성찬이 올바르게 거행되게 하기 위함이었습니다.

하오나, 내 주 하나님이시여, 만약 이를 금지함이 나를 구원하기 위한 어머니의 암브로시우스에 대한 극진한 믿음이 아니었던들 아마도 어머니는 이런 관례를 쉽사리 버리지 못하였을 것입니다. 그는 그 신앙심 두터운 대화로 내 어머니를 진심으로 사랑했고, 이와 같이 내 어머니는 착한 일을 하며, 열렬한 마음으로 자주 교회에 나갈 수 있었습니다. 그래서 주교는 저를 볼 적마다 자주 내 어머니를 칭찬하며, 그런 어머니를 모시고 있음을 축복해 주었습니다. 그러나 그 어머니의 아들이 어떠한지를 그는 알지 못하였습니다. 나는 이런 일 일체를 의심하였고, 생명의 길[151]을 발견할 수 있으리라고는 결코 생각

---

151) "훈계를 지키는 자는 생명길로 행하여도 징계를 버리는 자는 그릇 가느니라."(잠언 10 : 17)

하지 않았습니다.

암브로시우스의 설교

나는 아직도 당신께서 저를 도와주십사고 애절하게 기도드리지 않았으며, 오히려 면학에 몰두하고 변론만 일삼았습니다. 그래서 모든 사람들이 존경하는 암브로시우스를 나는 세상 사람들의 생각에 따라 복된 사람이라고 생각했습니다. 다만 그의 독신 생활은 괴로운 일이라고 느껴졌습니다. 하지만 그가 어떤 희망을 지니고 있을까, 역경 속에서 어떤 위로를 받고 있을까, 또한 당신의 빵을 반추反芻할 때 어떤 기쁨의 맛을 그 마음 속에 있는 그윽한 입에 넣어 줄까를 나로서는 짐작할 수도 겪어 보지도 못했습니다. 그 역시 내 고민이라든지 위험의 깊이를 알지 못했습니다. 그는 언제나 근심 걱정에 싸인 사람들에게 파묻혀 있었기 때문에 내가 물어 볼 것이 있어도, 언제나 나는 그의 입과 귀에서 멀어져 있었기에 그렇게 할 수 없었습니다. 그는 백성의 환난에 몸을 바치고 있었기 때문입니다.

그는 이따금 그들로 인하여 번거롭지 않을 때는 필요한 소찬으로 몸을 튼튼히 하고 책을 읽어서 마음을 튼튼히 하였습니다. 책을 읽을 때 그의 눈은 책장을 달리고, 마음은 뜻을 새겼습니다. 하지만 목소리와 혀는 쉬고 있었습니다. 우리가 이따금 가 보면 아무나 드나들 수 있으며, 또 누가 왔음을 그에게 알리는 버릇이 없었습니다 그는 언제나 말없이 독서하고 있었습니다. 우리도 오랫동안 말없이 앉았다가 물러나오곤 했습니다. 이처럼 열중해 있는 그를 감히 누가 번거롭게 하겠니까? 여러 사람들을 구제하는 분주함에서 벗어나 잠시 정신을 가다듬는 이 짧은 시간을 방해할 수는 없었습니다. 그가 소리내어 읽지 않는 까닭은 누가 열심히 듣고 있다가 명확하지 않은 점을 그에게 해명해 달라고 하거나, 또는 더 어려운 문제를 거론하게 될까 두려워서인 것 같았습니다. 이와 같은 일로 시간을 소비하면 마음먹었던 많은 책을 못다 읽을 것이기 때문입니다. 어쩌면 그는 곧잘 목이 쉬므로 소리를 아끼기 위해서 묵묵히 독서하는 것이 진정한 까닭인지도 모릅니다. 아무튼 그가 행하는 모든 것은 선한 것에 바탕을 두고 있었습니다.

내가 고민하는 문제를 그에게 털어놓고 싶었지만 그의 가슴 속에 있는 당신의 거룩한 뜻을 물어 볼 기회가 주어지지 않았습니다. 나의 열망을 털어놓으려면 많은 시간이 필요했는데 이를 얻지 못했습니다. 하지만 나는 그가 주일이면 신자들에게 "진리의 말씀을 옳게 분별하는 것"디모데후서 2 : 15을 듣고, 성서에 대하여 우리를 속이는 자들이 엮어 내는 그 교활한 간계에서 풀려날 수 있음을 점점 더 확신하게 되었습니다.

그리하여 당신께서 그들의 어머니인 교회에 의하여 은총으로 다시 나게 하신 당신의 영적 아들들은 인간이 당신 모습을 닮아 당신에게서 창조되었음을 알고, 당신을 인간의 육체의 모습에 의하여 속박되신 것처럼 믿거나 생각하는 것이 아님을 알게 되었을 때, 비록 영적 본체가 어떤 것인지는 수수께끼를 더듬는 듯 조금도 몰랐지만, 기독교 신앙에 대한 것이 아닌 육감적 환상의 이야기에 대하여 이와 같이 오랜 세월을 두고 멍멍 짖어 오던 일이 부끄럽고도 기뻤나이다. 나는 물어서 배워야 될 것을 단호히 비난하였으니 그만큼 하나님을 모독하고 불건不虔하였나이다.

지극히 높으시고 가장 가까이 계시며, 가장 그윽하시면서 지극히 드러나시는 당신은, 그 지체가 더 크고 더 작음이 없이 어디에나 계시면서도 결코 공간의 제한을 받지 않습니다. 당신은 육체의 형태를 지니실 리 없지만 "당신의 형상을 따라" 사람을 지으셨습니다. 그러나 인간은 머리부터 발끝까지 공간의 제한을 받습니다.

교회의 신관神觀

인간이 당신의 형상대로 창조되었다는 사실을 알지 못한 나는, 이제는 격렬히 반대하는 대신에 그것이 사실이라면 어떻게 문을 두드리고[152] 어떻게 믿어야 하는가를 생각하게 되었습니다. 그러므로 확실한 것이 무엇이냐는 생각이 내 마음 속에 타오를수록 나는 점점 더 부끄러워졌습니다. 확실하다는 약속에 이와 같이 오랫동안 속은 나는, 확실치 않은 여러 가지를 마치 확실한 것인 양 어린 아이와 같은 오류와 열성으로 지껄였습니다. 물론 후에 그들의 거짓이 밝혀졌지만 그들의 확실하지 못한 일과 맹목적인 적의를 가지고 주님의 교회를 비난했던 일이 부끄럽게 여겨집니다. 교회에서 진리를 가르치는지는 아직 확실히 몰랐지만, 내가 심하게 비난했던 것을 가르치지 않는다는 것을 알았습니다. 이처럼 나는 어리석었습니다. 주님이시여! 어릴 적 나에게 그리스도의 거룩한 이름을 가르쳐 준 당신의 유일한 독생자의 몸인 교회가 이런 유치한 얼간이 짓을 개의치 않고, 그 건전한 교리 속에 만물의 창조주이신 당신을 제한하여 제아무리 넓은 공

---

152) "문을 두드리라 그러면 너희에게 열릴 것이니"(마태복음 7:7)

간일지라도 제한되시지 않건만, 이르는 곳마다 인간 지체의 형상의 제한을 받는다고 일컫지 않은 것을 나는 기뻐했습니다.

또한 나는 율법사와 예언자들의 《구약성서》가 내 앞에 놓였을 때 불합리하게 보였으나, 이젠 잠꼬대하는 듯한 눈으로 읽지 않게 되었음을 기뻐하나이다. 지난날 나는 이와 같이 생각하지 못하고 당신의 거룩한 자들을 꾸짖었습니다. 그러나 마니교도들은 여전히 성서를 불합리하다고 비판했습니다. 또한 나는 암브로시우스가 자주 그의 신자들에게 하는 설교 중에 아주 간곡히 "의문은 죽이는 것이요 영은 살리는 것임이니라"고린도후서 3:6는 말을 마치 규범처럼 내세우는 것을 듣고 몹시 기뻤습니다. 그는 글자 그대로 해석하면 잘못된 일을 가르치게 되는 대목에 관한 신비의 베일을 벗기고 영적 의미를 드러내 주었습니다.

그러나 나는 그것이 진리인지 아닌지를 분별할 능력은 아직 없었습니다. 거꾸로 넘어질까 두려워한 나는 내 마음 속에서 모든 것을 함부로 단정하는 것을 용납하지 않았습니다. 하지만 나는 갈피를 잡을 수 없었으므로 더욱 죽을 지경이었습니다. 그것은 내가 보지 못하는 일들이 일곱에 셋을 더하면 열이 되듯이 그렇게 확실해지기를 바랐던 것입니다. 나는 이런 것을 생각하지도 못할 만큼 미치지 않는 한, 우리의 감각에 잡히지 않는 다른 물체나 내가 물체로밖에 생각할 줄 모르던 물체도 죄다 이것과 같이 밝혀지기를 바랐습니다. 이와 같이 나는 믿음으로 고쳐지고, 그로 말미암아 내 영혼의 눈동자는 밝아지고, 영원히 끊임없으시고 모자랄 리 없는 당신의 진리를 향하여 어떻게든지 나아갈 수 있었을 것입니다. 하지만 가끔 돌팔이 의사에게 속은 자가 명의에게 몸을 맡기기를 두려워하듯이, 내 영혼의 병도 그러하나이다. 믿지 않고는 고칠 수 없는 것인데 거짓을 믿을까 두려워서 나는 치료받기를 거부했으며, 신앙의 약을 지으시사 세상의 모든 병에 뿌리시고, 더구나 지극히 큰 권능을 주신 당신의 거룩한 손을 뿌리쳤습니다.

성서의 권위

그러나 나는 이에 따라 기독교의 교리를 택하기에 이르렀습니다. 기독교의 교리는 증명할 수 있는 것, 아무에게나 이런 것이라고 말하지 않아도 되는 것이든지 또는 전혀 증명할 수 없는 것이든, 대개 증명되지 않는 것을 믿으라고 권함에 있어서, 마니교도들의 태도보다는 온건하고 조금도 거짓이 없음을 나는 느꼈습니다. 마니교에서는 우리들의 신앙심은 지식의 미심쩍은 약속으로 인하여 비웃음을 받고, 후에는 이와 같이 매우 많은 기괴하고 불가사의한 일을 명령하여 믿으라고 했습니다. 이는 증명할 수 없는 까닭입니다.

주여! 당신은 가장 부드럽고 자비로운 손으로 내 마음을 어루만져 이를 가라앉혀 주시고, 비록 내가 보지 않고 또 내가 없을 때 생긴 일이지만 내가 믿는 허구한 일을 내가 생각하게 해주셨습니다. 즉 세계 역사에 있는 많은 사실들, 내가 보지 않은 고장과 도시에 대한 일들, 그 숱한 친구들 그리고 의사들과 많은 사람들에 대한 무수한 일들을 전부 믿지 않는다면 우리는 이 세상에서 아무것도 할 수 없을 것입니다. 만약 끝까지 들은 일을 믿지 않는다면 어찌 내가 부모에게서 태어났다는 사실을 틀림없는 믿음을 가지고 확신할 수 있겠습니까? 당신은 벌받아야 할 만백성에게 이토록 큰 권위로 바탕지워 주신 당신의 성서를 안 믿는 자들이 잘못이요, 믿는 자들은 아무 탓이 없음을 내게 깨우쳐 주셨습니다. 누가 나에게 "이 성서가 참되고 또 조금도 거짓이 없는 하나님의 성령에 의하여 인류에게 내리셨다는 것을 너는 어떻게 믿느냐?"고 하더라도 들어 줄 것이 없다고 깨우쳐 주셨습니다. 이야말로 모든 것 중에서 가장 중요하게 믿어야 할 것이라고 생각합니다. 나는 모순되는 철학자들의 책을 많이 읽었지만, 그 속의 갑론을박하는 논쟁도 나로 하여금 당신이 누구신지는 모를지라도 당신이 계신다는 것과 인간의 모든 일의 다스림은 당신에게 달렸다는 이 신앙을 내게서 빼앗지는 않았습니다.

나의 이 믿음은 어떤 때는 강하고 어떤 때는 약한 것이 사실이지만, 당신이 살아 계시고 우리들을 돌보아주시는 분임을 믿고 있었습니다. 다만 당신의 본체가 무엇이고 어떤 길이 당신께로 가는 것인가를 모르고 있었습니다.

우리가 이성만으로 진리를 찾고, 당신의 말씀인 성서의 권위를 요구한다는 것이 너무나 불완전한 것임을 알았습니다. 당신께서 만약 저희들로 하여금 성서에 의하여 당신을 믿고, 또한 성서에 의하여 당신을 찾으라는 뜻이 아니었다면 모든 나라에 있어서 이 책에 그와 같은 뛰어난 권위를 결코 주시지 않았을 것입니다.

지금까지 성서에서 미심쩍고 인정할 수 없었던 많은 대목들도 이치에 맞게 해석되었습니다. 그래서 나는 그 신비한 뜻의 심연으로 빨려 들어갔고 차츰 그 권위를 높게 보게 되어 신성한 신앙이라고 생각하였습니다. 즉 성서는 모든 사람들이 쉽게 읽을 수 있으면서, 더욱 깊은 뜻 속에 그 오묘한 위엄을 가지고 있으며, 스스로를 낮추어 평이한 말을 쓰고, 문체를 순수하게 하면서도 마음이 가볍지 않은 자들의 뜻을 다루어 주었습니다. 이는 모든 사람을 열려진 품안으로 받아들이기 위함이었습니다. 또한 약간의 사람을 좁은 문[153]을 통하여 당신에게 이르게 하기 위함이었습니다. 하지만 이들마저도 성서가 너무나 까마득히 높은 까닭에 그 권위의 정상에 서지 못하고 그 거룩한 겸손의 품안으로 군중을 끌어들이지 못하면 역시 권위에 접할 수 없습니다. 내가 이런 생각을 할 때 당신은 나와 함께 계셨습니다. 내가 한숨지을 때 당신은 들어 주셨습니다. 내가 세상의 넓은 길[154]을 떠돌아다녔으나 당신은 나를 버리지 않으셨습니다.

진정한 기쁨은 하나님에게 있다

나는 명예와 부귀와 결혼을 원하였으나 당신은 그런 나를 비웃고 계셨습니다. 나는 이런 욕망 속에 있었으므로 쓰디쓴 고난을 치러야 했으나, 당신은 당신 아닌 세상 것에 내 입맛을 돋우지 못하게 하시어, 더욱더 깊은 은혜를 주셨습니다. 주여! 나의 이런 일을 회상하여 당신께 고백하기를 원하오니, 나의 마음을 굽어살피소서. 이제 내 영혼이 당신만을 의지하게 하소서. 갈수록 달라붙는 죽음의 끈끈이에서 풀려 나게 하소서. 내 영혼이 얼마나 가엾습니까! 당신께서 그 상처를 건드려 주옵소서. 그리하여 내 영혼으로 하여금 모든 것을 버리

---

[153] "생명으로 인도하는 문은 좁고 길이 협착하여 찾는 이가 적음이니라."(마태복음 7 : 14)
[154] "좁은 문으로 들어가라. 멸망으로 인도하는 문은 크고 그 길이 넓어 그리로 들어가는 자가 많고"(마태복음 7 : 13)

밀라노에 도착한 아우구스티누스 베노조 고졸리(1464~65년), 성 아우구스티누스 성당, 산 지미냐노, 이탈리아

고 당신에게로 돌아가, 아픈 데를 낫게 해주옵소서.

당신은 모든 것에 뛰어나시고, 당신 아니면 만물이 있을 수 없습니다. 그런데 나는 어느 날 황제에 대한 찬사를 쓰고 있었는데, 나는 많은 거짓말을 동원하여 그를 찬양했습니다. 그때 당신은 나로 하여금 그 비참한 상태를 깨닫게 하셨습니다. 이와 같이 나는 거짓말을 했는데도 그 사실을 모르는 사람들에게서 박수갈채를 받았습니다. 내 마음은 그 일로 더욱 착잡해졌습니다.

그러던 어느 날 나는 밀라노의 한 거리를 지나가다가 불쌍한 거지를 발견했는데, 그는 배가 불러서인지 싱글벙글 히히덕거리고 있었습니다. 나는 한숨을 쉬며 나와 같이 있던 친구들에게 우리가 미친 탓으로 당하는 비애가 얼마나 큰가를 이야기했습니다. 그 당시 내가 그랬듯이, 욕망의 자극 아래서 우리 스스로의 불행의 짐을 지고 가며, 지고 갈수록 더 무거워지기만 해서, 우리가 노력을 다해 기쁨을 맛보자는 것이 우리의 소망이라면, 이 거지는 이미 우리보다 앞서서 이 기쁨에 이르렀고, 우리는 어쩌면 거기에 이르지 못한 것 같았습니다. 그는 구걸하여 얻은 돈으로 스스로의 행복을 얻지만, 우리는 지상의 낙을 맛보려고 꼬불꼬불 험한 길을 싸다니며 괴로이 찾고 있습니다. 우리는 모두 함께 현세의 쾌락만을 찾고 있습니다. 그는 진정한 환희를 지니려 하지 않습니다.

하지만 나는 아직 이러한 야심을 안고 더욱더 거짓스러운 환희를 찾고 있었습니다. 그는 분명히 기뻐하고 있었고 나는 근심하고 있었습니다. 그는 안심하고 있었으나 나는 번민하고 있었습니다. 만약 사람들이 내게 줄지어 뛰노는 일과 벌벌 떠는 일 중에서 어느 것을 택할 것이냐고 묻는다면 나는 뛰노는 일이라고 대답했을 것입니다. 그러나 누가 또다시 내게 저 거지처럼 되려느냐 아니면 지금의 나 자신이 되려느냐고 묻는다면 나는 비록 근심과 두려움에 지칠지라도 현재의 나를 선택했을 것입니다. 그러나 이는 모순이 아닙니까? 그 거지보다 높은 학문을 성취했다고 해서 내가 더 낫다고 할 이유는 없습니다. 학문은 내 마음에 기쁨을 가져다 주는 게 아니라 다만 사람들을 즐겁게 해주는 것에 지나지 않으므로 거지보다 나은 게 없습니다. 그러므로 당신은 역시 "징계의 채찍으로"잠언 22 : 15 "나의 뼈를 꺾으셨습니다."시편 51 : 8

내 영혼을 향해서 "사람이란 무엇에나 낙이 있어야 한다. 그 거지에겐 술이 낙이요, 너에겐 영예가 낙이다"라고 말하는 자를 내 영혼으로부터 물러가게 하소서. 주여! 당신 안에 있지 않은 영광이 무슨 영광이겠습니까? 거지의 기쁨이 참된 기쁨이 아닌 것처럼 나의 영광도 참된 영광이라 할 수 없습니다. 내 영혼만 한층 더 크게 흔들어 놓았기 때문입니다. 그는 그날 밤에 술취한 상태로부터 깨어날 수 있지만 나는 몇 날 며칠을 자다 깨다 또다시 자곤 하였습니다. 확실히 사람의 행복의 원천은 다릅니다. 충실한 믿음이 있는 희망의 기쁨은 헛된 기쁨과는 비교할 수 없을 만큼 다릅니다. 그는 나보다 더 행복한 사람입니다. 그가 희희낙락하고 있을 때 나는 근심으로 속을 태우고 있었습니다. 그는 축복을 기원해 주고 포도주를 구걸했지만, 나는 거짓을 말하면서 허황된 영예를 찾고 있었습니다.

그럴수록 나의 고민은 더욱 가중되었습니다. 또한 나를 반겨주는 행운을 잡으려고 달려갈 때마다 그것은 거의 잡힐 듯 잡힐 듯 하면서도 어느덧 저만치 달아나 버리곤 하였습니다.

알리피우스의 회심

친구끼리 함께 사는 우리는 이런 일을 다 같이 한탄하고 있었습니다만, 그 중에서도 특히 알리피우스와 네브리디우스에게 터놓고 이야기했습니다. 알리피우스는 나와 같은 고향에서 태어났고, 부모는 고향의 유명한 유지였는데 나이는 나보다 아래였습니다. 그는 내가 고향에서, 그리고 후에 카르타고에서 학생들을 가르칠 때 나에게 배웠습니다. 그래서 나는 그를 친절히 대했고 그는 내가 아는 것이 많은 줄 알고 나를 무척 좋아했습니다. 나도 또한 그가 그만한 나이에 덕성이 아주 뛰어났음을 보고 그를 사랑했습니다. 하지만 구경이라면 열광하는 카르타고 사람들의 나쁜 풍습 때문에 그는 그 소용돌이에 휘말려 원형극장에 미친 듯 빠져들게 되었습니다.

그가 가엾게도 이런 상황에서 헤어나지 못하고 있을 때, 나는 그곳에서 공립학교의 교사로서 수사학을 가르치고 있었습니다. 나와 그의 아버지 사이에 일어난 어떤 불화 때문에 그는 그 때까지 나의 가르침을 못 받고 있었습니다. 그가 원형극장에 지나치게 탐닉하고 있는 것을 보고 나는 그의 유망한 앞길을 생각하고 적잖이 걱정했습니다. 그렇다고 나는 우정 또는 교사의 권위로써 충고할 수는 없었습니다. 나는, 그도 나에 대해서 그의 아버지와 같은 생각을 하고 있겠거니 여겼으나, 사실 그는 그렇지 않았습니다. 그래서 그는 그의 아버지의 의사에 영향받지 않고 내게 인사하기 시작했고 교실로 나를 찾아와 강의를 조금 듣고 가기도 했습니다.

나는 그가 쓸데없는 놀이에 눈이 팔려 거기에 정력을 기울였다가는 그 뛰어난 재주를 망치고 말리라는 것을 깜빡 잊고 그에게 말하지 못하였습니다. 그러나 주여! 만물을 창조하시고 주관하시는 당신만은 훗날 당신의 자식들 가운데서 당신의 거룩한 뜻을 받드는 사제가 될 그를 잊지 않으셨습니다. 자리를 잡고 앉아 있을 때 그가 인사하고 들어와서 앉더니 내 강의에 정신을 집중하는 것이었습니다. 그때 마침 나는 한 구절을 들어 강의하고 있었습니다. 이를 설명함에 있어서 내가 전하려고 하는 것에 흥미를 느끼게 하고, 또 이를 명확하게 하기 위해 원형극장의 일을 비유하여 이 광란에 사로잡힌 자들을 날카롭게 비판하였습니다.

주여! 당신은 아시겠지만 나는 그때 알리피우스를 이 역병에서 고치려고는 생각하지 않았습니다. 그랬는데 그는 이를 자기 몸에 받아들였고, 내가 그를 위해 말한 것처럼 생각되었습니다. 그래서 다른 사람 같으면 나를 고깝게 여길 일을 성실한 청년은 그 이유를 자신의 탓으로 돌리고 나에 대해 사랑하는 마음을 더욱 뜨겁게 했습니다. 당신은 일찍이 "지혜 있는 자를 책망하라. 그가 너를 사랑하리라"잠언 9 : 8 는 말씀을 일러주셨습니다.

내가 그를 꾸짖지 않았으나 당신은 스스로 아시는 올바른 질서를 따라 사람들이 알든 모르든 그들을 다 쓰시어, 내 마음, 내 혀를 뜨거운 숯불로 만드시고 이것으로써 기대가 큰 그의 영혼에 불을 붙여, 이와 같이 고쳐 주셨습니다. 당신의 자비를 생각하지 않는 자는 당신의 찬미에 벙어리되게 하시나니, 나는 이를 충심으로 당신께 감사하나이다. 그는 내 말을 듣자마자 스스로 기뻐서, 뛰어들었던 야릇한 환락에 젖어들어 혼미했던 깊은 굴 속에서 빠져 나와 자제하며 마음을 분발시켰습니다.

이리하여 원형극장의 더러움은 그로부터 사라지고 그는 다시는 가까이하지 않았습니다. 이 때부터 그는 나를 스승으로 여겼고, 이를 좋아하지 않는 자기 아버지의 만류를 무난히 극복하여 허락을 받아 냈습니다. 이와 같이 알리피우스는 다시 나의 제자가 되었지만 나와 더불어 같은 미신에 휩싸여, 마니교도들이 내세우는 절제인 순정, 진실을 사랑하며 이를 참되고 성실한 것이라고 생각했습니다. 그러나 이는 어리석은 겉치레의 절제였고, 아직 참다운 덕의 깊은 곳에 이르지 못한 것이며, 외양에 속기 쉬운 귀한 영혼을 가장된 덕의 허울로 사로잡았습니다.

알리피우스의 재유혹

알리피우스는 부모의 권유에 따라 출세하기 위하여 법률을 공부하려고 나보다 먼저 로마로 떠났습니다. 거기서 그는 정말 곧이듣기 어려울 정도로 검투사들의 격투를 구경하는 데 열중하여 헤어나기 어렵게 되었습니다. 처음에 그는 그것을 싫어하고 외면했지만, 한번은 저녁을 먹고 돌아오는 동급생 친구들을 길거리에서 우연히 만나게 되었습니다. 그들은 한사코 거절하는 그를 억지로 그날 열리는 잔인하고 피비린내 나는 원형극장으로 끌고 갔습니다. 그는 이렇게 말했습니다. "너희들이 비록 내 몸을 거기로 끌고 가지만, 내 마음과 눈까지 억지로 구경하게 할 수 있을 줄 아느냐? 나를 구경거리에 매어 두지는 못할 것이다."

이 말을 듣고 친구들은 더욱더 빨리 그를 원형극장으로 끌고 갔습니다. 그들이 극장 안으로 들어가 자리를 잡고 앉았을 때 벌써 관중들은 환락으로 들끓고 있었습니다. 하지만 알리피우스는 눈을 딱 감고 이같은 죄악을 보지 않으려고 했습니다. 그러나 그는 귀까지 막을 수는 없었습니다. 때마침 한창 벌어진 싸움에 모든 사람들이 함성을 올렸기 때문에 깜짝 놀랐고, 호기심에 못 이겨 마치 눈에 비치는 것이 무엇이든지 이를 멸시하고 이를 이길 자신이 있다는 듯이 눈을 떴습니다. 그러나 그는 쓰러진 검투사보다도 더 깊은 상처를 그의 영혼 속에 입었습니다. 쓰러져서 비명을 지르는 검투사보다도 더욱 비참하게 그는 쓰러졌습니다. 이 소리는 알리피우스의 귀로 들어가서 그의 눈을 뜨게 했습니다.

이로 인하여 지금에 이르기까지 굳세다기보다 욱하기만 하던 그의 마음이 꺾이었고, 당신을 믿어야 할 마음이 불손하게도 자신을 믿었다가 꺾인 탓이옵니다. 그는 피를 보자마자 전율하였고 그의 눈은 호기심으로 더욱 커졌습니다. 흉폭한 싸움을 죄스럽게 여기지 않으며 흥분의 도가니에 빠져, 피비린내 나는 환희에 사로잡혔습니다. 이제 그는 들어가던 때의 그가 아니라, 열광하는 군중의 한 사람이 되었으며, 그를 끌고 온 친구들과 동지가 되었습니다.

그러하오니 하물며 더 무엇을 말하오리까? 그는 구경을 하다가 괴성을 지르고 흥분하고, 스스로 광란하였습니다. 그 후 그는 친구들보다 앞서서 경기장으로 달려갔고 오히려 다른 친구들을 끌고 가게 되었습니다. 하지만 당신은 지극히 굳세시고 자비심 깊으신 손으로 그를 그 곳에서 끌어내어 자기를 믿지 말고 당신에게 의지해야 함을 그에게 가르쳐 주셨습니다.[155] 하지만 이는 훨씬 나중의 일이었습니다.

알리피우스의 재난

하지만 이는 훗날 악으로 쓰이기 위해 그의 기억 속에 저장되었습니다. 또한 그가 카르타고에서 나의 청강생으로 공부하고 있을 때 일어난 일도 못 잊을 것입니다.

그는 어느 날 낮에 광장에서 배울 것을 생각하고 있을 때, 도둑으

---

155) "네가 부르짖을 때에 네가 모은 우상으로 너를 구원하게 하라. 그것은 다 바람에 떠 가겠고 기운에 불려갈 것이로되 나를 의뢰하는 자는 땅을 차지하겠고 나의 거룩한 산을 기업으로 얻으리라."(이사야 57 : 13)

로 몰려 광장 경비원에게 체포되었습니다. 그러나 이것은 당신께서 후에 큰 인물이 될 그에게 모든 일의 시비를 가려내는 데 있어서 경솔하게 벌을 주어서는 안 된다는 것을 미리 가르치기 위한 것인 줄로 믿습니다. 그가 노트와 펜을 들고 혼자서 재판소 앞을 거닐고 있을 때, 학생들 중의 한 사람인 진짜 도둑 청년이 몰래 도끼를 품고, 알리피우스에게 들키지 않게 숨어들어서는 환전소의 지붕을 덮은 납 격자창에 달려들어 납을 끊기 시작했습니다. 하지만 도끼 소리를 듣고 아래에 있던 환전업자들은 놀라서 사람을 보내어 잡아오게 하였습니다. 그들의 소리를 들은 도둑은 잡힐까 두려워서 그만 도끼도 버리고 도망쳤습니다. 그런데 도둑이 들어가는 것을 보지 못한 알리피우스는 도둑이 허겁지겁 뛰어나오는 것을 보았습니다. 그래서 무슨 일인가 하고 그 곳에 들어갔다가 도끼를 보고 이상히 여겨 집어든 순간 그는 몰려든 사람들에게 체포되었습니다. 그들은 그를 주민들이 모여든 광장으로 끌고 가 도둑을 잡았다고 자랑했습니다. 그러고는 그를 재판정으로 끌고 갔습니다.

이것은 알리피우스에게 충분한 교훈이 되었습니다. 주여! 당신은 이내 오셔서 죄없는 그를 돌보아주시고 무죄를 선고하셨습니다. 당신만이 유일한 증인이십니다. 그가 끌려갈 때, 그들은 공공건물을 주관하는 건축가 한 사람과 마주쳤습니다. 그들은 그를 만나게 된 것을 무척 좋아했습니다. 왜냐하면 광장에서 물건이 없어졌을 때 그는 언제나 절도의 혐의를 그들에게 덮어씌웠으므로 그들은 마치 이러한 절도가 누구에 의해서 저질러졌는가를 그에게 알리려고 했기 때문입니다. 그런데 그는 알리피우스를 어느 원로원 의원의 집에서 자주 만났으므로 잘 아는 사이였습니다.

그는 곧 알리피우스를 군중 속에서 빼내어 자초지종을 물었습니다. 그리고 나서 그 곳에서 핏대를 올리며 위협하는 자들을 향해, 함께 가 보자고 명령했습니다. 그들은 범죄를 저지른 청년의 집으로 갔습니다. 집 앞에는 한 소년이 있었는데, 너무 어려서 제 주인에게 돌아갈 줄도 모르고 죄다 순순히 털어놓았습니다. 소년은 주인과 함께 시장에 갔던 것입니다. 알리피우스는 그를 당장 알아보고 건축사에게 알려 주었습니다. 즉시 도끼를 그 소년에게 보이며 "이게 누구의 것이냐"고 물었습니다. 그 소년은 "우리 것입니다"라고 대답했습니다. 그리고 묻는 대로 남김없이 털어놓았습니다. 그리하여 사건이 그 집으로 옮겨지자, 조금 전까지도 알리피우스를 범인으로 몰았던 군중들은 부끄러워 낯을 들지 못하였습니다. 당신 말씀의 선포자요, 당신 교회에서 허다한 사건들의 심판자가 될 알리피우스[156]는 좋은 경험을 쌓고 교훈을 받아 물러갔습니다.

알리피우스의 청렴, 친우 네브리디우스

내가 로마에서 그를 만나게 되었을 때, 그는 끊어질 수 없는 우정으로 나를 따랐고, 나와 함께 밀라노로 갔습니다. 그는 잠시라도 나를 떠나지 않으려 했고, 자신보다도 부모의 의사에 따라 그가 전공한 법률 사무소를 개업하려 했기 때문입니다. 여기서 그는 법률 보좌관

---

[156] "너희 가운데 그 형제간 일을 판단할 만한 지혜 있는 자가 이같이 하나도 없느냐."(고린도전서 6 : 5)

을 세 번이나 역임하면서 청렴으로 사람들을 놀라게 했고, 또한 그는 사람들이 결백보다 황금을 더 중히 여기는 데에 놀랐습니다. 그의 천성은 탐욕의 유혹에 의해서 뿐만 아니라, 공포의 박차에 의해서 시험을 당해야 했습니다. 로마에서 그는 이탈리아 재무장관의 보좌관으로 일했습니다. 그 무렵 이 곳에는 매우 유력한 한 사람의 원로원 의원이 있었는데, 그의 은혜를 입은 사람이 많았고, 또한 그를 두려워해서 굴복하는 사람도 많았습니다. 그는 법률로 금한 일을 자신의 권력만 믿고 제것으로 하려고 했습니다.

알리피우스는 이에 항거했습니다. 뇌물을 준다는 약속도 뿌리쳤고 진심으로 그는 이를 능멸하였습니다. 여러 가지 협박도 쓸데없었습니다. 그는 이들을 일축했습니다. 이와 같이 유력하고 무수한 수단으로 남을 돕기도 하고 해치기도 하는 저명한 인물의 우정도 원치 않고 원한도 두려워하지 않는 알리피우스의 보기 드문 마음씨에 사람들은 모두 놀랐습니다. 알리피우스를 보좌관으로 둔 법관마저도 내심 이 같은 행실을 싫어하면서도 겉으로는 이를 차마 거부하지 못하고, 알리피우스에게 넌지시 미루며, 그가 싫다니 어쩔 수 없다고 말하는 것이었습니다. 사실 법관이 고분고분했던들 알리피우스는 틀림없이 이내 그 곳에서 떠나 버렸을 것입니다.

하지만 단 한 가지 그를 유혹하는 일이 있었다면 그것은 학문에 대한 열정이었습니다. 그는 소송에 드는 비용의 일부로 자신을 위한 책을 합법적으로 만들 수 있었으나 정의를 참작하여 그 생각을 더욱더 선한 것으로 돌리고, 허용된 권력을 부리기보다는 금지하는 공정을 따르는 쪽이 더욱 유용하다고 생각했습니다. 이런 것들은 사소한 일입니다. 그러나 "지극히 작은 것에 충성된 자는 큰 것에도 충성됩니다."누가 16 : 10 또한 당신의 진리의 입에서 나온 말은 무의미한 것이 없습니다. "너희가 만일 불의한 재물에 충성치 아니하면 누가 참된 것으로 너희에게 맡기겠느냐? 너희가 만일 남의 것에 충성치 아니하면 누가 너희의 것을 너희에게 주겠느냐?"누가 16 : 11,12

알리피우스는 바로 이런 사람이었습니다. 그는 나의 좋은 친구였고 우리는 어떠한 삶을 살아야 할지 몰라 서로 의논하였습니다.

또 네브리디우스는 카르타고 근처의 고향에 많은 가산과 집과 어머니를 버리고 밀라노로 왔습니다. 다만 나와 함께 진리와 예지를 위하여 일생을 바치겠다는 불타는 열정 때문이었습니다.

축복받은 생애의 열렬한 탐구자, 또한 지극히 어려운 문제의 날카로운 연구자로서, 그는 우리와 함께 탄식하고 방황했습니다. 이와 같이 우리 세 사람의 아쉬운 입으로 서로 자신의 궁핍을 탄식하고 하소연하여 "때를 따라 저희에게 식물을 주시는 주님"시편 145 : 15을 앙망하고 있습니다.

당신의 자비로 인하여 우리들의 속된 일에는 언제나 고뇌가 따르므로, 우리는 왜 이토록 고난을 견디어야 하는지 그 까닭을 캐어 보아도 어둠만이 다가올 뿐입니다. 그래서 우리는 서로 얼굴을 돌리며 "오, 주여! 언제까지니이까?" 하고 탄식하는 것입니다. 우리는 자주 이런 말을 하였습니다. 그러면서도 이렇게 말하는 버릇을 아직도 버리지 못하였습니다. 그것은 이런 것을 버려야만 얻을 수 있는 확실한 그 무엇이 우리에게 비치지 않았기 때문입니다.

회고와 대망待望

나는 또한 이런 일을 마음에 가득 채우고 돌이켜보며, 19세 때부터 지혜의 열망에 불타기 시작하여 벌써 30세가 되었는데도 부질없는 욕망의 헛된 바람과 거짓된 망상을 버리지 못하고 있었습니다. 이처럼 내 나이 이미 서른 살이 되었어도 그냥 진창에 빠진 채, 내 영혼을 쇠약하게 하며 도망치는 현실의 환락을 탐내며 나는 이렇게 말하는 것이었습니다.

"내일이면 발견하겠지. 그것이 명백하게 드러나는 날엔 나는 그것을 잡고 놓지 않으리라. 그러면 파우스투스가 와서 모든 것을 해명하리라. 아카데미 학파여! 정말 인생이란 파악할 수 없는 것인가? 아니다. 우리는 이제야말로 열심히 탐구하여 절망하지 말자. 보라, 성서 중에 미심쩍게 보이던 것이 이제 우리에게 이상하게 여겨지지 않고, 또한 다른 의미로 올바르게 해석할 수 있지 않은가? 빛나는 진리가 발견되기까지 나는 소년 시절 내 부모가 놓아 준 징검다리에서 내 발을 떼지 않으련다. 하지만 이를 언제 어디서 찾는단 말인가? 암브로시우스에게는 한가한 여가가 없고 우리에게는 책 읽을 여가가 없다. 그 책을 우리는 어디에서 찾아야 하는가? 언제 어디에서 이를 구한단 말인가? 누구에게서 빌어야 하는가? 영혼의 구제를 위하여 일정한 시간을 배정하자. 문득 큰 희망이 나타난다. 기독교 신앙은 우리가 짐작으로 공연히 비방하던 그런 헛된 일을 가르치지 않는구나. 그 학자들은 하나님이 인간 육체의 모습에 국한되었다 함을 불건하다 일컫는다. 그래서 그 밖의 문제들을 밝히기 위하여 우리는 문을 두드리는 일을 주저할 것인가? 오전 시간은 학생들에게 빼앗긴다.

나머지 시간에 우리는 무엇을 할 것인가? 왜 이 일에 쓰지 않나. 하지만 언제 우리들은 유력한 친구들을 찾아보고 그 도움을 청할 것인가? 학생들이 사야 할 것을 우리들은 언제 갖추겠는가? 격무에 시달리는 마음을 풀어 언제 휴양할 수 있겠는가?

만물이여, 다 없어져라. 그래서 우리는 이따위 하잘것 없는 일이란 다 쫓아 보내고, 오로지 진리의 탐구에 몸을 맡기련다. 삶은 참담하고 죽음은 불확실한 것이다. 때 아닌 때에 죽음이 덮쳐 오면 우리는 어떤 상태로든지 이 세상을 떠나야 한다. 그러면 이승에서 게을리 한 것을 어디 가서 배워야 하겠는가? 오히려 우리는 게을리했던 것에 대한 벌을 받아야 할 게 아닌가? 만약 한번 죽어서 모든 걱정과 감각이 죄다 끊어져 없어진다면 어떻겠는가? 그렇다면 이 또한 캐어 보아야 할 일이 아닌가? 하지만 그와 같이 함은 하나님께서 금하신 일이다. 그리스도교 신앙의 권위의 이같이 뛰어난 정상이 온 세계에 퍼지고 있음은 결코 헛되고 터무니없는 일이 아니겠지. 만약 육체의 죽음과 함께 영혼의 생명도 다하는 것이라면 하나님께서 우리를 위하여 이 놀라운 일들을 결코 하실 리가 없다. 그렇다면 무엇 때문에 세상의 희망을 버리고 하나님과 축복된 생명을 찾기 위해 우리를 완전히 맡기는 데에 주저하겠는가?

아니, 잠깐만. 이승 것도 역시 재미는 있는 거야. 적지 않은 즐거움이 있는 거야. 우리는 함부로 이를 끊어 버릴 것이 아니다. 다시 찾을 경우엔 더 쑥스럽지 않은가. 그렇지, 지위를 얻는 것쯤이야 시간 문제다. 그러면 됐지 더 바랄 게 무엇인가? 아무것도 가진 게 없다손 치더라도 우리는 좋은 친구들을 많이 두지 않았는가? 굳이 발버둥치지 않더라도 장 자리 하나쯤은 얻을 자격이 있고, 우리 부담이 무겁지 않게 될 만한 정도의 재산을 가진 아내를 맞이할 수도 있을 것이다. 이만하면 욕망은 다 채워지리라. 우리가 본받아야 할 위대한 인물들은 결혼을 했음에도 학문 연구에 몸을 바친 것이다."

내가 이런 일에 대하여 말하고, 이런 바람이 내 마음을 이리저리 흔들고 있는 동안에 시간은 점점 흘렀습니다. 하지만 나는 주님께로 돌아가기를 주저했습니다. 그래서 당신 안에 살기를 하루하루 늦추면서 날마다 나 자신 속에 죽는 일은 늦추지 아니하였습니다. 행복된 생활은 추구하면서 나는 주님의 안에서 이를 두려워하거나 이를 피하면서 찾고 있었습니다. 여성에게 포옹을 거부당하면 너무나 비참하리라고 나는 생각했습니다. 그러면서도 이 나약함을 치료하시는 당신의 자비스런 약을 생각하지 못하였습니다. 그것은 이를 경험한 바가 없기 때문입니다. 그리고 절제하는 힘이 내게 있다고는 생각하지 않았지만, 인간 능력에 달려 있다고 생각했으며, 매우 어리석게도 '당신이 주시지 않으면 아무도 욕망을 억제할 능력이 없다'는 것을 알지 못하고, 또한 내가 진심의 탄원으로 당신의 귀에 호소하고 굳센 믿음으로써 내 사정을 당신께 맡기지 아니하면 그것을 내게 주시지 아니함을 알지 못하였습니다.

결혼관과 독신론

알리피우스는 내게 결혼하지 말라고 만류하였습니다. 만약 결혼을 하면 우리가 오랫동안 바랐던, 한가한 여유를 가지고 함께 학문을 추구하는 생활을 결코 할 수 없다는 것입니다. 당시 그는 결혼 문제에 관한한 놀랄 만큼 결백했습니다. 그는 청년으로 접어들 때에 성교를 경험했지만, 오히려 그것에 집착하지 않고 뉘우치고 경멸했으며, 그 때부터 그는 지금까지 욕망을 완전히 억제해 왔습니다. 하지만 나는 결혼한 후라도 학문을 기르고 하나님의 은총을 받으며 친구들을 믿음으로 사랑하는 사람들의 예를 들어 항변했습니다. 나는 그들의 위대한 정신과는 거리가 먼 처지였습니다. 그래서 육체의 병과 그 죽음을 불러오는 쾌락에 얽매여, 나의 사슬에서 풀려 나기를 두려워하여 오히려 단단히 죄었으며, 그의 진실한 충고를 듣기는커녕 오히려 제 상처를 고쳐 주려는 그의 손을 뿌리쳤습니다.

뿐만 아니라 저 뱀[157]이 나를 통하여 알리피우스에게 말하고, 내 혀를 통하여 그가 가는 길에 아름다운 덫을 놓아 그의 바르고 자유로운 다리를 묶으려고 했습니다. 그는 적지 않게 나를 믿어 주었건만 나는 이 환락의 끈끈이에 달라붙어 있었습니다. 내가 결코 독신 생활을 할 수 없다고 하자 그는 매우 놀라는 것 같았습니다. 나는 그가 놀라는 것을 보고 스스로 변명해서 말했습니다. 즉 이성에 대하여 그가 한때 겪은 경험은 이제 거의 기억뿐이므로 아무런 괴로움도 없이 쉽사리 잊을 수 있지만, 나의 습관이 된 쾌락과는 상당한 차이가 있다고 말했습니다. 또 만약 이에 결혼이라는 떳떳한 이름을 붙이더라도 나는 그런 생활을 결코 능멸할 수 없으므로 조금도 놀랄 까닭이 없다고 말했습니다. 내 말을 듣고 그도 결혼에 뜻을 두기 시작했는데, 이는 육욕 때문이 아니라 단순한 호기심 때문이었습니다. 그는 자기한

---

157) "여호와 하나님의 지으신 들짐승 중에 뱀이 가장 간교하더라."(창세기 3 : 1)

테는 그토록 즐겁게 보이던 내 생활도 내게는 생활이라기보다 형벌처럼 생각된다니 도대체 결혼이란 어떤 것인가 알고 싶다고 말했습니다. 사실 그 속박에서 풀려 난 그의 마음은 내가 쾌락의 노예인 것을 알고 깜짝 놀랐으며, 그것을 경험하고 싶어했습니다. 마침내 그는 자신이 경험하고 싶어했던 쾌락의 노예로 전락하게 되었습니다. 그는 "사망과 언약하였고 음부와 맹약한 자"이사야 28:15였기 때문입니다. 위험을 즐기는 자는 위험 속에 빠지게 마련입니다.

그 사람이나 나 결혼 생활을 원만히 하여, 자녀를 낳아 기르는 존엄한 의무에 대해서는 관념이 아주 희박했습니다. 내게 있어서는 물릴 줄 모르는 정욕을 채우기에 흠뻑 빠져 있는 나의 지나친 버릇 때문이었습니다. 하지만 그는 흥미 때문에 쾌락의 노예로 전락한 것이었습니다. 지극히 높으신 분이시여, 당신께선 우리의 이 비천함을 버리지 않으시고, 가엾은 자들을 불쌍이 여기사, 오묘한 길로 저희를 구원하시기 위해 오셨습니다.

아우구스티누스의 약혼

나더러 결혼하라는 성화가 계속되었습니다. 나는 구혼을 했고 이미 약혼까지 했습니다. 내가 결혼을 해야만 영생의 세례로 죄를 씻게 될 것이라고 어머니가 가장 서둘렀습니다. 그러면 나의 일상 생활이 어머니와 일치해 나갈 것이라고 그분은 기뻐했고, 또한 어머니의 소원과 당신의 약속이 나의 신앙 속에 성취되리라고 믿었습니다. 사실 나의 요청과 어머니의 염원으로, 마음 속으로 간절히 부르짖으며 당신께서 나의 미래의 결혼에 대해 어머니에게 환상을 보여줍시사고 날마다 당신에게 기도했지만, 당신은 이를 들어주시지 않았습니다.

어머니는 어떤 허황된 환상을 보았으나, 이는 사람이 정신을 골똘히 집중시킬 때 보이는 허깨비 같은 것이었습니다. 당신께서 무엇인가를 계시하실 때마다 어머니는 항상 확신을 가지고 내게 이야기했었는데 이번에는 그러지 않았습니다. 어머니는 말로 표현하기 어려운 어떤 직감에 의해서 당신의 계시와 그의 영혼의 꿈이 서로 다름을 분간했기 때문입니다.

아무튼 한 소녀와 통혼했습니다. 그녀의 나이는 결혼할 연령12세에 두 살이 모자랐지만 내 마음에 흡족했으므로 나는 기다릴 준비가 되어 있었습니다.

공동의 생활 설계

그 당시 여러 친구들은 복잡하고 번거로운 생활이 싫어져서 시끄러운 속세를 떠나 조용히 살아 보자는 말을 주고받으며 마음을 거의 결정하고 있었습니다. 그 조용한 생활이란, 우리들이 가진 것을 죄다 가지고 와서 하나의 공동 가정을 만들고, 내것 네것 없이 모든 것을 모아 전체를 이루면 그 전체는 각자의 것인 동시에 전체의 것이 된다는 생활이었습니다. 이 공동 생활에 찬성한 사람은 모두 열 명이었습니다. 그 중 몇 사람은 부자였는데, 나의 고향 친구인 로마니아누스도 큰 부자였습니다. 그는 어릴 적부터 나와 친구였습니다. 그는 전에 어떤 중대한 사건에 연루되어 밀라노의 법정에 출두한 적이 있었습니다. 그는 우리의 계획에 가장 열심이었습니다. 게다가 그의 재산은 다른 사람보다도 훨씬 많았기 때문에 그의 의견은 권위가 있었습니다.

우리는 또 매년 두 명의 임원을 두어서 모든 필요한 것을 갖추어, 나머지 사람들이 염려하지 않게끔 했습니다. 하지만 우리 중 몇 명은 이미 결혼하여 아내가 있었고 나머지 사람들도 결혼하려 하였으므로, 여자들이 이를 허락할는지를 생각하게 되자 멋지게 짜여진 계획은 순식간에 산산조각나고 말았습니다.

그리하여 우리는 부질없는 탄식과 신음을 하며 속세의 넓고 굳은 길을 계속 좇게 되었습니다. 인간의 마음 속에 많은 생각이 있으나 [158], "여호와의 도모는 영영히 서고 그 심사는 대대에 이르리로다."^{시편 33:11} 이 거룩하신 뜻에 의하여 당신께선 우리들의 생각을 비웃으시고, "때를 따라 저희에게 식물을 주시며 손을 펴사 모든 생물의 소원을 만족케 하시는"^{시편 145:15,16} 분이십니다.

육욕의 노예

그러는 동안에 나의 죄는 더해 갔습니다. 동거해 오던 여자를 내 결혼에 방해가 된다 하여 사람들은 내 곁에서 떼어 놓았습니다. 그녀를 못 잊는 내 마음은 찢기어 상처를 입고 피를 흘렸습니다. 그녀는 결코 다른 남자와 재혼하지 않겠다고 당신께 맹세한 후 그녀가 낳은 내 아들 하나를 남겨둔 채 아프리카로 돌아갔습니다. 그러나 불행히도 나는 여전히 깨닫지 못하고 있었습니다. 내 약혼녀를 맞이하려면 2년이나 기다려야 한다는 지루함을 견디지 못해 딴 여자를 또 얻

---

158) "사람의 마음에는 많은 계획이 있어도 오직 여호와의 뜻이 완전히 서리라."(잠언 19:21)

었습니다. 내가 그녀와 결혼하려고 한 것이 아니라 육욕의 노예가 된 탓이었습니다. 이처럼 병든 내 영혼은 육욕의 노예가 되어 결혼할 때까지 그 기세를 더해 갔습니다. 또한 전처와의 이별로 입은 상처는 낫기는커녕 오히려 심한 열과 날카로운 진통 끝에 썩어 들어갔습니다. 그리고 오한이 나며 더욱더 절망적으로 깊어만 갔습니다.

하나님의 심판에 대한 공포

자비의 근원이신 주님께 모든 찬미와 영광이 있을지어다. 갈수록 불행해지는 나를 당신은 점점 더 가까이 해 주셨습니다. 당신의 오른손은 끊임없이 나를 진창 속에서 꺼내 씻어 주셨으나 나는 그것을 전혀 몰랐습니다. 또 그 어느 누구도 깊어만 가는 육욕의 늪에서 나를 불러내지 못했습니다. 다만 죽음의 공포와 다가올 당신의 심판에 대한 공포가 내 머리에서 떠난 적이 없었습니다.

내 친구 알리피우스와 네브리디우스와 함께 선악의 본질에 대하여 토론을 할 때도 나는 이렇게 말했습니다. "내가 만약에 에피쿠로스가 믿기를 거부한 것처럼 죽은 뒤 영혼이 남고 행실에 따른 응보가 남는다는 것을 믿지 않는다면 승리의 월계관은 에피쿠로스에게 돌아갈 것이다." 그리고 나는 혼잣말로 물었습니다. "만일 우리가 죽지 않고, 썩지 않는 육체의 쾌락 속에서 살아갈 수 있다면 어찌 행복하지 않겠는가? 더 이상 무엇을 원하겠는가?" 나는 이같은 주장이 큰 화를 초래하는 줄 모르고 있었습니다.

이처럼 쾌락에 흠뻑 빠져서 눈이 먼 나는 광명과 영적인 아름다움을 보지 못하고 있었습니다. 이는 육체의 눈으로는 도저히 볼 수 없으며, 다만 영혼의 눈으로만 볼 수 있습니다. 또한 가엾은 나는 불행의 근본이 육욕의 쾌락에 있는 줄 모르고 단순히 친구들 없이는 행복할 수가 없다고 생각했습니다. 그래서 나는 친구들만을 위하여 사랑하고 또한 그들은 나만을 위해 사랑해야 한다고 생각했습니다.

아아, 구절양장 같은 길이여! 당신 곁을 떠나면서도 오히려 더 좋은 것을 얻으려고 한 이 무엄한 내 영혼의 불쌍함이여! 전후좌우로 이리저리 엎치락 뒤치락해 보아도 모든 것은 고통뿐이며, 오직 당신만이 안식을 주십니다.

오, 주여! 보시옵소서. 언제나 주는 내 곁에 계셨고, 처참한 방황에서 우리를 구하시어 당신의 길 위에 놓으시고 위로하여 말씀하셨습니다. "너희가 노년에 이르기까지 내가 그리하겠고 백발이 되기까지 내가 너희를 품을 것이라. 내가 지었은즉 안을 것이요 품을 것이요 구하여 내리라."이사야 46 : 4

Sanctus Aurelius Augustinus

제7권 » 철학적 해명

무한하신 신

이미 죄악에 젖은 나의 용서받을 수 없는 청년 시절은 흘러갔고, 나는 장년 시절로 접어들었습니다. 그리고 나이를 먹어감에 따라 나는 더욱더 허망한 마음에 사로잡혀, 내 눈으로 직접 볼 수 있는 것 이외에는 실체實體라고 믿지 않았습니다. 하나님! 나는 지혜에 대해 깨닫게 된 이후로, 당신이 인간의 육신을 입고 이 세상에 오셨다는 사실을 믿을 수 없었습니다. 나는 언제나 이와 같은 생각을 피하려 했고, 우리들의 신앙의 모체인 교회에서도 그러한 관념을 배척하는 것을 알고 기뻐하였습니다.

그러나 나는 신을 어떻게 생각하면 좋을는지 갈피를 잡을 수가 없었습니다. 나는 다만 한 인간으로서 당신을 최고의 "유일하신 참 하나님"요한 17:3이라고, 썩지 않고 변하지 않는 거룩한 존재라고 마음 속 깊이 믿었습니다.

나는 썩지 않는 것은 썩는 것보다 우월하고, 상처받지 않는 것은 상처받는 것보다 우월하며, 변하지 않는 것은 변하는 것보다 우월하다는 것을 확실히 인식하고 있었습니다. 나의 마음은 내가 믿고 있던 환상을 향해 맹렬히 반대하였으며, 부질없이 떠오르는 불결한 망상들을 내 머릿속에서 일소하려고 했습니다. 그렇지만 그 망상들은 내 쫓기가 무섭게 이내 다시 되돌아와 내 머리를 어지럽히고 내 마음을 또 흐리게 만들었습니다.

거기서 나는, 썩고 변하며 상처받는 것보다도, 존귀하며 썩지 않고 변하지 않으며 상처받지도 않는 하나님도 인간과 같은 육신을 입은 형상은 아닐지라도, 역시 그 영적인 힘이 이 세계 안에 충만하든 세계 밖에 무한히 펼쳐져 있든 간에 공간 속에 존재하는 어떤 물체적인 것임에 틀림없다고 생각했습니다.

공간 속에서 존재하지 않는 것은 무엇이든 '무無'라고 생각했기 때문입니다. 이것은 어디까지나 완전한 '무'이며, 결코 공허와 같은 개념이 아닙니다. 어떤 물체가 한 장소에서 다른 장소로 옮겼을 때 그곳에는 땅도 물도 공기도 하늘도 존재하지 않습니다. '무'는 공간 속에 존재하지 않는 비실체적 개념입니다.

나는 이처럼 마음이 둔해져서 나 자신의 본성도 파악하지 못했습니다. 나는 단지 물질적인 견지에서 모든 것을 규정하여, 일정한 공간 속에서 어떤 형태를 이루지 않고 있는 것은 모두 '완전한 무'라고 생각했던 것입니다. 심지어 내 자신의 마음도 한 심상心象이라고 생각했으며, 그 심상을 형성하는 정신활동은 물체적인 것도 공간적인 것도 아니지만, 이 정신활동은 그 심상을 형성한 이상에는 뭔가 위대한 것임에 틀림없다는 점이 눈에 띄지 않았습니다. 우리 생명의 생명이신 주여! 나는 광대무변하시고 어떤 공간에도 제한을 받지 않으시며 어느 곳에서나 전체로서 존재해 계시고, 또 헤아릴 수 없는 공간 속에서도 그 공간을 좌우하시는 당신을, 어떤 물체와 공간 안에 제한을 받고 있는 어떤 존재로 이해하려고 했던 것입니다. 이 얼마나 어리석은 생각이었습니까. 당신은 실로 땅에도 계시고 하늘에도 계시며 만물 안에도 계십니다. 땅 위에 충만한 것처럼 주여! 당신은 천체, 대기, 바다뿐 아니라 대지도 꿰뚫어 통과하는 권능이 있으십니다. 그리하여 가장 큰 것에서부터 가장 작은 것에 이르기까지 은밀한 영감으로써 그 안팎에 당신이 계셔서 모든 것을 인도하신다고 생각하였습니다.

그러나 주여! 이와 같은 생각은 틀린 것이었습니다. 땅 위의 큰 물체는 하나님의 영감을 많이 지니고 있고 작은 물체는 영감을 적게 지니고 있다는 그릇된 생각이었습니다. 이를테면 코끼리는 새보다 몸집이 커서 큰 장소를 차지하므로 코끼리는 새보다도 당신의 영감을 그만큼 많이 지니고 있다는 생각입니다. 즉 하나님은 당신 자신을 몇 부분으로 분할하여 세계의 큰 부분에는 큰 것을, 작은 부분에는 작은 것을 불어 넣을 것이라고 잘못 생각하였습니다. 그러나 하나님! 당신은 결코 이러한 분이 아니었습니다. 당신은 아직도 내 마음의 어둠을 환하게 비쳐 주지 않으셨습니다.[159]

---

[159] "주께서 나의 등불을 켜심이여 여호와 내 하나님이 내 흑암을 밝히시리이다."(시편 18 : 28)

마니교에서 떠나다

주여! 나를 속인 저 기만자들[160]에게서 주님에 대한 이야기를 들을 수 없게 된 후부터는, 얼마든지 그들에 대하여 반박할 수 있었습니다. 즉 훨씬 전에 카르타고에 있을 때 네브리디우스가 언제나 주장하던 참으로 공감이 되는 그 이론만 가지고도 그들을 능히 반박할 수 있었습니다. 마니교에 대한 그의 반박은 언제나 우리에게 강한 감명을 주었습니다. 그는 말하기를 주님께서 만일 그들의 반대를 막으시면 그들이 무엇을 할 수 있겠느냐고 했습니다. 만일 주님에게 뭔가 해를 줄 것이라고 생각할 수 있다면 주님은 상처받고 부패하는 존재가 될 것입니다. 그러나 만일 당신에게 아무런 해도 끼치지 않는다면, 당신은 이들과 싸울 아무런 이유도 없을 것입니다. 즉 당신의 어느 부분이나 지체 또는 당신의 본체에서 태어난 아들이 당신을 적대시하는 어리석은 자와 당신으로 말미암아 창조되지 아니한 자들과 뒤섞일 수 없지만, 그들은 몹시 타락하고 부패하여 행복에서 불행으로 떨어질 것이며, 또한 거기에서 구제되어 새 사람이 되기 위하여 주님의 구원을 갈망한다는 점에서 당신이 그들과 굳이 싸워야만 될 이유는 없습니다.

그러므로 마니교도들은 당신이 어떠한 존재인가를 확인해야 할 것입니다. 그들은 당신의 존재가 영원불멸하다는 것을 깨닫고 그들의 주장이 일체 거짓이며 저주해야 마땅하다고 생각해야 할 것입니

---

160) "악한 사람들과 속이는 자들은 더욱 악하여져서 속이기도 하고 속기도 하나니" (디모데후서 3 : 13)

다. 반대로 주님이 언젠가 썩는 존재라고 주장한다면 그 말 자체가 허위임을 알고 즉시 배척해야 할 것입니다. 이처럼 네브리디우스의 주장은 우리들이 마니교도의 허무맹랑한 주장을 반박하는 데 충분하였습니다. 그들은 당신을 모독함으로써 당신으로부터 멀어져 갔습니다.

자유의지가 죄의 근원이다

그러나 우리들의 영혼뿐만 아니라 육체도, 그리고 우리들 이외에도 모든 영혼과 육체도 창조하사 우리 주, 참된 신이신 당신은 썩지 않고 변하지 않는다고 굳게 확신하고 있었으나, 나는 아직도 악의 근원을 찾아 해명하지는 못하였습니다. 그러나 나는 악의 근원이 무엇이든 간에 그 원인을 규명하기 위해 불변의 하나님을 가변적인 실체로 변질시켜서는 안 된다고 생각했습니다. 그것은 탐구하는 나 자신이 그 탐구하고 있는 악의 원인이 될 것을 두려워했기 때문입니다. 그리하여 나는 조금도 거리낌없이 악의 원인을 탐구하고, 또 내가 마음 속으로부터 기피하고 싫어했던 마니교도의 말이 오류라는 것을 굳게 믿었습니다. 그들은 악의 근원을 탐구할 때 악의에 차서[161] 그들 자신의 실체가 악을 저지른다기보다 오히려 주님의 실체가 악을 저지른다고 생각했습니다.

자유의지야말로 우리로 하여금 악을 저지르게 하는 근본 원인이

---

161) "곧 모든 불의, 추악, 탐욕, 악의가 가득한 자요 시기, 살인, 분쟁, 사기, 악독이 가득한 자요 수군수군하는 자요."(로마서 1 : 29)

며, 자유의지로 말미암아 우리는 주님의 올바른 심판을 받게 된다는 사실을 이해하려고 노력했습니다. 그러나 나는 이것을 명료하게 이해할 수 없었습니다. 나는 다시금 어두운 심연에 떨어져 몇 번이고 눈을 뜨려고 했으나 불가능했습니다. 내가 생명을 가진 것처럼 나는 자유의지를 갖고 있다는 의식이 나를 주님의 빛 쪽으로 끌어올렸습니다. 따라서 내가 어떤 일을 하려고 할 때나 하지 않으려고 할 때 나는 분명 타인의 의지가 아닌 나의 의지에 의해 행한다는 사실을 깨달았습니다. 그리하여 내 죄의 원인은 자유의지에 있다는 것을 차츰 알게 되었습니다.

그러나 어떤 일을 무의식중에 행했다면 그것이 비록 의도적인 행위는 아니었다 할지라도 마땅히 벌을 받아야 한다고 판단하였습니다. 나는 주님이 공정한 분이라고 생각하고 있었으므로 내가 벌을 받는 것은 정당한 일이라고 생각했습니다. 그러나 나는 재차 말했습니다. "대체 누가 나를 만들었습니까? 선하실 뿐만 아니라 선 그 자체이신 하나님께서 나를 창조하시지 않았습니까? 그렇다면 어째서 나는 악을 바라고 선을 바라지는 않는 것입니까? 내가 마땅히 벌을 받아야 마땅합니까? 나는 나를 가장 사랑하시는 감미로운 하나님에 의해서 창조되었는데, 대체 누가 이같은 고난의 씨를 내 마음 속에 심어 준 것입니까?[162] 이렇게 한 자가 악마라면 그 악마는 대체 어디에서 온 것입니까? 지극히 선하신 하나님께서 창조하신 천사가 악마로 되었

---

162) "너희는 돌아보아 하나님 은혜에 이르지 못하는 자가 있는가 두려워하고 또 쓴 뿌리가 나서 괴롭게 하고 많은 사람이 이로 말미암아 더러움을 입을까 두려워하고"(히브리서 12 : 15)

다면 그를 악마로 만든 사악한 의지는 대체 어디에서 온 것입니까?"
나는 이러한 것을 생각하자 다시금 마음이 불안해지고 숨이 막힐 지경이었습니다. 그러나 인간이 악을 행한다기보다 되레 주님이 악에게 해를 입는다고 생각하는, 아무도 주께 감사를 드리지 않는 그 오류의 지옥[163]으로 떨어지지는 않았습니다.

하나님의 본질

나는 멸망하지 않는 것은 멸망하는 것보다 낫다는 생각에 기초하여 다른 진리를 탐구하려고 애썼습니다. 결국 나는 하나님의 본질은 영원불멸하다는 결론에 이르렀습니다. 그 어떤 영혼도 지고지선하신 당신보다 더 선할 수 없습니다. 비단 지금뿐만 아니라 앞으로도 영원히 없을 것입니다. 만약 내가 멸망하지 않는 것은 멸망하는 것보다 우월하다고 믿지 않았다면 나는 당신보다 더 우월한 것을 찾았을 것입니다. 나는 멸망하지 않는 것이 멸망하는 것보다도 우월하다는 인식으로 당신을 찾았으며, 또한 이런 관점에서 악의 근원이야말로 부패하는 유한한 존재임을 깨달았습니다. 그렇지만 이 부패로 말미암아 주님의 실체가 침해당하는 일은 절대 없습니다. 부패하는 존재의 어떤 의지나 필요성이나 우연성은 우리의 하나님을 절대로 침범할 수 없기 때문입니다. 그 자신이 하나님이시고 그의 의지는 선하시며 그가 선 자체이시기 때문입니다.

그리고 당신은 원치 않는 일을 강요당하지 않습니다. 당신의 의

---

163) "사망 중에서는 주를 기억함이 없사오니 음부에서 주께 감사할 자 누구리이까?"(시편 6:5)

지는 당신의 권능보다 크지 않기 때문입니다. 그러나 당신이 당신 자신보다 크다면, 당신의 의지는 당신의 권능보다 클 것입니다. 하나님의 의지와 능력은 하나님 자신입니다. 만물을 다 헤아리고 계시는 당신은 모든 것을 예측할 수 있습니다. 모든 것은 오직 당신이 알고 있음으로 존재합니다. 하나님의 실체가 멸망해서는 안 되는가에 대하여 여러 가지 변명을 할 필요가 있겠습니까? 멸망해야만 하는 존재는 결코 하나님이 될 수 없습니다.

악의 근원

나는 악이 어디서 왔는지 탐구해 보았습니다. 그러나 아무리 생각해 보아도 그 악의 근원을 찾을 수가 없었습니다. 나는 내 영혼의 눈앞에 모든 피조물의 영상을 펼쳐 놓았습니다. 즉 땅, 바다, 공기, 별, 수목, 또 언젠가는 사멸하게 될 생물처럼 우리가 곧 식별할 수 있는 일체의 것과, 하늘의 궁창과 모든 천사와 영적 존재처럼 식별할 수 없는 일체의 것을 펼쳐 놓았습니다. 그러나 나는 이 식별할 수 없는 것도 물체적인 것처럼 생각하여 내 상상대로 제자리에다 하나씩 하나씩 배치하였습니다. 그리고 나는 하나님의 창조 전체를 한 커다란 집적集積이라 생각하고 그들은 형체의 종류에 따라 구분되어 실제 물체인 것도 있었으나, 실은 영적인 것인데도 내가 물체적인 것으로 생각하는 것도 있었습니다.

나는 이 집적은 거대한 것으로 생각했으나 그 크기를 알 수 없었습니다. 그것은 실제의 크기가 아니고 내가 마음대로 생각한 크기였으며, 유한한 존재였습니다. 그러나 그 거대한 집적을 에워싸고 그들 사이에 계시는 주님은 무한하시다고 생각했습니다. 바다가 끝이 없고 무한하면서도 결국은 오직 한 바다에 지나지 않으며 거기에 아무리 크다 해도 유한한 해면(海綿)이 있고 그 해면이 끝이 없는 바닷물에 차 있는 것과 흡사합니다. 이와 같이 당신의 유한한 피조물은 무한한 당신으로 말미암아 충만되어 있습니다.

"여기 하나님이 계시고 하나님께서 창조한 피조물이 있습니다. 하나님은 선하시고 전능하시어 모든 피조물과는 결코 비교할 수 없습니다. 하나님은 선하시므로 오직 선한 것만을 창조하셨으며 세상을 그들로 충만케 하셨습니다. 그렇다면 악은 어디에 존재할 수 있을까요? 대체 악의 근원은 어디일까요? 그 씨는 무엇일까요? 아니면 악은 전혀 존재하지 않는 것일까요? 그렇다면 전혀 있지도 않는 것을 어째서 우리들은 두려워하고 또 피하는 것일까요? 만일 우리가 까닭도 없이 두려워하는 것이라면, 이처럼 부질없이 마음을 자극시켜 괴로워하는 공포, 그것이야말로 악이 아닐까요? 따라서 우리가 두려워한다면 우리 속에 악이 있다는 것이고 우리가 두려워하는 사실 자체가 악입니다. 지극히 선하신 하나님이 만물을 선으로 창조하셨다면 악은 어디에서 싹트는 것입니까? 지극히 선하신 하나님께서 저급한 선을 만드셨다는 말입니까? 하나님이 만물을 창조하여 배열하였다가 선으로 재생시킬 수 없는 나쁜 형질을 남기신 것일까요? 어째서 이런 결과가 되고 말았을까요? 하나님은 전능하시지만 악이 조금도 남아 있지 않도록 전체를 남김없이 선으로 돌리는 권능이 없었던 것일까요? 어째서 전능하신 하나님은 처음부터 모든 악의 기원을 없애고 선한 것만을 창조하시지 않았을까요? 악의 기원은 하나님의 의지를 거역하고 존재할 수 있었던 것일까요? 악의 기원이 옛날부터 존재하고 있었다면, 어째서 하나님은 그 때까지 오랫동안 악을 존재하게 했으며, 그때 비로소 선한 것을 창조하려고 했던 것일까요? 만약 하나님이 전지전능하신 분이라면 모든 악을 없애고 선한 원형을 만들어 내어 그것으로부터 만물을 창조하시지 않았던 것일까요?"

나는 이런 문제로 부질없이 고민했고 진리를 찾지 못하고 죽을까봐 두려워하며 괴로워했습니다. 그러나 교회를 통해 전해 내려온 "우리 주 되신 구주 예수 그리스도"^{베드로후서 2:20}의 신앙은 우리의 마음 한복판에 굳게 뿌리박고 있었습니다. 그것은 여러모로 아직 정리가 되어 있지 않고 교리의 규범에서 벗어나 있었지만, 나의 영혼은 그것을 저버리기는커녕 날이 갈수록 더욱더 깊이 그것에 젖어들었습니다.

점성가를 배척하다

나는 벌써부터 점성가들의 그릇된 점술과 요사스러운 예언을 배척하고 있었습니다. 나의 주님이시여! 나는 당신의 자비하심을 마음속으로부터 감사드립니다. 그것은 오로지 당신의 은총에 의한 것이었습니다. 기실 우리를 과거의 죽음으로부터 불러일으키는 것은 대체 누구입니까? 죽음을 모르는 생명이신 주님! 당신은 스스로 빛을 잃는 일 없이 구름을 비추시며, 스스로 빛을 필요로 하지 않는 지혜를 가지고 계십니다. 이 지혜로 말미암아 이 우주를 바람에 흔들리는 나뭇잎에 이르기까지 다스리고 있는 것입니다.

나는 한때 머리가 총명한 빈디키아누스 노인과 재치가 넘치는 네브리디우스의 충언을 거역했지만, 그 때에도 주님은 나의 어리석은 외고집을 고치려고 하셨습니다. 인간은 미래를 예언할 수 없으며, 설혹 그 예언이 들어맞았다고 하더라도 그것은 우연의 일치에 불과하다고 그들은 단호히 주장하였습니다.

나의 한 친구의 이야기를 하겠습니다. 이 친구는 열심히 점성가들의 의견을 들으려고 했습니다. 그러나 그는 점성술에 그다지 정통해 있는 것은 아니었습니다. 그저 그는 호기심에서 열심히 점성가들의 이야기를 듣고 있었던 것입니다. 그는 아버지한테서 들어서 이것저것 많이 알고 있었으나, 그 아버지의 말은 점성가의 이론을 뒤엎을 만한 것은 못 되었다고 하였습니다.

이 친구의 이름은 피르미누스였고 자유인다운 신학문을 터득하여 특히 웅변에 능하였습니다. 그는 가장 친한 나에게 자기의 출세를 위해 충고를 구하며 자기 운명의 성좌가 어떻겠느냐고 물었습니다. 그러나 나는 이미 이 문제에 대해서는 네브리디우스의 생각에 기울고 있었으므로, 여러 말을 하지 않고 점성술이란 우스꽝스럽고 불합리한 것임을 확신한다고 말하였습니다. 그랬더니 피르미누스는 다음과 같은 말을 나에게 들려주었습니다.

그의 아버지는 점성술 서적에 큰 호기심을 품고 있었으며, 또 아버지에 못지않게 점성술에 흥미를 갖고 있는 한 친구가 있었습니다. 그들은 이같은 부질없는 일에 열중하고 있었습니다. 그리하여 말도 못 하는 짐승들이 새끼를 낳을 때 그 태어나는 시각을 재고 그 순간의 별의 위치를 관찰하였는데, 그것은 점성술의 실험결과를 수립하기 위해서였습니다. 피르미누스는 아버지로부터 다음과 같은 이야기를 들었다고 합니다. 그의 어머니가 자신을 잉태하고 있었을 때 아버지 친구의 하녀도 똑같이 잉태하고 있었습니다. 자기 집의 개가 새끼를 낳는 것도 정밀하게 알려고 하는 주인이 이 사실을 모를 리가 없었습니다. 아버지는 어머니를, 또 그 친구는 하녀의 분만을 어느 날, 몇 시, 몇 분, 몇 초에 이르기까지 가장 정밀하게 관찰하여 측정한 바, 두 여성은 같은 시각에 분만을 하였다고 합니다. 그래서 두 관찰자는 새로 태어난 아이들이 똑같은 운수를 가졌다고 말하였습니다. 하지만 결국 한 아이는 귀족의 아들로, 한 아이는 천한 노예의 자식으로 태어난 것입니다.

기실 두 아기가 정확하게 같은 날, 시, 분, 초에 태어났는지의 여부는 알 수 없는 일이나 가령 분만의 시각이 똑같다고 하면 점성술에 따라 그 탄생 후의 운수도 똑같아야 할 것입니다. 그런데 피르미누스는 부유한 집안에서 자라나 출세를 하였지만, 그 계집종의 자식은 한평생 노예의 신분으로 주인에게 종노릇을 하였다는 것입니다.

나는 그 이야기를 듣고 나서 피르미누스의 말을 거짓이라고 항의할 생각은 조금도 없었습니다. 점성술이 얼마나 허황된 것인가를 여기에서 알 수 있었지만 나는 우선 피르미누스의 헛된 호기심을 포기하라고 충고했습니다. 만약 점성술이 사실이라면 그 사람의 별자리는 물론 그가 훌륭한 부모의 슬하에서 자라고 또 충분한 교육을 받아 잘살게 되리라는 것을 알아맞혀야 한다고 말했습니다. 또한 그 여종이 찾아와 운수를 묻는다면, 그녀의 아기도 역시 같은 별자리이지만 가장 천한 몸에서 태어나 노예의 신분으로 일생을 보내게 되며, 피르미누스와는 아주 동떨어진 환경에서 자라나게 될 것이라고 올바르게 대답해 주어야 할 것입니다. 만약 똑같은 말을 하게 되면 거짓말을 하게 되는 것입니다. 따라서 나는 확실하게 다음과 같은 결론을 내릴 수가 있었습니다. 즉 별자리를 보고 점성술사들이 맞힌 미래의 일은 우연의 일치에 불과하다는 사실입니다.

그리하여 나는 점성술에 더욱 흥미를 갖게 되었고, 여기서 하나의 실마리를 얻어 혼자 궁리하였습니다. 나는 평소부터 별을 보고 점을 치는 망상가들을 반박하려고 생각했습니다. 피르미누스의 증언이 거짓이 아님을 나타내기 위하여 나는 쌍동이로 태어난 아이들의 경우를 들어서 반박할 것입니다. 쌍동이가 대개 모체에서 차례대로 나오는 것은 사실이지만 시간의 차이는 매우 근소합니다.

점성가들이 아무리 정확하게 재려고 해도 인간의 관찰로는 포착할 수 없습니다. 점성가가 동일한 도표에 의하여 에서와 야곱[164]에 대하여 같은 점을 치게 되면 사실에 부합되지 않으므로 엉터리 점이 되어 버리기 때문입니다. 그러므로 출생한 시각이 같을지라도 각각의 인생을 말할 수 없다면 그 점은 거짓에 불과할 것입니다. 따라서 점성술은 우연의 일치에 의해서만 맞는 경우가 생기는 것입니다.

주여, 우주의 가장 올바른 지배자시여! 당신은 묻는 자나 대답하는 자가 알지 못하게 신비스러운 성령으로 역사하시며, 누군가 물을 때, 영혼의 숨은 공과功過에 따라 "주의 판단은 큰 바다와 일반이라"시편 36:6 들어야만 될 것을 들려주십니다.

사람들은 당신에게 "이게 무엇이냐? 왜 이러냐?"집회서 39:16라고 물

---

164) "그 해산 기한이 찬즉 태에 쌍동이가 있었는데 먼저 나온 자는 붉고 전신이 갖옷[毛衣] 같아서 이름을 에서라 하였고 후에 나온 아우는 손으로 에서의 발꿈치를 잡았으므로 그 이름을 야곱이라 하였으며"(창세기 25:24~26)

어서는 안 됩니다. 그는 인간이기 때문입니다.

해방자

이리하여 나의 구주이신 당신은 나를 점성술의 쇠사슬에서 풀어 주셨습니다. 나는 악이 어디에서 싹트는가를 계속 탐구하였으나 아무것도 찾아낼 수가 없었습니다. 그러나 당신은 내가 아무리 사유의 혼란에 빠져도 신앙으로부터 멀어지는 것을 용서하시지 않으셨습니다. 나는 이 신앙으로 말미암아 당신이 존재하고 당신의 실체가 변치 않는다는 것을, 또 당신은 인간을 위하여 마음을 쓰시고 인간을 심판하며 우리들의 주님이신 예수 그리스도에 있어서도, 당신의 교회가 권장하는 성서에 있어서도, 이 세상의 죽음 후에 이어지는 생명의 길과 인간 구원의 길을 제시하신 당신의 말씀을 나는 굳게 믿고 있었습니다. 이처럼 나는 마음 속에 굳건한 믿음을 간직하고 조금도 의심하지 않았으나, 악이 어디에서 생기는가를 탐구하며 고민하고 있었습니다.

하나님 아버지시여! 나의 마음 속에는 해산의 고통이 도사리고 있었습니다. 당신은 나의 괴로움에 귀를 기울이셨지만, 나는 그것을 몰랐습니다. 나는 오직 침묵 가운데 열렬히 탐구하였으나, 마음의 침묵의 고민이야말로 당신의 자비로움을 갈망하는 큰 외침이었습니다. 내가 무엇 때문에 고민하고 있었는가를 당신은 알고 계셨지만 사람들은 아무도 몰랐습니다. 나는 절친한 친구들에게도 말을 하지 않았습니다. 말해 보려고 했지만 시간이 모자랐던 것입니다. 나 혼자만의 고민을 그들에게 털어놓아 봤자 무슨 소용이 있겠습니까? 그러나

"주여, 나의 모든 소원이 주의 앞에 있사오며 나의 탄식이 주의 앞에 감추어지지 아니하나이다. 내 심장이 뛰고 내 기력이 쇠하여 내 눈의 빛도 나를 떠났나이다."시편 38 : 9,10 그 빛은 나의 속에 있었지만 나는 밖에 있었고, 그 빛은 외적인 공간 속에는 없었습니다. 그런데 나는 외적인 공간 속에 안식을 취할 장소를 찾아낼 수 없었습니다. 또한 내가 "이만하면 됐다. 이것으로 족하다"고 말하며 안주하려 했지만 공간 안에 있는 사물들조차 나를 받아들이지 않았습니다. 나는 그것들보다 우월했지만 당신과는 비교도 할 수 없었습니다. 당신의 은혜 아래 있는 나에게 당신만이 참된 기쁨을 주시고, 당신께서 나보다 못하게 창조하신 모든 피조물들을 나에게 복종케 하셨습니다.[165]

당신의 형상을 내 마음 속에 보존하면서[166] 당신을 섬기고 사물을 지배하는 것이 올바른 법도요, 나의 구원을 위한 완전한 수단입니다. 그러나 내가 "목을 굳게 하고 두터운 방패로 하나님을 치려고 달려갔을 때"욥기 15 : 26 나보다도 못하고 천한 것조차 나를 억눌렀습니다. 아무 데에도 그 압박을 벗어나서 한숨을 돌릴 곳이 없었습니다. 눈을 떠보니 그것들은 사방팔방에서 떼를 지어 한 덩어리가 되어 내 앞에 나타났습니다. 그리고 집에 돌아가서 생각해 보려고 하면, 이번엔 그들 물체의 심상이 머리에 떠올라 "이 비천한 놈아, 어디로 가려 하느냐?"라고 위협하는 것 같았습니다. 이 모든 것은 실상 내 영혼의

---

165) "하나님이 그들에게 복을 주시며 그들에게 이르시되 생육하고 번성하여 땅에 충만하라, 땅을 정복하라, 바다의 고기와 공중의 새와 땅에 움직이는 모든 생물을 다스리라 하시니라."(창세기 1 : 28)
166) "하나님이 자기 형상, 곧 하나님의 형상대로 사람을 창조하시되"(창세기 1 : 27)

상처에서 자라났습니다. 나는 겸손할 줄 모르는 오만으로 주님을 잃었는데 그것은 마치 내 뺨이 부어 올라 앞을 보지 못하게 된 것과 같았습니다.

신의 구원

"여호와여 주는 영원히 계시나"시편 102 : 12 "우리에게 영원히 노하시는 하나님"시편 85 : 5은 아니십니다. "당신은 한줌의 흙과 재에 불과한 우리를"집회서 17 : 32 긍휼히 여기시고, 나의 흉한 꼴이 새로 거듭나기를 기쁨으로 고쳐 주십니다. 또한 은밀한 충동으로 나의 마음을 움직여, 내가 마음의 눈으로 당신을 분명히 우러러볼 때까지 나에게 고통을 주셨습니다. 나의 교만은 당신의 숨은 간호로 깨끗이 낫게 되고 흐려지고 어두워진 내 영혼의 시력도 당신의 신통한 안약[167]으로 날로 좋아졌습니다.

플라톤의 사상

그래서 우선 당신은 어떻게 "교만한 자를 물리치시고 겸손한 자에게 은혜를 주시는가"야고보서 4 : 6, 베드로전서 5 : 5를, 또 얼마나 큰 당신의 자비로 하여 "당신의 말씀이 육신이 되어 우리 가운데 거하시매"요한 1 : 14 겸손의 길이 인간에게 제시되었는가를 나에게 보여주셨습니다. 그리하여 몹시 교만에 날뛰는 사람들을 통하여 원래의 그리스

---

167) "내게서 불로 연단한 금을 사서 부요하게 하고 흰옷을 사서 입어 벌거벗은 수치를 보이지 않게 하고 안약을 사서 눈에 발라 보게 하라."(요한계시록 3 : 18)

어를 라틴어로 번역한 플라톤파의 책을 접하는 기회를 나에게 주셨습니다.

나는 이 책 속에서 다음과 같은 글을 읽게 되었습니다. "태초에 말씀이 계시니라. 이 말씀이 하나님과 함께 계셨으니 이 말씀은 곧 하나님이시니라. 그가 태초에 하나님과 함께 계셨고 만물이 그로 말미암아 지은 바 되었으니 이 생명은 사람들의 빛이라. 빛이 어두움에 비취되 어두움이 깨닫지 못하더라."요한 1 : 1-5 인간의 영혼이 "빛에 대하여 증거하지만"요한 1 : 7 "그는 이 빛이 아니요 이 빛에 대하여 증거하러 온 자일 뿐입니다."요한 1 : 8 그러나 "참빛인 하나님은 곧 세상에 와서 각 사람에게 비취는 빛이 되셨습니다."요한 1 : 9 "그가 세상에 계셨으며 세상은 그로 말미암아 지은 바 되었으되 세상이 그를 알지 못하였습니다."요한 1 : 10 그러나 그 책에는 다음과 같은 구절이 빠져 있었습니다. "자기 땅에 오매 자기 백성이 영접치 아니하였으나 영접하는 자 곧 그 이름을 믿는 자들에게는 하나님의 자녀가 되는 권세를 주셨습니다."요한 1 : 11,12

나는 또한 그 책에서 말씀되신 하나님은 "혈통으로나 육정으로나 사람의 뜻으로 나지 아니하고 오직 하나님께로서 난 자들이니라"요한 1 : 13는 구절을 읽었습니다. 그러나 그 책에는 "말씀이 육신이 되어 우리 가운데 거하시매"요한 1 : 14라는 말씀은 빠져 있었습니다. 분명히 나는 그 책 속에서 여러 가지 방식으로 "그는 근본 하나님의 본체시나 하나님과 동등됨을 취할 것으로 여기지 아니하시고"빌립보서 2 : 6라고 서술한 것은 찾아볼 수 있었습니다. 그러나 "오히려 자기를 비어 종의 형체를 가져 사람들과 같이 되었고 사람의 모양으로 나타나셨으매 자기를 낮추시고 죽기까지 복종하셨으니 곧 십자가에 죽으심이라. 이러므로 하나님이 그를 지극히 높여 모든 이름 위에 뛰어난 이름을 주사 하늘에 있는 자들과 땅에 있는 자들과 땅 아래 있는 자들로 모든 무릎을 예수의 이름에 꿇게 하시고 모든 입으로 예수 그리스도를 주라 시인하여 하나님 아버지께 영광을 돌리게 하셨느니라"빌립보서 2:7-11는 구절을 찾아볼 수 없었습니다.

그리고 당신의 독생자 예수는 모든 시간에 앞서고 모든 시간을 초월하여 변천하는 일 없이 하나님과 더불어 영원하시며, "모든 영혼은 다 그의 충만한 데서 받으니 은혜 위에 은혜이고"요한 1:16 "만물을 새롭게 하는 지혜"지혜서 7:27라는 구절은 그 책 속에 적혀 있었습니다. 그러나 "기약대로 그리스도께서 경건치 않은 자를 위하여 죽으셨고" 로마서 5:6 "하나님이 자기 아들을 아끼지 아니하시고 우리 모든 사람을 위하여 내어주셨다"로마서 8:32는 것은 그 책 속에서 찾아볼 수 없었습니다. "당신은 이것을 지혜롭고 슬기 있는 자들에게는 숨기시고 어린 아이들에게는 나타내시기"마태 11:25 때문입니다. 그것은 "수고하고 무거운 짐진 자들이 그에게 오면 쉬게 하기 위해서입니다."마태 11:28 "그는 마음이 온유하고 겸손하여"마태 11:29 "온유한 자를 공의로 지도하심이여 온유한 자에게 그 도를 가르치십니다."시편 25:9 "우리의 곤고와 환난을 보시고 우리의 모든 죄를 사하소서."시편 25:18 그러나 학식이 높다고 뽐내는 자들은 "나는 마음이 온유하고 겸손하니 나의 멍에를 메고 내게 배우라. 그러면 너희 마음이 쉼을 얻으리라"마태 11:29는 그분의 말씀에 귀를 기울이지 않았습니다. 그들은 "하나님을 알되 하나님으로 영화롭게도 아니하며 감사치도 아니하고 오히려 그 생각이 허망하여지며 미련한 마음이 어두워졌나니 스스로 지혜 있다 하나 우둔하게 되었습니다."로마서 1 : 21,22

이처럼 플라톤주의자들은 "썩어지지 아니하는 하나님의 영광을 썩어질 사람과 금수와 버러지 형상의 우상으로 바꾸어 버린 것입니다."로마서 1 : 23 다시 말하면 그것은 에서가 자기의 장자의 권리를 팔아, 사먹은 저 애굽의 음식이었습니다.[168] 당신이 맨 처음에 낳은 백성은 당신 대신에 네 발 가진 짐승의 머리를 숭배하였고 그들의 이 마음이 애굽으로 다시 돌아가서 당신의 형상인 그들의 영혼이 "풀을 뜯어먹는 소"시편 106 : 20의 형상 앞에 무릎을 꿇었습니다. 나는 이것을 그 책 속에서 읽었지만 그것을 배척하였습니다.

주님! 당신은 "큰 자가 어린 자를 섬기리라 하셨나니"로마서 9 : 12 "야곱은 사랑하고 에서는 미워하였다 하심과 같습니다."로마서 9 : 13 그리고 당신은 이방인을 부르시어 당신의 업業을 주셨습니다. 그래서 나도 이방인들 사이에서 당신에게로 돌아왔습니다. 나는 당신의 백성들이 애굽에서 가져온 황금에 마음을 쏟았습니다.[169] 실은 황금은 어디에 있든지 모두 당신의 것입니다. 또 당신은 아테네 사람들에게 당신의 사도 바울을 보내어 "우리는 주님을 힘입어 살며 기동하며 있느니라. 너희 시인 중에도 어떤 사람들의 말과 같이 우리가 그의 소생이라"사도행전 17 : 28고 말씀하셨습니다.

실은 내가 읽은 그 책도 그 곳으로부터 온 것이었습니다. 그러나

---

168) 창세기 25 : 27~34 참조.
169) 출애굽기 3 : 21,22 참조.

나는 애굽인의 우상은 외면하였습니다. 그들은 당신의 황금으로 우상을 섬기고 "하나님의 진리를 거짓 것으로 바꾸어 피조물을 조물주보다 더 경배하고 섬겼습니다."로마서 1 : 25

신적인 것

나는 이들 책으로부터 나 자신으로 되돌아와 주님, 당신에게 이끌려 내 마음의 가장 안쪽을 들여다보게 되었습니다. 내가 그렇게 할 수 있었던 것은 당신이 나의 구주가 되었기 때문입니다. 그 마음의 안으로 파고 들어온 후로 틀림없이 나는 영혼의 눈과 정신이 미치지 못하는 영원한 빛을 보았습니다. 그것은 육안으로도 볼 수 있는 흔한 빛이 아닙니다. 그것보다도 훨씬 크고 눈부시게 빛나서 그 커다란 빛의 힘으로 만물을 비추는 그런 빛이었습니다. 물 위에 기름이 떠 있고 땅 위에 하늘이 있듯이 내 정신이 미치지 못하는 곳에 있었습니다. 나를 창조한 그 빛은 나보다 높았고 나는 그 빛에 의하여 창조되었으므로 나는 그 아래에 있었습니다. 참으로 진리를 아는 자는 이 빛을 알고, 이 빛을 아는 자는 영원을 아는 자입니다. 사랑은 그 빛을 알고 있습니다.

오! 영원한 진리시고 참된 사람이시며 영원이신 주님이시여! 당신은 나의 하나님이십니다. 당신을 찾아 나는 밤이나 낮이나 헤매었습니다. 내가 처음 당신을 알았을 때 당신은 내가 보아야 할 것이 무엇인가를 알게 하시려고 하셨으나 나는 아직 그것을 볼 수 없었습니다. 그리고 당신은 몹시 밝게 빛나는 빛을 발산하여 약한 나의 눈에는 너무나 눈부시었으므로, 나는 그저 사랑과 두려움으로 떨었습니다. 그리하여 나는 당신과는 전혀 다른 세계에 있으면서 당신으로부터 멀리 떨어져 있는 자신을 발견했고 저 하늘 위에서 당신의 음성이 들리는 것만 같았습니다. "나는 성장한 인간의 양식이다. 다 자란 후 나를 먹으라. 네가 나를 네 육신의 음식처럼 변화시킬 수는 없으나, 네가 내 안에서 변화될 것이니라." 그때 나는 깨달았습니다. "주께서 죄악을 견책하사 사람을 징계하실 때에 그 영화를 좀먹음같이 소멸하게 하시리라."시편 39:11 그리고 나는 "진리는 유한의 공간에도 무한의 공간에도 펼쳐지지 않으므로 무無가 아니겠는가?"라고 물었습니다. 그랬더니 당신은 멀리 저편에서 외치셨습니다. "나는 스스로 있는 자니라."출애굽기 3:14 나는 이 음성을 마치 마음에서 듣는 것처럼 들었기에 조금도 의심할 여지가 없었습니다. 이제 나는 나의 존재를 의심할지언정 "그 만드신 만물에 분명히 보이는"로마서 1:20 진리의 존재는 의심할 수 없었습니다.

만물의 존재

그리고 나는 당신 밑에 있는 모든 사물을 살펴보았더니, 그것은 정말로 존재하는 것도 그렇다고 존재하지 않는 것도 아니었습니다. 모든 사물은 당신으로 말미암아 존재하는 것이므로 분명히 존재하는 것이지만, 당신과 같은 그런 존재는 아니므로 절대로 실재하는 것은 아닙니다. 영원히 변하지 않고 항존하는 것만이 진실로 존재하는 것입니다. "하나님께 가까이함이 내게 복입니다."시편 73:28 만약 내가 주님 안에 거하지 못하면 내 안에도 거할 수 없기 때문입니다. 참으로 당신은 "스스로는 변하지 않으면서 만물을 새롭게 합니다."지혜서 7:

27 "주는 나의 주이시오니 주 밖에는 나의 복이 없다 하였습니다."^{시편 16 : 2}

존재하는 것은 모두 선하다

그리고 나는 멸망하는 모든 사물도 선이라는 사실을 분명히 깨닫게 되었습니다. 그것들이 최고선이거나 전혀 선한 것이 아니라면 멸망할 리가 없습니다. 최고선은 최상의 선이기에 멸망하는 일이 없으며 또 전혀 선한 것이 아니라면 그들 사물 중에 멸망할 아무것도 없기 때문입니다.

멸망한다는 것이 곧 감소되는 것이라고 하더라도 선을 감소시키는 것이 아니라면 멸망이 해를 끼친다고 할 수 없습니다. 그러나 그것들이 아주 선을 잃어버린다면 전혀 존재하지 않게 됩니다. 그러나 그것들은 계속 존재하여 멸망하는 일 없이 상주하기 때문에 전보다 좋은 것이 될 것입니다.

대체 모든 선을 상실하면서 더욱 좋은 것이 된다니, 이것만큼 이상한 일이 또 있겠습니까? 그러므로 만약 멸망하는 것이 선을 모두 상실한다면, 전혀 존재하지 않게 될 것이며 존재하는 동안에는 계속 선할 것입니다. 그러므로 존재하는 실체는 모두 선합니다. 내가 그 기원을 탐구하고 있었던 악은 실체가 아닙니다. 만일 그것이 실체라면 선일 것입니다. 악은 멸망하지 않는 실체입니까? 만일 그렇다면 악은 큰 선입니다. 혹은 멸망하는 실체입니까? 만약 악이 선한 것이 아니라면 그것은 절대로 멸망하는 일은 없을 것입니다.

그리하여 나는 당신이 만물을 선으로 만드시고, 당신이 만드시지 않는 실체란 절대로 존재하지 않는다는 것을 명확히 깨달았습니다. 당신이 만물을 똑같이 만드시지 않았으므로 만물은 모두 개별적으로 존재하고 있습니다. 만물은 개별적으로 선이지만 전체적으로는 더욱 선합니다. 우리의 "하나님이 지으신 모든 것을 선하게 창조하셨기 때문입니다."창세기 1 : 31

신에 대한 찬미

하나님, 당신에게는 악이란 전혀 없습니다. 당신에게만 없는 것이 아니라 당신이 창조하신 모든 피조물에도 악은 없습니다. 당신이 정하신 모든 피조물 사이의 질서를 파괴하는 것은 아무것도 없습니다. 그러나 어떤 것은 다른 부분과 조화되지 못하기 때문에 악이라고 생각되는 것이 있습니다. 그렇지만 이러한 것도 다른 것과 조화되면 선이며, 또 그 자체로서도 선인 것입니다. 또 이들 모든 개체는 피차가 조화되지 않을 때에도 우리가 대지大地라고 부르는 세계의 낮은 부분과 조화를 이루고, 이 대지는 또한 그 자체로 구름과 바람이 이는 하늘과 조화를 이루고 있습니다. 그러므로 "이런 것들은 없었으면 좋겠다"고 섣불리 말할 수는 없습니다. 과연 이런 것들만 살펴본다면 더욱 선이기를 원할지도 모르나, 그것들만 가지고도 당신을 찬미하여야 하기 때문입니다.

당신을 찬미하는 것은 한두 가지가 아닙니다. "너희 용들과 바다여, 땅에서 여호와를 찬양하라. 불과 우박과 눈과 안개와 그 말씀을 좇는 광풍이며 산들과 모든 작은 산과 과목과 모든 백향목이며 짐승과 모든 가축과 기는 것과 나는 새며 세상의 왕들과 모든 백성과 방백과 땅의 모든 사사士師며 청년 남자와 처녀와 노인과 아이들아 다 여호와의 이름을 찬양할지어다."시편 148 : 7-13 "하늘에서 여호와를 찬양하며 높은 데서 찬양할지어다. 그의 모든 사자여 찬양하며 모든 군대여 찬양할지어다. 해와 달아 찬양하며, 광명한 별들아 찬양할지어다. 하늘의 하늘도 찬양하며 하늘 위에 있는 물들도 찬양할지어다."
시편 148 : 1-4 그러므로 나는 다시는 모든 개체가 다 완전하기를 바라지 않겠습니다. 나는 이들 일체의 개체를 살펴보고 위에 있는 것들이 아래에 있는 것보다 낫지만, 위와 아래가 함께 조화된 것이 더 낫다는 것을 알았습니다.

건전한 정신

당신의 피조물에 불만을 느끼고 있는 사람들은 건전하지가 못합니다. 당신이 만드신 많은 사물에 내가 불만을 느꼈을 때, 나 역시 건전한 사람은 아니었습니다. 그러나 나의 영혼만은 하나님에게 불만을 품지 않았습니다. 내가 불만을 품은 것을 당신의 탓으로 돌리고 싶지는 않았습니다. 그래서 나의 영혼을 빛과 어둠, 선과 악의 이원론적인 실체로 생각하게 되어 불안한 마음으로 헛된 소리를 많이 지껄였습니다.

이런 망상에서 되돌아온 후 나의 영혼은 무한한 공간 속에 가득 찬 신을 생각해 내어 이것을 신이라 생각했고, 이 범신론적인 신을 자기 마음 속에 깃들게 하였습니다. 나는 또다시 우상을 섬기는 신전 안에 사로잡혔습니다. 그러나 당신은 내가 모르는 사이에 나의 머리를 진정시켜, 헛된 것을 보지 못하도록 나의 눈을 덮어 버렸습니다.

170) 나는 겨우 평정을 되찾고 광란도 진정되었습니다. 그러고 나서 당신 속에서 눈을 뜨고 무한하신 당신을 보았습니다. 그러나 육체의 눈으로 이것을 바라본 것이 아니라 영혼의 눈으로 보게 되었습니다.

약속된 은혜

그리고 나는 또 모든 사물을 살펴보고 그것들이 당신으로 말미암은 것임을 알게 되었습니다. 그러나 그것은 어떤 특별한 방식에서 한정되어 있는 것으로, 공간 속에 있는 것처럼 한정되어 있는 것이 아니라 당신이 몸소 진리의 손으로 모든 사물을 유지하고 계신다는 뜻입니다. 존재하는 모든 것은 참된 실체이며 존재하지 않는 것은 허구입니다.

나는 또한 모든 사물은 그 장소에 적합할 뿐만 아니라 그 시간에도 적합하다고 깨닫게 되었습니다. 그리고 오직 홀로 영원히 존재하시는 당신은 헤아릴 수 없이 많은 시간이 흐른 다음에 비로소 역사하신 것이 아니라는 것도 알게 되었습니다. 이미 흘러간 시간이나 이제부터 흘러가려고 하는 모든 시간은 당신이 역사하시면서 거기에 항존하는 것이 아니라면 흘러가지도 또 오지도 않을 것입니다.

악은 의지의 배반에서 생긴다

맛이 있는 빵도 건강하지 못할 때에는 쓰고, 기분좋게 비치는 햇

---

170) "내 눈을 돌이켜 허탄한 것을 보지 말게 하시고 주의 도에 나를 소성케 하소서."(시편 119 : 37)

빛도 병든 눈에는 싫증이 난다는 것을 내 경험을 통하여 확실히 알게 되었습니다. 당신의 외로움조차도 사악한 사람들에게는 사악한 것이겠지만, 하물며 뱀이나 독사 같은 따위는 정말 불쾌한 것들입니다. 그렇지만 당신은 이런 천한 것들도 선으로 만드시어 당신의 피조물 중 맨 아랫부분에 적합토록 만드셨습니다.

사악한 사람들 역시 당신과 닮지 않았으므로 하위 부분에 적합하겠지만, 그러나 당신을 닮으면 닮을수록 상위의 부분에 적합하게 됩니다. 그리하여 나는 사악함이 무엇인지를 캐묻고, 그것은 다만 최고의 실체이신 하나님으로부터 벗어나 본래의 자기 자신을 버리고 천한 데로만 떨어지는 의지의 배반이라는 것을 알게 되었습니다.

신에 대한 인식

내 자신이 환영幻影을 사랑하지 않고 오직 당신만을 사랑하고 있다는 사실에 나도 놀랐습니다. 그러나 언제나 꾸준한 마음으로 하나님의 은총을 감사히 생각하고 사랑했던 것은 아닙니다. 당신을 찬미하고 당신의 아름다움에 이끌리어 당신 앞으로 나아갔다가, 나의 무게에 견디지 못하고 당신으로부터 벗어나 탄식하면서 비천한 것 속으로 빠지곤 하였습니다. 이 무게는 육체적 습관이었습니다. 그렇지만 당신에 대한 기억은 아직 내 마음 속에 남아 있었습니다. 내가 의지해야 할 분이 오직 한 분밖에 없다는 사실을 알고 있으면서도 아직 나를 당신에게 전적으로 맡기지 못하고 있었습니다. "썩어 없어질 육체는 영혼을 내리누르고 이 세상살이는 온갖 생각을 일으키게 하여 사람의 마음을 무섭게 만들기 때문입니다."지혜서 9 : 15 나는 "창세로부터 그의 보이지 아니하는 것들, 곧 그의 영원하신 능력과 신성이 그 만드신 만물에 분명히 보여 알게 된다는 것을"로마서 1 : 20 확신했습니다. 기실 천상의 것이든 지상의 것이든, 물체의 아름다움을 평가하는 기준은 무엇인가, 또 변하기 쉬운 것에 대하여 어떠한 표준에 입각하여 "이것은 있어야 하고 저것은 없어야 한다"고 판단하고 있는가를 탐구하고, 나의 변화하는 영혼 위에서 변천하지 않고 영원불변하며 진실인 영원의 진리를 발견했기 때문입니다.

이렇게 나는 단계적으로 육체적 감각에서 영혼의 자각으로 옮겨 갔고, 육체에 속한 모든 감각과 외계의 사실을 지각하는 영혼의 내적 감각을 가지게 되었습니다. 그리고 이 능력도 내게 있어서는 역시 변화한다는 것을 깨닫고 자기직시에까지 자기를 높여 그 사유를 습관에서 분리시켜 모순된 환상의 무리로부터 몸을 피했습니다. 그렇게 한 것은 틀림없이 변치 않는 것은 변하는 것보다도 낫다고 외칠 때, 어떠한 빛을 받을 수 있는가를 깨닫기 위해서였습니다. 실제로 이 불변한 것을 어떤 방식에서 알지 못했다면, 변치 않는 것을 변한 것보다도 낫다고는 결코 말하지 않았을 것입니다. 드디어 나는 황홀한 빛 속에서 "스스로 있는 자"출애굽기 3 : 14 "창세로부터 그의 보이지 아니하는 것들, 곧 그의 영원하신 능력과 신성이 그 만드신 만물"을 통해 분명히 알 수 있었습니다. 그러나 나는 그것을 응시하진 못하고 나의 나약성 때문에 뒷걸음질치며 옛 습관으로 되돌아가고 말았습니다. 나는 냄새만 맡고 맛볼 수 없었던 음식에 대한 아쉬움만 가질 뿐이었습니다.

나는 길이요, 진리요, 생명이다

그래서 나는 당신의 은혜 속에서 살 수 있는 힘을 기르는 방법을 모색해 왔으나, "하나님과 사람 사이에 한 분이신 중보자"디모데전서 2 : 5 이신 예수 그리스도에게는 이르지 못하였습니다. "만물 위에 계셔 세세에 찬양을 받으실 하나님"로마서 9 : 5이신 그는 나에게 "나는 길이요 진리요 생명"이라고 말씀하셨습니다. 나약한 나는 그것을 믿지 못했으나 "말씀이 육신이 되어"요한 1 : 14 만물을 창조하신 당신의 지혜가 우리 어린 심령들이 마실 충분한 젖이 되었습니다.

나는 또한 스스로 겸허한 입장에서 나의 신이신 겸허한 예수를 굳건히 포착하지 못하고, 그의 겸허함이 무엇을 가르치고 있는지도 몰랐습니다. 영원한 진리인 그 말씀은 당신이 창조하신 높은 부분보다도 더 높이 있고, 그것에 따르는 자를 자기의 높이까지 끌어올립니다. 하지만 이 낮은 세계에 있어서는 그 자신을 위하여 진흙의 비천한 집을 지으시고 순종할 자들을 낮추어 그분에게 나아가게 하셨습니다. 당신은 거만한 자를 누르고 사랑을 주셨으니 저들이 교만한 마음을 버리고 우리의 "육신의 옷"창세기 3 : 21과 나약함을 입고 오신 예수 그리스도를 바라봄으로써 구원을 받아야 할 것입니다.

그리스도의 성육成肉

그러나 나는 나의 주님이신 그리스도를, 그 누구와도 비교할 수 없는 탁월한 지혜의 소유자라고만 생각하였습니다. 그가 동정녀의 몸에서 탄생했다는 사실은 하나님의 섭리를 강조한 것으로 보았고, 그로 인하여 그가 위대한 권위를 이어받아 인간을 가르칠 수 있었다고 생각했습니다. 그러나 "말씀이 육신이 되셨다"는 구절이 얼마나 심오한 뜻을 갖고 있었는지는 상상조차 못 하였습니다. 성서에서는 그가 먹고 마시며 자고 걷고 기뻐하고 슬퍼하며 또 설교하셨다고 하였습니다. 그의 육신은 인간의 영혼과 마음에 의하여서만 당신의 말씀과 일치한다고 인식했습니다. 당신 말씀의 불변성을 깨닫는 자라면 누구나 이것은 알고 있습니다. 무기력하나마 나도 이미 당신 말씀의 불변성을 조금도 의심하지 않았습니다.

우리가 때로는 의지로 말미암아 사지를 움직이기도 하고 움직이지 않기도 하며, 때로는 어떤 정념에 의해서 마음이 동요되기도 하고 동요되지 않기도 하며, 슬기로운 의견을 표명하면서도 때로는 표명하지 않는 것은 인간의 가변적인 영혼과 정신의 특색인 것입니다. 만약 그리스도에 대하여 쓰여진 것이 거짓이라면 다른 모든 것이 거짓말이 될 우려가 있으며 인류에 대한 구원의 신앙이 성서 속에 없다는 것이 될 것입니다. 그러나 성서에서 전하고 있는 사실들은 진실이기 때문에, 나는 그리스도가 완전한 인간으로 모든 이성적 활동을 영위해 오신 분이며 인간성이 탁월했다는 것과 그 지혜가 완전했다는 것으로써 다른 사람들보다 훨씬 우월하다고 생각했을 따름입니다.

그러나 알리피우스는, 기독교도들이 하나님은 육신으로 옷 입으셨기 때문에 그리스도 안에는 하나님과 육신만이 있을 뿐이라고 믿고 있다고 생각하였습니다. 따라서 그리스도에게는 인간의 정신과 같은 것은 없다고 그는 생각했던 것입니다. 그는 그리스도에 대하여 전해 내려온 것은 생명과 이성을 갖고 있는 피조물에 의해서만 인식되는 것이라고 확신하고 있었기 때문에, 기독교의 믿음을 갖기에는 힘든 일이었습니다. 그러나 그는 후에 이것이 아폴리나리스 파派의 이단 사상이었다는 것을 안 다음부터 기꺼이 기독교의 참된 믿음을 갖게 되었습니다. 그러나 나는 그 후 이러한 이단 사상과 "말씀이 육신이 되셨다"는 기독교의 진리가 얼마나 다른 것인가를 확연히 깨닫게 되었습니다. 기독교의 진리는 포티누스의 이단 사상과도 구별되었습니다. 이러한 이단 사상을 배격하고 그로부터 떠나 하나님의 건전한 교리의 빛 속으로 들어가야 한다는 것을 당신은 이미 말씀하셨습니다. "너희 중에 옳다 인정함을 받은 자들이 나타나게 되리라."

플라톤 파의 저서

그 무렵 나는 그 플라톤 파의 서적을 읽고 비물질적인 진리를 탐구하게 되었습니다. 나는 "보이지 아니하는 진리"를 "당신이 만드신 눈에 보이는 만물을 통하여 이해할 수 있었습니다." 그리고 내 영혼의 어두움 때문에 볼 수 없었던 것을 가까스로 느끼고 알게 되었습니다. 당신이 분명히 존재한다는 것, 무한한 존재이면서도 유한한 공간에도 무한한 공간에도 계시지 않는다는 것과, 당신이 참으로 실재하며 항상 동일하면서 영원히 변치 않으신다는 것을 확신할 수 있었습니다. 또한 천지만물이 당신에 의하여 창조되었다는 사실은 만물이 지금 존재하고 있는 것으로도 충분히 증명할 수 있는 것입니다. 비록 나는 이런 사실들을 확신하고 있었지만 너무나도 무력하여 당신의 은총을 받을 수는 없었습니다. 나는 무엇이든지 다 아는 것처럼 많은 말을 지껄이고 있었습니다.

만약 내가 우리 주 예수 그리스도 안에서 당신의 길을 찾지 않았던들 죽음 직전에 놓이게 되었을 것입니다. 실제로 나는 자기의 형벌을 스스로 걸머지고 있으면서 현명한 것처럼 행동했으며, 그것을 뉘우쳐 눈물을 흘리기는커녕 도리어 나의 천박한 지식을 자랑하고 있었습니다.[171]

대체 예수 그리스도라는 겸손한 터전[172] 위에 싹트는 사랑은 어디에 있었던 것일까요? 플라톤 파의 저서는 과연 나에게 이 사랑의 진리를 가르쳐 주었을까요? 내가 당신의 성경을 이해하기 전에 그 플라톤 파의 책에 접할 수 있게 된 것은 분명히 당신께서 배려해 주신 신의 섭리였다고 생각합니다. 나는 책에서 많은 감화를 받은 것은 사실이며, 후에 당신의 거룩한 성경에 의해 교화되어 내 마음의 상처가 당신의 부드러운 손길에 닿아 아물었을 때, 나는 교만한 자부심과 겸허한 고백과의 현저한 차이를 똑똑히 인식하게 되었습니다. 이 양자의 차이는 마땅히 가야 할 곳을 알면서도 가야 할 길을 모르는 것과, 그저 멀리서 바라보고만 있는 것이 아니고 거기에서 안주할 행복한 나라로 통하는 길과의 차이인 것입니다.

만일 내가 먼저 당신의 성경을 읽어 감명을 받고 그것에 친숙해짐으로써 당신의 감미로움을 맛본 후에 비로소 그 플라톤 파의 저서를 읽었다면, 아마도 이 저서는 나로 하여금 신앙의 바탕에서 떨어져 나가게 했을 것입니다. 또한 내가 아무리 굳은 신앙을 가졌더라도 플

---

171) "우상의 제물에 대하여는 우리가 다 지식이 있는 줄 아나 지식은 교만하게 하며 사랑은 덕을 세우나니"(고린도전서 8 : 1)
172) "이 닦아 둔 것 외에 능히 다른 터를 닦아 둘 자가 없으니 이 터는 곧 예수 그리스도라."(고린도전서 3 : 11)

라톤 파의 서적에 심각한 영향을 받았을 것입니다.

철학의 한계와 성서

그리하여 나는 당신의 성령으로 엮어진 이 귀중한 책을, 특히 사도 바울의 서간을 열심히 탐독하였습니다. 내가 한때 품고 있었던 의문, 즉 바울은 자기 모순에 빠져 그의 주장은 율법과 선지자들의 증거와 합치되지 않는다는 의문은 사라지고, 항시 똑같은 청순한 모습이 그의 정결한 언설言說을 통하여 내 눈에 보였으므로, 나는 "떨며 즐거워하였습니다."시편 2 : 11 내가 플라톤 파의 책에서 읽었던 진리가 빠짐없이 모두 여기에 나와 있는 것을 알게 되었습니다. 그러나 성서의 말씀은 플라톤의 철학과는 달리 하나님 당신의 은총을 찬양하고 있었습니다. 성서는 철학의 한계를 넘어서 있었고 거기에서 당신의 진리는 한층 더 승화되어 있었습니다. 누구든지 말씀을 보는 자는 "받지 아니한 것같이 자랑하지 말아야 합니다."고린도전서 4 : 7 모든 사람은 말씀을 볼 수 있을 뿐만 아니라 그 능력까지도 얻을 수 있기 때문입니다. 따라서 그 능력에 이를 때까지 함부로 뽐내지 말라고 타이르는 것이었습니다. "내 속 사람으로는 하나님의 법을 즐거워하되 내 지체 속에서 한 다른 법이 내 마음의 법과 싸워 내 지체 속에 있는 죄의 법 아래로 나를 사로잡아 오는 것을 볼 때"로마서 7 : 22,23 그는 어떻게 해야 합니까?

오, 주님이시여! 우리들은 당신의 진리에 거역하여 죄를 범하여 부정을 저지르고 악한 행동을 일삼았습니다. 당신의 손이 우리를 무겁게 내리눌렀습니다. 우리는 죽음의 제왕의 유혹에 빠져 당신의 진리 안에 서지 못하고 우리의 의지를 바꾸어 죄의 길로 들어섰던 것입니다. "우리 주 예수 그리스도로 말미암은 하나님의 은총 외에 이 사망의 몸에서 누가 나를 건져내겠습니까?"로마서 7 : 24,25 당신은 우리의 주이신 당신의 독생자를 영원히 변치 않는 존재로서 이 세상에 보내셨으며 그는 당신과 함께 창세 이전부터 계셨습니다.[173] "이 세상 임금들도 그에게서 죽일 만한 아무런 죄도 찾지 못하였으나"요한 14 : 30, 18 : 38 그들은 그를 십자가에 못박아 죽였습니다. "그는 우리를 거스리고 우리를 대적하는 의문에 쓴 증서를 도말하시고 제하여 버리사 십자가에 못박히셨습니다."골로새서 2 : 14

그러나 이러한 것은 내가 읽은 플라톤 파의 책에서는 찾아볼 수 없었습니다. 어느 대목에서도 하나님께 자비를 바라는 모습도 고백의 눈물이나 하나님께 바치는 산 제물인 "상한 심령과 통회하는 마음"시편 51 : 17도 우리에게 베푸시는 구원의 손길도 "신부처럼 꾸민 거룩한 성"요한계시록 21 : 2 "성령의 역사"고린도후서 5 : 2도 "구원의 잔"시편 116 : 13도 없었습니다. "나의 영혼이 잠잠히 하나님만 바람이여. 나의 구원이 그에게서 나는도다. 오직 저만 나의 반석이시요 나의 구원이시요 나의 산성이시니 내가 크게 요동치 아니하리로다"시편 62 : 1,2라고 기쁨의 노래를 부르는 자도 없었습니다. "수고하고 무거운 짐진 자들아 다 내게로 오라"마태 11 : 28는 음성을 듣는 자도 없었습니다. 그러나 플라톤 주의자들은 "마음이 온유하고 겸손한 그에게서 배우는 것을"마태 11

---

[173] "여호와께서 그 조화의 시작 곧 태초에 일하시기 전에 나를 가지셨으며 만세 전부터, 상고부터, 땅이 생기기 전부터 내가 세움을 입었나니"(잠언 8 : 22)

:29 오히려 조롱하였습니다. "아버지께서 이것을 지혜롭고 슬기 있는 자들에게는 숨기시고 어린 아이들에게는 나타내시기 때문입니다."마

태 11 : 25

나무가 울창한 산꼭대기에서 평화로운 고향을 바라보면서 거기로 가는 길을 모르고 부질없이 길이 없는 데를 나아가려고 헤매다가 "사자"베드로전서 5 : 8와 "용"요한계시록 12 : 3을 두목으로 삼고 있는 도망자나 탈주자에게 습격을 당하고 포위되는 것과, 이와는 반대로 하나님의 배려로 보호를 받으며 평화로운 조국에 이르는 길을 걸어가는 것과는 판이하게 다른 것입니다. 이 길에는 하늘 위의 군대로부터 탈주한 도적들이 약탈하는 일은 없습니다. 그들은 하나님이 사랑으로 열어주신 그 길로 고향에 이르는 것을 마치 고행이나 되는 것처럼 멀리하고 있는 것입니다. 당신의 "사도 중에 지극히 작은 자"고린도전서 15 : 9의 글은 내 마음에 깊이 사무쳤습니다. 나는 당신이 역사하신 일들을 곰곰이 생각할 때마다 두려움에 떨었습니다.

Sanctus Aurelius Augustinus

제8권 » 완전한 회심

생활의 혁신

주여, 당신이 내게 베풀어 주신 그 자비하심을 감사하면서 고백하게 하옵소서. 당신의 지극하신 사랑이 내 뼛속까지 스며듭니다. 저로 하여금 외치게 하소서. "여호와와 같은 자 누구리요?"시편 35 : 10 "주께서 나의 결박을 푸셨나이다. 내가 주께 감사제를 드리리다."시편 116 : 16,17 내가 당신이 어떻게 나의 결박을 풀어 주셨는지 말하면, 당신을 숭앙하는 모든 사람들은 이렇게 찬양할 것입니다. "주님은 하늘에서도 땅에서도 크게 찬양할지어다. 주님의 이름은 참으로 크시고도 놀랍도다." 당신의 말씀은 내 마음 속에 아로새겨졌고, "주께서 나를 산울로 두르셨나이다."욥기 1 : 10 비록 그것이 수수께끼 같고 "거울로 보는 것같이"고린도전서 13 : 12 희미하나 영원한 생명이신 당신을 확신합니다. 모든 실체의 근원으로 불후^{不朽}의 실체가 존재한다는 것을 조금도 의심하지 않습니다. 나는 당신에 대해 확실한 인식을 얻으려는 것보다는 다만 당신의 진리 속에서 굳건히 살아가기를 바랐습니다.

그러나 이 세상의 생활에 대해서는 모두가 불확실하며, 마음 속의 "묵은 누룩을 내어 버려야 했습니다."고린도전서 5 : 7 나는 구원의 길로 나를 인도해 주시는 주님의 사랑을 기뻐하였지만, 아직도 그 좁은 길을 가고 싶지는 않았습니다. 내가 심플리키아누스를 찾게 된 것은 당신의 은총이었습니다. 그는 나의 눈에도 선한 사람처럼 보였습니다. 그는 당신의 충실한 종이었고, 당신의 은총이 그에게 빛나고 있었습니다. 그는 젊었을 때부터 경건한 마음으로 주님을 섬겨 왔다는 말을 들었습니다. 그는 이미 노년기에 접어들었으나, 오랫동안 열심히 기독교 생활을 해왔으므로 많은 것을 경험했고 또 믿음이 깊을 것임에 틀림없다고 생각했습니다. 사실 그랬습니다. 그래서 나는 그에게 나의 번민을 이야기했고, 나처럼 번민하는 자는 어떻게 하면 주님의 길을 걸어갈 수 있는지에 대해, 그의 경험과 학문을 통한 조언을 듣고 싶어했습니다.

나는 하나님의 교회가 신자로 가득 차 있는 것을 보았지만, 그들은 모두 살아가는 방식이 제각기 달랐습니다.[174] 그러나 나는 이미 이 세상에서 악착같이 살아가고 싶진 않았습니다. 나의 욕망은 이전처럼 명예나 재물에 눈이 어두워, 그 신자들처럼 무거운 짐을 지려고는 하지 않았으므로, 그것은 견딜 수 없는 고통이었습니다. 그러나 그 명예나 재물은 내가 사랑하는 주님이 계신 집의 영광[175]에 비할 바는

---

174) "나는 모든 사람이 나와 같기를 원하노라. 그러나 각각 하나님께 받은 자기의 은사가 있으니 하나는 이러하고 하나는 저러하니라."(고린도전서 7 : 7)
175) "여호와여 내가 주의 계신 집과 주의 영광이 거하는 곳을 사랑하오니"(시편 26 : 8)

아니었습니다. 그러나 나는 아직도 여성에 대한 정욕을 버리지 못하고 있었습니다. 사도는 모든 사람이 자기처럼 독신으로 있기를 바랐지만 내가 결혼하는 것을 금하지는 않았습니다.[176]

나는 점차로 무기력해져서 육욕에 빠지는 쪽을 택하였습니다. 나는 오직 이 이유 하나 때문에 다른 일에도 허덕이며 심신이 피로해 있었습니다. 그리하여 나는 원치 않는 일도 결혼생활의 구속 때문에 부득이 하지 않으면 안 되었습니다. 나는 진리의 입을 통하여 "천국을 위하여 스스로 된 고자가 있다."마태 19:12는 말씀을 들었으며 "이 말을 받을 만한 자는 받을지어다."마태 19:12라는 말씀도 들었습니다. 기실 "하나님을 모르는 자들은 모두 태어날 때부터 어리석어서 눈에 보이는 좋은 것을 보고도 존재하시는 분을 알아보지 못합니다."지혜서 13:1 그러나 나는 이같이 어리석지는 않았습니다. 나는 그런 어리석음에 머물지 않고 온갖 피조물의 증언에 따라 우리들의 조물주이신 하나님 아버지와 주님의 말씀을 찾아냈습니다.

주여, 당신의 말씀은 당신과 더불어 있었고, 당신은 천지만물을 창조하셨습니다.[177] 그러나 이처럼 하나님을 인식하지 못한 어리석은 자 외에도, 또 다른 불신자가 있었습니다. 이들은 "하나님을 알되 하나님으로 영화롭게도 아니하며 감사치도 아니하는 자들"로마서 1:21 입니다. 나 역시 이런 불신자의 무리에 끼여 있었으나, "주의 오른손

---

176) "내가 혼인하지 아니한 자들과 과부들에게 이르노니 나와 같이 그냥 지내는 것이 좋으니라. 만일 절제할 수 없거든 혼인하라. 정욕이 불같이 타는 것보다 혼인하는 것이 나으니라."(고린도전서 7:8,9)
177) "태초에 말씀이 계시니라. 이 말씀이 하나님과 함께 계셨으니 이 말씀은 곧 하나님이시니라. 만물이 그로 말미암아 지은 바 되었으니"(요한복음 1:1,3)

이 나를 붙들어"시편 18 : 35 나를 그 곳에서 끌어내어 내 영혼의 병을 낫게 해주셨습니다. 주님은 사람에게 이르셨습니다. "주를 경외함이 지혜니라"욥기 28 : 28 "스스로 지혜롭게 여기지 말지어다."잠언 3 : 7 왜냐하면 "스스로 지혜 있다 하나 우둔하게 되기"로마서 1 : 22 때문입니다. 나는 값진 진주를 발견하였고, 나의 전재산을 팔아 그것을 사야 하거늘,[178] 나는 여전히 망설이고 있었습니다.

개종

그리하여 나는 심플리키아누스를 방문하였는데, 그는 당시 주교였던 암브로시우스의 대부였고, 암브로시우스가 친아버지처럼 모시는 분이었습니다. 나는 그에게 나의 착잡한 심정을 모두 이야기하였습니다. 나는 그에게 과거에 로마에서 변론술을 가르쳤고 후에 기독교 신도가 되어 세상을 떠난 빅토리누스가 라틴어로 번역한 플라톤 파의 철학서를 읽었다고 털어놓았습니다. 그랬더니 오히려 그는 내가 "이 세상의 철학과 헛된 속임수"골로새서 2 : 8로 가득 찬 다른 철학서를 가까이하지 않았던 것을 기뻐했습니다. 이에 반하여 플라톤 파의 책에는 하나님과 그의 말씀이 도처에 내포되어 있다고 했습니다. 그리고 그는 "지혜롭고 슬기 있는 자들에게는 숨기시고 어린 아이들에게는 나타내신"마태 11 : 25 그리스도의 겸손을 내가 따르도록 하기 위해, 그가 로마에 있을 때 막역한 친구였던 빅토리누스의 추억담을 들려

---

178) "극히 값진 진주 하나를 만나매 가서 자기의 소유를 다 팔아 그 진주를 샀느니라."(마태복음 13 : 46)

주었습니다.

나는 여기서 그가 빅토리누스에 대하여 이야기한 것을 말하지 않을 수 없습니다. 주님, 나는 이런 것을 당신에게 고백하며 당신의 크신 은총을 찬양하고 싶습니다. 빅토리누스는 매우 박학하고 자유인에 적합한 온갖 학문에 정통했으며, 수많은 철학서를 읽고 비판했고 지체높은 원로원 의원들의 스승이었습니다. 그는 교수 활동의 빛나는 공적으로 로마 시민들로부터 숭배를 받아 로마 광장에 그의 동상이 세워지기도 했습니다. 그러나 그는 노년에 이르기까지 우상 숭배와 여러 가지 그릇된 의식(儀式)에 동조했습니다. 당시 로마의 귀족들은 거개가 우상 숭배에 젖어들어, 오시리스라든지 온갖 기괴한 잡신들 그리고 울부짖는 개 아누비스[179]를 국민에게 고취하고 선전하였습니다. 이 잡신들은 넵튠과 비너스와 미네르바에 대항하여 무기를 휘둘렀습니다. 과거에 로마가 그들을 정복하였으나 지금은 오히려 그들을 숭배하게 되었습니다. 노인 빅토리누스는 다년간 우뢰와 같은 열변을 토하며 그 신들을 변호해 왔으나, 이제는 홀연히 변하여 예수 그리스도의 종이 되었고 겸손의 멍에[180]에 굴복하고 십자가의 치욕 앞에 고개를 수그리는 것을 조금도 서슴지 않았던 것입니다.

오, 주님이시여, "주의 하늘을 드리우고 강림하시며 산들에 접촉하사 연기가 발하게 하소서."시편 144 : 5 주님! 당신은 어떻게 빅토리누

---

179) 오시리스는 이집트 신화에 나오는 대지(大地)의 신(神), 아누비스는 사자(死者)를 명계(冥界)로 인도하는 신.
180) "나는 마음이 온유하고 겸손하니 나의 멍에를 메고 내게 배우라. 그러면 너희 마음이 쉼을 얻으리니"(마태복음 11 : 29)

스의 가슴 속에 스며드셨습니까? 심플리키아누스의 말에 의하면, 빅토리누스는 성서를 아주 가까이하고 온갖 기독교 서적들을 탐독했다고 합니다. 그리고 심플리키아누스에게 확신 있는 어조로 은밀히 털어놓았습니다. "솔직이 말해서 나는 이미 기독교 신자네." 심플리키아누스는 이 말을 듣고 "자네가 교회에 나와 있는 것을 보지 않고는 자네 말을 믿지 못하겠네. 아직 자네를 참된 신도라고는 볼 수 없네"라고 대답했습니다. 그러자 빅토리누스는 껄껄 웃으며 "교회 울타리가 신도를 만드는 건가?" 하고 반문하였습니다. 빅토리누스는 몇 번이고 되풀이하며 자기는 이젠 참된 기독교 신도라고 주장하였는데, 그 때마다 심플리키아누스는 똑같은 반박을 하였습니다. 그러면 또 빅토리누스는 앞에서 말한 "교회 울타리" 운운하면서 반문하는 것이었습니다. 빅토리누스는 그의 동료인 교만한 악마의 숭배자들의 비위를 거스를까 봐 두려워하고 있었습니다. 그래서 바빌론의 위엄과 레바논의 백향목을 하나님께서 꺾으실 것으로 기대했습니다.[181]

그러나 독서와 명상으로 말미암아 확신이 생기게 되었습니다. 그는 사람들 앞에서 그리스도를 부인한다면 그리스도 역시 천사들 앞에서 그를 부인할 것이라고 걱정했습니다.[182] 또한 빅토리누스는 하나님의 진리의 말씀을 꺼리고 교만한 악령들의 꺼림칙한 제례祭禮를

---

181) "여호와의 소리가 백향목을 꺾으심이여 여호와께서 레바논 백향목을 꺾어 부수시도다." (시편 29 : 5)
182) "사람 앞에서 나를 부인하는 자는 하나님의 사자들 앞에서 부인함을 받으리라."(누가복음 12 : 9)

성 **아우구스티누스** 산드로 보티첼리(1480년), 온니산티 성당, 피렌체, 이탈리아

지내는 것이 큰 죄라는 것을 깨닫게 되었습니다. 그는 돌연 심플리키아누스에게 털어놓았습니다. "교회로 가세. 나도 기독교 신도가 되겠네." 심플리키아누스는 이 말을 듣고 매우 기뻐하며 빅토리누스를 교회로 데리고 갔습니다. 곧 그는 우선 그리스도의 교리를 배우고, 세례를 받아 갱생하기 위하여 교회에 등록했습니다.

로마 시가 놀랐고 교회는 환희에 넘쳤습니다. 교만한 자들은 "이를 보고 한하여 이를 갈면서 소멸할 것입니다."시편 112 : 10 그러나 주님은 "허탄한 거짓을 숭상하던"시편 31 : 6 당신의 종의 희망이십니다.

드디어 빅토리누스가 신앙을 고백할 때가 왔습니다. 로마에서는 당신의 은혜를 받고자 하는 자는 높은 교단에 올라가, 신자들의 면전에서 암기한 상투적인 문구로 신앙 고백을 하는 것이 상례였습니다. 심플리키아누스의 말에 의하면, 빅토리누스는 그 문구를 낮은 목소리로 말하라는 장로들의 권고를 받았습니다. 이것은 부끄러워하고 쑥스럽게 생각하는 사람들에게 허용되어 있었습니다. 그러나 빅토리누스는 장로들의 권고에 아랑곳없이 자기의 구원을 성도들 앞에서 큰 소리로 외치기로 했습니다. 그는 과거에 수사학을 가르쳤지만 거기에는 구원이 없었다고 말했습니다. 그는 당당하게 신앙을 고백하였습니다. 그는 자기의 말을 지껄일 때도 흥분한 군중을 두려워하지 않았으므로, 주님의 말씀을 욀 때 군중을 두려워해야 할 까닭이 없었습니다.

그가 신앙을 고백하기 위해 높은 단상으로 올라갔을 때, 군중은 모두 그를 알고 있었으므로 환호성을 올리고 서로 그의 이름을 수군거렸습니다. 거기에 그를 모르는 사람은 하나도 없었습니다. 그들은 입을 모아 "빅토리누스! 빅토리누스!" 하고 외쳤습니다. 그를 목격하고 별안간 환호성을 올렸던 사람들은 다음 순간 조용히 그의 고백에 귀를 기울였습니다. 빅토리누스는 굳건한 확신을 가지고 진실한 신앙을 고백하고 그들은 모두 그 말을 진정으로 귀담아 들으려고 했습니다. 사람들은 사랑과 기쁨으로써 그에게 무한한 축복을 해주었습니다.

주님은 죄인의 회심을 기뻐하신다

선하신 하나님! 내 영혼이 희망과 안일한 가운데 있을 때보다도 큰 위험으로부터 구원을 받았을 때나 절망 중에 놓여 있을 때 얻는 기쁨이 더욱 큰 이유는 무엇입니까? 자비하신 아버지시여! 당신께서도 "죄인 하나가 회개하면 하늘에서는 회개할 것 없는 의인 아흔아홉을 인하여 기뻐하는 것보다 더하리라"누가 15:7 하셨습니다. 길 잃은 양을 찾아 어깨에 메고 집으로 돌아오는 목자의 이야기[183]나 다시 찾은

---

183) 누가복음 15 : 4~6 참조.

드라크마를 이웃과 함께 기뻐하는 여자의 이야기[184]를 들을 때마다 우리는 기쁨으로 충만됩니다. 그리고 돌아온 탕자를 아버지가 반기며 "이 내 아들은 죽었다가 다시 살아났으며 내가 잃었다가 다시 얻었노라"[누가 15 : 24]라는 이야기는 눈물을 자아냅니다. 당신은 우리들 속에서 성스러운 당신의 천사들 가운데에서 기뻐하십니다. 하나님은 항상 동일하시며, 결코 변하는 일이 없습니다. 그러나 만물은 언제나 변합니다.

그러면 영혼이 귀한 것을 처음 얻었거나 또는 잃었던 것을 다시 찾게 되면, 전에 그것을 소유하고 있었을 때보다 더욱 기뻐하게 되는 것은 무슨 까닭입니까? 모든 사물이 이 사실을 증명해 줍니다. 아무리 뛰어난 장군이라 할지라도 그가 싸우지 않았던들 승리는 얻지 못했을 것입니다. 또한 전쟁터의 위험이 컸던 만큼 개선의 기쁨도 큽니다. 사나운 폭풍이 배를 뒤흔들어 배는 곧 난파하려고 합니다. 모든 사람들은 죽음이 다가오는 것을 목전에 두고 아연실색합니다. 그러나 하늘과 바다가 조용해질 때 사람들은 공포가 컸던 만큼 큰 기쁨을 누립니다. 병든 친구의 맥박이 위험한 지경에 이르면 그의 친구들은 모두 그가 완쾌되기를 빕니다. 그리하여 그가 좋아졌을 때 아직 이전처럼 활발하게 걷지 못한다 할지라도 그들은 그가 전에 건전한 몸으로 씩씩하게 보행을 할 때에는 느끼지 못했던 큰 기쁨을 느낍니다. 인생의 쾌락 그 자체도 뜻밖에 일어나는 것이며 자기 의사와는 달리 엄습하는 고통뿐만 아니라, 스스로 만든 고난에 의해서도 얻어지는

---

184) 누가복음 15 : 8,9 참조.

것입니다. 굶주림과 목마름의 고통을 느끼지 않으면 마음대로 마시고 먹을 수 있는 쾌락은 없습니다. 술꾼이 매운 것을 먹는 것은 괴로운 열기를 얻기 때문입니다. 그리하여 술을 마시고 이 열기가 식을 때, 좋은 기분이 됩니다. 또 약혼을 한 새색시는 곧장 신랑에게 시집가지 않도록 정해져 있는데, 이는 신랑이 신부를 학수고대하고 있지 않으면 시집오는 여자를 소홀히 할 염려가 있기 때문입니다.

이것은 추잡하고 피해야 할 쾌락에 있어서도 마찬가지이며, 정당한 것으로 허용되어 있는 쾌락에 있어서도 마찬가지이며, 또 극히 순수하고 성실한 우정에 있어서도 그렇습니다. "죽었다가 다시 살아나고 잃었다가 다시 찾은 자"누가 15 : 32의 경우에도 마찬가지입니다. 기쁨이 크면 그것에 앞서는 괴로움 또한 큰 법입니다. 나의 하나님! 당신은 당신 자신에게 영원한 기쁨이며, 당신의 주위를 에워싸고 있는 피조물들은 언제나 당신에게서 기쁨을 만끽하고 있습니다.

삼라만상이 진보와 퇴보, 적대와 화해를 반복하는 것은 대체 무슨 까닭입니까? 혹은 이것이 온갖 사물의 질서입니까? 이것이 당신이 온갖 사물에 부여하신 일체의 것입니까? 당신은 가장 높은 하늘[185]에서 가장 낮은 땅에 이르기까지, 세상의 처음에서 세상의 끝에 이르기까지, 또 천사로부터 벌레에 이르기까지, 최초의 운동에서 최후의 운동에 이르기까지, 온갖 종류의 선과 당신의 모든 올바른 역사役事를 그것에 어울리는 장소에 놓고 적합한 때에 이룩하신 것이 아니겠습니까? 오, 나는 얼마나 고난 속에서 살아왔던 것입니까? 당신은

---

185) "여호와는 모든 나라 위에 높으시며 그 영광은 하늘 위에 높으시도다."(시편 113 : 4)

높은 하늘 위에 얼마나 높이, 또 심연 속에 얼마나 더 깊이 임하셨던 것입니까? 당신은 어디서든지 우리를 떠나 계시지 않습니다. 그러나 우리가 당신께로 되돌아가는 것은 여간 어려운 일이 아니었습니다.

회개하는 자의 기쁨

주여, 어서 우리들을 일깨워 주소서. 우리들의 마음을 불러일으켜 당신에게로 이끌어 주시고 당신의 그윽한 향기를 풍겨 훈훈하게 하옵소서. 그러면 우리들은 당신을 사랑하고 당신 곁으로 달려갈 것입니다. 빅토리누스보다도 더 깊은 죄악의 심연으로부터 빛을 비추시는 당신 곁으로 달려나온 자가 얼마나 많습니까? "그 이름을 믿는 자들에게는 하나님의 자녀가 되는 권세를 주셨습니다."요한 1 : 12 그러나 그들이 사람들에게 그다지 알려지지 않을 때에는, 그들을 알고 있는 사람들도 그다지 기뻐하지 않습니다. 많은 사람들이 함께 기뻐해 줄 때에는 개개인의 기쁨도 그만큼 커지는 것입니다. 사람들은 서로 마음의 정열을 쏟고 정을 불태우기 때문입니다. 또한 많은 사람들에게 알려진 자는 많은 사람들을 구원의 길로 이끌 수 있습니다. 왜냐하면 많은 사람들이 그 뒤를 따라오기 때문입니다. 그러므로 앞서 가는 사람들은 큰 기쁨을 느낍니다. 그러나 그 기쁨은 그들 만의 것이 아닙니다.

물론 당신의 집에서는 가난한 자보다 부자가 환영을 받고 신분이 천한 자보다 귀한 자가 환영을 받은 일은 절대로 없습니다.[186] 오히

---

186) 야고보서 2 : 1~9 참조.

려 "하나님께서 세상의 미련한 것들을 택하사 강한 것들을 부끄럽게 하려 하시며, 하나님께서 세상의 천한 것들과 멸시받는 것들과 없는 것들을 택하사 있는 것들을 폐하려 하셨습니다."고린도전서 1 : 27,28 이러한 당신의 말씀을 "사도 중에 지극히 작은 자"고린도전서 15 : 9의 입을 통하여 들려주셨습니다. 그 사도의 공헌으로 총독 서기오 바울의 교만을 꺾어 버리고, 여호와 하나님의 독생자 그리스도의 가벼운 멍에[187] 아래에 굴복시켜 위대한 왕의 신하로 삼았습니다. 그때 그 사도는 이 영광스러운 승리를 기념하여 사울이라는 이름을 고쳐서 바울이라고 불리기를 원했습니다.[188]

실제로 원수가 타인보다도 강하게 보이고 그것으로 인해서 더욱 더 많은 사람들을 사로잡은 그 사람이 패배를 당할 때, 더욱더 심하게 패배를 당하는 것입니다. 그러나 적敵은 높은 지위를 이용하여 교만한 사람들을 더욱더 강하게 사로잡아, 그들을 사로잡은 후에 그 권위를 가지고 더욱더 많은 사람들을 손아귀에 넣습니다. 그러므로 지난날 악마가 부수기 힘든 성채를 지키고 있었던 빅토리누스의 가슴과, 많은 사람들을 파멸시킨 강하고 날카로운 무기인 빅토리누스의 혀가 당신의 것이 되어 축복을 받았을 때, 당신의 아들들은 더욱더 크게 기뻐했습니다. 우리의 임금께서 "강한 자를 결박하셨고"마태 12 : 29 그에게서 빼앗은 무기를 깨끗이 씻어서 주님의 영광을 위해 쓰셨기 때문입니다. "누구든지 이런 것에서 자기를 깨끗하게 하면 귀히

---

187) "내 멍에는 쉽고 내 짐은 가벼움이라 하시니라."(마태복음 11 : 30)
188) 사도행전 13 : 7~12 참조.

쓰는 그릇이 되어 거룩하고 주인의 쓰심에 합당하며 모든 선한 일에 예비함이 되리라."디모데후서 2 : 21

육과 영

당신의 종인 심플리키아누스가 빅토리누스에 대하여 이런 이야기를 해주었을 때, 나는 그에게서 뭔가를 배우고 싶다는 욕망이 치솟았습니다. 아마 그도 그런 목적으로 나에게 이야기했을 것입니다. 그는 계속해서 또 이런 이야기를 해주었습니다. 율리아누스 황제 시대에 기독교도가 문학과 수사학을 가르치는 것을 법으로 금지했을 때, 빅토리누스는 기꺼이 이 법을 지키면서 "젖먹이들로 하여금 똑똑히 말하게 해주신"[189]지혜서 10 : 21 당신의 말씀을 저버리느니 차라리 허황된 학교를 그만두는 것을 택했다는 그의 이야기를 들었을 때, 나는 그가 용감하고 운 좋은 사람이라고 생각했습니다. 그는 자신의 생애를 다 바쳐 주님을 섬길 수 있는 기회를 얻었기 때문입니다. 실은 나도 그렇게 되기를 열망하고 있었지만 타인의 쇠사슬이 아니라 내 의지의 쇠사슬에 얽매여 있었던 것입니다.

적은 나의 의지를 사로잡았고, 나의 의지를 묶는 사슬을 만들어, 그것으로 나를 묶어 버렸던 것입니다. 나의 타락한 의지는 육욕을 낳고 또 육욕은 습관이 되고, 습관은 빠져 나올 수 없는 필연적인 유혹이 되었습니다. 이것들은 조그만 고리처럼 서로 연결되어그래서 나는 그것

---

[189] "네가 그리스도 예수의 좋은 군사로 나와 함께 고난을 받을지니 군사로 다니는 자는 자기 생활에 얽매이는 자가 하나도 없나니"(디모데후서 2 : 3,4)

을 쇠사슬이라고 불렀지만, 견고한 멍에처럼 나를 꼼짝 못하게 사로잡아 버렸습니다. 그러나 내 마음 속에 움트기 시작한 새로운 의지, 즉 오직 당신 안에서 기쁨을 누리려는 이 새로운 의지는 오랫동안 굳어진 낡은 의지를 아직 이겨낼 수가 없었습니다. 그래서 나의 이 두 의지, 하나는 낡고 또 하나는 새롭고, 하나는 육肉에 의한 또 하나는 영靈에 의한 두 의지가 서로 싸워 나의 영혼은 분열되었습니다.

그리하여 나는 과거에 읽었던 말씀을 체험으로 깨달았습니다. "육체의 소욕은 성령을 거스르고 성령의 소욕은 육체를 거스르나니" 갈라디아서 5 : 17 기실 나는 이 욕심 가운데 있었지만, 마음 속으로는 부인하는 쪽보다는 시인하는 쪽으로 기울어지고 있었습니다. 부인하는 쪽으로 기울어진 것은 한 마디로 말해서 나 자신은 아니었습니다. 대부분의 경우 그것은 내가 자진해서 그렇게 된 것이 아니고 의지에 반하여 그렇게 강요당한 것이기 때문입니다. 그러나 습관은 다름 아닌 나 자신으로 말미암아 더욱더 강하게 나를 거스르게 되었습니다.

나는 자기가 원치도 않는 방향으로 스스로 나아가고 있었던 것입니다. 죄인에게 정당한 벌을 부과하는 데 그 누가 항변할 수 있겠습니까? 나는 아직 진리를 명확히 볼 수 없으므로 세상을 버리고 당신을 섬길 수 없다는 상투적인 변명도 이미 내게는 허용되지 않았습니다. 나는, 지금은 진리를 완전하고 명확하게 볼 수 있습니다. 그러나 나는 아직 대지大地에 몸을 담그고 당신의 군사가 되는 것을 거부하였습니다. 오히려 나는 내가 즐기던 세속적 소욕이 방해당하는 것을 두려워했습니다. 그리하여 혼미에 빠져 있을 때에 언제나 그랬듯이 나는 이 세상의 무거운 짐을 기꺼이 걸머졌습니다. 그리고 주님에게로 달려가는 나의 상념은 깨달으려고 하면서도, 기꺼이 깊은 잠에 못 이겨 다시금 깊은 혼미에 빠져 버리는 사람들과 다를 바가 없었습니다. 영원히 잠을 자고 싶다는 사람은 아무도 없을 것이며, 또 만인의 건전한 판단에 의해서도 깨어 있는 쪽이 나을 것입니다. 게다가 인간은 손발이 몹시 노곤하면 살포시 선잠이 들어 일어날 때가 되어도 도리어 그 졸음의 쾌감을 맛보면서 일어나지 않는 것입니다.

그 당시 나는 바로 이와 같이 주님의 자비로움에 몸을 떠맡기는 편이 자기의 욕망에 지는 것보다도 낫다고 확신하고 있었지만, 사실상 전자에는 내가 기꺼이 복종하고 후자에는 기꺼이 얽매이고 있었습니다. 실제로 하나님께서 "잠자는 자여 깨어서 죽은 자들 가운데서 일어나라. 그리스도께서 네게 비취시리라"에베소서 5 : 14고 내게 묵시를 주셨으나 나는 대답할 말이 없었습니다. 주님께서는 도처에서 당신 말씀의 진리를 보여주셨지만, 나는 그것을 확신하고 있으면서도 전혀 대답할 말을 찾지 못했습니다. 나는 오직 잠깐만, 잠깐만요, 조금만 기다려 주세요라는 허황된 잠꼬대만 뇌까릴 뿐이었습니다. 그러나 나는 계속 조금만, 조금만을 연발할 뿐 깨어날 줄을 몰랐습니다. "내 속 사람으로는 하나님의 법을 즐거워하되, 내 지체 속에서 한 다른 법이 내 마음의 법과 싸워 내 지체 속에 있는 죄의 법 아래로 나를 사로잡아 오는 것을 보는도다."로마서 7 : 22,23 이 죄의 율법은 습관이 강력한 힘으로 말미암아 마음을 사로잡고 정신적 소욕을 거스르고 육체적 소욕에 따라 마음을 다스립니다. "이 사망의 몸에서 누가 나를 건져내랴? 우리 주 예수 그리스도로 말미암아 하나님께 감사하리로다."로마서 7 : 24,25

아름다운 생활

그처럼 나를 꼼짝 못하게 묶어 놓고 있었던 여자에 대한 정욕과 세속적인 정욕으로부터 당신께서 어떻게 나를 구해 내셨는가를 이야기하려고 합니다.

오, 나의 주님, 나의 구원자시여, 당신을 찬양하면서 고백하겠습니다. 나는 나날이 쌓이는 고통 속에서 당신을 동경하고, 나를 얽매고 있던 일을 마치면 시간을 내어 당신의 교회를 찾곤 했습니다. 알리피우스도 나와 함께 있었습니다. 3학기의 법률학 강좌를 마친 알리피우스는 내가 말재주를 팔아먹던 때처럼 법률 상담을 해주고 상담료를 받을 수 있는 자격을 갖추고 있었습니다. 네브리디우스는 우리들의 우호적인 요청으로 밀라노의 시민이며 문법교사였던 베레쿤두스의 조교 노릇을 하고 있었습니다. 베레쿤두스는 당시 성실한 원조자를 몹시 필요로 했는데 우리 세 친구 중에서 구하려고 했던 것입니다. 네브리디우스가 그 사람의 조교로 일하게 된 것은 무슨 이득을 바라서가 아니었습니다. 만일 그가 이득을 바랐다면 스스로를 위해서도 문학을 가르쳤을 것입니다. 네브리디우스는 가장 상냥하고 가장 사랑하는 벗으로서, 우리들의 부탁을 거절하지 않았던 것입니다. 네브리디우스는 일을 매우 솜씨있게 잘 처리하였습니다. 그는 이 세상 풍습대로[190] 이른바 '유명 인사'들 앞에 나타나기를 꺼렸습니다. 그는 번거로움을 피하고 가급적 많은 시간을 예지에 대하여 사색하고 책을 읽고 또 들으려고 하였습니다.

---

190) "이 세상 풍속을 좇고 공중의 권세 잡은 자를 따랐으니"(에베소서 2 : 2)

그런데 하루는 무슨 까닭이었는지는 기억이 나지 않습니다만, 네브리디우스가 없을 때에 폰티시아누스라는 사람이 우리 집에 찾아왔습니다. 아프리카 태생인 그는 우리와 동향인으로 궁정에서 높은 지위를 차지하고 있었는데, 우리를 만나러 왔다고 말했습니다. 우리들은 탁자를 사이에 두고 마주 앉아 이야기를 나누었습니다. 우연히 탁자 위에 있었던 책 한 권에 그의 시선이 멈추었습니다. 책을 집어 펼쳐 본 그는 그것이 사도 바울의 서간인 것을 알고 크게 놀랐습니다. 그는 그 책이 으레 우리들이 고심하고 강의하는 수사학책일 것이라고 생각했던 것입니다. 그는 미소를 지으며 나를 쳐다보았고, 이 귀한 책을 나의 면전에서 뜻밖에 발견한 것을 매우 기뻐하였습니다.

기실 그는 세례받은 기독교 신자였습니다. 그는 자주 교회에 나가 당신 앞에 무릎을 꿇고 오랜 시간 기도를 드리는 사람이었습니다. 나는 그에게 매우 큰 관심을 가지고 성경을 읽고 있다고 말했습니다. 그러자 그는 세상을 버리고 사막에서 약 20년간 금욕생활을 한 이집트의 수도승인 안토니우스에 대한 이야기를 꺼냈습니다. 이 수도승의 이름은 주님의 종들에게는 널리 알려져 있었지만, 나는 아직 그분의 이름을 들은 적이 없었습니다. 우리가 그 수도승에 대해 아는 바가 없는 것을 눈치채고, 그는 더욱 그 이야기를 자세히 들려주어 그 유명한 수도승에 대해 눈을 뜨게 해주었습니다. 우리들이 지금까지 그 수도승을 모르고 있었다는 무지에 대해 그는 크게 놀랐던 것입니다. 한편 나는 이와 같이 기억이 새롭고 우리들의 시대에 가톨릭 교회에서 믿음이 강한 신도들 사이에서 일어난 주님의 기적을 듣고 감탄하지 않을 수 없었습니다. 이야기하는 사람이나 이 이야기를 듣는 사람은 경건한 마음으로 그 기적이 너무도 위대했다는 것에 감탄하였으며, 폰티시아누스는 내가 아직도 그 기적에 대해서 들은 바가 없다는 것을 의아하게 생각했습니다.

그리고 이야기는 이것에서 수도원에서 사는 사람들의 아름다운 생활과 기름진 광야로 옮겨갔는데, 그 이야기도 처음 듣는 소리였습니다. 밀라노의 성 외곽에도 수도원이 있었습니다. 암브로시우스에 의해 육성되는 이 수도원은 수도사들로 꽉 차 있었는데, 나는 전혀 모르고 있었습니다. 폰티시아누스는 쉬지 않고 이야기를 계속했으며, 나는 잠자코 귀담아 듣고 있었습니다.

어느 날 오후 수도 트레베스에서 황제가 원형극장의 전차 경주에 넋을 잃고 있을 때 그와 그의 세 친구는 성벽 가까이로 산책을 나갔습니다. 그들은 둘씩 짝을 지어 산책하다가 서로 길을 잃고 말았습니다. 그의 다른 두 친구들은 한참 헤매다가 웬 오두막 하나를 발견했습니다. 거기에는 "심령이 가난하여 천국이 저희 것이 된"마태 5:3 주님의 종들이 몇 사람 살고 있었습니다. 두 사람은 거기에서 안토니우스의 생애가 기록된 전기를 발견하였습니다. 그 중 한 사람이 그 책을 읽는 사이에 크게 감격하고 열광하였습니다. 그는 주님을 섬기는 그런 생활에 들어가 속세를 버리고 그 오두막에서 오로지 수도생활을 하려고 결심하였습니다. 그러나 그들은 궁정에서 황제를 섬기는 고관이었습니다. 책을 읽고 있던 그 사람은 경건한 사랑에 불타서 진지하게 자기 자신에 대해 수치심을 감추지 못하면서 스스로에게 분노를 느끼고, 친구 쪽을 바라보면서 입을 열었습니다.

"자네, 제발 말해 주게. 우리들이 애써 일하는 목적이 무엇인가?

우리들은 무엇을 탐구하고 있는가? 우리는 뭣 때문에 봉사하고 있는가? 우리들이 궁정에서 바라는 것은 바로 황제의 총애를 받는 신하가 되고자 함이 아니겠는가? 그러나 결국은 파멸을 면치 못할 짓들이야. 우리들에게는 더욱더 위험이 닥칠 뿐이야. 이걸 알고 어찌 우리가 그 길을 가겠나? 나는 지금이라도 당장 하나님을 섬기며 살고 싶네." 이와 같이 말한 그는 새 사람이 되기 위한 마음의 갈등을 느끼며, 다시금 그 책에 시선을 돌렸습니다. 그리고 그 책을 계속 읽어 내려갔는데, 그때 주님께서 지켜보시던 그 마음 속에 큰 변화를 일으키게 되고, 곧이어 그의 마음은 이 속세의 환난에서 온전히 해방되었던 것입니다. 이 책을 읽고 그의 마음의 파동이 고조되었을 때, 그는 잠시 마음이 산란했지만 이내 올바른 길을 인식하고 오직 주님을 섬기는 일에 몸담을 것을 결심하고는, 친구에게 다음과 같이 말했습니다. "나는 이미 우리들이 지금까지 품고 있었던 속세의 희망을 버리고 오직 하나님 아버지께 몸을 바치기로 결심이 섰네. 자네가 나의 결심에 동조할 의사가 없다면 제발 내가 하고자 하는 일을 막지 말게나."

그러나 그 친구는 이 말을 듣고 나서 대답했습니다. "나 역시 자네 의견을 좇아 하나님께 봉사하겠네. 그리하여 자네와 함께 하나님의 은총을 받겠네." 이리하여 두 사람은 어느새 주님의 종이 되어 전에 것 모두를 집어 던지고 당신에게 순종하며 믿음의 길을 걸어가기 시작했습니다.[191]

---

[191] "저희가 모든 것을 버리고 일어나 좇으니라."(누가복음 5 : 28) "누구든지 자기의 모든 소유를 버리지 아니하면 능히 내 제자가 되지 못하리라."(누가복음 14 : 33)

그때 마침 폰티시아누스와 한 친구는 두 사람을 찾아다니다가 이윽고 같은 장소로 오게 되었습니다. 그 곳에서 그들을 보자 이제 날도 저물었으니 돌아가자고 재촉했습니다. 그러나 그 두 사람은 자기들의 굳은 결심과 계획을 털어놓고, 어째서 이와 같은 결심을 하게 되었는가를 소상히 말했습니다. 설령 자기들과 행동을 같이 하지 않더라도 자기들의 결심을 막지 말라고 부탁했습니다. 폰티시아누스와 한 친구는 그저 울기만 하면서 그 두 사람의 앞날을 진심으로 축복해 주었습니다. 그리고 나서 그들에게 자기들을 위해 기도해 줄 것을 부탁한 후 속세에 뜻을 두고 궁정으로 돌아갔습니다. 그렇지만 그 두 사람은 오로지 마음을 하나님에게 돌려 그 오두막에서 떠나지 않았던 것입니다. 그 두 사람에겐 약혼녀가 있었지만, 그녀들 역시 이 소식을 듣고 처녀의 몸으로 주님을 섬겼습니다.

폰티시아누스의 말에 크게 감명을 받음

폰티시아누스는 이상과 같이 나에게 말해 주었습니다. 내가 그의 이야기를 귀담아 듣고 있는 동안에 주님은 나를 돌이키시어 나 자신을 돌아보게 하셨습니다. 나는 나 자신을 돌아보기 싫었으나 당신은 나로 하여금 나 자신과 대면하게 하셨습니다.[192] 내가 얼마나 추하고 왜곡되고 불결하며, 진물과 고름으로 뒤범벅되어 있는가를 깨닫게 하기 위해서였습니다. 나는 그것을 깨닫는 순간 오싹한 마음이 들었지만, 도피할 곳은 없었습니다. 내가 눈을 돌리려고 하면 폰티시아누

---

192) "내가 너를 책망하여 네 죄를 네 목전에 차례로 베풀리라 하시는도다."(시편 50 : 21)

스는 다시금 내 눈앞에 나타나서 이야기하고 주님은 나를 돌이켜 자신을 돌아보게 하셨습니다. 당신은 내 죄를 인식시키고 그것을 증오하도록 만드셨습니다.[193] 나는 그것을 알면서도 모른 체 넘기려고 하였습니다.

그러나 나는 그들이 새 사람이 되기 위해 주님께 자신들을 맡기고 괴로움을 달게 받기로 하였다는 이야기를 들었을 때, 그들을 더욱 존경하는 마음이 솟구치는 반면 내 자신이 더욱더 저주스럽게 여겨졌습니다.

내가 열아홉 살 때 키케로의 《호르텐시우스》를 읽고 예지에 대한 열정을 불러일으킨 지 벌써 12년이란 긴 세월이 흘렀습니다. 세속적 행복을 멸시하고 예지의 탐구에 일생을 바치는 일을 나는 주저하고 있었습니다. 원래 '예지'란, 설령 그것을 발견하지 못한다 하더라도, 그것을 탐구하는 그 자체가 이미 보배의 발견이며, 이 세상의 왕국이나 뜻대로 얻을 수 있는 육체의 쾌락보다도 더 존중되어야 하는 것입니다. 그러나 불쌍한 나는 젊은 시절을 통하여 당신께 정결을 기원하면서도 "정결과 절제를 베풀어 주소서. 그러나 지금 당장은 아닙니다" 하고 기도를 드렸던 것입니다.

나는 당신께서 즉시 내 소원을 들어주시어 당장 나의 육욕적인 색정의 병을 고쳐 주시는 것을 두려워하고 있었습니다. 나는 그 병이 치유되는 것보다는 오히려 그 병마에 시달리는 것을 바라고 있었습

---

193) "저가 스스로 자긍하기를 자기 죄악이 드러나지 아니하고 미워함을 받지도 아니하리라 함이로다."(시편 36 : 2)

니다. 그리하여 나는 신성을 모독하고 죄의 길을 헤매고 다녔습니다. 정욕을 정결보다도 더 소중히 여기고 경건한 마음으로 정결을 탐구하기는커녕 오히려 적개심을 가지고 거역했습니다.

이 속세의 희망을 버리고 오직 주님만을 섬기고 따르는 것을 내가 하루하루 늦추고 있는 것은, 내가 걸어가야 할 확실한 길이 뚜렷이 나타나지 않기 때문이라고 생각했습니다. 그러나 드디어 내 앞에 내 정체가 완전히 드러나 나의 양심이 나를 몹시 괴롭히는 날이 닥쳐왔습니다. "당신은 나의 음성이 들리지 않습니까? 너는 진리가 확실치 않다 하여 허황된 짐을 팽개칠 수 없다고 말하고 있지 않은가! 자, 보라, 진리는 이미 확실하다. 그런데도 너는 아직 그 허황된 짐을 걸머지고 있다. 십 년 이상이나 너처럼 진리의 명상에 잠겨 있지 않았던 자들도 이제 어깨의 짐을 내리고 나는 날개를 획득할 때가 아닌가."

나는 폰티시아누스가 열렬히 이야기하는 동안 양심의 가책을 받았으며 무서운 수치심까지 느꼈습니다. 그는 긴 이야기를 끝내고 방문한 목적을 이루고 떠나갔지만, 나 역시 나 자신으로 돌아갔습니다. 혼자 남게 된 내가 나한테 무슨 말인들 못 하겠습니까? 나는 주님의 뒤를 따르려고 내 영혼을 얼마나 채찍질했는지 모릅니다. 그러나 내 영혼은 반항하며 말을 듣지 않았습니다. 결국 아무런 변명도 할 수 없었습니다. 이미 논리적인 이론은 동강이 나고 그저 남은 것이라고는 침묵의 전율뿐이었습니다. 그리하여 나의 영혼은 옛 습성의 흐름에 밀리어 죽음의 길에 빠져 들어가고 있었음에도 불구하고, 그 곳에서 구원받는 것을 마치 그 죽음처럼 두려워하고 있었습니다.

의지의 싸움

나는 은밀한 영혼의 밀실인 내 마음 속에서 영혼과 치열한 싸움을 벌이다가 몸도 마음도 지쳐서 알리피우스에게 이렇게 외쳤습니다. "우리는 대체 어떻게 된 것인가? 자네도 분명히 들었지. 무식한 자들은 일어나 '침노하여 천국을 빼앗는데'마태 11 : 12 우리들은 학식이 있으면서도 피와 살 사이를 맴돌고 있지 않은가? 그들이 우리보다 앞섰기 때문에 우리는 그들을 따르지 않는 것은 오히려 수치스럽게 여겨야만 하지 않을까?" 나는 이렇게 말하고는 흥분한 나머지 돌연 그에게서 등을 돌렸습니다. 그는 깜짝 놀라 나를 쳐다보면서 잠자코 나를 응시했습니다. 나의 음성은 여느 때와는 달랐습니다. 나의 이마, 볼, 눈, 안색, 그리고 음조는 내가 지껄인 말보다도 나의 심정을 나타내고 있었습니다.

우리들의 숙소에는 조그만 정원이 있었는데, 우리들은 그 정원을 사용할 수 있었습니다. 집주인이 그 곳에서 살지 않았기 때문입니다. 나는 마음의 동요를 견디다 못해 정원으로 뛰어나갔습니다. 나와 나 자신과의 격렬한 싸움이 어떠한 결말을 맺게 될 것인가는 주님만이 아시겠지만, 나는 어찌할 바를 모르고 그 결말을 볼 때까지는 누구에게도 간섭을 받기가 싫었습니다.

나는 건전한 정신의 소유자가 되기 위하여 흥분하고 또 살기 위하여 죽으려고 했던 것입니다. 나는 자기가 어떠한 죄인인가는 알고 있었지만, 앞으로 내가 얼마나 선량한 자가 될 것인가는 헤아리지 못하였습니다. 그래서 나는 정원으로 뛰어나간 것이며, 알리피우스도 내 뒤를 쫓아왔습니다. 그가 옆에 있어도 나는 여전히 고독했습니다.

이렇게 번민하고 있는 나를, 어찌 알리피우스가 모르는 체하고 있겠습니까? 우리는 되도록이면 집에서 멀리 떨어진 곳에 걸터앉았습니다. 내 영혼은 혼란에 빠졌습니다.

오, 나의 주님이시여! 나는 당신의 뜻과 언약 속으로 뛰어들지 못하는 나 자신에 대하여 격렬히 분노하였습니다.[194] 내 모든 뼈가 그렇게 하도록 울부짖으며, 하늘에 닿도록 당신을 찬양하고 있었습니다. [195] 하늘에 이르는 길은 그리 멀지 않습니다. 그러나 배나 마차를 타거나 걸어서는 갈 수 없는 곳입니다. 그러나 그 곳에 가려고 하는 의지만 있으면 됩니다. 그것은 굳세고 견실한 의지이며, 이쪽 저쪽으로 넘어지고 서로 싸워 한편은 일어서고 또 한편은 넘어져 뒹구는 그런 의지는 아니었습니다.

또한 손발이 없거나 있어도 쇠사슬에 묶여 있거나, 쇠약하여 기력이 없거나 뭔가 다른 원인으로 방해를 받았을 때 몸을 움직이고 싶어도 움직일 수 없는 경우가 수없이 많습니다. 나는 내 몸을 움직이고 싶었으나 몸이 말을 듣지 않았습니다. 내 손은 머리카락을 쥐어뜯고 이마를 쳤으며, 양손가락은 깍지가 끼어지고 무릎은 엇갈렸습니다. 손발이 내 의지대로 움직여 주지 않았기 때문에 그렇게 하지 못했던 것입니다. 의지와 능력이 서로 일치하지 않았기 때문입니다 의지와 능력이 일치할 때에는 원하는 일을 할 수 있습니다. 이때의 의지는 행위 그 자체입니다. 육체가 영혼의 의지에 따라 움직이는 것이

---

194) "네게 맹세하고 언약하여 너로 내게 속하게 하였느니라."(에스겔 16 : 8)
195) "내 모든 뼈가 이르기를 여호와와 같은 자 누구리요."(시편 35 : 10)

영혼의 강한 의지가 육체를 따라 움직이는 것보다 훨씬 용이하다고 생각합니다.

영혼의 명령에 대한 반항

이러한 불합리를 어떻게 설명할 수 있겠습니까? 주님, 저를 긍휼히 여기소서. 인간이 몰래 지은 죄와 아담의 자손들의 어두운 번민을 해결해 주소서. 참으로 불합리한 이 일을 대체 어떻게 설명할 수 있겠습니까? 영혼이 육체에 명령하면 육체는 즉시 따르게 마련입니다. 그러나 영혼이 그 스스로에게 명령하면 복종하기를 거부합니다. 영혼이 손에게 움직이도록 명령하면, 명령과 복종이 거의 구별되지 않을 만큼 손쉽게 실행됩니다. 이 경우 영혼은 영혼이며 손은 육체에 속해 있어 양자는 동일한 것이 아닙니다. 그러나 영혼이 스스로에게 어떤 일을 하도록 명령을 내릴 때, 양자는 동일하지만 그 일을 실행하지는 않습니다. 참으로 이같은 불합리를 어떻게 설명할 수 있겠습니까? 영혼이 그 스스로의 의지에 따라 명령할 때, 만일 영혼이 그것을 원치 않으면 명령하지 않을 것입니다. 행하고자 하는 의지가 없다면 명령은 실행되지 않을 것이기 때문입니다. 또한 의지는 스스로 하나의 의지가 되라고 명령하지 않을 것입니다. 의지란 이미 존재해 있기 때문입니다. 그러므로 인간이 의지에 찬성하여 행동하고 의지에 반대하여 행동하는 것은 불합리하다기보다는 진리에 의해 일어서지 못하고 세속적 소욕에 떨어진 영혼이 병들어 나타나는 증상입니다. 그러므로 두 의지가 존재하는 것은 어느 하나도 완전한 것이 아니므로 서로 보완되어야 하는 결핍된 의지들이기 때문입니다.

두 의지의 분열

오, 하나님이시여! 인간의 사고 행위를 두 의지가 지배하고 있으며, 우리 속에 있는 본성이 다른 두 의지 중 하나는 선^善이고 다른 하나는 악^惡이라고 주장하는 자들이 있습니다. 주님이시여, "복종치 아니하고 헛된 말을 하며 영혼을 속이는 자들"^{디도서 1:10}을 "하나님 앞에서 망하게 하소서."^{시편 68:2} 악한 것을 생각하는 자들 자신이 악한 것입니다. 그렇지만 진리를 깨닫고 인정한다면, 그들도 선한 자가 되는 것입니다. 그때에 주님의 사도는 그들을 향하여 자신있게 말할 것입니다. "너희가 전에는 어두움이더니 이제는 주 안에서 빛이라."^{에베소서 5:8}

그들은 '주 안에서'가 아니라 그들 자신의 힘으로 '빛이 되기를' 원하면서, 인간 영혼의 본질을 신의 본질과 똑같다고 생각하였으므로 그들은 더욱더 어둠 속에 파묻혔습니다. 사실 그들은 가공할 교만에 의해 "참빛 곧 세상에 와서 각 사람에게 비취는 빛"^{요한 1:9}이신 당신으로부터 점점 멀어져 갔습니다. "너희가 말하는 것을 염려하고 부끄러워하며 그에게 가까이 나아가면 그의 빛이 너희에게 비춰질 것이요, 너희의 얼굴을 붉힐 필요가 없을 것이다."

내가 이미 오랫동안 뜻한 바 대로 우리 주 하나님을 섬겨야겠다고 마음먹었을 때, 내 속에는 그것을 원하는 나와 그것을 원치 않는 내가 있었습니다. 그 양자는 모두 나 자신이었습니다. 내가 완전히 원한 것도 아니고 완전히 원하지 않은 것도 아니었습니다. 그래서 나는 나 자신과 싸우고 나 자신은 찢기고 분열되었습니다. 이 의지의 분열은 내 의지에 거슬러 일어난 것이었지만, 나 자신 속에 별개의 정신적 본성이 있다는 것을 나타내는 것은 아니었습니다. 그것은 내 정신이 저지르고 있는 죄를 나타내는 것이었습니다. 그러므로 그 분열은 내가 일으킨 것이 아니고 "내 속에 거하는 죄"로마서 7:17가 일으킨 것입니다. 즉 보다 자유로운 상태에서 저지른 죄에 대한 처벌인 것입니다. 하나님 아버지, 나 역시 아담의 자손이기 때문입니다.

상반되는 의지의 수효만큼 상반되는 본성이 있다고 한다면 두 본성뿐만 아니라 보다 많은 본성이 있을 것입니다. 누군가 마니교도의 집회에 갈까 혹은 극장엘 갈까 하고 망설일 때, 마니교도들은 분명히 이렇게 외칠 것입니다. "여기 두 본성이 있는데, 선한 본성은 이리로 끌고, 악한 본성은 저리로 끈다. 그런데 어찌하여 서로 상반된 의지 사이에서 결단을 내리지 못하는 것일까?" 그러나 나는 이렇게 주장하고 싶습니다. "양자는 모두 악이다. 마니교도에게 끌려가는 의지나, 극장에 가는 의지나 다 악이다." 그런데 마니교도는 그들의 동료에게 끌려가는 의지는 선이라고 믿고 있습니다.

하지만 만일 우리 기독교 신도들 중에서 어느 한 사람이, 극장에 갈까 혹은 우리들의 교회로 갈까 하고, 상반되는 두 의지 사이에서 망설이고 있다면 어떻겠습니까? 그들 역시 어떻게 답변해야 좋을지 주저할 것입니다. 그들은 마니교의 비의秘儀를 배우고 그 비의에 젖어 있는 사람들이 그들의 회당에 가는 것처럼, 우리들 역시 그들과 똑같은 의지로 우리 자신들의 교회로 간다는 것을 시인할 수밖에 없을 것입니다. 그러나 그것은 저들이 원치 않는 바입니다. 또한 그것을 인정하지 않을 때에는, 그들은 두 종류의 나쁜 본성과 나쁜 정신이 동일한 사람 속에서 서로 부딪치고 있다고 생각해야만 될 것입니다. 그러나 저들이 노상 무장하고 있는 것처럼, 하나는 선이고 하나는 악이라는 것은 진리가 아닙니다. 그러므로 그들은 이같은 모순에 빠지지 않기 위하여, 진리로 되돌아가 사색해야 할 것입니다. 그러면 한 영혼 속에는 여러 의지가 다양하게 작용하고 있다는 사실을 부정하지 않을 것입니다.

그러므로 그들은 두 의지가 같은 사람 속에서 서로 싸우고 두 상반된 실체와 진리가 있으므로 한편은 선이며 다른 한편은 악이라고 주장해서는 안 됩니다. 진리이신 하나님 아버지시여! 그들의 주장을 부인하고 설파하시어 그들 스스로 그 오류를 깨닫도록 해주십시오. 두 의지가 모두 악인데도 불구하고 저들은 하나는 선이고 하나는 악이라고 주장하고 있습니다. 이를테면 살인을 할 때 독약을 먹일까 칼로 찔러 죽일까 하고 망설이는 경우, 남의 재물을 한꺼번에 삼키지 못하기 때문에 이 땅부터 삼킬까 저 땅부터 삼킬까 하고 망설이는 경우, 혹은 낭비를 하며 쾌락을 살 것인가 탐욕에 불타 돈을 벌 것인가 하고 망설이는 경우가 그것입니다. 또는 같은 날에 서커스 구경을 갈 것인가 극장 구경을 갈 것인가 아니면 남의 집에 절도하러 들어갈 것인가, 기회만 있으면 남의 여자와 간통을 할까 하고 망설이는 경우가 다 그 예입니다. 이 모든 추한 생각들이 한꺼번에 일어나 일시에 다 해치우고 싶기도 하겠지만, 절대로 동시에 해낼 수는 없습니다. 그것들은 이렇듯 많은 것을 욕구하게 되므로, 상반된 많은 의지에 의해서 정신을 분열시키는 것입니다. 그러나 그들은 상반된 의지의 수효만큼 많은 서로 다른 실체가 있다고는 말하지 않습니다.

선한 의지에 대해서도 똑같은 말을 할 수가 있습니다. 내가 그들에게 〈사도 바울의 서간〉을 읽고 즐기는 것은 좋은 일인가, 장중한

〈시편〉을 음미하고 즐기는 것은 좋은 일인가, 〈복음서〉를 뜻풀이하는 것은 좋은 일인가 하고 질문한다면, 그들은 각각의 물음에 대하여 선한 일이라고 대답할 것입니다. 그러나 동시에 음미하고자 할 때는 셋 중에 하나를 택해야 하며, 그때 하나를 선이라 하고 다른 하나를 악이라고 할 수가 있겠습니까? 이들 여러 의지는 모두가 선이지만 한 가지의 것을 택하며 그 때까지 여러 방향으로 분열돼 있던 의지가 하나로 정착될 때까지 서로 싸우는 것입니다. 영원한 선은 우리들을 기쁘게 하여 높이 끌어올리고 일시적인 선은 우리를 저 아래쪽으로 끌어내립니다. 영혼은 의지의 전체로서 전자를 원하는 일도 후자를 원하는 일도 하지 않습니다. 영혼은 진리를 좇아 전자를 택하면서 습관에 사로잡혀 후자를 버리지 않으므로 혹독한 괴로움을 당하여 분열되고 마는 것입니다.

영과 육의 싸움

이처럼 나는 병들고 괴로워하며 그 어느 때보다도 엄하게 나 자신을 꾸짖으면서, 완전히 사슬이 끊어질 때까지 그 사슬에 묶인 채 몸부림치며 뒹굴고 있었습니다. 그 사슬은 이미 느슨해지기는 했지만 여전히 나를 포박하고 있었습니다. 그러나 주님, 당신은 나의 마음 깊숙한 곳에 임하시어 자비를 베풀어 두려움과 수치스러움이라는 두 채찍으로 나를 엄히 두들기셨습니다. 그것은 내가 거의 끊어져 가는 사슬을 완전히 끊어 버리기는커녕 이전보다도 더 세게 묶여지는 것을 방지하기 위해서였습니다. 나는 마음 속으로 "이번만은, 이번만은 기어이……" 하고 혼잣말로 뇌까렸습니다. 그러면서도 이미 결심은 서 있었습니다. 하지만 결심이 서 있는 것 같으면서도 실은 결심하지 않았던 것입니다. 그렇다고 원점으로 되돌아온 것은 아니고 아주 가까이에 머물러 한숨을 쉬고 있었습니다. 나는 또 한 번 시도하였습니다. 그리하여 조금만 더 다가서면 닿을 곳이었지만, 그러나 조금 모자랐던 것입니다. 금방이라도 손이 닿을 듯했으나 닿은 것도 아니며 붙잡은 것도 아니었습니다 나는 어떻게 죽어야 하며 또 어떻게 살아야 하는가를 몰라 망설이고 있었습니다. 나의 습관화된 악은 내가 아직 경험하지 못한 선보다도 강하게 나를 지배하고 있었습니다. 그리하여 내가 새 사람이 되고자 하면 할수록 커다란 공포가 내 가슴을 엄습하였습니다. 그러나 나는 뒤로 물러서지도 옆으로 비켜서지도 못하고 다만 어중간한 상태에 있었습니다.

 어리석고 허무하기 짝이 없는 헛된 나의 지난날[196]의 아가씨들이 내 옷자락을 붙들고 소곤거렸습니다. "우리를 버리고 가시려고요? 영원히 당신과 함께 있을 수 없단 말인가요? 이젠 영원히 그 일을 할 수 없다는 말인가요?" 방금 내가 쓴 '그 일'이라는 말은 무엇을 암시하는 것이겠습니까? 부디 긍휼한 자비심으로 추잡한 그들을 당신 종의 영혼으로부터 물리쳐 주옵소서. 그들은 얼마나 상스럽고 수치스러운 것을 암시했는지 모릅니다. 나는 그녀들이 소곤거리는 말을 반도 듣지 않았습니다. 그녀들은 정면에 나타나 당당하게 내 결점을 지적하는 것이 아니라, 내 뒤에서 살며시 속삭이며 그 자리를 피하려는 나를 끌어당겼습니다. 결국 그들은 나의 발길을 더디게 하였습니다.

---

[196] "전도자가 가로되 헛되고 헛되며 헛되고 헛되니 모든 것이 헛되도다."(전도서 1 : 2)

이교도를 물리치는 히포의 아우구스티누스 작가 미상(13세기), 모건 미술관, 뉴욕, 미국

나는 거기서 몸을 빼고 당신을 향해 줄달음쳐야 했지만, 끈덕진 옛 악습이 나더러 "그 여자들이 없어도 견딜 수 있다고 생각하느냐?"고 외쳤습니다.

그러나 그 목소리는 점점 힘이 빠졌습니다. 내가 몸을 돌려 다가서는 것을 두려워하고 있었던 바로 그 방향에서 성스럽고 정결한 위엄이 다가오고 있었습니다. 단정한 얼굴에 맑은 웃음을 띤 그것은 나를 오라고 손짓하였습니다. 그러고는 나를 맞이해 품에 안으려고 경건한 손을 나에게 내밀었습니다. 그 거룩한 곳에는 선의 모범이 될 많은 소년소녀들이 있었습니다. 또한 많은 젊은이와 연령이 제각기 다른 사람들이 있었습니다. 착실한 과부도 있었고 노처녀도 있었습니다. 그 중에는 정결한 여자도 있었는데, 그녀는 돌계집이 아니고, 주여! 당신을 남편으로 섬기어 낳은 "많은 기쁨의 자식들을 거느린 어머니"[197]였습니다. 그녀는 나를 향해 미소지으면서 타이르듯 말했습니다. "이 성남성녀聖男聖女가 하는 일을 당신이 못 하다니 말이 됩니까? 저들도 자기 힘으로 그렇게 할 수 있었던 것은 아닙니다. 그것은 바로 하나님의 힘입니다. 그들의 하나님께서 그들과 행동을 함께 하

---

197) "잉태하지 못하던 여자로 집에 거하게 하사 자녀의 즐거운 어미가 되게 하시는도다."(시편 113 : 9) 영적인 의미에서 성도는 그리스도의 아내이다. 여기서 말하는 자식은 물론 육적인 뜻이 아니다.

신 것입니다. 어찌하여 당신은 혼자서만 서려고 합니까? 그러면 곧 넘어지고 맙니다. 어서 그분에게 당신의 몸을 맡기십시오. 두려워하지 마십시오. 그분은 당신이 뒷걸음질치며 넘어지는 것을 방관하지는 않을 겁니다. 안심하고 그분에게 몸을 떠맡기십시오. 그러면 그분은 당신에게 마음의 안식을 주실 것입니다."

지난날의 그 어리석은 속삭임이 귀에 쟁쟁하여 마음이 들떠 있었으므로 나는 몹시 부끄러워 어찌할 바를 몰랐습니다. 그러자 다시 그 정결한 여자의 말소리가 들려오는 것 같았습니다. "더럽혀진 땅에 있는 지체(肢體)가 하는 말에 귀를 막고 그것을 묵살하세요.[198] 그것은 당신에게 달콤하게 들릴는지 모르나 당신의 주님이신 하나님의 율법이 허락하지는 않을 것입니다."

이와 같은 갈등과 싸움이 내 마음 속에서 계속되었습니다. 알리피우스는 내 곁을 떠나지 않고 나의 내적 투쟁을 방해하지 않으려는 듯 묵묵히 지켜보고 있었습니다.

회한의 눈물

그러나 깊은 고찰에 의하여 나의 비참한 모든 것이 내 마음 깊은 곳으로부터 빠져나와 내 마음 앞에 쌓였을 때, 험한 폭풍이 불어닥쳐 내 눈에서는 눈물이 쏟아져 나왔습니다. 나는 마음껏 울고 싶었습니다. 그래서 나는 벌떡 일어서서 알리피우스 곁을 떠났습니다. 실컷

---

198) "그러므로 땅에 있는 지체를 죽이라. 곧 음란과 부정과 사욕과 악한 정욕과 탐심이니 탐심은 우상 숭배니라."(골로새서 3:5)

울고 나면 고독이 해결될 것 같았기 때문입니다. 알리피우스도 이러한 내 심정을 이해했습니다. 그에게 양해를 구하고 자리에서 일어설 때 나의 목소리는 이미 눈물로 흠뻑 젖어 있었습니다. 내가 벌떡 일어서자 그는 우두커니 주저앉아 움직일 줄 몰랐습니다. 나는 어느 무화과나무 밑에 몸을 기대고 한없이 울음을 떠뜨렸습니다. 내 눈에서는 눈물이 폭포처럼 쏟아졌는데, 그것은 "하나님이 기쁘게 받으실 신령한 제사"^{베드로전서 2:5}였던 것입니다.

그때 내가 주님께 드린 말은 잘 기억이 나지는 않지만 이런 내용이었습니다. "여호와여 어느 때까지니이까?^{시편 6:3} 여호와여 어느 때까지니이까? 영원히 노하시리이까? 우리 열조의 죄악을 기억하여 우리에게 돌리지 마옵소서."^{시편 79:5,8} 기실 나는 아직도 낡고 의롭지 못한 습관에 젖어 있었기 때문입니다. 그래서 나는 쉰 목소리로 울부짖었습니다. "얼마나 더 기다려야 합니까? 내일까지 기다리면 되는 것입니까? 어째서 지금 당장에 은총과 자비를 베풀어 주시지 않습니까? 어째서 지나간 나의 오욕^{汚辱}을 씻을 수가 없습니까?"

그렇게 말하며 내 마음은 회한^{悔恨}의 눈물을 얼마나 흘렸는지 모릅니다. 그때 갑자기 이웃집에서 사내아이인지 계집아이인지는 모르겠으나, 어린 아이의 음성이 들려왔습니다. 마치 노래하는 것처럼 몇 번이고 되풀이되는 소리였습니다. "집어서 읽어라, 집어서 읽어라!" 나는 어린이들이 장난치고 놀면서 부르는 노래인가 아닌가를 곰곰이 생각해 보았습니다. 그래서 나는 불현듯 넘쳐흐르는 눈물을 씻고 벌떡 일어섰습니다. 나는 성경을 펼쳐서 맨 처음 눈에 띄는 첫장을 읽으라는 하나님의 명령이라고 해석했습니다. 나는 전에 안토니우스에 대하여 이러한 말을 들은 적이 있었습니다. 그는 우연히 펼친 복음서의 한 구절이 자기에 대한 하나님의 훈계라고 생각했습니다. "가서 네 소유를 팔아 가난한 자들을 주라. 그리하면 하늘에서 보화가 네게 있으리라. 그리고 와서 나를 좇으라."마태 19 : 21 그리하여 그는 이 같은 하나님의 음성을 좇아 즉시 주님의 품으로 돌아섰다고 합니다. 그래서 나는 급히 알리피우스가 앉아 있는 곳으로 되돌아갔습니다. 내가 그 곳을 떠날 때 〈사도 바울의 서간〉을 놓아 두었던 것입니다. 나는 그것을 펴들고 맨 처음에 눈에 띤 첫장을 가만히 읽었습니다. "낮에와 같이 단정히 행하고 방탕과 술 취하지 말며 음란과 호색하지 말며 쟁투와 시기하지 말고 오직 주 예수 그리스도로 옷 입고 정욕을 위하여 육신의 일을 도모하지 말라."로마서 13 : 13,14 나는 더 읽지 않았습니다. 더 읽을 필요가 없었습니다. 이 구절을 읽고 나자 불현듯 평안平安의 빛이 나의 마음 속을 가득히 비추어 어두운 의혹의 그림자는 사라져 버렸습니다.

나는 책갈피에 손가락을 끼워 책을 덮었습니다. 나는 이제 평정한 심정으로 되돌아가, 알리피우스에게 모든 심정을 털어놓았습니다. 그 역시 그 자신 속에 뭔가 새로운 상념이 용솟음쳤는지 그는 자기에게 일어난 일을 나에게 들려주었습니다. 물론 나는 전혀 모르는 이야기였습니다. 그는 내가 읽었던 구절을 자기도 읽어 보고 싶다고 말했습니다. 내가 책을 펼치고 그 구절을 가르쳐 주자, 그는 내가 읽었던 구절뿐 아니라 다음 구절까지 읽어 내려갔습니다.

나는 내가 읽은 구절 다음에 그런 구절이 있었는지 전혀 몰랐습니다. "믿음이 연약한 자를 너희가 받아라"로마서 14 : 1고 써 있었습니다.

그는 이 구절을 되새기면서 나에게 털어놓았습니다. 이 말씀으로 그는 큰 권면勸勉을 받았습니다.

또한 그는 조금도 당혹하지 않고 훌륭한 결단과 목적으로 진리의 길을 가게 되었습니다. 평상시 그의 성격은 나보다 훨씬 선했습니다. 그리하여 우리는 어머니한테 달려가 이 심정을 고백하였습니다. 어머니는 이 말을 듣고 매우 기뻐하였습니다.

우리는 모든 것을 자세히 이야기했고, 그녀는 환성을 올리며 주님을 찬양했습니다. "주님은 우리의 온갖 구하는 것이나 생각하는 것에 더 넘치도록 능히 하시는 분이십니다."에베소서 3 : 20 어머니는 눈물에 젖고 한숨을 지으며 끊임없이 간구해 오던 것이 주님으로 말미암아 내 몸에 베풀어진 것을 목격한 것입니다. 주님은 나를 완전히 주님의 품안으로 돌아가게 하였으므로, 나의 희망은 아내도 세속적 정욕도 아니었습니다. 수년 전에 주님께서 어머니에게 환상을 통하여 보여주신 것처럼 이제 나는 믿음의 기반 위에 서게 되었습니다. 이리하여 주님은 어머니의 비탄을 환희로 바꾸셨고[199] 어머니가 소원했던 것 이상으로 훨씬 풍요로운 축복을 주셨습니다. 어머니가 내 육체에서 태어난 손자를 바라던 것 이상으로 훨씬 존귀하고 정결한 기쁨을 주셨던 것입니다.

---

199) "주께서 나의 슬픔을 변하여 춤이 되게 하시며 나의 베옷을 벗기고 기쁨으로 띠우셨나이다."(시편 30 : 11)

제9권» 어머니의 죽음과 개종

신의 영광을 찬양함

"여호와여! 나는 진실로 주의 종이요, 주의 여종의 아들 곧 주의 종이라. 주께서 나의 결박을 푸셨나이다. 내가 주께 감사제를 드리고 여호와의 이름을 부르리이다."시편 116:16,17 내가 마음 속으로부터 당신을 찬양하게 하옵소서. "내 모든 뼈가 이르기를 여호와와 같은 자 누구리요?"시편 35:10 그들로 하여금 외치게 하시고 "내 영혼에게 나는 네 구원이라 이르소서."시편 35:3

나는 누구이며 어떤 자입니까? 내가 한 행동 중에서 악하지 않은 것이 있었습니까? 설령 행하지 않았다 하더라도 내 입에서 악한 말을 하지 않았을까요? 설령 입으로 지껄이지 않았다 하더라도 나의 의지 중에서 악하지 않은 것이 무엇이겠습니까? 그렇지만 주님, 당신은 선하시고 자비로우십니다. 내가 죽음의 구렁텅이에 빠져 있는 것을 굽어살피시고 당신의 오른손으로 내 마음의 더러운 구정물을 밑바닥까지 퍼내 주셨습니다. 이리하여 나는 나의 욕망을 다 버리고 당신이 원하는 일을 하게 되었습니다. 그러나 이처럼 긴 세월 동안 나의 자유의지自由意志는 대체 어디에 있었던 것일까요? 그 어느 그윽한 곳에서 나의 자유의지는 홀연히 당신의 부르심을 받았습니다. 당신은 나의 목에 당신의 "쉬운 멍에"마태 11 : 30를 걸게 하고, 나의 어깨에는 "나의 도움이시며 나의 구원자가 되시는 나의 주 예수 그리스도"의 "가벼운 짐"마태 11 : 30을 지게 하셨습니다.

　이제 나는 허망한 즐거움에 잠기지 않고 당신의 복락을 누리게 되었습니다. 지난날에는 잃을까봐 두려워하던 것도, 이제는 그것을 버리는 것이 오히려 큰 기쁨이 되었습니다. 그 허망한 모든 욕심을 팽개치게 된 것은 오로지 당신의 최고의 감미로운 은총이었습니다. 내가 모든 세상의 낙을 버린 대신에, 당신께서 친히 내 마음 속에 임하셨습니다. 당신을 앙모하는 것은 세상의 어떤 쾌락보다도 감미롭습니다. 그 은총은 피와 살[200]에서 나온 것이 아니고 모든 비밀보다 더 깊으며, 모든 빛보다 더 밝고 모든 영광보다 더 높은 사랑에서 나온 것입니다. 당신은 스스로 교만한 자에게는 임하시지 않습니다. 나의 영혼은 이제 야심에 불타오르는 일도 없고 이득을 얻기 위하여 동분서주하는 일도 없으며, 또 육욕 속에 뒹굴며 정욕에 불타서 괴로워하는 일도 없게 되었습니다. 그리고 나의 영광, 나의 부귀, 나의 구주이신 당신과 더불어 이야기를 나눌 수 있게 되었습니다.

---

200) "혈과 육은 하나님 나라를 유업으로 받을 수 없고 또한 썩은 것은 썩지 아니한 것을 유업으로 받지 못하느니라."(고린도전서 15 : 50)

수사학 교사를 그만두다

나는 당신이 보시는 앞에서 나의 혀를 놀려 웅변술을 팔아먹는 수사학 교사직을 물러나려고 생각했습니다. 하나님의 율법을 알지 못하고 허위에 찬 광란과 법정에서의 논쟁만을 생각하는 젊은 학생들에게 궤변의 무기를 제공해 주고 싶지 않아서였습니다. 때마침 포도 수확기의 방학까지는 며칠밖에 남지 않았습니다. 나는 그 때까지 기다렸다가 그 후 정식으로 사직하여 당신에게 속죄받은 몸을 다시는 더럽히지 않으리라고 결심하였습니다. 나는 주님 앞에서 행한 결심을 막역한 친구 외에 다른 사람들에게는 알리지 않았습니다. 우리는 이 계획을 누구에게도 발설하지 않기로 약속했습니다. 그러나 "눈물의 골짜기"시편 84 : 6를 지나서 "천국의 노래"를 부르는 우리에게 당신은 거짓된 입술과 궤사한 혀를 놀리는 궤변자의 무리를 물리치도록 "날카로운 화살과 뜨거운 숯불"[201]을 내려 주셨습니다. 이 궤변자들은 당신을 찬양하는 것을 훼방하고 우리의 일을 반대하는 무리들이었습니다.

당신은 우리의 마음을 당신의 사랑의 화살로 꿰뚫었습니다.[202] 나는 당신의 귀한 말씀을 가슴 깊이 간직하였습니다. 그리하여 당신으로 말미암아 어두움에서 빛으로 나아가게 되고, 죽음에서 영생을 얻게 되었습니다. 당신의 종들의 본보기가 우리의 사색의 품안에 싸여

---

201) "여호와여 거짓된 입술과 궤사한 혀에서 내 생명을 건지소서. 너 궤사한 혀여 무엇으로 네게 주며 무엇으로 네게 더할고. 장사의 날카로운 살과 로뎀나무 숯불 이리로다."(시편 120 : 2~4)
202) "필경은 살이 그 간을 뚫기까지에 이를 것이라."(잠언 7 : 23)

우리들이 다시 나락奈落의 밑바닥에 빠지지 않도록 우리들의 깊은 잠을 깨어 주셨습니다. 우리는 그 교훈 때문에 믿음에 불타게 되었습니다. 궤사한 혀에서 어떠한 궤변의 회오리가 불어닥쳐도 그것은 오히려 우리의 믿음의 불꽃을 더욱더 불타오르게 하였습니다. 하지만 세상을 거룩하게 하신 당신의 성스러운 이름 때문에,[203] 우리들의 결심과 의도를 칭찬하는 자도 전혀 없는 것은 아니었습니다. 이제 목전에 다가온 방학을 기다리지 않고 갑자기 사직한다면 사람들은 모두 나를 교만한 위인이라고 욕할 것입니다. 그래서 나는 방학 전까지 수업을 끝내고 그 후에 사임하기로 결심했습니다. 나의 결심에 대하여 사람들이 이러니 저러니 수다를 떨게 하여, 주님의 이름을 욕되게 할 필요는 없었습니다. "너희의 선한 것이 비방을 받지 않게 하라." 로마서 14:16 게다가 그 해 여름 강의 때 너무 열중한 나머지, 나의 폐가 약해져서 깊이 숨을 쉬는 것이 곤란해졌습니다. 가슴의 통증으로 폐의 질환이 생기게 되었으며, 큰 소리를 내어 오랫동안 강의할 수도 없었습니다. 나는 처음엔 무척 당혹하였습니다. 교직이라는 무거운 짐을 부득이 내릴 것인가와 또 설령 병이 치유되어 건강을 되찾는다 해도 일시 그것을 중단할 것인가 중에서 어느 쪽을 택하지 않으면 안 될 판국이었기 때문입니다. 그러나 내가 강의를 쉬고 당신에게 돌아가려는 의욕에 불탔을 때, 주님이시여, 나는 이 거짓없는 완전한 나의 의지를 기뻐하였습니다. 나는 이 구실로 그들의 자녀들을 생각하여 나

---

[203] "하늘에 계신 우리 아버지여 이름이 거룩히 여김을 받으시오며, 나라에 임하옵시며 뜻이 하늘에서 이룬 것같이 땅에서도 이루어지이다."(마태복음 6:9,10)

의 사퇴를 허락치 않는 학부모들의 불만을 수그러뜨릴 수 있었습니다. 그리하여 나는 기쁨으로 충만하여 한 스무 날 동안 학생들을 가르치며 포도 수확기의 방학이 올 때까지 꾹 참고 있었습니다. 이렇게 참는 데에는 꽤 힘이 들었습니다. 당신의 종인 내 형제들이 내가 이미 충심으로 주님을 섬기려는 마음이 섰으면서도 단 한 시간이라도 허위의 교단에 서 있는 일은 죄라고 비난할지도 모르겠습니다. 그러하오나 지극히 자비하신 주님이시여, 당신께서는 이 죄도 죽어 마땅한 다른 무서운 죄와 함께 이미 성스러운 세례의 물로 씻어 주고 용서해 주시지 않으셨습니까?

친구의 죽음

베레쿤두스는 우리가 받은 축복을 보고 크게 고민하고 있었습니다. 그는 자신을 단단히 얽매고 있는 사슬 때문에 우리와 사귈 수 없음을 알고 있었기 때문입니다. 그는 아직 기독교인이 아니었으나 그의 아내는 신자였습니다. 그렇지만 그녀 때문에 그는 우리가 이미 내디딘 하나님의 복음을 위한 독신 생활의 길에 동행할 수는 없었습니다. 그는 자신이 기독교인이 되는 것은 불가능한 일이라고 말했습니다. 그러나 그는 친절하게도 그의 별장을 우리에게 빌려 주면서 자유롭게 사용하라고 허락해 주었습니다. 주여, "의인들의 부활시에"^{누가 14:14} 그에게 상을 주옵소서. 그러나 우리가 로마로 떠났을 때 중병에 걸린 그는 세례받은 기독교인이 되어 세상을 떠났습니다. "하나님이 저뿐 아니라 또 우리를 긍휼히 여기셨습니다."^{빌립보서 2:27}

만일 우리가 당신의 양떼 가운데에서 그를 보지 못했더라면 그가 우리에게 베푼 커다란 친절을 상기할 때마다 우리는 무척 괴로워했을 것입니다. 주여, 진심으로 감사를 드립니다. 우리들은 당신의 것이며 당신의 격려와 위안이 바로 그 증거입니다. 베레쿤두스는 우리가 이 세상의 잡음을 떠나서 당신 안에 안주할 수 있도록, 저 카씨키아쿰에 있는 별장을 제공해 주었습니다. 그의 별장을 우리에게 내준 대가로 주님이시여, 영원히 생기가 넘치는 당신의 낙원의 기쁨을 그에게 내려 주소서. 당신은 그가 지상에서 저지른 죄를 젖과 꿀이 흐르는 당신의 산, 부유한 산이신 그리스도 안에서 용서해 주셨습니다.

그 당시 베레쿤두스는 고민하고 있었지만 네브리디우스는 우리와 함께 즐거운 나날을 보내고 있었습니다. 그도 아직은 신도가 아니었고, 극심한 오류誤謬의 함정에 빠져 하나님의 독생자이며 진리이신 그리스도를 육신을 가진 환상으로 생각하였습니다. 그러나 그는 차츰 이 함정에서 벗어나기 시작했습니다. 그는 아직 교회의 어떠한 성사도 받지 않았으나 가장 열렬한 진리의 탐구자로 변해 갔습니다. 그리하여 우리는 회심回心하고 당신의 세례를 받고 재생再生하였습니다. 그 후 곧 네브리디우스는 독실한 신자가 되어 완전한 성결과 절제를 가지고 아프리카 동포들 사이에서 당신을 섬기고 온 가족을 믿음의 길로 인도하였습니다. 그는 지금 "아브라함의 품"누가 16 : 22에서 살고 있습니다. 나의 사랑하는 친구이며, 당신이 택하신 아들 네브리디우스는 분명히 아브라함의 품에 살고 있습니다. 사실 그곳말고 또 어디에 안주할 곳이 있겠습니까? 그는 일찍이 그 곳에 대하여 경험이 부족한 나에게 자주 질문을 하였지만 그는 거기에 살고 있는 것입니다. 이제는 그의 귀를 저의 입을 향해 기울이지 않고, 그의 입이 당신으로부터 그토록 목말라하던 지혜를 실컷 마시며, 영생 복락을 누리고 있었습니다. 그러나 나를 영 잊어버릴 정도로 당신의 샘물에 취해 있지는 않을 것입니다. 주님, 실로 그의 목마름을 없애 주시는 당신은 한시라도 저희들을 잊지는 않으실 것입니다.

우리들은 당시 이러한 믿음 속에서 살고 있었습니다. 우리가 회심하자 베레쿤두스는 친구를 잃은 것처럼 슬퍼했고 우리는 그런 그를 위로했습니다. 결혼 생활에 충실하면서도 신앙 생활을 영위할 수 있다고 권유했습니다. 그리고 네브리디우스는 언젠가 참다운 신앙의 길을 찾을 것이라고 기대했습니다. 이러한 기대는 쉬이 이루어져 그는 당장에라도 결행하려고 채비하고 있었습니다. 그리하여 얼마 동안 시간이 흘렀습니다. 그러나 나에게는 너무도 지루한 기간이었습니다 나는 진심으로 주님을 향해 노래할 수 있기를 원하고 있었던 것입니다. "내 마음이 주께 말하되 여호와여 내가 주의 얼굴을 찾으리이다."시편 27 : 8

카씨키아쿰 별장에서의 은둔 생활

나는 이미 수사학 교사직을 그만두려고 마음먹고 있었는데, 실제로 그 직업에서 해방되는 날이 다가왔습니다. 그때 내 마음을 해방시켜 주신 당신은 나의 변론의 혀도 해방시켜 주셨습니다. 나는 기꺼이 주님을 찬양하면서 동료들과 함께 별장으로 갔습니다. 과연 나는 거기서 어떠한 학문상의 일을 하였을까요? 물론 그것은 주님을 섬기는 일이었지만, 때로는 학교식의 교만이 풍기는 글을 쓰기도 하였습니다. 이것은 거기에 함께 있었던 동료들과의 토론을 적은 글과, 주님 앞에 홀로 기도를 드린 독백을 적은 책이 입증해 주고 있습니다. 그리고 멀리 떨어져 있던 네브리디우스와 주고받은 서신이 그것을 입증해 주고 있습니다. 그러나 당시 내가 충분한 시간적 여유를 가지고, 과연 주님께서 내게 베푸신 큰 자비를 자신있게 동료들에게 고백할 수 있었을까요? 특히 지금도 더 큰 은혜의 말씀을 조급히 고백하려는데 말입니다. 나는 지금 이 참회록을 쓰면서 그 당시의 일들을 상기합니다. 주님, 당신에게 고백하는 것은 내게 있어서 얼마나 흐뭇한지 모르겠습니다. 즉 어떠한 내적인 자극에 의해서 당신이 나를 그토록 완전히 사로잡았는가를, 어떤 방식으로 나에게 채찍질하시고 산봉우리처럼 교만하던 나의 생각을 낮추어 평지로 만들어 주시고, 굽은 길을 바로잡아 주시며 험한 길을 평탄하게 해주신 것[204]을 조금도 잊지 않고 있습니다. 또한 나의 친구 알리피우스를 하나님의 독생자, 우리 주 예수 그리스도의 이름으로 구원하여 주신 것을 감사드립니다. 그는 처음엔 예수 그리스도의 이름이 나의 글에 나타나는 것을 아주 못마땅하게 여겼습니다. 그는 우리의 하나님에 대한 글이 뱀의 독기를 없애는 교회 정원에 자란 약초의 내음보다도, 이미 주님께서 꺾어 버린 수사학 학교 정원의 백향목[205]의 향기를 풍기는 것을 바라고 있었습니다.

주님이시여, 신앙의 노래이며 교만한 정신을 물리치며 경건한 운

---

204) "모든 산과 작은 산이 낮아지고 굽은 것이 곧아지고 험한 길이 평탄하여질 것이요."(누가복음 3 : 5)
205) "여호와의 소리가 백향목을 꺾으심이여 여호와께서 레바논 백향목을 꺾어 부수시도다." (시편 29 : 5)

치가 있는 다윗의 〈시편〉을 읽었을 때, 나는 얼마나 당신을 찬양하였는지 모릅니다. 나는 아직 당신의 참된 사랑을 깨닫지 못하고 있었지만, 세례를 받기 위해 같은 길을 걷던 알리피우스와 더불어 별장에서 평안한 나날을 보내고 있었습니다. 우리 옆에는 어머니까지 있었습니다. 어머니의 행동은 여성적이었으나 신앙에 있어서는 남자에 못지않게 노년기의 조용함과 모성애와 그리스도인의 경건함을 몸에 갖추고 있었습니다. 나는 〈시편〉을 읊으면서 얼마나 절규했는지 모릅니다. 〈시편〉을 통하여 얼마나 열렬하게 당신을 향해 불타올랐는지 모릅니다. 가능하다면 세상의 모든 교만한 자들이 깨우치도록 큰 소리로 외치고 싶은 심정이었습니다. 〈시편〉은 전세계에서 애송될 것이며 "아무도 그 온기에서 피하여 숨을 자가 없을 것입니다."^{시편 19:6} 나는 마니교도들에 대하여 무척 격분하면서도 한편 동정을 금할 수 없었습니다. 마니교도들은 거룩한 말씀, 즉 좋은 약을 알지 못하고 독약을 마치 좋은 약인 양 먹고 있었습니다. 내가 한가한 틈을 타서 〈시편〉제4편을 읽고 있을 때, 그들이 가까이 와서 부지중에 내 얼굴을 알아보고, 내 목소리를 듣고서 그 〈시편〉의 구절이 나에게 얼마나 큰 교훈을 주고 있는가를 알아주었으면 좋겠다고 생각하였습니다. "내 의의 하나님이여 내가 부를 때에 응답하소서. 곤란 중에 나를 너그럽게 하셨사오니 나를 긍휼히 여기사 나의 기도를 들으소서."^{시편 4:1} 이 〈시편〉을 욀 때마다 내가 소망하는 말을 들어주기를 나는 몹시 갈망했습니다. 그러나 그들이 들으라고 일부러 이렇게 하고 싶지는 않았습니다. 나는 주님 앞에서 진실된 마음으로 〈시편〉을 읽고 있지만, 그들이 내 심정을 충분히 이해할지가 의문이었습니다.

나는 두려움에 떨면서, 한편으로는 당신의 말씀에 소망을 얻고 주의 인자하심을 몹시 기뻐하였습니다.[206] 그리하여 이 모든 감정은 주님의 선하신 영혼[207]이 우리를 향해 돌아섰을 때 내 눈과 내 목소리는 주를 찬양합니다.

"인생들아 어느 때까지 나의 영광을 변하여 욕되게 하며 허사를 좋아하고 궤휼을 구하겠는고?"시편 4:2 나는 사실 그 때까지 허망된 것을 좋아하고 거짓된 것을 갈구하고 있었던 것입니다. 그러나 여호와 하나님, 이미 당신께서는 당신의 독생자를 "죽은 자들 가운데서 다시 살리시고 하늘에서 자기의 오른편에 앉히셨습니다."에베소서 1:20 이는 "위로부터 아버지의 약속하신"누가 24:49 "보혜사 되시는 진리의 영" 요한 14:16,17을 땅 위에 보내주시기 위해서였습니다. 이미 그 구세주를 보내주셨지만 나는 모르고 있었습니다. 당신은 당신의 아들을 보내셨고 죽음에서 일으키시어 승천하게 하셨습니다. "예수께서 아직 영광을 받지 못하신고로 성령이 아직 저희에게 계시지 아니하시더라." 요한 7:39 그래서 예언자는 "언제까지 너희는 완악한 마음을 가지려느냐? 무엇 때문에 헛된 것을 좋아하고 거짓된 것을 구하려느냐? 주 '여호와께서 자기를 위하여 경건한 자를 택하신 줄 너희가 알지어다'시편 4:3"라고 외쳤던 것입니다. 나는 이 말을 듣고 나의 과거를 돌이켜보면서 두려움에 떨었습니다. 한때 진리라고 보았던 환상 속에 허망함과 거짓이 깃들여 있었기 때문입니다. 나는 과거의 죄에 대한 고통스

---

206) "내가 주의 인자하심을 기뻐하며 즐거워할 것은 주께서 나의 곤란을 감찰하사 환난 중에 있는 내 영혼을 아셨고"(시편 31:7,8)
207) "주의 신이 선하시니 나를 공평한 땅에 인도하소서."(시편 143:10)

러운 회상을 되씹으면서, 크게 한숨을 쉬었습니다. 그리고 헛된 것을 좋아하고 거짓된 것을 구하려는 사람들이 모두 회개할 것을 바랐습니다. 나는 쓰라린 추억을 되새기면서 "죽으실 뿐 아니라 다시 살아나신 이는 그리스도 예수시니 그는 하나님 우편에 계신 자요 우리를 위하여 간구하시는 자시니라"로마서 8:34는 구절을 외었습니다. 그리고 만일 누구라도 일찍 당신을 찾았더라면 당신은 그들의 기도를 들어주셨을 것이라고 생각하였습니다.

다음에 나는 "분을 내어도 죄를 짓지 말라"에베소서 4:26는 구절을 읽었을 때 얼마나 가슴이 아팠는지 모릅니다. 나는 나 자신을 몹시 꾸짖었습니다. 내가 나 자신에 대해서 화를 내는 것은 당연한 일이었습니다. 내가 죄를 범하는 것은 저 마니교도들의 주장처럼 뭔가 자기 자신과 본질을 달리하는 암흑의 씨에서 범죄하는 것이 아니라 나 스스로가 잘못을 저지르는 것이기 때문입니다. 그들은 자기 자신을 꾸짖어 회개하지 아니하고 다만 "진노의 날 곧 하나님의 의로우신 판단이 나타나는 그날에 임할 진노를 스스로 쌓고 있습니다."로마서 2:5

나의 행복은 밖에 있는 것이 아니며, 햇빛 아래의 이 땅 위에서 육안으로 찾을 수 있는 것도 아니었습니다. 외계로부터 인생의 기쁨을 찾으려는 사람들은 걸핏하면 허망한 것에 젖어들어, 눈에 보이는 덧없는 것[208]에 몸을 소모시키고 굶주림을 견디면서 그 눈에 보이는 물체의 영상을 맛보고 있는 것입니다. 오, 주님이시여! 그들이 참된 생

---

[208] "우리의 돌아보는 것은 보이는 것이 아니요 보이지 않는 것이니, 보이는 것은 잠깐이요 보이지 않는 것은 영원함이니라."(고린도후서 4:18)

명의 양식을 갈구하여 "우리에게 선을 보일자 누구뇨?"시편 4:6 하고 회개한다면 얼마나 좋겠습니까. 그러면 우리들은 "여호와여! 주의 얼굴을 들어 우리에게 비춰소서"시편 4:6 하고 기도를 드리며, 그들은 그 기도 소리를 귀담아 들을 것입니다. 우리는 "각 사람에게 비추는 빛"요한 1:9이 아니라 당신의 비추심을 받는 자들입니다. "우리가 전에는 어두움이더니 이제는 주 안에서 빛이라."에베소서 5:8 오, 참으로 그들이 마음 속으로부터 영원한 하나님의 빛을 볼 수만 있다면 얼마나 좋겠습니까. 나는 이미 그것을 맛본 사람이지만[209] 그들에게 이 영원한 내재자內在者의 빛을 보여 일깨워 주지 못한 것을 안타까워했습니다. 그들이 바깥 세계에서 주님을 멀리 떠나 있으며 마음의 눈을 나에게 돌리면서 "우리에게 선을 보일 자 누구뇨?"라고 외쳤기 때문입니다.

참으로 주님! 내가 내 마음의 침실에서 나 자신을 꾸짖고 회개하며 나의 과거의 모든 것을 흘려보내고 나의 갱생更生을 재촉했을 때, "의의 제사를 드리고 여호와를 의뢰할지어다"시편 4:5라는 구절을 통하여 "주께서 내 마음에 기쁨을 두셨습니다."시편 4:7 나는 이러한 거룩한 말씀들을 겉으로 크게 소리내어 읽으면서 속으로 깨달았습니다. 나는 이제는 시간을 허비하고 시간에 쫓기어 땅 위의 재산을 모으려는 생각은 조금도 하지 않습니다. 이미 나에겐 주님의 영원한 단일성單一性으로 하여금 땅 위의 것과는 다른 "곡식과 새 포도주와 기름"시편 4:7이 넘쳐흐르고 있었기 때문입니다.

나는 다음 구절을 마음 속으로 소리 높여 외쳤습니다. "내가 평안

---

209) "너희는 여호와의 선하심을 맛보아 알지어다."(시편 34:8)

히 눕고 자기도 하리니 나를 안전히 거하게 하시는 이는 오직 여호와
시니이다."시편 4 : 8 오, 영원한 평안이시여! 나는 그 속에서 포근히 잠
들 것입니다. 참으로 "썩을 것이 썩지 아니함을 입고 죽을 것이 죽지
아니함을 입을 때에는 사망이 이김의 삼킨 바 되리라"고린도전서 15 : 54는
말씀이 실현될 때, 감히 누가 우리에게 대항할 수 있사오리까? 주님
은 실로 영원불변하신 분이며, 당신 안에는 모든 노고를 잊는 영원한
안식이 있습니다.

　오, 주님! 실로 당신 이외에 영원히 존재하는 것은 없으며, 우리는
당신이 아닌 다른 잡다한 것은 추구할 필요조차 없습니다. "여호와는
또 압제를 당하는 자의 산성이시오 환난 때의 산성이시로다."시편 9 : 9
이 성스러운 구절을 읽는 나의 마음은 불타고 있었습니다. 그러나 죽
은 시체처럼 귀머거리가 된 자들을 어떻게 도와 주어야 할지 몰랐습
니다. 한때는 나도 그런 무리 중의 한 사람이었습니다. 그 때는 마치
역병에 걸린 것처럼 하늘 나라의 감미로움과 당신의 빛이 가득 담긴
성서에 대하여, 나는 개처럼 짖어 대고 무조건 반박하였던 것입니다.
그러나 이제 주님의 말씀을 깨달은 나는 이 진리의 말씀을 반대하는
원수들에게 매우 격분하게 되었습니다.[210]

　방학 동안에 일어난 일들을 어찌 낱낱이 회상할 수가 있겠습니
까? 그러나 나는 주님의 엄한 채찍질과 놀라울 정도로 빠르게 베풀어
지는 자비를 결코 잊을 수가 없습니다. 하지만 그 무렵 나는 심한 치
통으로 시달렸기 때문에 말도 제대로 할 수 없었습니다. 나는 그 자

---

210) "내가 저희를 심히 미워하니 저희는 나의 원수니이다."(시편 139 : 22)

리에 함께 있었던 모든 동료들에게 모든 구원의 신이신 당신을 향해 나를 위해 기도드려 줄 것을 부탁했습니다. 나는 나의 부탁을 종이에 써서 그들에게 보였습니다. 그리하여 그들이 경건한 자세로 기도하려고 무릎을 꿇자마자 나의 치통은 어디론가 사라져 버렸습니다. 내가 어떻게 아팠으며, 어떻게 아픔이 사라졌는지 나 자신도 알 수 없었습니다.

주님, "나의 주시며 나의 하나님이시여"요한 20:28 참으로 나는 놀랐습니다. 두려워졌습니다. 지금까지 나는 한 번도 그런 신통한 경험을 겪어 보지 못했기 때문입니다. 나는 당신의 섭리를 깨닫게 된 것을 몹시 기뻐했으며, 내가 당신을 굳게 믿게 되고 당신의 이름을 크게 찬양하게 된 것을 대단히 흐뭇하게 여겼습니다. 그러나 이 믿음은 내가 지난날에 저지른 죄로 인하여 아직 나를 안심시킬 수는 없었습니다. 그 죄는 아직도 주님의 세례에 의해서 완전히 씻겨진 것은 아니었기 때문입니다.

난해한 〈이사야〉

나는 방학이 끝날 무렵 밀라노 시민들에게 학생들을 위해서 다른 교사를 구하도록 권고했습니다. 내가 주님을 섬기기로 결심했기 때문이기도 하지만, 한편 건강상 호흡이 곤란하고 가슴의 통증으로 인해 더 이상 교사직을 감당할 수 없었기 때문입니다. 그리고 나는 주님의 주교인 성자 암브로시우스에게 편지를 써서 나의 과거의 잘못과 소망을 전하고, 큰 은혜를 받을 수 있는 적격자가 되기 위해서 내가 성서 가운데 어느 것을 탐독하면 좋은가 하고 자문을 구하였습니다. 그러자 그는 예언서 〈이사야〉를 읽도록 권했는데, 이것은 아마도 이사야가 다른 그 누구보다도 그리스도의 복음과 이방인의 소명을 명확히 예언하고 있었기 때문이라고 생각했습니다. 그러나 나는 그 처음 몇 장을 읽고 잘 이해가 가지 않았으므로, 나머지 부분도 그럴 것이라고 여기고, 주님의 말투에 좀더 정통해진 다음에 독파하려고 후에 읽기로 미루어 두었습니다.

밀라노에서 세례를 받다
그 후 세례 지원을 할 시기가 다가왔으므로, 우리들은 시골을 떠나 밀라노로 돌아갔습니다. 알리피우스도 나와 함께 주님 안에서 거듭나기[重生]를 원하고 있었습니다. 그는 이미 당신의 진리를 받아들이기에 알맞은 겸허한 자세를 지니고 있었으며,[211] 이탈리아의 꽁꽁 얼어붙은 땅을 기꺼이 맨발로 걸을 수 있을 만큼 드물게 보는 강력한 신체의 지배자였습니다. 우리는 또한 아데오다투스라는 소년을 데리고 갔었는데, 그는 나의 육신의 아들이며 나의 죄의 열매였습니다. 당신은 이 소년을 훌륭한 사람으로 만들어 주셨습니다. 그는 겨우 열다섯 살이 될까말까 한 어린 나이였지만, 재질이 당당한 많은 학자들을 능가하였습니다.

주님, 나의 하나님이시여! 만물의 조물주시여, 우리의 허물을 선으로 바꾸시는 전능하신 하나님, 내게 주신 당신의 선물을 진심으로

---

211) "그러므로 너희는 하나님의 택하신 거룩하고 사랑하신 자처럼 긍휼과 자비와 겸손과 온유와 오래 참음을 옷 입고"(골로새서 3 : 12)

감사드립니다. 나는 이 소년에게 나의 죄의 씨앗을 뿌렸을 뿐입니다. 우리는 이 소년을 당신의 훈련 속에서 길러 왔지만, 그것은 오로지 당신이 우리에게 영감을 불어넣었기 때문입니다. 나는 당신을 향하여 당신의 선물을 찬양합니다. 나는 《교사론敎師論》이라는 책을 저술했는데, 그 내용은 바로 아데오다투스와 나와의 대화입니다. 당신도 알다시피 이 책에 기록된 사상은 열다섯 살밖에 안 된 아들의 사상입니다. 그 밖에도 나는 아들에게서 참으로 놀랄 만한 점들을 많이 발견했습니다. 나는 그의 비상한 재능에 감탄하였습니다. 그러나 이 같은 경탄할 만한 일을 이룩하는 이는 당신말고 또 누가 있겠습니까? 당신은 곧 아들의 생명을 이 땅으로부터 거둬들였지만, 나는 오히려 평안한 마음으로 그의 소년 시절과 청년 시절, 아니 그의 일평생에 대해서 기억하고 있습니다. 당신의 은총 속에서는 우리들과 같은 나이인 아들을 우리들 패에 끌어넣어 당신의 규율 속에서 육성시키려고 했던 것입니다. 그리하여 우리들이 함께 세례를 받자, 지난날의 생활에 대한 불안은 우리들로부터 사라졌습니다. 우리들은 그 무렵 인류의 구제에 관한 당신의 깊은 생각을 이해하게 되어 당신에 대한 무한한 감미로움에 그저 감격할 따름이었습니다. 나는 당신의 찬송가나 성가를 듣고, 당신의 교회에서 아름답게 부르는 노랫소리에 깊이 감동되어 얼마나 많은 감격의 눈물을 흘렸는지 모릅니다. 그 찬송가의 노랫소리는 내 귀에 흘러들고, 당신의 진리는 나의 마음 속에 깊이 스며들었습니다. 그리고 내 마음으로부터 경건한 감정이 솟구치고 눈물이 마구 쏟아져, 나는 행복감에 젖어 있었습니다.

밀라노 교회의 찬송

밀라노 교회가 찬송을 예배 의식으로 정한 것은 아주 최근의 일입니다. 교우들은 한마음 한뜻이 되어 열렬히 찬송하였습니다. 어린 황제 발렌티니아누스의 어머니인 유스티나가 아리우스 파에게 부추김을 받아, 그 이단의 종파를 성하게 하려고 당신의 종인 암브로시우스를 박해한 지 이제 겨우 일 년 남짓한 세월이 흘렀습니다. 경건한 신도들은 당신의 종인 그들의 주교와 더불어 죽을 각오를 하고, 밤을 새우곤 하였습니다. 이때 당신의 여종인 나의 어머니도 여기에 참가하여 밤샘을 하면서 줄곧 기도를 드렸습니다. 우리는 아직도 불타는 믿음을 갖지 못하고 냉담하였지만, 밀라노의 전시가가 온통 들끓는 바람에 덩달아 흥분하였습니다. 그때 비로소 동방 교회의 관습에 따라 찬송가와 시편을 부르게 되었는데, 그것은 신도들이 고난을 이기지 못하고 용기를 잃는 일이 없도록 하기 위해서였습니다. 이 관습은 그 때부터 오늘날까지 지속되었습니다. 이미 세계의 거의 모든 교회가 이 의식을 따르고 있습니다.

그 무렵 주님은 암브로시우스 주교에게 순교자 프로타시우스와 게르바시우스의 유해가 있는 곳을 꿈에 보여주셨습니다. 당신께서는 두 유해를 이토록 오랜 세월 썩지 않도록 은밀한 보물 창고 속에 숨겨 놓으셨다가 대비大妃의 횡포를 누르기 위하여 꺼내게 된 것입니다. 그들의 유해를 파헤쳐 소중히 암브로시우스의 교회당으로 옮겨 놓았을 때, 악마들까지도 인정했듯이 잡귀에 시달리던 자들이 모두 나았습니다. 또 한 가지 놀라운 예가 있습니다. 오랫동안 소경이었지만 그 고장에서 가장 명성이 높은 한 시민이 무엇 때문에 시민들이 기뻐하며 떠드는가를 캐묻고는 별안간 벌떡 일어나서 길잡이에게 그 곳으로 인도해 달라고 청했습니다. 그는 그 곳으로 가서 "여호와께서 귀중히 보시는 성도의 주검"시편 116 : 15을 손수건으로 만질 수 있게 해달라고 간청하여 허락을 얻었습니다. 그리하여 그가 관을 만진 그 손수건을 눈에 갖다 대자마자 즉시 눈이 떠졌던 것입니다. 그 후 그 소문이 사방으로 퍼져 당신에 대한 찬송은 용솟음치고 적의에 찬 대비의 마음이 돌아서게 되어, 비록 깊은 믿음으로까지는 발전하지 못하였지만, 성도들을 박해하지 않게 되었습니다. 나의 주님! 진정으로 당신께 감사드립니다.

대체 당신은 나의 기억을 어디서부터 어디까지 되살려 인도하시어, 내가 이렇게 당신에게 고백하고 있는지 모르겠습니다. 참으로 이 사실은 중대한 것이었지만, 나는 이를 망각하고 지금까지 말하지 않고 있었습니다. 그러나 그때 "네 기름이 향기로와 아름답고 네 이름이 쏟은 향기름 같았으나"아가 1 : 3 "네 뒤를 따라 달려가지 못했던 것입니다."아가 1 : 3 그래서 나는 주님의 찬송가가 울려 퍼지는 것을 듣고, 한층 깊이 사무쳐 울음을 터뜨리고 말았습니다. 전에는 내가 당신의 뒤를 따르는 것이 무척 벅찬 일이었으나, 이 초막에 들어온 후로는 당신의 향기가 나를 완전히 사로잡았습니다.[212]

어머니의 죽음

뜻을 같이하는 사람을 한집에 살게 하시는 당신은 우리 고장의

---

212) "모든 육체는 풀이요 그 모든 아름다움은 들의 꽃 같으니"(이사야 40 : 6)

청년 에보디우스도 우리와 함께 지내오록 하셨습니다.[213] 그는 궁전의 높은 관직에 있었는데, 우리보다도 먼저 회심하여 세례를 받고 이 세상의 관직을 버리고 당신을 섬기려고 단단히 다짐하고 있었습니다. 우리는 함께 생활하며 경건한 마음으로 공동의 신앙 생활을 하려고 굳게 마음먹고 있었습니다. 우리는 주님을 더욱 보람있게 섬길 수 있는 곳을 찾아, 함께 아프리카로 떠났습니다. 그리하여 티베르 강 어귀의 오스티아에 머물고 있을 때, 어머니가 세상을 떠났습니다.

나는 지금 초조한 마음에 많은 것을 빠뜨리고 있습니다. 나의 주님이시여, 비록 내가 여기에서 아뢰지 못한 수많은 일들이 있다고 하더라도 나의 솔직한 고백과 감사의 뜻을 받아 주소서. 그러나 나는 나를 낳아준 저 당신의 여종이 내 영혼으로 하여금 빛을 보게 해준 것을 아뢰지 않을 수가 없습니다. 그녀는 나를 낳아 내 육체를 세상의 빛 속에 두었다가 내 영혼을 영원한 빛 속으로 옮기게 해주었습니다. 내가 아뢰고자 하는 것은 어머니의 선물이 아니라, 어머니에게 베풀어 주신 주님의 선물입니다. 그녀 스스로 자기 자신을 만든 것도 기른 것도 아닙니다. 바로 하나님께서 어머니를 창조하신 것입니다. 부모조차도 두 사람 사이에 어떤 자식이 탄생할 것인가를 모르고 있었습니다. 하나님을 공경해야 한다는 것을 어머니에게 가르친 것은 당신 교회의 선량한 지체(肢體)인 경건한 가정에 대한 그리스도의 채찍이며, 당신의 독생자인 그리스도의 인도였습니다.

---

213) "하나님은 고독한 자로 가속 중에 처하게 하시며 수금된 자를 이끌어 내사 형통케 하시느니라."(시편 68 : 6)

모니카의 죽음 베노조 고촐리(1464~65년), 성 아우구스티누스 성당, 산 지미냐노, 이탈리아

어머니는 자기의 어릴 때에 훈육에 대하여 이렇게 말했습니다. 그녀는 외할머니보다도 나이 많은 하녀의 보살핌을 칭찬했습니다. 마치 어린 아이가 꽤 장성한 하녀 등에 업히는 것처럼 이 하녀는, 외할아버지가 어렸을 때 업어주곤 했다는 것입니다. 이 때문에, 또 나이가 지긋하고 훌륭한 품성을 갖추었기 때문에, 그녀는 기독교 가정인 주인집 식구들에게 적잖이 칭찬을 받았습니다. 그래서 주인집 딸들을 돌보는 일을 맡게 되었는데, 그녀는 주인집 딸들을 정성껏 돌보았습니다. 하지만 필요할 때에는 성스러운 마음으로 엄격히 꾸짖고 진지하게 교육시켰습니다. 딸들이 양친과 함께 얌전하게 식사할 때 외에는 그들이 아무리 목마르다고 해도 물 마시는 것조차 허락하지

않았습니다. 그녀는 어린 아이들에게 나쁜 버릇이 생길까봐 이렇게 타이르는 것이었습니다. "너희들은 아직 술을 마실 나이가 안 되었기 때문에 지금 물을 마시는 거란다. 그러나 장차 시집을 가서 부엌 살림을 맡게 되면, 얼마든지 술을 마실 수 있단다. 하지만 지금 이렇게 습관을 들이면 그 때에도 여전히 물을 마시고 싶을 것이다." 이렇게 어릴 때부터 아이들의 식욕을 견제하여 계집아이들의 목마름조차도 풀지 못하게 하였으므로, 계집아이들은 아예 해서는 안 될 일은 바라지도 않았습니다.

그렇지만 어머니 말에 의하면, 어느덧 어머니 자신은 술에 맛을 들였다고 합니다. 물론 어머니는 술을 즐기는 소녀는 아니었습니다. 어느 날 술통에서 술을 떠오라는 부모님의 심부름을 하다가, 술을 병에 따르기 전에 입으로 약간 맛을 보았다고 합니다. 그것은 극히 근소한 양이었고, 그 이상은 입에 댈 마음이 내키지 않았다고 합니다. 어머니가 이런 짓을 한 것은 술에 취하고 싶어서가 아니라, 말하자면 호기심에서 나온 행동이었습니다. 이와 같은 과실은 어느새 몸에 배어 고칠 수 없게 되지만, 어릴 때에는 대개 어른들의 말씀에 순종하는 것이 상례입니다.

어머니는 매일같이 조금씩 입에 댄 술이 점점 늘어 드디어는 술 한 컵 정도는 거뜬히 비우게 되었습니다. 그때 그 현명한 늙은 하녀는 대체 어디에 있었던 것일까요? 왜 엄격하게 꾸짖는 그 하녀의 소리가 들리지 않았던 것일까요? 주님이시여! 당신의 좋은 약이 우리를 보호하지 않는다면, 대체 무엇이 우리 내부에 깊이 파고든 병을 고칠 수 있겠습니까? 아버지나 어머니나 혹은 보모가 그 자리에 없다 해도 주님만은 거기에 계십니다. 우리를 창조하시고 불러일으키시며 우리의 영혼을 구제하기 위해 큰 역사를 행하십니다.

오, 나의 하나님이시여! 당신은 그때 무엇을 행하셨습니까? 주님은 어떻게 어머니의 습관을 고쳐 주셨습니까? 의사가 환자의 상처를 단번에 칼로 도려내듯이 당신의 신비스러운 방법으로 신랄하게 꾸짖지 않으셨습니까? 어머니가 술 심부름을 할 때는 종종 그 하녀와 함께 술통 있는 곳으로 가곤 했는데, 번번이 서로 말다툼을 하였습니다. 하녀는 어머니에게 '모주망태'라고 욕을 하면서 호되게 책망하였습니다. 이런 욕을 얻어먹은 어머니는 크게 잘못을 뉘우치고 그 즉시 술을 끊었습니다. 아첨하는 친구는 우리를 망치지만, 욕하는 원수는 우리를 이롭게 해주는 경우가 많습니다. 그러나 당신은 인간이 이루어 놓은 업적을 통하여 응분의 대가를 주는 것이 아니라 그들의 의도에 따라 그들을 판단하고 보상하여 주십니다. 그 하녀가 화가 나서 주인 아씨에게 욕을 한 것입니다. 그녀의 나쁜 버릇을 고치려고 한 것은 아닙니다. 하녀가 그렇게 단둘이 있을 때 욕지거리를 한 것은, 말다툼이 벌어져 흥분하고 있었거나 혹은 그녀가 지금까지 어머니의 비행을 방관했기 때문에 주인으로부터 꾸지람을 들을까봐 두려웠기 때문입니다. 그렇지만 주님, 하늘과 땅의 만물의 지배자시여! 당신은 거칠게 몰아붙이는 깊은 바다의 파도도 당신의 뜻에 따르게 하고 도도하게 흐르는 세속世俗의 탁류濁流도 다스리시며, 한 불건전한 영혼에 의해 다른 한 영혼을 건전하게 고쳐 주십니다. 우리가 던진 말에 남의 허물이 고쳐지거나 개선되는 것이 자기 스스로의 힘으로 그 사람의 허물을 고쳤다고 생각하지 못하게 하시기 위해서입니다.

어머니 모니카의 미덕

나의 어머니는 정숙하고 곱게 자랐습니다. 부모님으로 말미암아 당신을 섬겼다기보다는 오히려 당신으로 말미암아 부모님을 섬긴 것입니다. 어머니는 결혼할 나이가 되자 파트리키우스나의 아버지에게 시집을 와서 남편 섬기기를 상전 모시듯 하고,[214] 몸소 주님에 대한 이야기를 하면서 그를 주님에게로 인도하는 데 힘을 기울였습니다.[215] 당신께서는 어머니를 아름답고 정숙한 주부로 만드셨고, 그리하여 아버지로부터 존경과 감탄을 한몸에 받는 아내가 되었습니다. 어머니는 아버지가 가정 생활에 불성실하여도 이를 꾹 참았기 때문에 부부싸움을 한 일은 한 번도 없었습니다. 어머니는 남편에게 당신의 자비가 베풀어져서 남편이 당신을 믿고 깨끗한 마음을 가질 수 있기를 기대하고 있었기 때문입니다. 아버지는 선량한 분이었지만 화도 잘 냈습니다. 그러나 어머니는 이것을 잘 이해했고 화를 내는 남편에게 대들거나 불손한 언사를 쓴 적은 없었습니다. 아버지가 무턱대고 벌컥 화를 냈다가 이윽고 마음이 진정되면, 그때야 어머니는 그가 한 일에 대하여 시비를 가리는 것이었습니다. 훌륭한 남편을 가진 지체 높은 부인들이 남편에게 매맞아 멍이 든 얼굴을 들고 다니면서 자기 남편이 폭군이라고 비난하면 어머니는 그녀들을 꾸짖으며 엄숙하게 타이르는 것이었습니다.

주례로부터 결혼서약서의 낭독을 듣는 그 순간부터, 아내가 된

---

214) "아내들이여 자기 남편에게 복종하기를 주께 하듯 하라."(에베소서 5 : 22)
215) "혹 도를 순종치 않는 자라도 말로 말미암지 않고 그 아내의 행위로 말미암아 구원을 얻게 하려 함이니"(베드로전서 3 : 1,2)

자는 남편의 여종이 되었다는 것을 명심해야 한다는 것이었습니다. 그리고 언제나 자기의 신분을 지각하여, 한순간이라도 남편에게 불손한 행동을 해서는 안 된다고 말했습니다. 부인들은 어머니가 아버지의 괴팍스러운 성미에 어떻게 비위를 맞춰 가며 살아가는가를 궁금하게 여기고 있었습니다. 아버지가 어머니를 때렸다든가 단 하루라도 가정 불화로 다투었다는 소문을 들은 적이 없어서 그것을 기이하게 여기고, 그 까닭을 슬그머니 물어본 일이 있었습니다. 어머니는 그런 질문을 받을 때마다, 위에서 말한 바와 같이 처신한다고 대답해 주었습니다. 그리하여 그대로 행한 부인은 가정에 화목을 찾을 수 있었고 그렇지 않은 부인은 언제나 가정불화가 떠날 날이 없었습니다.

할머니도 처음엔 짓궂은 하녀들의 고자질로 어머니에게 반감을 품었으나, 어머니는 참을성 있게 은근하고 유순한 태도로 시어머니를 섬겼으므로 환심을 샀습니다. 드디어 할머니 스스로가 적극성을 띠고 고부간과 가정의 평화를 교란하는 하녀들의 중상을 아들에게 일러 그들을 처벌해 달라고 부탁하기에 이르렀습니다. 아버지는 그 말을 듣고 할머니의 뜻을 따랐으며, 동시에 가정의 규율을 생각하고 가족의 화목을 배려하여 중상한 하녀들을 매를 때려 징계하였습니다. 그 후 할머니는 누구든 자기에게 아첨하여 며느리의 흉을 보는 자는 크게 벌을 받게 된다고 호통을 쳤습니다. 그 후로는 아무도 어머니에 대해 욕을 하는 자가 없었으며, 온 가족이 서로 화목하기 이를 데 없어 평화롭게 살게 되었습니다.

오, 자비로우신 나의 하나님이시여! 당신은 당신의 훌륭한 여종의 모태로부터 나를 창조하여 주셨으니 이 얼마나 큰 축복입니까? 어머니는 서로 뜻이 맞지 않아 불화를 일으키는 사람들이 있을 때에는, 최대한 화해를 하도록 조정하였던 것입니다. 서로 다투는 쌍방이 신경을 곤두세우고 욕지거리를 하는 것을 종종 목격하곤 했지만, 증오심에 불타서 그 자리에 없는 상대편에 대한 욕을 마구 퍼부을 때, 어머니는 서로 반목하는 두 사람을 화해시키는 데 유리한 말이 아니면, 한쪽에서 말한 것을 다른 상대편에게 고자질하지 않았습니다. 슬프게도 세상에는 원수마냥 서로 적의를 품고 있는 사람들에게, 그 상대가 원한에서 내뱉은 말을 그대로 일러바칠 뿐만 아니라, 우환 중에 그 사람이 실제 하지 않은 말까지도 보태어 전하는 일이 흔히 있었습니다. 내가 이런 사실을 몰랐던들, 나는 어머니의 미덕美德을 대수롭지 않게 생각했을지도 모를 일입니다. 진실로 남을 사랑하는 사람이라면 나쁜 언사로 사람들의 적개심을 불러일으키거나 분노를 사지 않게 할 뿐 아니라, 더 나아가 착하고 고운 언사로 사람들의 적개심을 해소할 수 있도록 힘써야 할 것입니다. 나의 어머니가 틀림없이 그와 같은 선량한 사람이었다는 것은, 분명히 정신적인 스승이신 당신이 어머니의 영혼의 학교에서 가르치셨기 때문입니다.

또한 어머니는 아버지도 말년에 당신의 품안으로 끌어들였습니다. 아버지의 영혼이 구원받았으므로 어머니는 이제 더 이상 한탄할 필요가 없었습니다. 어머니는 진정 당신의 종들 중에서도 진실한 종이었습니다. 당신의 종들 중에서 어머니를 아는 자는 모두 어머니를 통하여 당신을 크게 찬양하고 숭앙하고 사랑했습니다. 그들은 이러한 성스러운 생활의 열매의 증거로써 당신이 어머니의 마음 속에 계신 것을 느꼈기 때문입니다.

어머니는 "한 남편의 아내"디모데전서 5:9였고 "효를 행하여 부모에게 보답하였고"디모데전서 5:4 "가정을 경건한 태도로 다스렸고"디모데전서 5:5 "선한 행실의 증거가 있어 자녀를 양육했습니다."디모데전서 5:10 그리고 어머니는 자녀들이 하나님을 멀리 할 때마다 "해산하는 수고"갈라디아서 4:19를 맛보았습니다. 주님이시여! 당신의 은총으로 말미암아 우리들은 당신의 종이라고 감히 말할 수 있으나, 어머니가 "주님 안에서 잠들기 전에"데살로니가전서 4:14 세례를 받고 당신 안에서 함께 생활하고 있던 우리들을 어머니는 마치 친자식처럼 보살펴 주었고, 또한 딸이 아버지를 섬기듯 우리들을 대했습니다.

어머니가 죽기 며칠 전, 하늘 나라에 대해 이야기를 나누다

어머니가 이 세상을 하직하기 며칠 전에그날을 우리들은 몰랐지만 하나님께서는 알고 계셨습니다, 나는 주님의 은총이라고 믿지만, 어머니와 나는 단둘이 정원이 바라다보이는 창가에 기대어 서 있었습니다. 우리가 묵고 있었던 집은 티베르 강변의 오스티아라는 곳이었습니다. 우리는 여기서 이 세상의 번잡한 것을 피하며 오랜 여로旅路에 지친 몸을 풀고, 아프리카로 가는 배를 타기 위해 쉬고 있었습니다. 어머니와 나, 단둘이만 조용한 시간을 갖고 참으로 보람있는 대화를 나누었습니다. 우리는 "뒤에 있는 것은 잊어버리고 앞에 있는 것을 잡으려고"빌립보서 3:13 진리이신 주님 앞에서 "눈으로 보지 못하고 귀로도 듣지 못하고 사람의 마음으로도 생각지 못하는" 고린도전서 2:9, 이사야 64:4 성도들의 영원한 생명[永生]이란 대체 어떠한 것인가를 토론했습니다. 그러나 우리의 마음은 하늘에서 흘러내리는 당신의 샘물을 갈망합니다. 이 생명의 원천[216]은 당신으로부터 흘러나오며, 우리의 믿음에 따라 얼마든지 목을 축일 수가 있습니다.

우리는 이런 결론에 도달했습니다. "인간의 관능적 쾌락은 아무리 달콤하고 눈에 보이는 빛으로 따져서 아무리 눈부시게 빛난다 해도, 저 영원한 삶의 기쁨에는 결코 비교가 되지 않을 뿐더러 일고의 가치도 없다." 우리는 "불변자"[시편 4:8]이신 하나님에 대하여 더욱더 격렬한 열정을 품고 일어서서, 단계적으로 우리의 사색은 모든 물체적인 것을 경유하여, 해와 달과 별이 지상을 비추는 하늘도 지나쳤습니다. 거기서 더욱 우리는 마음 속으로 당신의 성업聖業을 생각하고 이야기하고 경탄을 금치 못하면서 높이 솟아올랐습니다.

그리하여 우리들 자신의 정신에 도달한 것이지만 우리들은 그것도 넘어서서 저 영원히 풍요한 나라에 도달하려고 하였습니다. 이 땅은 당신께서 진리의 양식을 가지고 영원히 "이스라엘을 기르시는"[시편 78:71] 곳이며, 거기에서는 생명은 곧 지혜이며, 이 지혜로 말미암아 모든 것은 과거가 되기도 하고 또 미래가 되기도 합니다. 더욱이 이 지혜 그 자체는 생성되는 것이 아니라, 과거에 있었던 것처럼 지금도 있고 미래에도 그러할 것입니다. 지혜되시는 주님은 과거에 존재했거나 미래에 존재할 분이 아니라 오직 영원한 오늘에 존재하시는 분이십니다. 과거나 미래는 영원한 것이 아니기 때문입니다.

우리는 이 지혜에 관해 이야기하고 또 이런 것을 동경하면서, 온갖 힘을 다하며 겨우 그것에 닿았습니다. 우리는 깊은 한숨을 쉬고

---

[216] "대저 생명의 원천이 주께 있사오니 주의 광명 중에 우리가 광명을 보리이다."(시편 36:9)

나서 거기에 "성령의 처음 익은 열매"로마서 8 : 23를 맺어 남겨 두고, 처음과 끝이 있는 한정된 인간 세계의 언어로 되돌아왔습니다. 그러나 그것은 우리의 주님이시여! 늙은 일 없이 스스로 영속하며 그리고 만물을 소생시키는 당신의 말씀과 얼마나 판이한 것이겠습니까?

다음에 우리는 다음과 같은 말을 주고받았습니다. 만일 어떤 사람이 육체의 번거로움이 진정되고 땅과 물과 공기가 사라지고 하늘도 조용해지고 영혼마저 잠잠하여, 자기 자신을 생각하지 않고 이를 초월할 수 있다면, 그리고 꿈과 상상과 언어와 그가 지닌 모든 덧없는 것이 다 조용해진다면, 누구든지 귀 있는 자는 "우리가 우리를 만든 것이 아니라 영원히 계시는 이가 만드셨다"고 말하는 소리를 들을 수 있을 것입니다. 이 소리를 들은 후 그들이 침묵 속에서, 하나님은 오직 홀로 누구를 통해서가 아니라 그분 스스로가 말씀하시거니와 사람의 입을 통해서, 천사의 소리를 통해서, 또 하늘의 천둥 소리를 통해서, 수수께끼 같은 비유를 통해서 듣는 것이 아니라 우리들이 경애하는 하나님의 거룩한 말씀을 통하여 알게 될 것입니다. 긴장과 사유에 의해 만물 위에 계시는 영원한 지혜에 접촉한 것처럼 직접 들을 수만 있다면, 그리고 이러한 상태가 이어져 이와는 전혀 다른 표상表象이 사라지고 오직 이것만이 그것을 관조하는 자의 마음을 사로잡아 다른 일체의 것을 잊게하고 정신적인 환희에 넘치게 한다면, 그리하여 우리들이 갈망하던 인식의 일순간이었던 것이 그대로 영원한 생명이 된다면, 그 때야말로 "네 주인의 즐거움에 참예할지어다"마태 25 : 21 하신 말씀이 이루어질 것입니다. 그러나 그 때가 언제 오겠습니까? "마지막 나팔에 순식간에 홀연히 다 변화할"고린도전서 15 : 51 그날은 언제입니까?

나는 이와 같은 말을 하였습니다. 주님이시여! 당신께서 아시다시피 그날 우리가 진지한 대화를 나누고 있는 사이에 속세와 그 모든 쾌락이 우리에게는 덧없는 것이 되어 버렸을 때, 나의 어머니는 이렇게 말하였습니다. "내 아들아, 이제 나는 이 세상의 어떤 것에서도 기쁨을 느낄 수 없게 되었다. 나는 이 세상에 남아서 더 이상 무엇을 할 것인지, 또 무엇 때문에 이 세상에 생존하고 있는지 모르겠구나. 이 세상에서의 소망을 이미 이루었기 때문이다. 다만 내가 이 세상에 좀 더 오래 살고 싶었던 유일한 소망이 있었다면, 그것은 내가 이 세상을 하직하기 전에 네가 기독교인이 되는 것을 보는 일이었다. 이제 하나님께서 나의 소망을 이루어 주셨구나. 지금 내 눈앞에 있는 네가 땅 위의 온갖 행복을 팽개치고 주님의 종이 되었으니 말이다. 이제 이 세상에서의 소망은 하나도 없구나."

어머니의 임종

그러한 어머니의 말씀을 듣고 내가 무어라고 대답했는지 잘 기억이 나지 않습니다 그 후 닷새도 채 못 되어 어머니는 열병을 앓게 되었습니다. 그러던 어느 날, 그녀는 까무라쳐서 잠시 의식을 잃었습니다. 우리는 급히 어머니 곁으로 갔고 어머니는 잠시 동안 의식을 회복하였습니다. 나와 내 동생이 베갯머리에 서 있는 것을 보고 이상하게 여기며 "여기가 어디냐?"고 물었습니다. 그러고 나서 비탄에 젖어 있는 우리를 가만히 바라보며, "이 에미를 여기에 묻어 다오"라고 말했습니다. 나는 잠자코 눈물만 머금고 있었습니다. 동생은 어머니를 낯선 타향 땅에 모실 수는 없으며, 고향 땅에서 행복하게 눈감을 수 있게 해드려야 한다고 말했습니다. 어머니는 그 말을 듣자 근심스러운 표정을 지으며, 자기의 뜻을 알아차리지 못함을 눈으로 꾸짖은 후 나를 바라보며 말하였습니다. "네 동생이 대체 무슨 말을 하는 거냐?" 곧 어머니는 우리 둘을 향하여 말하였습니다. "이 몸은 어디에 묻혀도 상관없다. 너희는 그것 때문에 마음 상할 필요는 없다. 오직 한 가지 부탁이 있다면, 어디엘 가더라도 주님의 제단 아래서 나를 기억해다오." 어머니는 어렵게 말씀하신 다음 악화되는 병세 때문에 더 이상 아무 말씀도 할 수 없었습니다.

보이지 않는 하나님이시여![217] 신자들의 마음에 씨를 뿌리시어 훌륭한 열매를 맺게 하시는 당신의 선물을 생각하며, 당신에게 감사를 드립니다. 어머니는 이미 자신이 묻힐 자리를 염려하여 고향에 있는 아버지의 무덤 옆에 미리 자리를 마련해 두었던 것입니다. 두 분은 생전에 화목하게 살았으므로 어머니는 남편의 옆자리에 묻히기를 원했습니다. 어머니는 바다 건너 다른 나라에 와 있었지만 같은 흙 속에 남편과 함께 묻히는 행복을 원하였던 것입니다. 그러나 이 허망한 희망은 어느새 충만하신 주님의 은총으로 말미암아 어머니의 마음 속에서 사라졌습니다. 분명히 어머니와 내가 창가에 기대어 이야기를 나눌 때 "이제 더 이상 이 세상에서 할 일이 있겠느냐?"고 한 것을 보아도 어머니는 꼭 고향에 돌아가 죽어야겠다는 생각을 포기한

---

[217] "그는 보이지 아니하시는 하나님의 형상이요 모든 창조물보다 먼저 나신 자니"(골로새서 1 : 15)

것 같았습니다.

그 뒤에 나는 이러한 말도 들었습니다. 우리가 오스티아에 있을 때의 일입니다. 어느 날 내가 외출하였을 때 어머니는 내 친구 몇 사람과 대화를 나누었다고 합니다. 그때 어머니는 이 세상의 욕된 일에 대한 경멸과 믿음 안에서의 죽음의 행복에 관하여 말하였다고 합니다. 친구들은 어머니의 용기에 경탄하며 물었습니다. "고향 땅에서 이렇게 멀리 떨어진 곳에 유해를 남기시는 것이 두렵지 않으십니까?" 그때 어머니는 이렇게 말하였습니다. "주님 외에는 두려운 것이 아무것도 없어요. 말세에 주님께서 나를 부활시켜 줄 장소를 모르면 안 된다고 걱정할 필요는 없어요."

병으로 누우신 지 아흐레 만에 56세를 일기로, 내 나이 33세 때, 이토록 믿음이 깊은 어머니의 경건한 영혼은 육체로부터 해방되었습니다.

어머니의 죽음을 애도하는 아들

나는 어머니의 눈을 감겨 드렸습니다. 그러자 말할 수 없이 커다란 슬픔이 나의 가슴 속에서 복받쳐 드디어 눈물이 되어 넘쳐흘렀습니다. 그러나 곧 나의 영혼이 준엄하게 나무랐으므로 마구 쏟아져 나오는 눈물을 간신히 참았습니다. 이렇게 눈물을 억제하는 것은 몹시 괴로운 일이었습니다. 어머니께서 숨을 거두었을 때 내 아들 아데오다투스는 대성통곡을 하였습니다. 모두가 만류하자 겨우 울음을 그쳤습니다. 나도 어린 아이처럼 울고 싶었으나 충심에서 하는 젊은이들의 만류에 복받쳐 오르는 슬픔을 참을 수 있었습니다. 어머니의 장례를 통곡과 탄식으로 치르는 것은 어머니의 뜻이 아니라고 생각했기 때문입니다. 대개 저 세상으로 가는 고인의 불행을 슬퍼하거나, 그 절멸絕滅을 한탄하는 것이 상례입니다. 그러나 어머니는 조금도 불행하지 않으며, 또 절멸한 것도 아닙니다. 이것은 어머니의 생전의 일상 생활에서 명백히 알 수 있으며, "거짓이 없는 믿음"디모데전서 1 : 5과 확실한 이성적 근거에 의하여 우리가 믿어 의심치 않습니다.

그런데 내 가슴이 찢어지도록 슬펐던 까닭은 무엇입니까? 그것은 바로 어머니와 함께 산다는 이를 데 없이 감미롭고 귀중한 습관에서, 갑자기 유명을 달리했기 때문에 받는 새로운 마음의 충격이 아니었을까요? 어머니의 임종이 가까워졌을 때 내가 친절하게 간호하는 것을 갸륵하게 여겨 나를 효자라고 칭찬하면서, 내가 한 번도 어머니에게 난폭한 언사를 쓰지 않았다고 깊은 애정이 어린 말씀을 하였는데, 어머니의 간증은 내게 큰 기쁨을 주었습니다. 그러나 우리를 창조하신 나의 하나님이시여! 내가 어머니에게 바친 공경과 어머니가 나에게 베풀어 준 사랑을 어떻게 비교할 수가 있겠습니까? 어머니는 나의 커다란 위안이었습니다. 지금까지 하나였던 어머니의 생명과 나의 생명은 이제 갈라지게 되어 나의 영혼은 깊은 상처를 입었습니다.

내 아들이 울음을 그치자, 에보디우스는 〈시편〉을 집어들고 노래하기 시작하였습니다. 우리 집안 사람이 모두 입을 모아 따라 불렀습니다. "여호와여, 내가 주의 인자와 공의를 찬송하겠나이다."시편 101 : 1 우리들의 불행을 듣고 많은 형제들과 믿음이 깊은 부인들이 몰려왔습니다. 그들이 이 고장의 관습에 따라 장례 준비를 하고 있는 동안 상주인 나의 집의 구석진 곳으로 물러나서 나를 위로하는 몇 사람에게 불행을 당했을 때의 이야기를 해주고 있었습니다. 진리의 진정제에 의해 주님만이 아시는 내 마음의 고통을 진정시켰지만, 그들은 조금도 그것을 눈치채지 못한 채 내가 하는 말만 열심히 듣고는, 내가 조금도 슬퍼하는 기색이 없다고 생각하였습니다. 그러나 나는 주님의 귀를 향하여 그들 중 아무도 들을 수는 없었지만, 마음 속으로 기도를 드리면서 나약한 내 감정을 꾸짖고, 또 나의 비애의 정을 억눌렀으므로 얼굴에 표출되지는 않았습니다. 그러나 슬픔은 다시금 맹렬히 솟구쳤습니다. 나는 왈칵 울음을 터뜨리거나 안색이 달라지는 일은 없었으나, 나의 가슴을 억누르고 있는 것을 알고 있었습니다. 그리고 인간의 삶과 죽음 등 당신께서 정하신 질서와 피할 수 없는 인간의 조건이 나에게 큰 영향을 주는 것을 느꼈습니다. 나는 이 새로운 비애와 나의 비애, 즉 이중의 비애 때문에 지쳐 버렸습니다.

이윽고 어머니의 유해는 무덤으로 운반되었습니다. 나는 장례를 치를 때나 마치고 돌아올 때에도 전혀 눈물을 흘리지 않았습니다. 하관식이 있기 전 어머니의 시신을 무덤에 안치하여 아직 흙을 덮지 않고 어머니를 위하여 구속의 제사를 드릴 때에도 나는 눈물을 흘리지 않았습니다. 그러나 나는 온종일 깊은 비탄에 잠겨 있었습니다. 정신이 산란하여 이 슬픔이 가시게 해달라고 당신에게 간구하였지만 당신은 나의 간절한 기도를 들어주시지 않았습니다. 당신은 영혼의 양식을 구하는 자에게까지도 관습의 사슬이 얼마나 크다는 것을 깨닫게 해주신 것입니다. 나는 이렇게 괴로울 때 목욕을 하는 것이 좋을 것 같았습니다. '목욕balneum'은 슬픔을 씻어 낸다는 뜻을 가진 헬라어 '발라네이온balaneion'에서 유래되었기 때문입니다. "고아의 아버지"[시편]

68:5이신 당신의 자비 앞에 고백합니다. 나는 목욕을 하였지만 그전과 조금도 변하지 않았습니다. 비애의 쓰라림을 가슴 속에서 씻어 버릴 수는 없었습니다. 그래서 나는 수면을 취했는에, 눈을 떠보니 슬픈 마음은 다소 누그러진 것 같았습니다. 나는 혼자 내 방에 누워서 당신의 종인 암브로시우스의 시를 암송했습니다.

당신은 만물의 창조자
하늘 위에 계신 통치자
대낮을 아름다운 빛으로 장식하시고
밤에는 평온한 잠을 주시며

피곤한 몸에 안식을 주시고
내일을 위하여 생기를 주시며
지친 영혼에 안식을 주시어
번뇌도 아픔도 다 사라지게 하나이다.

이 시를 읽을 때마다 당신의 여종인 어머니의 모습이 눈앞에 선합니다. 나는 당신에 대한 어머니의 경건한 태도와 우리들에 대한 성자와 같은 부드러운 사랑의 손길을 되새겨보곤 하였습니다. 그 어머니를 잃은 나는 하나님 앞에서 돌아가신 어머니와 나를 위해 실컷 울고 싶었습니다. 나는 이제까지 억누르고 있었던 복받치는 눈물을 마음껏 쏟으며 안타까운 마음을 달랬습니다. 나는 이 눈물 속에서 오히려 안식을 찾게 되었습니다. 사람들은 나의 슬픔을 오만한 태도로 바라다보려고 할지 몰라도 주님은 내게 귀를 기울여 주셨습니다. 주님! 나는 지금 이 글을 쓰면서 당신에게 고백합니다. 어머니는 오직 나의 장래를 생각하여 오랜 세월 눈물을 흘렸는데 나는 어머니를 위해 지금 한 시간 남짓 울었습니다. 이 일로 인하여 세상 사람들이 나를 비웃지 않게 하소서. 오히려 그들이 자애가 넘치는 관대한 사람이라면, 그리스도의 모든 형제의 아버지이신 당신을 향한 나의 속죄를 위하여 울어 주어야 할 것입니다.

어머니를 위한 속죄

그러나 내 마음의 상처는 이미 다 아물었습니다. 이제 나는 전에 내가 품었던 육신의 생각을 비난하게 되었습니다. 하나님 아버지시여! 내가 당신의 여종인 어머니를 위하여 당신 앞에서 흘리는 눈물은 지금까지 흘렸던 것과는 전혀 다른 눈물이었습니다. 그것은 "아담 안에서 죽은"고린도전서 15 : 22 모든 영혼의 위태로움을 생각함으로써 벌벌 떠는 영혼으로부터 흘러나오는 눈물입니다. 나의 어머니는 그리스도 안에서 소생하여 육신으로부터 해방되기 이전에도, 그 깊은 신앙과 행실로써 당신의 거룩한 이름을 찬양하며 생활하였습니다. 그러나 어머니가 주님의 세례를 받고 거듭난 후에 당신의 율법에 어긋나는 언사를 쓴 일이 한 번도 없었다고는 감히 주장할 수 없습니다.[218] 진리이신 당신의 아들은 이렇게 말씀하셨습니다.

---

218) "내가 너희에게 이르노니 사람이 무슨 무익한 말을 하든지 심판 날에 이에 대하여 심문을 받으리니 네 말로 의롭다 함을 받고 네 말로 정죄함을 받으리라."(마태복음 12 : 36,37)

아우구스티누스에게 고별하며 기도드리는 모니카
베노조 고촐리(1464~65년). 성 아우구스티누스 성당, 산 지미냐노, 이탈리아

"형제를 대하여 미련한 놈이라 하는 자는 지옥 불에 들어가게 되리라."^{마태 5:22} 인간이 아무리 칭찬받을 삶을 살았다 하더라도 만일 당신께서 자비를 베풀지 않고 심판하신다면, 저주받지 않을 자 누가 있겠습니까? 다만 당신께서 우리들의 과실을 엄하게 책하시지 않기 때문에 우리는 안심하고 당신의 품안에 안길 수 있는 것입니다. 인간이 주님 앞에서 자기의 공적을 자랑한다 하더라도 그것은 다만 당신이 베푸신 은총의 선물에 불과합니다. 오, 주님! 인간으로 "자기는 인생뿐인 줄 알게 하시며"^{시편 9:20} "자랑하는 자는 주 안에서 자랑하게"^{고린도전서 1:31} 하소서.

　내 찬양의 대상이며 내 생명인 내 마음의 하나님이시여! 선행으로 말미암아 나는 기쁨으로 당신에게 감사드리며 어머니의 죄를 당신의 자비로써 용서하여 주시기를 간구합니다. "십자가에 달려 죽으실 뿐 아니라 다시 살아나신 이는 그리스도 예수시니 그는 하나님 우편에 계신 자요 우리를 위하여 간구하시는 자"^{로마서 8:34}이십니다. 우리 상처의 영약靈藥이신 예수 그리스도의 이름으로 간구하오니 자비를 베푸소서. 어머니가 사랑의 손길을 뻗쳐 "그녀에게 죄 지은 자를 사하여 준 것같이 그녀 죄를 사하여 주옵소서."^{마태 6:12} 어머니가 구원의 세례를 받은 후 오랜 세월을 살아가는 동안에 혹 죄를 지었더라도 용서해 주소서. 주님! 제발 용서해 주소서. "주의 종에게 심판을 행치 마소서."시편 143 : 2 "당신의 긍휼이 당신의 심판을 이기고 자랑하게 하소서."야고보서 2 : 13 당신의 말씀은 언제나 진실이며, "긍휼히 여기는 자는 복이 있나니 저희가 긍휼히 여김을 받을 것입니다."마태 5 : 7 어머니께서 자비를 베푸신 것도 당신이 주신 선물입니다. "하나님은 긍휼히 여길 자를 긍휼히 여기고 불쌍히 여길 자를 불쌍히 여기십니다."로마서 9 : 15 주님! 내가 지금까지 간구한 것을 다 들어 주신 것으로 나는 믿습니다. "여호와여 구하오니 내 입의 낙헌제를 받으시고 주의 규례로 나를 가르치소서."시편 119 : 108 어머니는 운명할 시간이 가까워지자[219] 호화스러운 장례식을 바라지 않고 향유를 바르거나 비석을 세우는 것도 원치 않았으며, 고향 땅에 묻히는 것도 바라지 않았습니다. 어머니는 조금도 이런 것을 원하지 않고 오직 당신의 제단에서, 자기의 이름이 기억되는 것만을 열망하였습니다. 어머니는 생존시 이 제단에서 제사드리는 일을 한 번도 거른 일이 없었고, 거기서부터 성스러운 희생 정신을 터득할 수 있다는 것도 알고 있었습니다. 이 희생 정신은 "도말하여 없어질 의문에 쓴 증서"골로새서 2 : 14 같은 것이 아닌 영원한 것입니다. 악마는 우리의 허물을 들추어 내어 우리를 패배시키려 하지만 결국 그들은 그들을 정복하는 구주이신 그분 안에서 아무 것도 찾지 못하는 것입니다.[220]

---

[219] "관제와 같이 벌써 내가 부음이 되고 나의 떠날 기약이 가까왔도다."(디모데후서 4 : 6)
[220] "이후에는 내가 너희와 말을 많이 하지 아니하리니 이 세상 임금이 오겠음이라. 그러나 저는 내게 관계할 것이 없으니"(요한복음 14 : 30)

감히 누가 죄도 없이 흘리신 그분의 고귀한 피의 대가를 치를 수가 있겠습니까? 그 구속의 은총으로 당신의 여종은 자기 영혼을 당신을 향한 신앙의 사슬로 매었사오니, 아무도 당신의 사슬에서 풀지 못하도록 지켜 주옵소서. "사자와 용"도 당신과 어머니 사이를 떼어놓을 수 없습니다. 폭력으로도 간교한 속임수로도 안 됩니다. 어머니는 간악한 고소자들에게 패배를 당하여 붙잡히는 일이 없습니다. 어머니는 죄가 없다고는 대답하지 않고 자기의 죄는 구주로 말미암아 면제되었다고 대답할 것이기 때문입니다. 주여! 아무에게도 죄를 짓지 않으신 당신은 우리를 위하여 이 짐을 져 주셨습니다.

그리하여 어머니는 남편과 더불어 평안히 영면하였습니다. 어머니는 아버지 이외에 이전에나 이후에나 결혼한 일이 없으며, 아버지도 당신의 참된 종이 되게 하기 위하여 "인내로 결실하여"누가 8:15 그의 영혼을 당신 앞으로 인도하였습니다.

나의 주님이시여, 나의 하나님이시여! 우리에게 영감을 내려주소서. 당신의 종들에게, 우리 형제들에게, 당신의 자식들에게, 그리고 나의 스승과 그 밖에 이 글을 읽는 모든 사람들에게 영감을 부어 주소서. 그리하여 당신의 여종 모니카와 그녀의 남편 파트리키우스를 당신의 제단에서 기억되게 하소서. 당신은 그 두 사람의 몸을 빌어 나도 모르게 나를 이 세상에 출생케 하셨습니다.

이 책의 독자들에게, 덧없는 이 세상에서 나의 부모였던 두 사람을 기억하게 하여 주소서. 주님, 그들은 거룩한 하나님의 부르심을 받아 교회 안에서, 그리스도 안에서 한 형제이며, 우리의 영원한 예루살렘으로 돌아갈 때까지 당신의 백성들이 방랑의 길을 떠날 때 함께 떠나는, 나와 똑같은 천국의 시민인 이 두 사람의 일을 경건한 마음을 가지고 상기하도록 해 주소서. 나는 이 참회록을 통하여 많은 사람들의 기도로, 어머니의 마지막 소원이 더욱 풍족하게 이루어지기를 충심으로 비는 것입니다.

Sanctus Aurelius Augustinus

제10권》 진정한 고백

소망

나를 잘 알고 계시는 주님, 나로 하여금 당신을 알게 하소서. "주께서 나를 아신 것같이 내가 온전히 알리라."_{고린도전서 13:12} 내 영혼의 힘이 되시는 주님, 내 영혼 속에 임하시어 나를 건지시고, 내 영혼을 "티나 주름잡힌 것이 없도록"_{에베소서 5:27} 보존케 하옵소서.

이것이 나의 소망이기에 "내가 믿는고로 말하리라."_{시편 116:10} 나는 건전한 기쁨을 가질 때는 언제나 이 "소망 중에 즐거워합니다."_{로마서 12:12} 세상 사람들이 슬퍼할 때 우리는 슬퍼하지 않고, 그들이 슬퍼하지 않을 때 우리는 슬퍼해야 합니다. 진정코 당신은 진리를 사랑하십니다.

"진리를 좇는 자는 빛으로 오나니."_{요한 3:21} 나는 당신 앞에서 고백함으로써 내 마음으로 이를 행하려고 합니다. 그리고 나는 글로써 많은 증인들 앞에서 이를 행하려고 합니다.

신에 대한 고백

주님이시여! 당신의 눈에는 인간의 양심의 심연도 환히 들여다보이거늘,[221] 설령 내가 당신에게 고백하기를 꺼려 한다 해도 내 마음 속을 당신이 어찌 모르시겠습니까? 내가 당신을 속일는지는 몰라도 당신은 절대로 속지 않을 것입니다. 그러나 나의 한숨은 내가 나 자신에게 불만을 느끼고 있는 증거이므로 당신이야말로, 바로 나의 광명이며 희열인데 어찌 당신을 사랑하지 않고 바라지 않겠습니까? 그러기에 우리는 자기 스스로를 부끄럽게 여기며 자기를 버리고 당신을 택하는 것입니다. 실로 당신 이외에 나를 기쁘게 해주는 것은 아무것도 없습니다. 그러므로 주님, 내가 어떠한 자이건 당신으로부터 숨을 수 없습니다.

내가 진실로 고백하고자 하는 것은 육체의 언어나 음성에 의해서가 아니고 영혼의 언어와 사유(思惟)의 외침에 의하는 것이므로, 당신께서는 잘 알아들으실 줄 압니다. 내가 악했을 때 당신에게 드린 고백은 악한 영혼에서 우러나온 것입니다. 그러나 내가 선할 때 당신에게 드리는 고백은 선한 나 자신으로부터 나온 것이 아니라 당신으로부터 나온 것입니다. 주님, 당신은 "의인에게 복을 주시지만"시편 5 : 12 그보다도 먼저 "경건치 아니한 자를 의롭게 만드셨습니다."로마서 4 : 5 그러기에 주님, 나의 고백은 당신 앞에서 당신을 향해 묵묵히 이루어진 것이지만, 실은 아무 소리 없이 묵묵히 하는 것은 아닙니다. 비록 겉으로는 소리가 나지 않지만 마음 속에서는 큰 소리를 지르며 외치고

---

221) "만물이 우리를 상관하시는 자의 눈앞에 벌거벗은 것같이 드러나느니라."(히브리서 4 : 13)

있는 것입니다. 당신께서 저에게 참된 말씀을 들려주신 후로는 나는 당신께 참된 것을 고백할 수밖에 없나이다.

현재의 고백

그러면 어찌하여 사람들은 나의 고백을 듣고자 하는 것입니까? 그들은 "나의 모든 병을 고칠"[시편 103:3] 수는 없습니다. 그들은 남의 생활을 알려고 하면서도 자기의 생활을 개선하는 것을 게을리하는 무리들입니다. 그들은 자기가 어떠한 사람인가를 주님으로부터 들으려 하지 않으면서 어찌하여 내가 어떠한 사람인가를 주님으로부터 들으려고 하는 것일까요? 그들이 나의 이야기를 듣는다고 하더라도 "사람의 사정을 사람 속에 있는 영혼 외에는 누가 알리요?"[고린도전서 2:11]라는 말씀대로, 내가 진실을 말하고 있는지 그렇지 않은지를 어찌 알 수 있겠습니까? 주님은 절대로 거짓이 없으므로, 그들이 자기 자신을 알려면 주님을 우러러 모셔야 할 것입니다. 주님을 진정으로 영접한다는 것은 다름이 아니오라, 곧 자기 자신을 인식하는 일일 것입니다. 자기를 인식하면서 주님을 거짓이라고 한다면, 바로 그가 자신을 속이는 자입니다. 그러나 "사랑은 모든 것을 믿습니다."[고린도전서 13:7] 참으로 사랑으로 맺어서 한몸이 된 사람들[222] 사이에서는 특히 진실이 움직이고 있으므로, 주님이시여! 나는 당신을 향하여 사람들이 알아듣도록 모든 것을 고백하고자 합니다. 물론 나는 나의 고백의 진실인가 아닌가, 그 증거를 그들에게 보일 수는 없으나, 그러나 사랑

---

222) "이 모든 것 위에 사랑을 더하라. 이는 온전하게 매는 띠니라."(골로새서 3:14)

으로써 내게 귀를 기울여 듣는 사람들은 나의 고백을 믿을 것입니다.

나의 마음을 다스리시는 주님, 내가 어떠한 목적으로 이렇게 고백을 하려는지 그 뜻을 밝혀 주시옵소서. 실로 당신은 나의 영혼을 믿음과 당신의 비적秘蹟으로 거듭나게 하시어, 주님 안에서 행복하게 살아갈 수 있도록 나의 지난날의 나쁜 죄를 용서하여 주셨습니다.[223] 그러기에 나의 고백에 귀를 기울이는 자들은 회개하고 분발하여, 절망의 수렁에서 자기의 무능을 탄식하는 일 없이 주님이 베풀어 주신 연민의 사랑과 은총의 감미로움 속에 각성할 것입니다. 모든 약한 사람들은 이 은혜로 말미암아 강해지고,[224] 또 선량한 사람도 이미 그와 같은 죄의 사함을 받은 사람들의 과거의 죄를 귀담아 듣는 것을 기뻐합니다. 그러나 그들이 흥미로운 죄악 때문에 기뻐하는 것은 아닙니다. 그것은 과거에는 죄를 저지른 사람이 현재에는 죄를 짓지 않기 때문입니다.

주여, 나는 양심껏 날마다 당신에게 고백합니다. 대체 나는 어떠한 의도와 목적을 가지고 오직 당신의 은총에만 매달려 이렇게 고백하고 있는 것일까요? 과거의 고백의 결과는 이미 앞에서 말하였습니다. 더욱이 내가 고백하고 있는 이 순간조차도 여하한 것인가 하는 것을, 많은 사람들이 나를 알든 알지 못하든 간에 모두 나의 심정을 알려고 하고 있습니다. 그러나 그들은 나에 대하여 직접 내 입으로 혹은 타인으로부터 뭔가를 귀담아 듣고 있으나, 내가 지금 처해 있는

---

223) "허물의 사함을 얻고 그 죄의 가리움을 받은 자는 복이 있도다."(시편 32 : 1)
224) "내가 그리스도를 위하여 약한 것들과 능욕과 궁핍과 핍박과 곤란을 기뻐하노니 이는 내가 약할 그때에 곧 강함이니라."(고린도후서 12 : 10)

처지에 대하여는 듣지 못하고 있습니다. 그러므로 그들은 내가 어떠한 사람인가를 나의 참회록을 통하여 알려고 하고 있습니다. 하지만 그들은 눈으로나 귀로나 생각으로 내 마음 속을 속속들이 알아들을 수는 없을 겁니다. 그들은 내가 하는 말을 믿으려고 귀를 기울이지만, 과연 나의 참모습을 알아차린 수 있을까요? 사랑이, 그들 자신이 지니고 있는 선한 사랑이, 나의고백이 거짓이 아니라는 것을 분별할 것입니다. 그리하여 그들의 마음속에 싹튼 사랑이 나의 말을 믿는 것입니다. [225]

나의 형제들에게

그들은 무슨 의도를 가지고 나의 고백을 들으려고 하는 것입니까? 그들은 내가 당신의 은혜를 입어 얼마만큼 주님에게 접근했는가를 알고 나를 위해 축하해 주려고 하는 것입니까? 또는 내가 나의 자만심으로 인하여 주님에게서 멀리 떠나갔다는 말을 듣고, 나를 위로하여 기도해 주려는 것이겠습니까? 나는 그들에게 나 자신을 보여주려고 합니다. 참으로 주님, 나의 하나님이시여, 이로 말미암아 많은 사람들이 당신을 섬기게 되고 나를 위하여 많은 사람들이 기도를 드리게 된다면,[226] 이 얼마나 큰 영광이 되겠습니까? 사람들이 형제의 정으로 주님의 무한한 사랑의 가르침을 받아 나를 사랑해 주고, 또 주님이 가르쳐 주신 슬픔의 진리를 깨달아 나에게 슬퍼할 것을 권유

---

225) "사랑은 모든 것을 참으며 모든 것을 믿으며"(고린도전서 13 : 7)
226) "너희도 우리를 위하여 간구함으로 도우라. 이는 우리가 많은 사람의 기도로 얻은 은사를 위하여 많은 사람도 우리를 위하여 감사하게 하려 함이라."(고린도후서 1 : 11)

하고 있습니다. 나는 사람들이 형제의 정으로 사랑을 실천하기를 바랍니다. "저희 입은 궤사를 말하며 그 오른손은 언제나 불의를 행하는 이방인의 아들들"시편 144 : 8이 갖는 마음이 아니라 참으로 형제애를 가지고 더불어 사랑하고 더불어 슬퍼하게 해주옵소서. 이와 같이 형제의 정과 사랑을 간직한 사람은 나의 행실이 옳다고 인정할 때에는 나를 위해 기뻐해 주고 나의 행실이 나쁠 때에는 나를 위해 슬퍼해 줍니다. 그들이 내 행실을 칭찬하든지 비난하든지 그것은 근본적으로는 나를 사랑하기 때문입니다.

원하옵건대 나는 이러한 사람들에게 나의 참모습을 고백하려는 것입니다. 부디 그들이 나의 선행을 보고 안도의 숨을 쉬며, 나의 악행을 보고 열며하도록 하여 주옵소서. 나의 선행은 바로 주님께서 내려 주신 선물이며, 나의 마음 속에 움트는 악은 나 스스로가 저지른 과오, 즉 당신의 심판의 결과입니다. 그러므로 나의 선행에 대하여는 그들이 함께 기뻐하고, 나의 악행에 대하여는 함께 슬퍼하게 하여 주옵소서. 그리하여 그들의 찬송가와 탄식의 울음 소리가 당신에게 들리게 하여 주옵소서. 그러나 주님, 당신께서는 당신의 거룩한 성전의 향기를 풍기시고, "주의 인자를 좇아 나를 긍휼히 여기시며 주의 많은 자비를 좇아 내 죄과를 도말하소서."시편 51 : 1 나의 불완전함을 보완해 주시어 당신께서 시작하신 성업聖業이 결코 중단되는 일이 없도록 내가 힘을 기울일 수 있게 나에게 은총을 베풀어 주소서.[227]

---

227) "너희 속에 착한 일을 시작하신 이가 그리스도 예수의 날까지 이루실 줄을 우리가 확신하노라."(빌립보서 1 : 6)

이 참회록은 나의 과거뿐 아니라 나의 현재를 고백하는 글입니다. 나는 당신 앞에서 "여호와를 경외함으로 섬기고 떨며 즐거워하는"시편2:11 마음으로, 그러나 한편 은밀한 슬픔과 소망을 가지고 고백하고 있습니다. 뿐만 아니라 당신을 신봉하는 나와 더불어 기쁨을 나누며, 언젠가는 똑같이 죽어야 할 동료들에게도 이 고백을 들려주고 싶습니다. 나와 더불어 현세에 살고 있고 함께 나그네 생활을 하고 있는 동료 혹은 나보다 이전에 죽은 사람, 나보다도 더 오래 사는 사람들에게도 이 고백을 들려주고 싶은 것입니다. 그들은 모두 주님의 종이며 또 나의 형제들입니다. 당신의 말씀이 한낱 말로만 그쳤다면 실천이 따르지 못하였을 것입니다. 주님은 그 말씀을 손수 실천하셨으므로, 나 또한 언행으로 그것을 실천하려고 하는 것입니다.

나는 그것을 당신의 날개 아래에서 행하려고 합니다. 나의 영혼이 당신의 날개 아래에 있음으로써 당신을 따르고,[228] 만일 당신께서 나의 약함을 알지 못하신다면 나는 몹시 큰 위험 속에 빠질 것입니다. 나는 단지 어린 아이에 불과하지만 나의 아버지는 영원히 사시는 분이며 충분히 나를 보살피시는 분입니다. 나를 낳으신 분도 당신이고 나를 지키시는 분도 당신입니다.[229] 당신은 나의 모든 선善입니다. 당신은 전능하시며, 내가 당신과 함께 있기 전에 이미 계셨습니다. 그러므로 나로 하여금 섬기도록 명령하신 그들에게 내가 과거에 어떤 자였고 현재는 어떤 사람이 되었는가를 보여주려 합니다. "나도

---

228) "내가 영원히 주의 장막에 거하며 내가 주의 날개 밑에 피하리이다."(시편 61:4)
229) "여호와께서 내게 이르시되 너는 내 아들이라. 오늘날 내가 너를 낳았도다."(시편 2:7)

나를 판단치 아니하노니"고린도전서 4 : 3 나는 있는 그대로 솔직하게 고백하려는 것입니다.

자기를 깨닫지 못하는 인간

"다만 나를 판단하실 이는 주시니라."고린도전서 4 : 4 비록 "사람의 사정을 사람의 속에 있는 영 외에는 누가 알리요?"라고는 하지만 그 영혼조차 마음 속을 헤아리지 못하는 경우가 있습니다. 그러나, 주님! 사람을 창조하신 당신께서는 그 인간 속의 모든 것을 알고 계십니다. 나는 당신 앞에서는 스스로를 티끌이나 재처럼 업신여기지만,[230] 나는 몰랐던 것을 당신으로 말미암아 스스로 알게 되었습니다. 분명히 지금은 "거울로 보는 것같이 희미하며"고린도전서 13 : 12 "얼굴과 얼굴을 대하여 보는"고린도전서 13 : 12 것처럼 선명하지 못합니다. 내가 당신 곁을 떠나 방황하고 있는 동안은 당신을 우러러보기보다는 나 스스로와 함께 있었습니다.[231] 그렇지만 나는 당신이 절대로 고귀한 분이라는 것을 알고 있습니다.

나는 어떠한 시련은 이겨낼 수 있고 어떠한 시련은 이겨낼 수 없는가를 모르고 있습니다. 그러나 아직 희망은 있습니다. "하나님은 미쁘사 우리가 감당치 못할 시험당함을 허락치 아니하시고 시험당할 즈음에 또한 피할 길을 내사 너희로 능히 감당하게 하시느니라." 고린도전서 10 : 13 그러므로 나는 나 자신에 대해 내가 아는 것은 물론, 모

---

230) "내가 스스로 한하고 티끌과 재 가운데서 회개하나이다."(욥기 42 : 6)
231) "우리는 항상 담대하여 몸에 거할 때에는 주와 따로 거하는 줄을 아노니"(고린도후서 5 : 6)

르는 것까지도 고백하려 합니다. 내가 스스로 안다는 것은 주께서 나에게 빛을 주셨기 때문이며, 내가 스스로 모르는 것도 "나의 어두움이 낮과 같이 될"이사야 58:10 때까지 주께서 빛을 주시지 않았기 때문입니다.

지극하신 하나님의 사랑

주님, 나는 조금도 의심하지 않고 확신을 가지고 당신을 사랑합니다. 당신은 그 거룩한 말씀으로 나를 이끌어 주셨으며, 나는 당신을 사랑합니다. "창세로부터 그의 보이지 아니하는 것들 곧 그의 영원하신 능력과 신성이 그 만드신 만물에 분명히 보여 알게 되나니"로마서 1:20 하늘도 땅도 그 안에 있는 만물도 나에게 당신을 사랑해야 한다고 소리치고, "그러므로 저희가 핑계치 못할지니라."로마서 1:20 "당신은 긍휼히 여길 자를 긍휼히 여기고 불쌍히 여길 자를 불쌍히 여기십니다."로마서 9:15 그렇지 않다면 하늘과 땅이 당신을 찬양하더라도 헛된 일이 되고 말 것입니다.

그런데 내가 당신을 사랑할 때 나는 무엇을 사랑하는 것일까요? 그것은 육체의 아름다움도 계절의 아름다움도 아니고, 꽃이나 향유나 향료의 향기로운 냄새도 아니고 맛나는 꿀도 아니며, 또 포옹하기에 알맞은 몸뚱이도 아닙니다. 내가 주님을 사랑할 때 이런 것을 사랑하는 것은 아닙니다. 그러나 내가 하나님을 사랑할 때 나는 빛과 음성과 향기와 음식과 포옹을 사랑합니다. 그는 내 영혼의 빛이요, 음성이요, 향기요, 음식이요, 포옹이기 때문입니다. 그러기에 내 영혼에는 어떠한 공간도 담지 못하는 빛이 빛나고, 시간이 앗아가지 못하는 음성이 들리고 어떠한 거센 바람도 흩어지게 할 수 없는 향기가 감돌고, 또 아무리 먹어도 줄지 않는 양식을 간직하고 아무리 부둥켜 안아도 싫증나지 않는 포옹이 얽혀 있습니다. 내가 하나님을 사랑할 때 바로 이런 것들을 사랑하는 것입니다.

 대체 이 하나님이란 어떤 분입니까? 나는 땅에게 물어 봤더니 "나는 아니야"라고 대답했습니다. 땅 위에 있는 모든 것들이 같은 대답을 하였습니다. 나는 또 바다와 구렁과 거기에서 서식하고 있는 생물에게 물어 봤더니, "우리들은 그대의 하나님이 아니다. 우리들 훨씬 위에서 찾아보아라" 하고 대답했습니다. 내가 웅성거리고 있는 바람에게 물어 보았더니 온 우주의 공기와 그 안에 있는 모든 생물들이 입을 모아 말하기를 "아낙시메네스의 설은 오류를 범하고 있는 거야. 나는 하나님이 아니다"라고 대답하였습니다.

 나는 또 하늘과 해와 달과 별에게 물어 보았더니, 그들은 "우리들은 자네가 찾고 있는 하나님이 아니다"라고 말했습니다. 그리하여 나는 내 주위에 있는 모든 것을 향해서 "너희들은 나의 하나님이 아니므로 나의 하나님에 대해서 이야기해 다오. 나의 주님에 대하여 뭔가 한마디 해달라"고 말했습니다. 그러자 그것들은 소리 높이 외쳤습니다. "바로 그분이 추리를 창조하셨다."[232] 나의 질문은 명상적이었으나 그들의 대답은 실체적인 아름다움이었습니다. 그리고 나는 나 자신을 향하여 물었습니다. "너는 도대체 누구인가?" 나는 대답했습니다. "한 명의 인간입니다." 내 속에는 육신과 영혼이 있는데 하나는

---

[232] "그는 우리를 지으신 자시요 우리는 그의 것이니"(시편 100 : 3)

바깥에 있고 다른 하나는 안에 있습니다. 나는 이 두 가지 가운데 어느 것을 가지고 하나님을 찾았어야 했을까요? 나는 지난날 육신을 가지고 이 땅에서 하늘에 이르기까지 두루 헤매며 하나님을 찾았습니다. 그러나 육신으로써는 하나님을 찾을 수가 없었습니다. 안에 있는 영혼이 더 훌륭한 것입니다. 즉 지배자이며 심판자의 지위에 있는 영혼에게 육신은 하늘과 땅과 그 안에 있는 모든 것의 대답을 전해 주었습니다.

"우리는 하나님이 아니다. 하나님이 우리를 만드셨다." 무릇 안에 있는 영혼은 바깥에 있는 육신을 통하여 이러한 사실을 알게 됩니다. 정신적 존재로서의 내가 육체의 감각을 통하여 이런 것을 알게 되었습니다. 나는 온 우주를 향하여 나의 하나님에 대해 물었습니다. 온 우주는 대답했습니다. "나는 하나님이 아니다. 그러나 하나님이 나를 창조하셨다."

이 세계의 아름다움은 그 감각이 완전한 사람에게는 명백한 것이 아니겠습니까? 그러면 어째서 이 아름다움은 모든 것을 향하여 똑같은 말을 해주지 않습니까? 큰 짐승도 작은 짐승도 똑같이 아름다운 것을 보지만, 그러나 물어 볼 수는 없습니다. 그들에게는 감각을 통한 것을 다스리고 그 전달되는 것을 판단하는 이성理性이 없기 때문입니다.

그러나 인간은 질문할 수 있으므로 "하나님의 보이지 아니하는 것들이 그가 만드신 만물에 분명히 보여 알게 되는 것입니다."로마서 1:20 하지만 인간이 피조물을 사랑하여 이를 섬기면 노예가 되어 올바르게 판단하는 능력을 잃게 됩니다. 이러한 피조물들은 판단할 줄 아는 자의 질문에만 대답합니다. 누구에게나 같은 형태로 보이지만, 어떤 자에게는 사물로만 보일 뿐이나 어떤 자와는 대화를 나눌 수 있습니다. 피조물은 그 음성, 즉 그 형태의 아름다움을 바꾸는 일이 없습니다. 피조물은 이렇듯 양자에 똑같이 보이는 것이나, 전자에게는 잠자코 있으며 후자에게는 대답하는 것입니다. 피조물은 모든 자에게 속삭이는 것이지만 외부로부터 받은 그 음성을 내부에서 진리와 비교해 보는 자만이 그 음성을 이해합니다.

진리는 내게 "하늘도 땅도 다른 육신도 당신의 하나님은 아니네"라고 말합니다. 삼라만상의 본성本性이 그렇게 말합니다. 부분은 역시 전체보다는 작습니다. 그러므로 나의 영혼아! 너에게 말하노니 너는 그 사물들보다는 크다고 할 수 있다. 너는 네 육신의 덩어리에 생명을 준다. 육신이 육신에게 결코 생명을 줄 수 없다. 그러나 너에게 생명을 주는 이가 있으니, 그것은 네 하나님, 곧 생명 중의 생명이시다.

감각에 의해 신을 알 수 없다

내가 하나님을 경애할 때, 대체 무엇을 사랑하는 것입니까? 내 영혼 위에 계시는 분은 누구십니까? 내 영혼을 통하여 그분에게 올라가겠습니다. 나는 육체의 힘을 능가해야 합니다. 육체의 힘으로는 하나님을 발견할 수 없기 때문입니다. 만일 그렇지 않다면 "무지한 말이나 노새"시편 32:9도 당신을 발견할 수 있을 것입니다. 그들의 육체의 힘이나 나의 육체의 힘은 다를 바가 없습니다. 나한테는 또 하나의 다른 힘이 있습니다. 그것은 하나님께서 주신 것으로 육신을 살게 할 뿐만 아니라, 깨닫게 하는 힘입니다. 눈은 듣지 못하고 귀는 보지 못합니다.[233] 그러나 이 힘으로 인해 눈은 볼 수 있고 귀는 들을 수 있습니다. 이 힘은 다른 감각 기관에도 그 나름대로의 임무와 기능을 부여했습니다. 이러한 모든 감각 기관이 하나가 되어 한 육신을 이룹니다. 그러나 나는 이 감각의 힘도 능가해야 합니다. 말이나 노새도 육체적 감각의 힘을 가지고 살아가기 때문입니다.

기억력

나는 이 같은 본성의 힘도 뛰어넘어 나를 지으신 분에게 올라가고자 합니다. 나는 기억의 들판과 넓은 궁전에 이르게 됩니다. 그 곳에는 감각이 여러 가지 사물에 대하여 가져다 준 수많은 심상心象이 쌓여 있는 보물 창고가 있습니다. 또한 거기에는 감각으로 포착한 것을 늘리거나 줄이거나, 혹은 다른 방식으로 바꾸면서, 우리들이 생각할 수 있는 일체의 것이 저장되어 있습니다. 그리고 그 밖에 많은 것이 망각 속에 사라지기도 하고, 또 묻혀지지 않고 저장되어 있습니다. 내가 그 보고寶庫 속으로 들어가 내가 구하는 것을 내놓으라고 할 때 어떤 것은 즉시 나오지만, 다른 어떤 것은 가까스로 나타나서 먼 곳에 있는 창고로부터 운반됩니다. 또 어떤 것은 떼를 지어실은 다른 것을 찾고 있는데도 거추장스럽게 한가운데로 뛰어나와, "우리들을 찾고 있었죠?"라고 하는 것 같습니다. 이럴 때 나는 이런 것들을 마음의 손으로, 나의 기억의 면전에서 쫓아 버립니다. 그리하여 정말로 내가 구하는 것이

---

233) "하나님이 오늘날까지 저희에게 혼미한 심령과 보지 못할 눈과 듣지 못할 귀를 주셨다 함과 같으니라."(로마서 11 : 8)

모습을 나타내어 어두운 곳에서 환한 곳으로 나옵니다. 또 어떤 것은 마치 내가 구하고나 있는 것처럼 질서 정연하게 나타나서, 앞의 것은 뒤의 것에 자리를 양보하고 물러났다가 내가 요구할 때에 다시 나타날 수 있도록 채비를 하고 있습니다.

이와 같은 일은 모두 내가 원하는 기억을 끄집어낼 때에 일어납니다. 이 기억의 보고에는 감각이 받아들인 모든 것이 각각 자기 문을 거쳐서 들어와서는 그 종류에 따라 따로따로 간직되어 있습니다. 예컨대 빛과 모든 색깔과 물체의 형태는 눈을 통하여 들어옵니다. 또 귀로 들어온 것에는 온갖 종류의 음향이 있고, 온갖 냄새는 코의 문을 거쳐서, 온갖 맛은 입의 문을 거쳐서 들어옵니다. 그리고 온몸에 걸쳐 있는 감각에 의해서 그 감촉되는 것이 몸 안에 있든 몸 밖에 있든지 간에, 무엇이 딱딱하고 무엇이 연한가, 무엇이 뜨겁고 무엇이 가벼운가를 느낄 수 있습니다. 기억은 이 모든 것들을 헤아릴 수 없이 깊숙한 보고 속에 간직해 두었다가 필요할 때마다 꺼내어 씁니다. 그렇다고 그 사물들 자체가 기억의 보고 속에 들어오는 것은 아닙니다. 다만 지각된 사물의 영상이 그 속에 있으면서 그것을 회상하는 기억력의 부름에 대비하는 것입니다.

어떠한 감각이 그 영상들을 포착하여 내부에 들여놓았는가는 분명한 일입니다. 그러나 그 영상들이 어떻게 해서 만들어졌는가는 누구도 설명할 수 없습니다. 비록 내 주위가 어둡고 고요하다 할지라도 내 기억 속에서 원하는 대로 색깔을 끄집어내어 흰색과 검정색을 그리고 그 밖에 좋아하는 색깔을 구별할 수도 있습니다.

또 내가 눈으로 지각한 것을 생각할 때에는 소리가 방해하는 일은 없습니다. 물론 소리도 내 기억 속에 있는 것이지만, 한쪽에 치워 놓은 것처럼 숨어서 보이지 않는 것입니다. 실제로 소리로 불러내고 싶을 때 부르면 곧 나옵니다. 그리하여 혀를 놀리지 않고 목구멍이 가만히 있는데도, 나는 마음내키는 대로 노래를 부를 수 있는 것입니다. 여전히 내 기억 속에 있는 색깔의 영상도 내가 노래부르는 것을 방해할 수 없습니다. 마찬가지로 다른 감각에 의하여 나타나 쌓이고 쌓인 영상映像도 나는 뜻대로 상기할 수가 있습니다. 나는 아무 냄새를 맡지 않고서도 백합화의 향기와 제비꽃의 향기를 구별할 수 있습니다. 나는 맛보지 않아도 단지 기억을 통하여 포도주와 꿀을 구별할 수 있습니다. 또한 부드러운 것과 거친 것도 구별할 수 있습니다.

나는 이와 같은 일을 내 정신 내부에서, 즉 거대한 기억의 광장에서 해내고 있습니다. 그 곳에는 망각한 것을 제외하고는 하늘이건 땅이건 바다건 내가 지각할 수 있는 모든 것이 저장되어 있습니다. 그 곳에서 나는 나 자신과도 만납니다. "내가 무엇을 했는가?", "언제 어디서 했는가?", "그런 일을 했을 때 내 기분은 어땠는가?"를 되새기는 것입니다. 그 곳에는 내가 경험한 모든 것이, 즉 나 자신의 경험과 타인으로부터 전해 들은 것 일체가 존재합니다. 나는 이 같은 기억의 보고 속에서 나 스스로 경험한 것, 혹은 나 자신의 경험에 입각하여 다른 사람의 말을 믿었던 것에 대한 천태만상의 영상들을 꺼내어 보고, 그것들을 과거의 것과 결부시키고 또 그것들로부터 미래의 행위와 사건과 희망을 생각하곤 합니다. 그리하여 이 미래에 속하는 것들까지도 나는 모두 현재의 것인 양 생각하는 것입니다. 나는 이처럼 많고 거대한 영상으로 충만되어 있는 내 마음의 광장에서 혼잣말을 합니다. "이러저러한 일을 해보자", "그러면 이러저허한 일이 생길 것이다", "오, 만일 이러저러한 일이 일어난다면……", "주님이시여, 이러저러한 일이 일어나지 않도록……" 내가 이렇게 중얼거릴 때 내가 속삭이는 모든 것의 영상은 내 기억의 동일한 보고에서 나오는 것입니다. 만일 이들의 영상이 없다면, 나는 그것들에 대해 아무것도 지껄이지 못할 것입니다.

주여, 기억의 힘은 이렇게 엄청납니다. 그것은 헤아릴 수 없을 만큼 깊숙한 속마음입니다. 누가 그 깊숙한 속을 다 헤아릴 수 있겠습니까? 이 힘은 물론 나의 능력이며 나의 본성에 속하는 것입니다. 하지만 나는 나라는 존재의 전체를 포착할 수가 없습니다. 인간의 정신은 무한한 기억력을 모두 수용할 수는 없습니다. 그렇다면 기억할 수 없는 것들은 대체 어디에 저장되어 있는 것일까요? 정신 밖에 있습니까? 정신 안에 있습니까? 왜 정신은 모든 것을 기억할 수 없는 것일까요? 이러한 생각에 나는 경탄을 금치 못하며 그저 놀랄 뿐입니다. 사람들은 밖으로 뛰어나가 높다란 산봉우리에, 바다의 노도에, 강물의 거센 흐름에, 또는 큰 바다의 광막함에, 별들의 운행에 경탄을 금치 못하면서도 정작 자기 자신에는 놀라지 않습니다.

사람들은 내가 눈으로 하나도 보지 않고 그것들에 대해 이야기했을 때 사실상 놀라지 않았습니다. 내가 본 적이 있는 산과 파도와 강과 별, 그리고 내가 들은 적이 있는 대양이 내 기억 속에 저장되어 있지 않다면 그것들에 대해 이야기할 수 없었을 것입니다. 내가 그것들을 봤을 때 사물이 눈 속으로 흡수된 것이 아닙니다. 다만 그것들의 영상만이 내 기억의 창고 속에 보존되어진 것입니다. 나는 신체적 감각이 인지한 영상들이 기억의 창고 속에 보존된 것이라는 것을 알고 있습니다.

학문에 대한 기억

나의 기억의 넓은 보고寶庫는 이것만을 간직하고 있는 것은 아닙니다. 이 보고에는 자유학예문학·논리학·수사학 등에서 배워 아직 잊지 않고 있는 모든 지식도 그대로 간직되어 있습니다. 그것들은 어디 깊숙한 곳에 감추어져 있는 것 같으면서도, 결코 그렇지가 않습니다. 그러나 이 경우에는 그들의 영상을 기억하는 것이 아니고, 그들 정신 그 자체를 기억하고 있습니다. "문학이란 무엇인가?", "논리학이란 무엇인가?", "질문은 몇 종류가 있는가?" 등은 각기 다른 방법으로 내 기억 속에 간직되어 있습니다. 그들은 사물이 아니므로 실물 자체는 바깥에 방치하고 그 영상만을 받아들일 수는 없습니다. 예컨대 소리가 들렸다가 사라진 후에도 귀를 통하여 그 여운이 남아, 이미 들리지 않는 데에도 여전히 들리는 것처럼 상기되는 것과는 다릅니다. 또한 공중에 발산되는 향기가 후각을 자극하여 기억 속에 그 영상을 새겼다가, 꽃이 없는 데에도 상상으로 냄새를 맡을 수 있는 것과는 다릅니다. 음식을 먹고 난 후에도 그 맛을 기억할 수 있는 것과도 다릅니다. 또 신체의 감촉에 의해서 지각된 것을 시간이 흐른 다음에도 기억하여 느낄 수 있는 것과도 다릅니다. 이러한 모든 것들은 그 자체가 기억 속에 옮겨져 간수되는 것이 아니라, 다만 그것들의 영상만이 놀랄 만큼 빠르게 포착되어 기억 속에 간직되었다가, 다시 재빠르게 상기되어 나타나는 것입니다.

육체의 문

"그것은 존재하는가?", "그것은 무엇인가?", "그것은 어떠한 것인 가?"라는 세 가지 질문을 들을 때, 나는 그 소리의 영상을 기억 속에서 끄집어냅니다. 그러나 그 소리는 이내 바람 속으로 사라져 버립니다. 그런데 나는 그 소리로 표현된 사물 자체는 육체의 어떠한 감각에 의해서도 파악하지 못하고, 또 내 마음 밖의 어디에서도 본 일이 없습니다. 나는 그것의 영상이 아닌 그 사물 자체를 기억 속에 간직하는 것입니다.

그렇다면 그 사물 자체는 어떻게 나에게 들어올 수 있습니까? 나는 아무리 내 육체의 문들을 샅샅이 살펴보아도 그것이 들어온 흔적을 찾아볼 수 없었습니다. 눈은 "색깔이 있는 것이라면 우리가 볼 수 있었을 텐데"라고 말하고, 귀는 "소리가 나는 것이라면 우리가 들었을 텐데"라고 말합니다. 그리고 코는 "향기를 풍기는 것이라면 나를 통해 들어갔을 텐데"라고 말하고, 또 혀는 "맛에 관한 것이 아니라면 나는 아예 모른다"고 말합니다. 그리고 촉각은 "형체가 없는 것이라면 내가 만져 볼 수 없고, 만져 볼 수 없으면 뭐라고 대답할 수도 없다"고 합니다. 그렇다면 이것들은 대체 어디서부터 어떤 경로로 내 기억 속에 들어온 것일까요? 나는 전혀 알 수가 없습니다. 내가 그것들을 학문으로 배웠을 때 남에게 의탁하지 않고 스스로의 마음으로 인식하고, 그것이 참이라고 인정하여 기억 속에 간직하였다가 필요할 때에 마음대로 끄집어낼 수 있습니다. 그러므로 내가 배우기 전에는 나의 기억 속에 그런 것은 없었습니다. 그러면 그것은 어디에 있는 것입니까? 그것을 누가 말했을 때 "그렇다, 그 말은 진리이다"라고 내가 시인한 것은 어찌된 일입니까? 그 까닭은 그것이 이미 내 기억 속에 있었기 때문이 아닐까요? 그러나 그것들은 깊숙한 동굴 속에 숨어 있었기 때문에, 누군가가 그 말을 꺼내지 않았다면 분명히 나는 그것을 생각조차 못 했을 것입니다.

배움이란 무엇인가

그리하여 우리는 다음과 같은 것을 알 수 있습니다. 우리는 그러한 사물의 영상을 우리의 감각을 통하여 받아들이는 것이 아니라, 영상 없이 그것의 있는 그대로를 내적으로 지각하는 것입니다. 우리가 그것을 배운다는 것은 기억 속에 무질서하고 난잡하게 포함돼 있는 것을 사유에 의해 긁어 모아 주의력을 발휘하여 정리하고, 정신이 필요로 할 때마다 손쉽게 사용할 수 있도록 정리하는 작업을 의미합니다. 나의 기억은 이미 발견한 것들을 보물 창고에 정리하여 보유하고 있습니다. 우리는 그것들을 배워서 알고 있다라고 말합니다. 그러나 그것들을 되새기지 않으면 다시금 숨겨져 깊숙한 내실(內室)로 자취를 감추므로 처음부터 되새기지 않으면 안 됩니다. 그것들이 갈 곳은 아무 데도 없으며 그것들을 알기 위해서는 다시 주워 모아야 하는 것입니다. 즉 무질서하게 흩어져 있는 상태에서 긁어 모아야 하는 것입니다. 이것이 바로 '생각하다', 즉 '사유에 의해 다시금 모으다cogitare'라는 것입니다. '모으다cogere'와 '생각하다cogitare'의 관계는 '움직이다agere'와 '소동을 벌이게 하다agistare'나 '하다facere'와 '영위하다factitare'의 관계와 같기 때문입니다. 그러나 정신만이 이 '생각하다'라는 말을 전용하는 것이므로 다른 곳이 아닌 바로 자기 정신 안에서 수집하는, 즉 '사유에 의하여 모으는 것'만이 본래적인 의미에서도 '생각한다'는 뜻이 되는 것입니다.

기억 속에 담겨진 우주의 법칙

나의 기억은 그 밖에 수와 공간에 대한 수많은 원리와 법칙을 지니고 있습니다. 그것들은 육체의 감각에 의해서 새겨진 것은 아닙니다. 그것들은 색깔도 소리도 향기도 맛도 없으며 또 감촉할 수도 없는 것이기 때문입니다. 나는 그 사물에 대한 의견을 나눌 때 그것들을 표현하는 말의 음성을 들은 적이 있는데, 그 음성은 그 낱말 자체와 그것에 의해 표현되는 개념이나 법칙과는 별개의 것입니다. 낱말의 소리는 헬라어나 라틴어에서 각기 다르지만 실상 그 의미나 개념이 변하는 것은 아닙니다.

나는 설계사가 거미줄처럼 가늘게 그은 선은 볼 수 있으나, 그가 설계하는 구상이나 원리는 볼 수 없습니다. 그것은 육안이 나에게 제시하는 선의 영상은 아니기 때문입니다. 이것은 물체적인 것을 생각지 않고 내면적으로 인식하는 사람이라면 누구나 아는 사실입니다. 나는 또한 우리들이 세는 수를 내 육체의 감각으로 지각하기도 했습니다. 그러나 우리들이 실제의 감각으로 세는 수는 우리가 사유하고 있는 수의 실체가 아니며 세는 물건의 형상도 아닌 것입니다. 따라서 수나 공간의 원리는 스스로 존재하는 것입니다. 이 사실을 모르는 사람은 나를 비웃을지도 모릅니다. 그러나 나는 나를 비웃는 자를 도리어 불쌍하게 생각할 것입니다.

기억의 여러 가지 양상

나는 이들 모든 것을 기억 속에 간직하고 있으며 또 그것을 어떻게 해서 배웠는가 하는 것도 기억 속에 간직하고 있습니다. 나는 또 이것들에 대해 심히 그릇된 논리를 전개하는 것도 듣고, 그것도 기억 속에 지니고 있습니다. 그들의 논리가 그릇된 것이기는 하나, 내가 그것을 기억하고 있다는 것은 그릇된 것이 아닙니다. 또한 나는 그 올바른 인식과 이 그릇된 소리를 구별했던 것도 기억하고 있습니다. 그러나 내가 지금 옳고 그릇됨을 구별할 수 있는 능력이 있다는 것과 내가 그 사실을 기억한다는 것은 별개의 문제입니다. 그러므로 나는 내가 종종 그것들을 이해했던 것도 기억하고 있습니다. 내가 지금 구별하여 이해하는 것을 내 기억 속에 저장하는 것은 나중에 기억하려고 하기 때문입니다. 내가 기억하고 있는 사실을 기억하는 것처럼 장차 내가 지금 이런 것들을 상기할 수 있었다는 것을 회상한다면, 그것은 전적으로 기억의 힘으로 말미암은 것입니다.

감정의 기억

이와 같은 기억 속에는 내 마음의 감정도 포함되어 있습니다. 그러나 마음이 감정을 느낄 때 기억되는 것은 아니고 다만 기억의 본성에 따라 기억되는 것입니다. 나는 과거에 기뻤던 일을 지금은 기쁘지 않게 상기하며, 과거에 슬펐던 일을 지금은 슬프지 않은 마음으로 회상합니다. 내가 두려워했던 과거를 기억할 수 있으며, 정욕에 움직여 살았던 과거도 기억할 수 있습니다. 반대로 나의 지난날의 슬픔을 기쁨으로 상기하며, 지난날의 기쁨을 슬픔으로 상기하는 일도 있습니다. 육체에 관한 한, 이런 일은 그렇게 신기한 일은 아닙니다. 정신과 육체는 다르기 때문입니다. 그러므로 과거의 육체적 고통을 지금 기쁨으로써 회상한다고 해서 그렇게 놀랄 일은 아닙니다. 그러나 기억은 그 자체가 정신입니다. 실제로 우리가 누군가에게 잊지 말도록 당부할 때 "그것을 마음에 잘 새겨 두라"고 말합니다. 그리고 우리가 어떤 일을 잊어버렸을 때 "정신을 못 차렸군", "깜박 정신이 나갔군"이라고 말합니다. 이처럼 우리는 기억 그 자체를 정신이라고 말할 수 있습니다.

이와 같이 기억 그 자체가 정신이라면 내가 과거의 슬픔을 기쁨으로 기억할 때 내 마음에는 기쁨이 있는데 내 기억에는 슬픔이 있다는 것은 도대체 어떻게 된 일일까요? 내 마음 속에 기쁨이 깃들여 있기에 기쁘지만 나의 기억 속에는 슬픔이 깃들여 있는데도 슬프지 않은 것은 대체 어떻게 된 일입니까? 기억은 정신에 속하지 않는다는 말입니까? 누가 감히 그런 주장을 할 수 있겠습니까?

기억이란 말하자면 정신의 위(胃)이며, 기쁨이나 슬픔은 단 음식과 쓴 음식인 것입니다. 그리고 기쁨이나 슬픔은 기억의 위 속에 들어가면, 마치 음식이 위 속에 들어간 것처럼 그 안에 간직되어 있기는 하지만 그 맛이 단지 쓴지는 알 수 없습니다. 기억과 위 양자를 두고 유사한 점을 생각한다는 것은 우스운 일이나, 양자 사이에는 유사한 점이 적지 않습니다.

나는 정신의 네 가지 갈등, 즉 욕망, 기쁨, 공포, 슬픔을 기억으로부터 이끌어 냅니다. 내가 이 감정들을 종류대로 구별하여 정의를 내릴 때, 나는 말할 것을 기억 속에서 찾아내어 거기에서 생각해 내는 것입니다. 내가 이것들을 기억으로부터 생각해 낼 때, 갈등을 일으키는 그것들로 말미암아 마음이 산란해지는 일은 없습니다. 그것들은 내가 불러 일으키기 이전에도 거기에 있었습니다. 따라서 나는 그것들을 상기함으로써 거기에서 유추해 낼 수가 있었던 것입니다.

음식물이 반추할 때 위로부터 기어나오듯, 이것들도 회상할 때 기억으로부터 함께 이끌려 나오게 됩니다. 그렇다면 사람들이 달콤한 기쁨이나 쓰라린 슬픔에 관하여 말할 때 의식의 위 속에서 그것을 느끼지 못하는 이유는 무엇일까요? 기억은 사물의 영상일 뿐 사물 그 자체가 아니기 때문에 자각할 수 없다는 말입니까? 물론 우리가 슬픔이라는 말을 할 때마다 슬퍼지거나 두려움이라는 말을 할 때마다 두려워지는 것은 아닙니다. 그렇지만 우리가 이러한 기억에 관하여 아무 말도 할 수 없다면 육체적 감각을 통하여 새겨진 영상을 의미하는 단순한 말의 음성뿐만 아니라, 그것들 자체의 개념도 우리의 기억 속에서 찾아낼 수 없을 것입니다. 이러한 개념은 육체의 어떤 문을 통하여 우리 속에 들어오는 것이 아니고, 정신이 감정을 체험할 때 그 지각한 것을 기억에게 위임하는 것인데, 아무리 기억이 위임을 받지 않으려 해도 그것은 기억의 창고 속에 저장될 수밖에 없습니다.

영상과 기억

그렇지만 이와 같은 기억의 기능이 영상에 의한 것인지 아닌지는 쉽사리 결정할 수가 없습니다. 지금 내가 돌이나 태양에 대해 말할 때 그 사물 자체는 내 감각 속에 현존하지 않을지도 모르나, 그 사물들의 영상은 분명히 내 기억 속에 있는 것입니다. 나는 육체적 고통이라는 말을 하지만, 고통을 경험하지 않았다면 육체적 고통이란 내게는 없는 것입니다. 그러나 만약 그 영상이 내 기억 속에 없다면 나는 고통과 기쁨을 구별하지 못할 것입니다. 내 육체가 건강할 때에 나는 육체적 건강이라는 말을 합니다. 이 경우 건강이라는 것은 내게 현존하는 것입니다. 그렇지만 건강이라는 영상이 내 기억 속에 없다면 그것은 절대로 상기할 수 없을 것입니다. 또 병자가 건강이 무엇을 의미하는지 아는 것은, 그가 설사 건강치 못하더라도 기억 속에 그 영상을 지니고 있기 때문입니다.

우리가 수를 셀 경우 우리의 기억 속에 있는 것은 그 수의 영상이 아니라 바로 그 수 자체입니다. 내가 태양의 영상에 대해 말한다면, 이 태양의 영상은 이미 내 기억 속에 있는 것입니다. 나는 태양의 영상을 되새기는 것이 아니라 태양의 영상 그 자체를 되새기는 것으로 이 영상은 내가 회상할 때 현존하기 때문입니다. 나는 기억이라는 것을 이해합니다. 나는 그것을 내 기억 속에서가 아니라면, 어디에서 그것을 이해할 수 있겠습니까? 기억 자체도 영상을 통하여 있는 것이 아니겠습니까?

망각의 의미

내가 '망각'이라는 말을 했다고 가정해 봅시다. 내가 그것을 기억할 수 없다면 어찌 그것을 이해할 수 있겠습니까? 내가 말하는 것은 '망각'이라는 단어의 소리가 아니라, 그 단어의 의미입니다. 만일 '망각'이라는 단어를 잊고 있었다면, 나는 그 소리가 의미하는 것을 전혀 이해하지 못할 것입니다. 내가 망각을 기억할 때에는 기억과 망각이라는 두 가지가 뇌리 속에 있습니다. 망각이란 기억의 결핍 외에 대체 무엇일까요? 망각은 현존하는데, 내가 그것을 기억하는 것은 어찌된 일입니까? 망각이 현존할 때에는 나는 기억할 수가 없는 것이 아니겠습니까? 그러나 한편 우리가 기억하는 것은 기억의 창고 속에 기억을 간직하고 있기 때문이며, 만약 그 속에 망각이 없다면 망각이라는 단어의 소리를 들어도 그 소리의 의미를 결코 이해할 수 없으므로 망각도 기억 속에 있는 것입니다. 따라서 망각이 우리가 잊어버리는 일이 없도록 우리의 기억 속에 현존하고 그 망각이 존재할 때 우리는 망각할 수가 있는 것입니다. 우리가 망각을 회상할 때 망각 자체가 기억되는 것이 아니라 그 영상이 기억된다는 것을 여기서 알 수 있습니다. 만약 망각 그 자체가 존재한다면 회상하지도 못하고 망각해 버릴 것입니다. 과연 누가 이 아리송한 문제를 풀 수 있겠습니까? 과연 누가 그 진상을 파악할 수 있겠습니까?

주여! 나는 이를 알기 위하여 노력하였습니다. 그리고 나 자신의 문제 해결에 전력을 다하였습니다. 나는 나에게 있어 수많은 고초를 겪고 땀을 흘려야만 될 손발이 되었습니다.[234] 더욱이 나는 지금 하늘의 궤도를 탐구하는 것도 아니고, 별과 별 사이의 거리를 재려는 것도 아니며, 또한 지구의 중량을 재는 것도 아닙니다. 기억하는 것은 나 자신이고 나의 정신입니다. 나 자신이 아닌 다른 것들이 나로부터 멀리 떨어져 있다 해도 그렇게 놀라울 것은 못 됩니다. 그러나 나 자신만큼 내게 가까운 것이 어디 있겠습니까? 그런데도 보십시오. 내

---

234) 창세기 3 : 17~24 참조.

가 내 기억 밖에 있을 수가 없는데도 나의 기억력은 나로 말미암아 포착되지 않는 것입니다. 그렇다면 내가 망각을 기억한다는 것이 확실할 때에, 나는 어떻게 설명해야 좋겠습니까? 내가 기억하는 것은 나의 기억 속에 현존하지 않는다고 말해야 할까요? 혹은 망각은 내가 잊지 않도록 내 기억 속에 존재한다고 말해야 할까요? 어느 쪽이나 몹시 이치에 합당치가 않습니다. 그렇다면 제3의 가능성을 모색하는 것이 어떨까요? 내가 기억할 수 있는 것은 망각이 아니라 망각의 영상이었다고 말할 수 있겠습니까? 그렇게 말할 수 없습니다. 한 사물의 영상이 기억 속에 들어오려면, 우선 그 영상을 생기게 하는 사물 자체가 있어야 합니다.

내가 카르타고에 머물러 있을 때 묵었던 장소, 내가 보았던 사람들의 얼굴들, 그리고 다른 감각을 통해서 전달된 것들, 육체의 건강이나 고통까지도 기억하고 있습니다. 그것들이 존재하고 있었을 때 나의 기억은 그것들로부터 영상을 파악한 것입니다. 그들의 영상은 나의 기억 속에서 현존하게 되었습니다. 그것들이 설령 지금 내 눈앞에 없더라도 나는 그것들의 영상을 마음 속으로 바라보고 또 생각할 수 있기 때문입니다. 망각이 기억 속에 망각 그 자체로서가 아니라 그 영상으로서 기억된다고 하더라도 망각 그 자체는 현존하게 되는 것입니다.

그러나 망각이 현존하고 있을 때, 어떻게 망각은 그 영상을 인간의 기억 속에 새겨 넣었을까요? 망각이란 그것이 존재함으로써 이미 새겨 넣어진 것을 말살시켜 버리는 것이 아닐까요? 그러나 그것이 아무리 파악할 수 없고 설명할 수 없는 것일지라도 내가 기억하였던 것을 말살시키는 그 망각 자체를 내가 기억하는 것만은 사실입니다.

뒤늦게 사랑한 주님

기억의 힘은 위대합니다. 나의 하나님이시여! 그것은 뭔가 두렵기도 하고 헤아릴 수 없는 심연이며 무한한 능력입니다. 이것이야말로 영혼이며 나 자신입니다. 그렇다면 나의 하나님이시여, 나는 무엇입니까? 나의 본성은 무엇입니까? 그것은 잡다하고 복잡다기하여 전혀 헤아릴 수 없는 생명입니다. 보십시오, 이 기억이라고 하는 벌판과 동굴과 심연 속에 그것들은 무수히 있고, 온갖 종류의 사물이 수없이 가득 차 있습니다. 그 속에 있는 것은 온갖 물체와 같이 영상에 의해 존재하는 것이 있는가 하면, 학문이나 기술과 같이 그 자체가 존재하는 것도 있습니다. 그리고 기억 속에 있는 것은 모두 마음 속에 있어야 하거늘, 기억은 감정의 관념이나 표상을 간직하면서도 마음은 그것을 느끼는 일이 없습니다. 나는 이러한 모든 영역을 헤매며 이리저리 날아 가능한 데까지 파고들었지만 끝이 없었습니다. 이처럼 기억의 힘은 위대합니다. 이처럼 생명의 힘은 마땅히 죽어야 할 인간에게조차도 엄청나게 큰 것입니다.

나의 참 생명이신 하나님! 나는 무엇을 해야 합니까? 나는 이 기억이라 불리는 나의 힘을 넘어서서 나아가려고 합니다. 감미로운 빛이여, 당신 곁으로 오를 수 있도록 나는 이 힘마저 넘어서야 합니까? 당신은 나에게 무슨 말씀을 하시겠습니까? 보십시오, 나는 당신에게 매달릴 수 있는 데까지 도달하고자 합니다. 기억이란 새나 짐승들도 간직하고 있습니다. 그렇지 않다면 새나 짐승은 잘 곳이나 보금자리로 돌아갈 수 없고, 그 밖에 어떠한 습성도 지니지 못할 것입니다 실제로 기억에 의하지 않고는 어떠한 일에도 익숙해지지 못할 것입니다. 그러므로 나는 나를 짐승보다 월등히 슬기롭게 만드신 분에게 가까이 다가가기 위해 기억을 넘어서려는 것입니다. 그러나 대체 어디서 참으로 선하시고 감미로운 당신을 찾을 수가 있겠습니까? 만일 당신을 나의 기억 밖에서 찾는다면 나는 당신을 기억하지 않고 있는 것입니다. 그런데 당신을 기억하지 않고 어떻게 지금 당신을 찾을 수 있겠습니까?

성 아우구스티누스 비토레 카르파치오(1502- 04년), 시아보니 산 조르지오 학교, 베니스, 이탈리아

재인식

어느 여인이 등불을 켜고 잃어버렸던 한 닢의 은전銀錢을 찾았다고 합니다.[235] 하지만 그 여인이 그 은전을 기억하고 있지 않았다면 찾지 못했을 것입니다. 만일 그녀가 그것을 기억하고 있지 않았더라면 설사 그것이 나타났다고 해도 잃어버린 그 은전인지 아닌지를 분간하지 못했을 것입니다. 나 역시 잃어버린 물건을 찾아낸 일이 많습

---

235) "어느 여자가 열 드라크마가 있는데 하나를 잃으면 등불을 켜고 집을 쓸며 찾도록 부지런히 찾지 아니하겠느냐"(누가복음 15 : 8)

니다. 그래서 나는 이러한 것을 알고 있습니다. 즉 내가 어떤 잃어버린 물건을 찾고 있을 때 이것인가, 저것인가 하다가 내가 찾는 그것이 눈에 뜨이지 않으면 안타까워하는 것이었습니다. 그 잃어버린 물건이 무엇이 되었든 그것을 기억하고 있지 않으면, 설사 그 물건이 나타났다 해도 나는 그것이 잃어버린 물건이라는 것을 알 리가 없기 때문에 그것을 알아차리지 못했을 것입니다. 우리는 흔히 어느 잃어버린 물건을 찾아냈을 때에는 으레 이렇게 합니다. 그러나 어떤 물건이 마침내 시선에서 사라졌으나 아직 기억에서는 사라지지 않을 때에는, 흔히 있는 일이지만 그 영상이 우리 내부에 간직되어 다시금 눈앞에 나타날 때까지 찾게 되는 것입니다. 그것이 발견되었을 때 우리의 내부에 간직되어 있는 영상에 의하여 그 물건임을 확인하게 되는 것입니다. 우리가 그 물건임을 재인식하지 않는 한, 잃어버린 것을 찾아냈다고는 말하지 않습니다. 또 기억하고 있지 않는 한 그것이라는 것을 모릅니다. 그러나 그 찾아낸 사물은 눈앞에서는 사라졌으나 기억 속에 간직되어 있었던 것입니다.

확인과 상기(想起)

그러나 이러한 경우는 어떻겠습니까? 우리가 무엇을 망각해 버리고 다시 생각하려고 애쓸 때에, 기억 자체가 그것을 잃어버렸다면 어떻게 되겠습니까? 우리는 그 기억 속에서가 아니라면 대체 어디에서 찾는다는 말입니까? 만일 거기에 찾고 있는 것과는 다른 것이 나타날 때 우리가 그것을 물리치면 우리가 찾고 있는 것이 나타나게 될 것입니다. 그리하여 막상 그것이 나타날 때에는 "바로 이것이다!"라고 외칩니다. 우리가 이와 같이 외치는 것은 그것을 확인했기 때문입니다. 그리고 우리가 그것을 확인할 수 있는 것은 그것을 상기하기 때문입니다. 또 기억하고 있지 않았다면 그것임을 확인할 수 없을 것입니다. 그러면 우리는 그것을 까마득히 잊게 되는 것입니다. 우리가 어떤 일을 모조리 다 잊지 않았을 경우에는 기억하고 있는 부분으로부터 망각하고 있는 부분을 찾아낼 수 있습니다. 우리의 기억은 지금까지 함께 생각하고 있었던 것을 함께 회상할 수 없게 된 것을 느끼고, 말하자면 습성이 두절된 불구가 되어 그 부족한 부분의 반환을 요구하게 됩니다.

이를테면 우리는 자기가 알고 있는 사람을 눈앞에서 보거나 마음속으로 생각할 때, 잊어버린 그 사람의 이름이 떠오르면 거절하게 됩니다. 다른 사람의 이름은 그 사람과는 전혀 무관한 것이므로 배척되는 것입니다. 그러다가 문득 그 사람의 이름이 떠오르면, 우리는 평소부터 그 이름을 그 사람과 함께 묶어서 생각하고 있으므로 여기에 이름과 사람이 결부되어 겨우 안도감을 갖게 됩니다. 그 이름은 나의 기억 속에서 나온 것입니다. 다른 사람의 말을 듣고 그 순간에 그 이름이 생각날 때에도 그것은 역시 기억 속에서 나온 것입니다. 그것은 새롭게 기억 속에 간직된 것이 아니라, 이미 전에 기억 속에 간직된 것입니다. 그러나 그것이 기억 속에서 완전히 사라졌다면 다른 사람의 말을 들어도 그것을 상기할 수가 없습니다. 우리가 그것을 망각하고 있다는 것을 알고만 있어도, 아직은 완전히 그것을 망각하고 있는 것은 아닙니다. 만약 송두리째 망각해 버린 것이라면 우리는 다시 상기할 수가 없는 것입니다.

행복한 생활을 찾기 위하여

그렇다면 주여! 어떻게 당신을 찾아야 합니까? 내가 하나님을 찾는 이유는 복락을 누릴 수 있기 때문입니다. "나의 영혼이 살 수 있도록 당신을 찾겠나이다."아모스 5 : 4, 이사야 55 : 3 나의 육체는 나의 영혼으로 말미암아 살고, 나의 영혼은 당신으로 말미암아 살기 때문입니다. 그러면 어떻게 해야 행복한 삶을 찾을 수 있겠습니까? "이걸로 충분하다. 이것이 바로 행복한 삶이다"라고 말할 수 있을 때까지는 행복한 삶이란 나에게 없기 때문입니다.

그렇다면 어떻게 그것을 구할 수 있습니까? 복된 생활을 잊고 있으면서 그것을 망각하고 있었다는 것을 아직 기억하고 있는 것처럼, 상기시킴으로써 구할 수 있습니까? 아니면 내가 그것을 경험하지 못하였거나 혹은 그것을 망각해 버렸다는 사실조차 상기하지 못할 정도로 완전히 망각된 상태에서 그것을 마치 전혀 알지 못하는 것처럼 희구하며 찾고 있는 것입니까?

누구나 행복한 삶을 바라지 않는 사람은 없습니다. 그런데 그토록 행복한 삶을 바라고 있다는 사실을 사람들은 어떻게 알았을까요? 행복한 삶을 사랑한다는 사실을 그들은 어디서 깨달았을까요? 분명히 우리는 그것을 소유하고 있으나 어떻게 소유하고 있는지 모르고 있습니다. 행복을 누리는 사람이 있기는 하지만, 사람마다 행복을 누리는 방식은 다른 것입니다. 그리고 그것을 소망하는 가운데 행복을 누리는 사람도 있습니다. 사실 이런 사람들은 현실적으로 행복한 사람들에 비하면 덜 행복하지만 현실적으로나 소망하는 가운데에서나 행복하지 않은 사람들과 비교하면 더 나은 편입니다. 하기야 이들도 행복을 어느 정도 갖고 있습니다. 그렇지 않다면 그들이 행복해지기를 원할 수 없기 때문입니다. 그들이 행복을 원하고 있다는 것은 확실합니다.

그들은 어떤 인식에 의하여 그것을 소유하고 있습니다. 그 인식이란 무엇일까요? 그것은 기억 속에 있는 것입니까? 나는 그것을 알려고 무척 노력했습니다. 만일 그것이 기억 속에 있는 것이라면 나는 과거에 행복했을 것입니다. 그러나 우리들 모두가 따로따로 행복했던 것인지, 혹은 맨 처음에 죄를 지은 사람으로 말미암아 우리가 다 죽게 되었고 그리하여 비참한 생활을 하게 된 그 안에서 행복하였는지[236] 아직 의문이지만, 나는 지금 그것을 문제삼고 있는 것은 아닙니다. 다만 행복했던 삶이 기억 속에 남아 있는지의 여부를 묻고 있는 것입니다. 사실 우리가 그것을 알지 못했더라면 사랑한다는 것도 없었을 것입니다. 행복이란 단순한 단어가 우리에게 행복을 줄 수는 없기 때문입니다.

헬라인들은 그것을 라틴어로 들으면 그것이 무엇인가를 모르기 때문에 절대로 기뻐하지 않습니다. 그러나 라틴인은 그것을 듣고 기뻐합니다. 헬라인들도 그것을 헬라어로 들을 때에는 기뻐합니다. 그러므로 행복한 삶 그 자체는 헬라어도 라틴어도, 헬라인도 라틴인도 아니므로 다른 언어를 구사하는 사람들이라도 한결같이 열렬히 희구하는 것입니다. 그러므로 행복한 삶이란 누구에게나 알려져 있는

---

[236] "아담 안에서 모든 사람이 죽은 것같이 그리스도 안에서 모든 사람이 삶을 얻으리라."(고린도전서 15:22)

것입니다. 그리고 이 사람들을 향하여 "행복한 삶을 원하십니까?"라고 묻는다면 그들은 조금도 주저하지 않고 그렇다고 대답할 것입니다. 그러나 이 같은 응답은 행복한 삶이라는 낱말이 나타내는 영상이 그들의 기억 속에 간직되어 있지 않다면 불가능한 것입니다.

기억 속에 담긴 행복

내가 전에 가본 적이 있는 카르타고를 내 머릿속에 기억하고 있는 것처럼 이 행복한 삶도 나의 기억에서 우러나오는 것입니까? 그렇지 않습니다. 행복한 삶이란 물체가 아니므로 눈으로 볼 수 없습니다. 그렇다면 수를 기억하듯이 우리가 그것을 되새기는 것입니까? 수라는 것은 한 번 알면 다시 되새길 필요는 없습니다. 행복한 삶이 무엇인지 알고 있는 우리는 더욱 행복한 삶을 사랑하며 쟁취하려고 하는 것입니다.

그렇다면 변론술을 기억하듯이 그것을 되새기는 것입니까? 변론술이라는 말을 들었을 때에는 그것을 모르는 사람들도 변론술이란 말을 되새기고 많은 사람들은 그 변론술을 터득하려 하며, 이로 말미암아 변론술이 그들의 지식 속에 깃들게 됩니다. 그러나 그들은 육체적 감각에 의해서 타인이 변론술에 능통한 것을 인정하고 그것을 기뻐하며 그렇게 되기를 원합니다. 물론 그들은 어떤 내적인 인식에 의해서가 아니라면 그것을 기뻐하지 않을 것입니다. 그것을 기뻐하지 않는다면 그렇게 되는 것도 원치 않을 것입니다.

육체적 감각으로는 행복한 삶을 느낄 수 없습니다. 그렇다면 우리가 기쁨을 기억하듯이 그것을 회상하는 것입니까? 아마도 그럴 것입니다. 나는 불행할 때 행복한 삶을 기억하듯이 슬플 때 기쁨을 기억합니다. 또 나는 나의 기쁨을 육체의 감각에 의해서 보거나 듣거나 냄새를 맡거나 맛보거나 감촉을 느꼈던 것은 아니며, 내가 기쁜 감정을 느꼈을 때에 나의 마음 속에 경험했던 것입니다. 이 기쁨의 지식은 나의 기억 속에 도사리고 있는 것으로서, 내가 그것을 기뻐한 것을 기억하는 여러 사물의 성질에 따라서 때로는 혐오를 느끼고 때로는 소망을 품으면서 그 기쁨을 회상할 수가 있는 것입니다. 나는 욕된 기쁨에 젖은 적이 있는데, 문득 그것이 생각나서 한층 더 혐오감을 가지며 저주스러운 기분이 듭니다. 나를 기쁘게 했던 것은 대부분 선량하고 정직한 것이었습니다. 그것 자체는 분명히 이미 존재하지 않겠지만, 나는 그것을 열망하면서 회상합니다. 그러기에 슬퍼하면서 지난날의 기쁨을 되새기는 것입니다.

그러면 내가 언제 어디서 그것을 경험했기에, 나는 행복한 삶을 회상하고 사랑하며 열망하는 것일까요? 나와 모든 사람들이 행복해지기를 바라고 있습니다. 그러나 우리가 행복한 삶을 확실한 인식에 의해서 알지 못할 때에는, 확고한 의지로써 그것을 구하지 않을 것입니다. 그런데 이와 같은 일은 왜 일어나는 것일까요? 두 사람에게 "전쟁에 나가기를 원하는가?"라고 묻는다면, 한 사람은 나가는 것을 원한다고 대답하고 다른 한 사람은 원치 않는다고 대답할는지도 모릅니다. 그렇지만 그들에게 "당신은 행복하기를 원하는가?"라고 물으면, 두 사람은 즉시 그렇다고 대답할 것입니다. 두 사람 중 한 사람이 전쟁에 나가기를 원하고 다른 한 사람이 원치 않는 것도 특별한 이유에서가 아니라 다만 그들이 행복하기를 열망하기 때문입니다. 그것은 양자가 그 기쁨을 얻는 길을 달리하고 있기 때문입니다.

이와 같이 모든 사람은 행복하기를 원합니다. 그들에게 "당신은 기뻐하기를 원하는가?"라고 물으면 이구동성으로 그렇다고 대답할 것입니다. 이 기쁨 그 자체를 우리는 행복한 삶이라고 부르는 것입니다. 이 기쁨을 추구하는 방법은 다르지만 모든 사람이 도달하려는 목표는 단 하나, 즉 기쁨을 획득하는 것입니다. 어느 누구도 기쁨을 경험한 일이 없다고는 말할 수 없을 것입니다. 행복한 삶이라는 말을 들을 때마다 그것은 그들의 기억 속에서 상기되어 바로 그것이라고 인식하게 되는 것입니다.

하나님께로 돌아가라

주여, 멀리 떠나게 하옵소서. 당신을 우러러보고 고백하는 당신 종의 마음으로부터 그것을 멀리 떠나게 하옵소서. 내가 체험했던 기쁨이 내게 행복을 가져다 준다는 생각으로부터 멀리 떠나게 하여 주옵소서. "악인에게는 평강이 없으며"이사야 48:22 오직 주님을 숭앙하고 주님이 바로 그 기쁨의 대상이라고 믿는 사람들에게만 기쁨이 있습니다. 행복된 생활이란 주님을 구하고 주님에 의해서 주님을 위해 기뻐하는 것입니다. 이것이 바로 행복한 삶이며, 이 밖에 어떠한 복락도 없습니다. 다른 행복한 삶이 존재한다고 생각하는 자는 하나님 이외의 기쁨을 추구하고 있으며, 참된 기쁨을 추구하는 것이 아닙니다. 그들의 마음은 어떤 다른 기쁨의 영상에서 벗어나지 못하고 있는 것입니다.

어떻게 복된 생활을 구할 것인가

그러므로 모든 사람들이 다 행복해지기를 원한다고 말할 수는 없습니다. 주님 안에서 기쁨을 찾고자 하지 않는 자들은 확실히 행복한 삶을 원하지 않기 때문입니다. 그렇지 않고 모든 사람들이 행복한 삶을 추구하더라도 "육체의 소욕은 성령을 거스르고 성령의 소욕은 육체를 거스르나니 이 둘이 서로 대적함으로 너희의 원하는 것을 하지 못하게"갈라디아서 5:17 하기 때문에 그들은 손쉽게 도달할 수 있는 세속적인 행복에 빠져 그것에 만족하고 있습니다. 그들은 도달할 수 없는 경지에 도달하고자 열심히 추구하지 않습니다. 나는 온갖 사람들에게 진리 아니면 허위, 그 어느 쪽을 원하는가를 물었습니다. 그러면 그들은 행복한 삶을 원한다고 했을 때처럼 조금도 주저하지 않고 진리를 원한다고 대답할 것입니다. 확실히 진리 안에서의 기쁨이 행복한 삶이기 때문입니다. 그것은 "진리이신 주님"요한 14:6 안에서 누리는 기쁨입니다.

모든 사람들이 갈망하는 기쁨이란 "나의 빛이시며"시편 27:1 "내 얼굴을 도우시는 내 하나님"시편 42:11이신 당신에 대한 기쁨입니다. 모든 사람은 이 복된 삶을 바라고 있습니다. 모든 사람은 진리 안에서의 기쁨을 원합니다. 남을 속이려고 하는 사람은 많아도 남에게 속기를 원하는 사람은 아무도 없습니다. 그렇다면 사람들은 어디에서 이 복락을 알았겠습니까? 그것은 그들이 진리가 무엇인가를 안 데서 연유한 것이 아니겠습니까? 그들은 속기를 원하지 않으므로 진리도 사랑하는 것입니다. 그리고 복된 삶을 사랑할 때에 그것은 진리에 대한 기쁨이므로 그들이 진리를 사랑한다는 것은 의심치 않습니다.

그렇지만 그들이 진리에 대한 어떤 관념을 기억 속에 간직하고 있지 않다면, 그들은 진리를 사랑할 수 없을 것입니다. 그러면 어째서 그들은 진리를 사랑하지 않는 것입니까? 어째서 행복을 누리지 못하는 것입니까? 그들은 자신들을 불행하게 하는 다른 세속적인 사물에만 눈이 팔려, 자신들을 행복하게 하는 것을 극히 조금밖에 기억하고 있지 않기 때문입니다. "아직 잠시 동안 빛이 너희 중에 있으니 빛이 있을 동안에 다녀 어두움에 붙잡히지 않게 하라."요한 12:35

그런데 어찌하여 진리가 미움을 사게 되었습니까?[237] 왜 진리를 외치고 전하는 주님의 종인 요한이 그들의 적이 된 것입니까? 그들은 모두 행복한 삶을 사랑하고 그 행복한 삶은 진리에 대한 기쁨이라는 것을 알고 있습니다. 그러나 그들은 진리가 아닌 허구를 사랑하면서도 그들이 사랑하는 세속적인 그것이 진리이기를 원합니다. 그리고 그들은 속으려고 하지 않으므로 그들이 그릇되게 생각하고 있다는 것도 시인하려고 하지 않습니다. 그리하여 그들은 거짓된 진리를 합리화하여 사랑하기 때문에 참된 진리를 미워하는 것입니다. 그들은 진리가 빛을 나타낼 때에는 진리를 사랑하고 진리가 꾸짖을 때에는 그 진리를 미워하는 것입니다. 즉 그들은 속으려고 하지 않으면서 속이는 것을 원하므로 진리가 그 자체를 밝힐 때에는 진리를 사랑하고 진리가 그들 자신을 나타낼 때에는 진리에 의해 자기 정체가 밝혀지기를 원치 않는 자들을 진리는 그들의 뜻에 거슬려 밝혀 드러내고, 진리 자체는 그들로부터 숨어 버립니다.

---

237) "지금 하나님께 들은 진리를 너희에게 말한 사람인 나를 죽이려 하는도다."(요한복음 8:40)

인간의 마음이란 이러한 것입니다. 인간의 마음은 맹목적이고 어리석고 수치심이 없고 천하며, 자기 자신은 감추어지기를 원하는 반면에 다른 것은 무엇이고 다 자기 앞에 드러나기를 바라고 있습니다. 그러나 그에게 임하는 보상은 정반대일 것입니다. 그는 진리 앞에서 숨지 못할 것이며 오히려 진리가 그 앞에서 숨어 버릴 것입니다. 그럼에도 불구하고 인간은 허위보다도 진실을 더 기뻐하려는 본성이 있습니다. 그러기 때문에 영혼은 무엇에게도 교란되는 일 없이 오직 진리로 말미암아, 온갖 진리의 근원인 진리 그 자체 안에서 기쁨을 얻을 때 비로소 행복을 누릴 수 있는 것입니다.

진리를 찾은 자는 하나님도 찾는다

주여, 나는 당신을 찾기 위해 얼마나 오랫동안 내 기억 속을 뒤져 보았는지 모릅니다. 나는 내 기억 밖에서는 당신을 찾지 못했습니다. 내가 당신을 알게 된 후부터는 내가 당신에 대하여 찾아낸 것은 모두 기억 속에 간직하였습니다. 당신을 알게 된 후부터는 결코 당신을 잊은 적이 없습니다. 내가 진리를 찾았을 때 진리이신 나의 하나님을 찾았고 그 후부터는 하나님을 결코 잊은 적이 없습니다. 내가 당신을 되새겨 당신 품안에서 기쁨을 얻었을 때 나는 당신을 내 기억 속에서 찾아냈습니다. 이것은 하나님께서 가난한 내 마음에 자비를 베푸신 나의 성스러운 기쁨이었습니다.

기억 속에 찾은 하나님

그러나 주님이시여, 당신은 나의 기억 속 어느 곳에 계십니까? 대체 어디에 계시는 것입니까? 당신은 어떤 방을 미리 마련해 두셨습니까? 그리고 어떤 거룩한 보좌를 만들어 놓으셨습니까? 당신은 나의 기억 속에 임하시어 내게 명예로운 기억을 주셨습니다. 그런데 당신은 내 기억 속 어느 부분에 계십니까? 이것이 바로 지금 내가 알고자 하는 것입니다.

내가 주님을 생각할 때 하찮은 짐승조차도 갖고 있는 그런 기억의 공간을 훨씬 넘어섰습니다. 나는 어디까지나 당신을 물체적인 사물의 영상 속에서는 찾지 않았기 때문입니다. 그리고 나는 내 마음의 정감(情感)이 깃들인 기억의 단층을 되새겼지만, 거기에서도 주님을 찾지 못하였습니다. 다음에 나는 내 마음의 기억 속에 차지하고 있는 마음 그 자체의 단층에까지 생각이 미쳤지만, 거기에도 당신은 계시지 않았습니다. 당신은 물체의 영상이 아니며, 기쁨, 슬픔, 욕망, 두려움, 기억, 망각에서 경험하는 살아 있는 사람의 정념도 아니며, 마음 그 자체도 아닙니다.

당신은 이런 사람들 마음의 주이신 하나님 아버지시며, 이들 마음은 일체 변하지만 주님 자신은 온갖 것을 초월하여 변하는 일이 없이 만물 위에 계십니다. 더욱이 내가 주님을 알게 된 후부터는 황송하게도 내 기억 속에 머물러 계십니다. 그런데 나는 어찌하여 자꾸 당신이 계신 곳이 마치 무슨 공간인 것처럼 질문하는 것입니까? 당신이 내 기억 속에 계신다는 것만으로도 나는 기쁨을 얻습니다. 당신을 알게 된 후부터는, 주님을 기억하고 또 주님을 상기할 때에는 언제나 나는 그 기억 속에서 당신을 발견하게 되는 것입니다.

하나님은 어디서 찾아야 할까?

그러면 나는 어디에서 당신을 찾아 알게 된 것입니까? 내가 당신을 알기 전에는 당신은 내 기억 속에 계시지 않았기 때문입니다. 그렇다면 나는 어디에서 당신을 찾아 당신을 알게 된 것입니까? 그것은 내 위에 계신 당신이 아니겠습니까? 그러나 그와 같은 일은 결코 공간적인 것이 아닙니다. "내가 앞으로 가도 그가 아니 계시고 뒤로 가도 보이지 아니하였습니다."욥기 23:8 진리여! 당신은 곳곳에서 당신을 찾는 모든 사람 위에 계시어 저마다 생각을 달리하는 사람들에게, 그들이 갖는 여러 가지 문제에 대하여 당신의 뜻을 구할 때, 그에 대한 여러 가지 해답을 주십니다. 당신은 분명한 해답을 주시지만 모든 사람이 분명하게 듣는 것은 아닙니다. 사람마다 제각기 원하고 있는 것을 찾고 있으나 반드시 내가 원하는 대로 듣지도 못합니다. 저들이 원하는 것을 당신으로부터 듣기보다는 당신의 뜻을 듣고 싶어하는 사람이야말로 당신의 가장 선한 종입니다.

하나님의 아름다움, 그것을 사랑하지 못한 것을 한탄함

어제도 오늘도 앞으로도 항상 새롭고 아름다우신 주님이시여! 나는 너무나 늦게 당신을 사랑했습니다. 당신은 내 안에 계셨음에도 불구하고 나는 헛되이 바깥에서 당신을 찾았습니다. 그리고 나는 추악한 몰골로 당신이 만드신 아름다움 속으로 돌진했습니다. 당신은 나와 같이 계셨는데도 나는 당신과 함께 있지 아니하였습니다. 당신 안에 있지 않는다면 전혀 존재하지 못했을 미물들이 나로 하여금 당신으로부터 멀어져 가게 했습니다. 당신은 불러주시고 소리치시고 들지 못한 내 귀를 터 주시고, 당신은 비추시고 밝히시어 나의 먼 눈을 뜨게 하셨습니다. 나는 숨가쁘게 당신을 그리워하며 사모합니다. 나는 당신의 아름다움을 맛보았으므로 더욱 굶주림과 목마름을 느낍니다. 당신이 나를 만지시므로 나는 당신의 평안을 열망합니다.

인간 생활의 비참

나의 모든 것을 바쳐 당신에게 의지할 때 기쁨이나 고통도 사라질 것입니다. 그때 내 삶은 당신으로 가득 차고 참된 삶이 될 것입니다. 그러나 당신은 당신이 가득 채우는 것을 끌어올리시지만 나는 아직 차지 못하여 스스로 무거운 짐이 됩니다. 내 안에서는 슬픈 기쁨과 기쁜 슬픔이 서로 얽혀 싸우고 있습니다. 그 어느 편이 승리할지 나도 모릅니다. 오, 슬프도다! 주여 저를 불쌍히 여기소서. 오, 슬프도다! 나는 내 상처를 감추려 하지 않습니다. 당신은 의사이며 나는 병들어 있습니다. 당신은 가엾이 여기시어 내게 자비를 베푸소서. "세상에 있는 인생에게 전쟁이 있지 아니하냐?"욥기 7:1 누가 고통이나 곤란을 원하리이까? 당신은 그것을 참으라 하시지만, 사랑하라고는 하시지 않습니다. 아무리 참고 견디는 일을 사랑한다 해도 그것을 좋아하지는 않습니다. 참기를 기뻐하나 그보다는 참고 견디는 일이 전혀 없기를 바라기 때문입니다.

나는 역경에서 순경順境을 열망하지만 순경 가운데 역경도 두려워합니다. 이 두 가지 사이에 인간 생활에 시련을 주지 않는 중간의 위치에 해당하는 것이 또 있겠습니까? 이 세상의 순경은 재난입니다 ─ 역경의 두려움과 순경의 기쁨이 무너진다는 것으로써 이중의 재난입니다. 이 세상의 역경은 재난입니다. 곧 순경에 대한 원망願望과 역경 그 자체의 고난과 참음이 파괴되기 때문에 삼중의 재난입니다. 땅 위의 인간의 삶은 끊임없는 시련이 아니고 무엇이겠습니까?

모든 희망은 하나님 속에 있습니다

이제 내 모든 희망은 당신이 베푸신 큰 자비에 달려 있습니다. 당신이 명하신 것을 주시고 원하시는 것을 명하소서. 당신은 내게 절제를 명하십니다. "하나님께서 주시지 않으면 아무도 스스로 절제할 수 없음을 깨달았습니다. 이 선물이 누구의 선물인가를 아는 것이 현명의 표시입니다."지혜서 8 : 21 실상 절제함으로써 흩어졌던 우리는 본래의 하나로 맺어집니다. 당신을 사랑하되 세상을 사랑하는 자는 당신을 덜 사랑하는 자입니다. 오, 항상 불타오르고 결코 꺼지지 않는 사랑이며 자비이신 나의 하나님! 나를 불타게 하소서. 당신은 절제를 명하십니다. 당신이 명하시는 바를 주시고 당신이 원하시는 바를 명하소서.

육욕肉慾의 유혹에 대한 태도

당신은 나에게 분명 "육신의 정욕과 안목의 정욕과 이생의 자랑" 요한 1서 2 : 16을 억제할 것을 명하셨습니다. 당신은 정사情事를 억제할 것을 명하고 정식 혼인에 있어서도 당신이 허용하신 이상의 것을 권하셨습니다. 당신이 그것을 베풀어 주심으로써 나는 성사의 집행자가 되기 전부터 이미 당신의 명을 지키게 되었습니다. 그러나 내 기억에 관해서는 이미 여러 가지를 말했습니다만 내 습관이 거기에 부착시킨 갖가지 영상이 되살아납니다. 그 영상이 내가 깨어 있을 때는 미약하지만 꿈 속에서는 내게 동의를 구함으로써 실제 행동과 똑같습니다. 이 영상의 망상은 내 육체 가운데 있는 영혼에 대해 몹시 강력해져서 깨어 있을 때는 나를 부르지 못했지만 잠자고 있을 때에는 거짓 환상이 나를 유혹하는 것입니다.

주여, 나의 하나님이시여! 그때 나는 나 자신이 아니었을까요? 깨었다가 잠이 들고 잠이 들었다가 깨는 것이 인생인데 나와 나 사이에는 왜 이 같은 큰 차이가 있는 것입니까? 나는 깨어 있을 때에는 이성에 따라 그와 같은 유혹을 거절하고 갖가지 현상이 눈앞에 나타나도 마음의 동요가 없었는데, 내가 잠자고 있는 동안 그 이성은 어디에 있는 것입니까? 이성은 눈과 함께 감겨져 있는 것입니까? 신체의 감각과 함께 잠들어 있는 것입니까? 그러면 우리가 잠자고 있는 동안에도 어떤 환상에 거역하고 동의하지 않는 것이 자주 있는 것은 어찌된 일입니까? 그럼에도 불구하고 잠들어 있는 나와 깨어 있는 나 사이에 매우 큰 차이가 있으므로 내 비록 잠자고 있는 동안에 동의한 일이 있어도 깨어 있을 땐 양심의 평정平靜을 되찾게 됩니다. 우리는 이 차이에 의해서 우리 자신도 모르게 한 일은 자신이 한 행위가 아니라는 것을 깨닫게 될 것입니다.

전능하신 하나님이시여, 당신의 손은 내 영혼의 모든 병을 치유하고 넘치는 당신의 은총에 의해서 내가 잠자고 있는 동안 음란한 마음이 일어나는 것까지도 진정시킬 수는 없을까요? 주여, 당신은 "우리의 온갖 구하는 것이나 생각하는 것에 더 넘치도록 능히 하시어"에 베소서 3:20 내 영혼은 정욕의 끈끈이에서 해방되어 당신을 따르고 자신에게 반항함이 없이 잠든 가운데서도 감각적 영상에 의해서 저 썩고 더러운 짓을 하지 않고, 육체 그 자체를 더럽히지 않을 뿐 아니라, 또한 동의하는 일조차 하지 않게 될 것입니다. 가령 마음대로 억제한다는 것이 손쉽다는 것, 이 나이뿐만 아니라 한평생을 두고 나의 깨끗한 감정을 조금도 흐트러뜨리지 않게 하는 것은 우리가 구하고 깨닫는 것보다 훨씬 더 많이 주실 수 있기 때문에 전능한 자에게는 결코 대수롭지 않은 일입니다.

나는 지금까지 죄지은 존재의 행위가 어떠한지 선하신 주님에게 고백했습니다. 그리고 그 베푸신 은혜가 크고 놀라워 "떨며 즐거워하였습니다."시편 2:11 불완전한 이 인간을 당신의 자비로 완성해 주옵소서. "이 썩을 것이 썩지 아니함을 입고 이 죽을 것이 죽지 아니함을 입을 때에는 사망이 이김의 삼킨 바 될 때까지"고린도전서 15:54 내가 주와 더불어 완전한 평안에 이르기를 바랍니다.

식욕의 유혹에 대한 태도

"한 날 괴로움은 그날에 족하기를"마태 6:34 바랍니다. 하나님께서 "이 썩을 육신을 썩지 아니함으로 입혀 주셔서"고린도전서 15:54 "식물과 배를 폐하실"고린도전서 6:13 때까지 우리는 먹고 마심으로 나날이 소모되는 육신을 억제합니다. 그러나 지금은 먹어야 할 필요성이 맛으로 변해서 나는 그 감미로운 맛의 포로가 되지 않도록 싸우고 있습니다. 나는 단식하며 나날이 싸움을 계속하고 자주 "내 몸을 쳐 복종시킨"고린도전서 9:27 일도 있습니다. 배고픈 고통을 쫓아낸다는 것은 나에게는 유쾌한 일입니다.

실상 굶주림과 목마름은 하나의 고통이며, 영양이라고 하는 의약醫藥이 구조하러 오지 않으면 열병이 사람을 죽이듯 나의 몸을 태워 죽이는 것입니다. 이 영양은 당신께서 우리에게 허락하신 은혜의 선물입니다. 그 은혜 안에서 하늘과 땅과 물이 우리의 연약함을 도와주기 때문에 우리의 고난은 우리의 쾌락으로 불립니다.

내가 약을 먹듯 영양을 취하려는 것은 당신의 가르침을 받았기 때문입니다. 그러나 내가 배고픔의 고통에서 포만감의 상태로 옮아갈 때, 그 통로에는 욕망이라는 함정이 있었습니다. 옮아가는 순간 우리는 쾌락을 맛보는데, 그것은 절박한 필요에 의한 것이므로 다른 방법이 없습니다. 우리는 건강을 유지하기 위하여 먹고 마십니다. 하지만 인간은 흔히 위험한 쾌락의 종이 되어 건강보다 쾌락을 추구하는 경향이 많습니다. 건강과 쾌락은 그 기준을 달리하고 있습니다. 곧 건강을 위해서 충분한 것은 쾌락에 있어서는 불충분한 것입니다. 그리고 신체상 필요한 배려가 더 많은 도움을 요구한다든가, 아니면 쾌락을 위하여 어느 정도 정욕을 불태워야 할지 그 구분이 애매모호한 경우가 자주 있습니다.

불행한 영혼은 그 불확실함을 기뻐하고 자기 변명의 구실을 만듭니다. 그리고 건강을 유지하기 위해서는 어느 정도의 영양이 필요한지 분명하지 않으므로 보건이라는 명목 아래 쾌락을 만끽하며 즐거워하고 있습니다. 나는 나날이 이와 같은 유혹에 거역하려고 힘쓰면서 당신에게 구원을 청하며 내 괴로움을 호소합니다. 나는 이에 대해서 생각을 가다듬지 못하고 있기 때문입니다.

나는 하나님이 명하신 음성을 듣습니다. "너희는 방탕하며 술 취하지 않도록 스스로 조심하라."누가 21 : 34 과음은 나와는 멀리 떨어져 있습니다. 그것이 나에게 가까이 오지 않도록 당신은 자비를 베푸셨습니다. 그런데 과식은 때때로 당신의 종에게 몰래 가까이 옵니다. 당신은 그것을 내게서 멀어지도록 자비로써 구원해 주옵소서. "당신께서 주시지 않으면 아무도 절제할 수가 없기"지혜서 8 : 21 때문입니다. 우리가 간구하면 당신은 많은 것을 주십니다. 우리가 간구하기 전에 받은 선도 모두 당신께서 주신 것입니다. 또한 우리가 이 사실을 알게 된 것도 당신께서 허락하여 주신 것입니다. 나는 지난날에 과음한 일은 없으나 과음한 자가 당신의 힘으로 제정신으로 돌아온 것을 알고 있습니다. 그러므로 과거에 과음한 적이 없는 사람이 과음하지 않는 것은 당신의 은혜요, 과거에 과음한 자가 이미 과음하지 않게 된 것도 당신의 은혜입니다.

　나는 또 당신의 다른 음성을 들었습니다. "네 정욕을 따라가지 말고 네 욕망을 억제하여라."집회서 18 : 30 나는 당신의 은혜를 입어 "먹지 아니하여도 부족함이 없고 먹어도 풍성함이 없으리라"고린도전서 8 : 8는 말씀처럼, 많이 먹는다고 풍족할 것도 없고 적게 먹는다고 비참해지지 않습니다. 나는 또한 이런 음성도 들었습니다. "내가 궁핍하므로 말하는 것이 아니라 어떠한 형편에든지 내가 자족하기를 배웠노니 내가 비천에 처할 줄도 알고 풍부에 처할 줄도 알아 일체의 비결을 배웠노라. 내게 능력 주시는 자 안에서 내가 모든 것을 할 수 있느니라."빌립보서 4 : 11-13 이것은 우리가 티끌이 아니고 하늘 나라의 군사임을 보여주는 말씀입니다.

　그러나 주여! "당신은 우리의 체질을 아시며 우리가 진토임을 기억하시고 계십니다."시편 103 : 14 당신은 흙으로 인간을 빚으셨고 인간은 "잃었다가 다시 찾은 자들"누가 15 : 32입니다. 그러나 이같이 말한 바울도 우리와 같은 티끌에 불과하기 때문에 그 자신에게도 이러한 능력이 없습니다. 그는 당신의 영감을 받아 이렇게 외쳤으므로 나는 그를 매우 사랑하였습니다. 그는 "내게 능력 주시는 자 안에서 내가 모든 것을 할 수 있느니라"빌립보서 4 : 13고 말했습니다. 나도 그처럼 할 수 있도록 나를 강하게 해주옵소서. 당신이 명하시는 바를 주시고 원하시는 바를 명하소서. 바울은 당신으로부터 그 능력을 받았으며 "자랑하는 바를 주 안에서 자랑하였습니다."고린도전서 1 : 31 나는 또한 어떤 사람이 당신께 간구하는 소리를 들었습니다. "나의 배로부터 나오는 정욕을 내게서 거두어 주소서."집회서 23 : 6 오, 성스러운 주여! 당신이 무엇이 되라고 명하실 때, 당신이 그것을 주심은 분명합니다.

선하신 아버지시여, 당신은 내게 가르쳐 주셨습니다. "깨끗한 자들에게는 모든 것이 깨끗하나"디도서 1 : 15 "거리낌으로 먹는 사람에게는 악하니라."로마서 14 : 20 "하나님의 지으신 모든 것이 선하매 감사함으로 받으면 버릴 것이 없습니다."디모데전서 4 : 4 "식물은 우리를 하나님 앞에 세우지 못하나니"고린도전서 8 : 8 "먹고 마시는 것으로 인하여 누구든지 우리를 폄론하지 못합니다."골로새서 2 : 16 그러므로 "먹는 자는 먹지 않는 자를 업신여기지 말고 먹지 못하는 자는 먹는 자를 판단하지 말아야 합니다."로마서 14 : 3 나는 이런 말씀을 배웠습니다.

내 주님이시여! 나의 귀를 울려 주시고 내 마음을 비춰 주시는 스승이시여! 나는 당신에게 감사드리고 찬미하나이다. 나를 온갖 유혹으로부터 구원해 주소서. 내가 두려워하는 것은 음식의 불결함이 아니라 과식의 불결함입니다. 노아는 먹어서 좋은 온갖 종류의 고기는 먹도록 허락받았고,[238] 엘리아는 고기로 양육되었으며,[239] 놀랄 만한 절제력을 지닌 세례 요한이 먹을 것으로 제공된 생물, 곧 메뚜기를 먹고도[240] 더럽혀짐이 없었다는 것을 알고 있습니다. 그러나 에서는 팥죽을 먹고 싶어서 속아 넘어갔고,[241] 다윗은 물을 마시려는 자신을 스스로 꾸짖었으며,[242] 우리 임금님이신 그리스도는 고기가 아닌 빵으로 시험을 당하신 일[243]을 알고 있습니다. 그 때문에, 광야에 있던 이스라엘 백성들이 하나님께 징계를 받은 것은 단순히 그들이 고기를 원했기 때문이 아니라[244] 음식에 대한 탐욕을 버리지 못했기 때문입니다.

나는 이와 같은 유혹 속에 놓여 날마다 먹고 싶어하는 욕망과 싸우고 있습니다. 그것은 정부(情婦)와의 관계와 같이 쉽지가 않아서 단번에 끊어버리기가 어려운 일입니다. 그 때문에 욕망의 고삐는 적당하게 조이거나 늦추어서 조절하지 않으면 안 됩니다.

주여, 필요한 한계를 조금이나마 넘지 않는 자가 있을까요? 만약

---

[238] "땅의 모든 짐승과 공중의 모든 새와 땅에 기는 모든 것과 바다의 모든 고기가 너희를 두려워하며 너희를 무서워하리니 이들은 너희 손에 붙이웠음이라."(창세기 9 : 2)
[239] "까마귀들이 아침에도 떡과 고기를, 저녁에도 떡과 고기를 가져왔고 저가 시내를 마셨더니"(열왕기상 17 : 6)
[240] "요한은 약대 털옷을 입고 허리에 가죽띠를 띠고 음식은 메뚜기와 석청이었더라."(마태복음 3 : 4)
[241] "야곱이 떡과 팥죽을 에서에게 주매 에서가 먹으며 마시고 일어나서 갔으니 에서가 장자의 명분을 경홀히 여김이었더라."(창세기 25 : 34)
[242] 사무엘하 23 : 15-17 참조.
[243] "시험하는 자가 예수께 나아와서 가로되 네가 만일 하나님의 아들이어든 명하여 이 돌들이 떡덩이가 되게 하라."(마태복음 4 : 3)
[244] 민수기 11 : 4-35 참조.

그러한 사람이 있다면 그 사람은 위대하며 당신의 이름을 찬송하지 않으면 안 됩니다. 그러나 나는 그러한 위인이 못 됩니다. "나는 죄인이로소이다."누가 5 : 8 그러나 나도 당신의 이름을 찬송합니다. 그러나 "세상을 이긴" 주님은 "나의 죄를 위하여 간구하시는 자이십니다."로마서 8 : 34 그리고 "우리를 그의 몸의 지체"고린도전서 12 : 12로 간주해 주셨습니다. "내 형질이 이루기 전에 주의 눈이 보셨으며 나를 위하여 정한 날이 하나도 되기 전에 주의 책에다 기록이 되었나이다."시편 139 : 16

후각의 유혹에 대한 태도

후각의 유혹에 대해서 나는 별다른 관심을 가지고 있지 않습니다. 그것이 없어도 아쉬워하지 않고 또 있다고 해도 구태여 물리치지 않습니다. 또한 그것이 없어도 지낼 수 있는 각오도 되어 있습니다. 적어도 내게는 그렇게 느껴집니다. 그러나 내가 속고 있는지도 모릅니다. 이것도 나의 슬픈 암흑이며 그 때문에 내 안에 있는 내 능력까지도 내게는 보이지 않기 때문입니다. 그 때문에 내 정신은 자신의 능력에 대해서 스스로 물을 때, 자신의 능력을 쉽게 믿으려 하지 않습니다. 흔히 마음속에 있는 것은 감추어져 있어서 경험으로만 드러나는 까닭입니다. 그러므로 끊임없는 고통이라고 일컫는 이 세상[245]의 사악한 것에서 선량하게 된 사람이 다음에는 반대로 선량한 것에서 사악한 것으로 변할 가능성은 확실히 알 수가 없습니다. 오직 당

---

245) "세상에 있는 인생에게 전쟁이 있지 아니하냐. 그날이 품군의 날과 같지 아니하냐?"(욥기 7 : 1)

신의 자비만이 유일한 희망이자 유일한 믿음이요, 유일하고 확실한 약속입니다.

청각의 유혹에 대한 태도

귀의 쾌락은 강하게 내게 얽혀 끊임없이 나를 괴롭혔으나 당신은 나를 풀어 주어 자유의 몸이 되게 해주셨습니다. 나는 지금도 당신의 말씀으로 생기가 도는 노래가 감미롭게 잘 불려진 것을 들을 때마다 조금 마음이 편안해집니다. 그러나 세속의 노래를 들을 때는 거기에 빠져들지 않고 내 생각대로 떨어버리고 일어설 수가 있습니다. 그러나 그 노래가 생명의 성구聖句와 함께 내게로 들어오려고, 내 마음 속에 그 위엄을 손상하지 않을 만한 장소를 요구할 때, 나는 그에 알맞은 장소를 제공하는 일이 어려웠습니다. 때로는 거기에 알맞기보다 더 많은 영광을 드리지 않을 수 없는 것으로 생각되었기 때문입니다. 곧 그와 같이 노래가 불리어질 때, 노래를 부르지 않을 때보다 우리 마음이 거룩한 말씀으로 더 경건하고 열렬하게 신앙의 불길로 타오르는 것을 느낍니다.

우리 영靈의 모든 감정은 그 다양성에 따라, 그것을 노래하는 소리와 독특한 가락을 가지고 있어서 그것과 어떤 숨은 조화에 의해서 불러일으켜짐을 느낍니다. 그러나 내 정신을 약하게 하는 육체적 감각에 속는 일이 자주 있습니다. 감각은 참을성 있게 기다려야 하는데 이성理性의 뒤를 따르기를 싫어합니다. 감각적 쾌락이 허용되고 있는 것은 이성의 덕임에도 불구하고 그를 앞서 달리고 도리어 그를 인도하려고 꾀할 때도 있습니다.

이렇게 나는 알지 못하는 사이 죄를 지었으며 그 후에야 비로소 이를 깨닫게 되는 것입니다. 그래서 나는 이와 같은 속임수에 빠져드는 것을 너무 염려한 나머지 축제 때 시편을 노래하던 아름다운 선율도 외면했습니다. 나는 알렉산드리아의 주교 아타나시우스처럼 성서를 노래할 때 소리의 변화를 없애고 노래한다기보다는 오히려 이야기하듯 읽히는 것이 안전하다고 생각했습니다. 그렇지만 교회의 노래에 흘렸던 눈물을 상기하고 지금도 그것이 맑은 소리로 가장 아름다운 선율로 불리는 것을 들을 때, 비록 나를 감동시킨 것이 노랫소리가 아니라 가사였다고 할지라도 다시금 나는 찬양은 커다란 축복이라는 것을 깨닫게 됩니다.

이와 같이 나는 쾌락의 위험과 건전한 경험 사이에서 흔들리고 있었습니다. 하지만 나는 교회에서 부르는 찬양의 관습을 시인하고 싶습니다. 그것은 귀를 즐겁게 해줌으로써 믿음이 박약한 자들의 신심信心을 불러일으키기 때문입니다. 내가 가사보다도 가락에 더 끌렸다면 벌을 받아 마땅하지만 그런 때는 아예 노래를 듣지 않는 것이 나을 줄로 여겨집니다. 보아 주십시오, 이것이 내 마음의 상태입니다. 마음 속에 선善을 생각하고 그것을 바탕으로 선을 행하는 성도들이여, 나와 함께 나를 위하여 울어 주십시오. 당신들이 선을 행하지 않는다면 내 말을 느끼지 못할 것입니다. 주여, 나의 하나님이시여, 나의 기도를 들으시고 나를 살피시고 "나의 뼈가 떨리오니 나를 고치소서."시편 6 : 2 당신의 눈앞에서 나는 나 자신에게 문제가 있었다는 것을 알았으며 "이는 나의 연약함입니다."시편 77 : 10

안목의 정욕에 대한 태도

또한 그 밖에도 내 육체가 지니고 있는 눈의 쾌락이 있습니다. 나는 하나님의 성전 안에 거하는 형제들[246]과 경건한 성도들의 귀에 이 안목의 정욕에 관해 고백함으로써 "육신의 정욕"요한 1서 2:16에 대한 얘기를 끝내려 합니다. "과연 우리가 여기 있어 탄식하며 하늘로부터 오는 우리 처소로 덧입기를 간절히 사모하노니." 고린도후서 5:2 그런데 눈은 아름답고 다양한 모양과 화려하고 아름다운 색채를 사랑합니다. 나의 영혼은 이것들에 유혹되지 말고 주님만이 나를 소유하셔야 합니다. 주님은 천지만물을 매우 선하게 만드셨지만 오직 주님만이 참된 선이십니다. 내가 깨어 있는 동안 이것들은 나를 자극합니다. 노랫소리는 때때로 끊어지므로 휴식을 취할 수 있지만 눈은 열려 있는 동안은 한치의 휴식도 갖지 못합니다. 실상 색채의 여왕인 빛은 우리가 눈으로 보는 모든 것에 넘치고 우리가 낮 동안 어디에 있어도 갖가지 모습으로 지나가고 내가 빛을 의식하지 못하고 다른 일을 할 때에도 내게 아름다운 모습을 보여줍니다. 게다가 우리에게 깊이 파고들어서 갑자기 보이지 않게 되면 우리가 열렬하게 그것을 찾게 되고 오랫동안 나타나지 않으면 우리 마음이 슬퍼지기도 합니다.

오, 빛이여! 토비아스는 눈이 멀었어도 그의 아들에게 생명의 길을 가르쳤습니다.[247] 사랑의 발길로 아들을 앞서가며 한 발도 잘못 디딤이 없었는데, 그는 그때 빛을 본 것입니다.[248] 또 이삭도 "나이 많아

---

246) "우리는 살아계신 하나님의 성전이라."(고린도후서 6:16)
247) 토비트 4장 참조.
248) 토비트 11장 참조.

눈이 어두워 잘 보지 못했으나"창세기 27 : 1 영靈의 눈으로 선한 아들을 분별하는 능력을 부여받았을 때 그는 그 빛을 본 것입니다. 야곱 또한 나이가 들어 시력을 잃었을 때 밝게 비친 마음으로 자식들 가운데 미리 암시된 미래의 종족들을 비추어 주었고, 요셉의 장자長子인 므낫세와 차자次子인 에브라임의 머리 위에 신비로운 방법으로 십자의 손을 얹었습니다. 요셉이 야곱의 오른손을 므낫세의 머리 위로 옮기려 했으나 야곱은 빛을 보았기에 손자를 구별했던 것입니다.[249]

이것이야말로 참된 빛, 그것은 하나이며 그것을 보고 사랑하는 자는 모두 하나입니다. 이에 반해서 내가 조금 전에 말씀드린 물리적인 빛은 이 세상의 생활을 맹목적으로 사랑하는 자를 위해서 그 생활에 매혹적이고 위험스러운 단맛을 더해 주는 것입니다.

그러나 만물의 창조자이신 주여! 당신을 찬양할 줄 아는 자, 암브로시우스는 이 빛을 자신의 찬송가 속에 받아들여서 꿈 속에 끌려 들어가지는 않을 것입니다. 나 또한 그렇게 되기를 원합니다. 당신의 길을 걷는 내 발이 휘감기는 일이 없도록 나로 하여금 눈의 유혹을 물리치게 해주옵소서. "내 눈이 항상 여호와를 앙망함은 내 발을 그물에서 벗어나게 하실 것임이로다."시편 25 : 15 당신은 여러 번 내 발목을 구해 주셨지만 내 발은 곧 함정에 걸려듭니다. 나는 곳곳에 설치된 함정에 빠지는 경우가 자주 있는데 당신은 결코 구원하시는 일을 멈추지 아니하십니다. "이스라엘을 지키시는 자는 졸지도 아니하고 주무시지도 아니하시리로다."시편 121 : 4

---

249) 창세기 48 : 13~19 참조.

갖가지 기술로 만들어진 우리의 의복이나 구두나 그릇, 그 밖의 온갖 종류의 도구와 그림과 공예품 등을 필요 이상으로 만들어 냅니다. 게다가 신앙의 경건한 의미를 훨씬 넘어선 여러 가지 물건들도 만들어 냅니다. 이 얼마나 안목의 정욕을 자극하는 물건들입니까? 그리하여 인간은 외적으로는 그들이 만든 것을 따르고 내적으로는 그들을 만드신 분을 저버리게 되는 것입니다. 나의 영광되시는 나의 하나님이시여! 이 모든 일을 통하여 "내가 주께 감사제를 드리고 여호와의 이름을 부르리이다."시편 116:17 예술가의 영혼을 거쳐 기능의 솜씨로 옮겨진 이것들의 아름다움은 저 인간 영혼 위에 있는, 나의 영혼이 밤낮으로 동경하는 그 아름다움에서 유래한 것이기 때문입니다.

외적인 아름다움을 만든다거나 추구하는 사람은 거기서부터 평가의 기준을 꺼내지만 사용의 기준을 꺼내지는 않습니다. 거기에는 사용의 기준도 있는데 그들은 그것을 보지 않는 것입니다. 만약 그것을 본다면 더 멀리 떨어지지 않고 모든 힘을 당신에게 모을 것입니다. 그리고 권태를 불러일으킬 쾌락에 그들의 힘을 낭비하지 않을 것입니다. 이런 말을 하는 나 자신도 그것을 알면서 저 아름다움의 함정에 발목이 잡혔습니다. 그러나 그때마다 주님은 나를 꺼내 주십니다. "주의 인자하심이 내 목전에 있기 때문에"시편 26:3 나를 구원해 주셨습니다. 가엾게도 내가 붙들릴 때마다 당신은 자비로써 나를 구원해 주십니다. 가끔 내가 발을 가볍게 헛디딜 때나 혹은 깊이 빠져들어 고통을 느낄 때마다 나를 불쌍히 여기시어 풀어 주셨습니다.

호기심이 유혹하는 데 대한 태도

또한 이 밖에도 위에 말씀드린 것보다 여러 가지 면에서 더욱 위험한 유혹이 있습니다. 곧 모든 감각과 쾌락적 욕망에 만족하여 당신으로부터 멀리 떠나는 자를 멸망으로 이끄는 육체적 정욕 외에 같은 육체적 감각에 따르는 것이기는 하나 육체적 향락을 구하는 것이 아니고, 육체를 통하여 경험을 얻으력 하는 헛된 호기심이 있어, 인식認識이라든가 학문學問이라든가 하는 미명 아래 숨어 있습니다. 이 욕망은 인식의 욕구 속에 있는 것인데, 감각 가운데 인식에 대한 중요한 위치를 차지하는 것은 눈이기 때문에 그것은 하나님이 말씀하신 바 "안목의 정욕"요한 1서 2:16이라 불리고 있습니다. '본다'는 것은 원래 눈만이 할 수 있는 일이기 때문입니다. 그러나 우리는 이 '본다'는 말을 다른 감각에 대해서도 우리가 그것을 인식한다는 뜻에서 사용할 수 있습니다.

우리는 이렇게 말하지는 않습니다. "반짝이는 불빛을 들으라" "얼마나 밝은지 냄새를 맡으라" "빛나는 불빛을 맛보라" "밝은 빛을 만져 보라." 그러나 이 모든 것을 '보라'고 할 수 있습니다. 우리가 눈으로 느낄 수 있는 것에 대해 "어떻게 빛나는가를 보라"고 할 수 있는 것처럼, "어떤 소리가 나는가를 보라" "어떤 냄새가 나는가를 보라" "어떤 맛이 나는가를 보라" "얼마나 단단한가 보라"고 말할 수 있습니다. 그러므로 모든 감각은 "안목의 정욕"이라고 부를 수 있습니다. '본다'는 것은 눈이 그 특권을 쥐고 있는 것이지만 다른 감각도 어떤 지식을 추구할 때는 이 시각 기능을 사용하는 것입니다.

이렇게 볼 때 감각을 통하여 불러일으켜지는 쾌락과 호기심의 차이는 더욱 뚜렷해집니다. 쾌락은 아름다운 것, 좋은 소리가 나는 것, 향긋한 것, 맛이 좋은 것, 부드러운 것을 찾는데, 호기심은 쾌락과 반대되는 경험까지도 알고 싶어하는 욕망입니다. 이를테면 우리를 전율시키는 참살된 시체는 어떤 쾌락도 주지 못합니다. 그러나 사람들은 호기심에 모여듭니다. 그들은 그와 같은 것을 꿈에서 본다는 것도 두려워합니다만 그 모양을 생시에 누군가가 보라고 강요했거나 또는 그 시체가 아름답다는 소문이 그들로 하여금 그것을 보도록 권한 것 같습니다.

다른 감각에 대해서도 이와 마찬가지입니다만 그것을 일일이 다 말하려면 부질없고 지루할 것입니다. 그러나 이 병적인 욕망을 자극하기 위해 갖가지 끔찍한 장면들이 극장에서 상연됩니다. 이 때문에 사람들은 우리 밖에 존재하면서 숨은 작용을 하는 자연을 탐구하는 것입니다. 그것을 안다는 것은 아무 이익을 가져오지 않지만 사람은 단지 알려고 하는 호기심을 지니고 있는 것입니다. 여기서 사악한 지식을 목표로 하여 마술을 탐구하는 사람도 그 때문입니다. 또한 신앙의 영역에서 하나님을 시험하고 효험이나 기적[250] 이 구원을 위한 것이 아니라 단지 경험하기 위해서 요구되는 것도 호기심이 그 원인입니다.

이와 같이 함정과 위험으로 가득 찬 광대한 숲속에서 실제로 나는 많은 것을 잘라내고 내 마음 속에서 쫓아 버렸는데 그것은 "구원

---

250) "예수께서 가라사대 너희는 표적과 기사를 보지 못하면 도무지 믿지 아니하리라."(요한복음 4:48)

의 하나님"시편 18:46이 내게 그러한 힘을 주신 것입니다. 이런 유혹들이 우리의 일상 생활 곳곳에서 우글거리고 있습니다. 따라서 나는 그것을 본다든가 또는 공허한 관심으로 붙들려고 하는 욕망 — 호기심을 불러일으키지 않을 것이라고 감히 장담할 수 없습니다. 실상 나는 이미 극장에 끌리는 일도 없고 또 별의 운행을 알려고도 하지 않습니다. 또 내 영혼은 결코 망령亡靈의 대답을 듣고자 하지도 않습니다. 나는 하나님을 모독하는 비밀스러운 술법을 싫어합니다.

주여, 나의 하나님이시여! 겸손하고 단순한 종으로서 시중들어야 할 의무를 지니고 있는 내가 당신으로부터 어떤 효험을 찾는 일이 있다면 그 때는 악마가 간교한 책략으로써 나에게 기적을 청해 보라고 충동질한 것입니다. 그러나 이런 따위의 일에 대한 동의는 이미 내게는 생각할 수도 없는 일이며, 이후로도 더욱더 멀리할 것임을 우리의 임금님과 소박하고 정결한 예루살렘을 통하여 당신께 비나이다. 그러나 내가 어떤 사람을 구제하기 위해서 당신에게 간구할 때는 내 목적과 의도는 전혀 달라집니다.

당신은 당신의 뜻대로 하시고 내가 기꺼이 당신을 따르는 능력을 내게 주시며 또한 이후로도 주실 것입니다. 그럼에도 불구하고 우리의 호기심은 날마다 저 보잘것 없는 사소한 일에도 유혹되며, 자주 빠져 들어갑니다. 우리는 몇 번이나, 분별없이 지껄이는 사람들의 얘기를 처음엔 약자弱者의 감정을 건드리지 않기 위해서 참고 듣다가 얼마 후에는 자진해서 귀를 기울일 것입니다.

나는 이제 개가 토끼를 쫓아다니는 원형극장의 곡예에는 관심이 없습니다. 그러나 어쩌다 들을 지날 때, 개가 토끼를 쫓아가고 있다면 나는 그것에 정신이 쏠려서 소중한 생각도 잊어버리곤 합니다. 물론 나는 말머리를 돌려서 그 뒤를 쫓는 일은 없을 것이나 마음은 그 쪽으로 기울어지곤 합니다. 그때 당신께서 내 연약함을 지적하고 깨우쳐 주시지 않는다면 나는 멍하니 그것에 열중하고 있을 것입니다. 또 내가 집에 앉아서 도마뱀이 파리를 잡는다거나, 거미줄에 날아든 파리를 거미가 휘감는 것에 관심을 가지고 지켜보는 것은 어찌된 일입니까? 그것은 작은 생물이기 때문에 앞서 말씀드린 경우와는 다른 것입니까? 나는 이러한 일들에서 만물을 창조하시고 오묘하게 다스리는 하나님을 찬미하기에 이르지만 처음부터 찬미하려는 마음을 가지고 본 것은 아니고 단순한 호기심에서 출발한 것입니다. 재빨리 일어선다는 것과 넘어지지 않는다는 것은 다른 것입니다.

내 생활은 이런 일로 가득 차 있습니다. 나의 유일한 희망은 당신의 훌륭하고 크신 자비뿐입니다. 우리 마음이 이런 일들의 그릇이 되어 수많은 허망(虛妄)의 무리를 담을 때, 우리의 기도는 자주 방해를 당하고 흔들리게 됩니다. 우리가 당신 앞에서 마음의 소리를 당신의 귀로 향하게 할 때, 어디서인지 쓸데없는 생각들이 숨어들어서 이토록 귀중한 일이 중단되는 것입니다.

오만한 생활의 유혹에 대한 태도

이것은 간과할 수 없는 일입니다. 우리를 변화시키는 당신의 자비만이 우리의 희망입니다. 나를 바꾸어 놓으신 분은 주님이시며 나 자신의 교만한 정욕을 처음 치료해 주신 분도 바로 주님이십니다. "저가 내 모든 죄악을 사하시며 내 모든 병을 고치시며 내 생명을 파멸에

몽트제의 성 아우구스티누스 작가 미상, 15세기, 벨베데레 미술관, 비엔나, 오스트리아

서 구속하시고 인자와 긍휼로 관을 씌우시며 좋은 것으로 내 소원을 만족케 하셨습니다."시편 103:3-5 당신은 두려움으로 내 오만을 억제하시고 당신의 멍에로 내 목덜미를 누르셨습니다. 또한 나는 당신의 멍에를 지고 있지만 그것은 이제 가벼운 멍에[251]입니다. 당신은 약속하신 대로 행하셨습니다. 멍에 지기를 두려워하고 있을 때, 나는 그것을 모르고 있었습니다.

그러나 주님! 당신 위에 다른 주가 없으며, 당신은 홀로 유일하신 진정한 주님이십니다.[252] 그러므로 홀로 교만함이 없이 다스리시는 주여,[253] 이와 같은 세 번째의 유혹을 나로부터 지켜 주셨습니다. 주님이 아니라면 일생동안 나는 얼마나 많은 유혹을 물리쳐야 합니까? 사람들로부터 존경받고 사랑받기를 원하는 것은 다른 무엇 때문이 아니라 단지 거기에서 기쁨을 얻고자 함이었습니다. 그러나 그것은 진실한 기쁨이 아닙니다. 그것은 가엾은 생활이요, 꺼려야 할 과시입니다. 특히 여기에서 우리는 순수하게 당신을

---

251) "이는 내 멍에는 쉽고 내 짐은 가벼움이라 하시니라."(마태복음 11:30)
252) "우리 하나님 여호와여 이제 우리를 그의 손에서 구원하사 천하 만국으로 주만 여호와이신 줄을 알게 하옵소서."(이사야 37:20)
253) "세상에 있는 모든 것이 육신의 정욕과 안목의 정욕과 인생의 자랑이니 다 아버지께로 좇아온 것이 아니요 세상으로 좇아온 것이라."(요한1서 2:16)

사랑하지 않고 존경하지 않은 이유를 발견할지도 모릅니다. 그러므로 당신은 "교만한 자를 물리치시고 겸손한 자에게 은혜를 주시고"야고보서 4:6 이 세상의 욕망 위에 천둥을 울리시고 그리하여 "땅이 진동하고 산의 터도 요동하였습니다."시편 18:7

그런데 인간 사회에서 사랑과 존경을 주고받아야 하는 지위 때문에 우리의 진실한 행복의 사탄은 항상 우리 가까이에서 "잘한다, 잘한다"고 어느 곳에서든 속삭이며, 우리가 지위에 연연해 하는 동안 그 방심을 이용하여 당신의 진리 안에서 누리는 우리의 기쁨을 인간의 기만 속에 맡기며, 당신을 위해서가 아니라 당신을 대신해서 사랑과 존경을 받는 것처럼 부추기는 것입니다. 이런 식으로 사탄은 우리를 그들과 한통속으로 만들고, 사랑의 유대로써가 아닌 죄의 차꼬로써 묶으려 합니다. 더욱이 사탄은 "내가 하늘에 올라 하나님의 뭇 별 위에 나의 보좌를 높이리라. 내가 북극 집회의 산 위에 좌정하리라"이사야 14:13 하여 차갑고 어두운 교만으로 당신을 흉내내며 인간을 그의 노예로 삼아 심히 타락케 하고 왜곡되게 합니다.

그러나 주여, 우리는 당신의 "어진 양"입니다. 우리를 당신의 영지 안에 머물게 하소서. 당신의 날개를 펼치사 그 아래로 우리를 보호하소서. 우리의 영광은 주님뿐이시니 당신을 위하여 사랑받게 하시고, 당신의 말씀이 우리 마음 속에 외경되게 하소서. 주를 부인하며 사람들에게 찬미받고자 하는 자는 당신이 그를 심판하실 때 사람들도 그를 부인하며 인도하지 않을 것입니다. 말하자면 "악인은 그 마음의 소욕을 자랑하며 탐리하는 자는 여호와를 배반하여 멸시합니다."시편 10:3

그러므로 당신의 선물로 사람들이 그를 칭찬할 때 그는 당신의 선물을 기뻐하기보다 사람들의 칭찬을 더 듣고 싶어 할는지도 모릅니다. 이런 자는 사람들의 입에 자주 오르내린다 해도 당신에게서 저주받을 것입니다. 차라리 그를 칭찬하는 자들이 칭찬받는 그보다 더 낫다 할 것입니다. 왜냐하면 그들의 기쁨은 사람에게 내린 신의 선물이지만 그는 신이 준 기쁨보다 사람들이 준 기쁨에 연연해 하는 까닭입니다.

사람의 칭찬을 바라고 괴로워하다

주여, 우리는 날마다 이 유혹에 의해서 끊임없이 시련을 받고 있습니다. 우리를 날마다 시험하는 "고난의 풀무"이사야 48:10는 인간의 혀입니다. 당신은 그러한 모든 유혹으로부터 절제를 명하십니다. 당신이 바라는 것을 우리에게 명하소서. 당신은 이 일로 인해 내쉬는 "나의 탄식"시편 38:9과 "시내처럼 흐르는 내 눈물"애가 3:48을 알고 계십니다. 나는 이와 같은 병으로부터 어느 만큼 정화淨化되었는가를 쉽게 알지 못하며 당신의 눈에는 분명하면서 내 눈에는 보이지 않는 나 자신의 숨은 죄를 크게 두려워합니다.[254] 다른 유혹들 속에서는 자신의 허물이 쉽게 발견되지만 이와 같은 유혹 속에서는 거의 불가능합니다. 육체적 쾌락이나 지식을 찾아 싫증나지 않는 호기심에 대해서 내가 그러한 마음을 억제하는 능력을 어느 정도 획득했는가는 그것들

---

254) "주께서 우리의 죄악을 주의 앞에 놓으시며 우리의 은밀한 죄를 주의 얼굴빛 가운데 두셨사오니"(시편 90:8)

이 내 의지에 의해서 물러났거나, 혹은 저절로 사라졌거나 그것이 없어졌다면 자명하다 할 것입니다. 내가 그 능력을 가지고 있지 않다는 것이 얼마나 고통스러운 것인가를 생각해 봅니다.

사람들은 "육신의 정욕과 안목의 정욕과 이생의 자랑"요한 1서 2 : 16 이라는 세 가지 욕망 가운데 하나나 둘 혹은 세 가지를 모두 차지하기 위하여 부를 취하려고 애쓰는 것입니다. 이때 이러한 유혹을 이길 수 있는지 알아보려면 시험삼아 부와 재물을 버리는 것도 좋습니다.

그러나 칭찬받지 않고 어느 정도 참을 수 있는가를 알기 위해서 악한 생활을 하고 우리를 아는 모든 사람들로부터 혐오를 받을 정도로 몰인정해야 할까요? 이보다 더 미치광이 같은 짓을 얘기한다거나 생각할 수 있을까요? 선한 생활과 선한 행위에는 반드시 칭찬이 따르는데 우리는 선한 생활과 마찬가지로 칭찬이라는 동반자를 버려서는 안 됩니다. 나는 가진 것을 잃는다 해도 아무렇지 않으나 그것이 고통스러운 것인지에 대해서는 그것이 없어 보지 않고서는 알 수가 없습니다.

주여! 이런 유혹에 대해서 나는 당신에게 무엇을 고백해야 합니까? 그것은 내가 칭찬을 좋아한다는 말밖에 되지 않습니다. 하지만 나는 칭찬보다 진리 그 자체를 기뻐합니다. 내가 잘못된 일을 저지르면서도 사람들의 칭찬을 받는 것을 원하느냐 아니면 시종일관 진리를 굳게 지켜 모든 사람으로부터 비난받기를 원하느냐는 질문을 받게 된다면 나는 무엇을 선택할지를 알고 있습니다.

뿐만 아니라 타인의 칭찬이 내 안에 있는 선善에 대한 기쁨을 더해 주는 것을 나는 바라지 않습니다. 실은 타인의 칭찬이 나의 기쁨을 더해 주는 것이 아니라 타인의 비난이 오히려 그 괴로움을 줄여 주는 것입니다. 내가 이와 같은 비참한 상태에서 괴로워할 때, 어떤 구실 같은 것이 내 마음 속에 떠오르는데 그것이 선한 것인가 아닌가는 오직 당신만이 알고 계십니다. 나는 그것으로써 어찌할 바를 모르기 때문입니다.

당신은 우리에게 절제를, 곧 어떠한 것에 대해서 사랑을 삼가야 할 것인가를 명하고 또한 정의에 대해서도, 곧 어떠한 것에 사랑을 주어야 할 것인가를 명하셨습니다. 우리가 주님뿐만 아니라 이웃도 사랑할 것을 명하셨습니다.[255]

선행을 보고 칭찬할 줄 아는 이웃을 볼 때 그의 지식과 사상, 그의 유망한 앞날을 기쁘게 여깁니다. 그러나 진리를 잘 알지 못하면서 선한 것을 비난하는 이웃을 볼 때는 매우 안타깝습니다. 내가 별로 잘한 일이 없는데도 칭찬을 받는다거나 내가 행한 보잘것 없는 선이 필요 이상으로 높이 평가될 때 심히 슬퍼지는 것입니다. 내가 이와 같이 슬퍼하는 것은 나를 칭찬하는 사람과 나 자신이 생각을 달리하기 때문이 아닙니다. 또한 내가 기뻐하는 내 안에 있는 선을 타인도 기뻐할 때는 더욱 유쾌한 것입니까?

내가 기뻐하지 않는 일이 크게 칭찬을 받아 나 자신에 대한 판단이 흐려질 때 어느 의미에서는 칭찬을 받지 못한 것입니다. 그러므로

---

255) "예수께서 가라사대 네 마음을 다하고 목숨을 다하고 뜻을 다하여 주 너의 하나님을 사랑하라 하셨으니 이것이 크고 첫째 되는 계명이요, 둘째는 그와 같으니 네 이웃을 네 몸과 같이 사랑하라 하셨으니 이 두 계명이 온 율법과 선지자의 강령이니라."(마태복음 22 : 37~40)

나는 이런 일에 대해서 내 마음을 확실히 모르는 것이 아니겠습니까?

진리의 주님이시여! 나는 당신의 은혜로 남에게 칭찬을 받을 때, 나는 그로 말미암아 자신을 위해서가 아니라 이웃을 위해서 마음을 써야 한다는 것을 알게 됩니다. 그러나 사실 내가 마음을 쓰고 있는지를 모릅니다. 이 일에 대해서는 내가 당신을 아는 것보다도 나 자신을 모릅니다.

나의 하나님이시여, 당신께 간구하오니 나를 위해서 기도하는 사람들에게 내가 어떤 상처를 입고 있는가를 고백할 수 있도록 나에게 나 자신의 모습을 숨김없이 보여주소서. 나는 다시 한 번 자세히 나 자신을 살펴볼 것입니다. 내가 칭찬을 받을 때엔 나 자신이 비난받을 때보다 마음을 쓰지 않는 것은 어찌된 일입니까? 나 자신이 모욕을 받을 때, 남이 나의 면전에서 나같이 부당하게 모욕을 받을 때보다도 심히 마음 아파하는 것은 웬일입니까? "만일 누가 아무것도 되지 못하고 된 줄로 생각하면 스스로 속임이니라." ^{갈라디아서 6 : 3} 당신 앞에서 내 마음과 내 혀는 진리를 말하며 진리를 행할 수 있도록 도와주옵소서. 주여! 내 입이 "내 머리에 부어질 죄인의 기름"^{시편 141 : 5}이 되지 않도록 이와 같은 광기狂氣를 내게서 멀리해 주소서.

허영과 자만은 최대의 위험이다

나는 "가난하고 궁핍하오나"^{시편 109 : 22} 몰래 탄식하고 스스로에게 불만을 느끼며 당신의 자비를 구하면 나 자신은 더욱 선해집니다. 그러면 당신의 은혜로 나의 모자람이 채워지고 드디어는 교만한 자의 눈에는 보이지 않는 평화에까지 이르게 됩니다. 그러나 입에서 나오는 말과 사람들에게 알려진 행위에는 칭찬을 받고 싶어하는 마음이 있기 때문에 매우 위험한 유혹이 따릅니다.

이 욕구는 우리 자신이 우월하다는 것을 내세우려고 타인의 칭찬을 바랍니다. 그리고 그러한 행위를 비난함으로써 나 스스로도 유혹을 받게 됩니다. 또한 자주 허영을 경멸하면서 더 심한 허영으로 빠져들 때가 있습니다. 허영을 경멸하는 것을 자랑해서는 안 됩니다. 그것은 오히려 자기 영광을 자랑하는 것이며 더욱 헛된 영광을 위한 첩경이기 때문입니다.

자기만족이란 하나님의 눈에는 불쾌하다

또한 마음 속에는 이와 비슷한 유혹에 속하는 악惡이 있습니다. 그것은 자신의 행동이 남을 기쁘게 하든지 불쾌하게 하든지 전혀 개의치 않고 자기만 좋으면 된다는 자들의 자만입니다. 그러나 이처럼 자기 만족에 젖어 사는 자들은 심히 당신을 불쾌하게 합니다. 그들은 선이 아닌 것을 선인 것처럼 기뻐할 뿐만 아니라, 당신의 선도 자기의 선인 양 기뻐하고 혹은 당신의 선으로써 기뻐하더라도 그것을 받는 것을 자기의 공적으로 돌려 생각합니다.

또한 당신의 은총에 의한 것임을 알고 기뻐하면서도 그 기쁨을 다른 성도와 함께 나누려 하지 않고 남이 관계하는 것을 거절하는 것입니다. 이 모든 위험과 괴로움 속에서 당신은 내 마음이 전율하는 것을 보십니다. 내가 치료할 수 없는 나의 상처는 오직 당신에 의해서 더욱 새롭게 치유됩니다.

영혼의 유일하고 안전한 안식처는 하나님 속에 있다

오, 진리이신 주님! 당신은 항상 나와 함께 동행하셨습니다. 내가 이 낮은 지상에서 볼 수 있었던 모든 것을 당신께 털어놓으며 지시를 바랄 때, 당신은 내게 무엇을 훈계할 것인가, 무엇을 찾을 것인가를 내게 가르치시고 나와 함께 어딘들 아니 가셨습니까? 나는 모든 감각을 동원하여 세상을 관찰하고 나를 구원하는 생명과 내 감각 그 자체를 고찰했습니다. 거기서 나는 내 기억의 깊숙한 곳까지 파고들어 갔는데 그곳엔 풍성한 저장물이 들어 있는 여러 가지 커다란 방이 있었습니다. 나는 그것을 보고 크게 두려워했습니다. 당신의 힘을 빌지 않고서는 그 어느 것도 판별할 수 없었습니다. 그 많은 기억들 가운데서 안타깝게 당신은 발견하지 못했습니다. 나는 모든 것을 찾아다니며 그것을 판별하고 개별적으로 그 가치를 평가하고, 어떤 것은 감각의 전달에 의해서 받아들이고 물어 보았습니다. 또 어떤 것은 나 자신과 섞여 있음을 느끼고 그 전달자를 살펴보고 세어보며, 어떤 것은 다시 넣어 두고 어떤 것은 꺼내려고 힘썼습니다.

그러나 이 모든 일을 해낸 것은 나 자신이 아닙니다. 곧 그것을 해 낸 힘은 나 자신이 아닙니다. 또한 이 힘은 당신 자신도 아닙니다. 왜냐하면 당신은 영원히 꺼지지 않는 빛이시며 이러한 모든 일의 존재와 원인과 가치를 일깨우는 스승이십니다. 그리고 나를 가르치시고 명하시는 음성을 나는 들었습니다. 나는 가르치시고 명하시는 대로 합니다. 나는 그 속에서 기쁨을 발견하며 일에서 쉬고자 할 때마다 나의 영혼은 이 기쁨에 의지합니다. 나의 인식을 넘는 이러한 것들을 당신에게 간구하건대 내 정신 안에 흩어져 있는 것을 모아 나의 어느 것도 당신에게서 떠나지 말게 하소서. 그리고 때때로 당신은 내 안에 머물러 나를 위해 안일한 즐거움에 익숙해진 나의 어느 것도 닮지 않은 초연함을 보여주십니다. 만약 내가 오로지 그런 상태에 영구히 머물기를 바란다면 그것은 이 세계, 이 생활의 어떤 것도 아니라는 것입니다. 그러나 내가 통탄할 부담은 옛 습관이 다시 살아나 그러한 상태로 나를 구속한 것입니다. 옛 습관과 굳게 맺어져 통곡을 해도 그것은 나를 놓아 주지 않습니다. 우리를 압박하는 관습의 짐은 얼마나 많습니까! 나는 관습을 극복할 힘은 있으나, 그것이 나에게 붙는 것을 원하지 않습니다. 내가 관습에서 벗어나길 원하나 그럴 수 없다는 것입니다. 이 둘은 그야말로 비극입니다.

세 가지 욕망

이리하여 나는 세 가지 욕망 속에 나타난 죄스러운 나의 병을 고찰하고 나를 구원해 달라고 당신의 오른팔에 간구하였습니다. 나는 상처난 마음으로 당신의 찬란한 빛을 보았지만 뒤로 흠칫 물러서며 말했습니다. "누가 거기에 이를 수 있겠습니까? 나는 당신의 눈앞에서 멀리 던져진 자입니다."[256] 당신은 만물을 주관하시는 진리이십니다. 나는 당신을 잃고 싶지 않았으나, 정욕에 가득 차서 거짓을 버리지 않았습니다. 무엇이 진리인가를 알 수 없을 정도로 심한, 거짓을 얘기하는 것을 바라는 사람은 없습니다. 결국 나는 당신을 잃었습니

---

256) "여호와께서 성실한 자를 보호하시고 교만히 행하는 자에게 엄중히 갚으시느니라."(시편 31 : 23)

다. 당신은 거짓과 함께 공존할 수 없는 진리의 하나님이시기 때문입니다.

거짓 중보자(中保者)에 의해서 속은 사람들

나를 당신과 화해시켜 줄 분으로 누구를 찾아야 합니까? 천사들의 도움을 받아야 합니까? 어떠한 기도, 어떠한 의식으로써 그것을 찾아야 되겠습니까? 많은 사람들이 당신께 돌아가려고 했으나 그들 자신의 노력으로는 당신께 이를 수 없었습니다. 그들은 자신의 힘을 믿고 이상한 영험이 나타나기를 열망하다가 결국 망상의 제물이 되었습니다.

그들은 당신을 찾는다고 하면서도 진실로 뉘우치며 가슴을 치기보다는 오히려 지식을 내세워 뽐내었던 것입니다. 그들의 마음이 이렇게 교만스러웠기 때문에 그들의 교만한 정신이 꾀하는 음모의 공범자로서 "공중의 권세 잡은 자"에베소서 2:2를 끌어들였습니다. 그들은 공중의 권세 잡은 자야말로 마력을 통하여 자신들을 경멸케 해주는 중보자로 믿었습니다.

그러나 그는 "자기를 광명의 천사로 가장한 사탄"고린도후서 11:14이었습니다. 악마 자신은 육체를 지니지 않았기 때문에 교만한 육체를 몹시 상하게 했습니다.

주여! 그들은 죽음을 면치 못하는 죄인입니다. 그러나 그들이 불손한 태도로 화해하기를 원했던 당신은 영원히 죽지 않을 뿐 아니라 죄가 없는 분이십니다. 따라서 하나님과 사람 사이의 중보자는 하나님을 닮은 일면과 사람을 닮은 또 다른 면을 가지고 있지 않으면 안 됩니다.[257] 만약 두 면 다 사람을 닮았다면 하나님으로부터 멀리 떨어져 있고 두 면 다 하나님을 닮았다면 사람으로부터 멀리 떨어져 있기 때문입니다.

어느 편이나 중보자는 될 수 없습니다. 그러므로 거짓 중보자인 교만한 사탄은 당신의 숨은 심판을 받게 됩니다. 사탄과 인간의 공통점은 죄를 공유하고 있다는 사실입니다. 또한 사탄은 하나님과도 공통점이 있는 것처럼 보이려고 합니다. 그러나 "죄의 삯은 사망입니다."로마서 6:23 그러므로 그 거짓 중보자 사탄은 인간과 더불어 운명적으로 영원한 죽음을 선고받은 것입니다.

기독교만이 진실의 중보자이다

그러나 당신은 당신의 자비를 베푸시어 진실한 중보자를 우리 인간들에게 보내 주셨습니다. 그래서 우리로 하여금 그가 보여주신 겸허를 본받게 하셨습니다. "하나님과 사람 사이에 중보도 한 분이시니 곧 사람이신 그리스도 예수라."디모데전서 2:5 그는 죽어야 할 죄인과 불사의 의義인 하나님 사이에 나타나신 것입니다. 그는 사람과 함께 죽으시되 하나님과 더불어 의로우신 분이십니다. 의義의 삯은 생명과 평화이기에 그는 의로 하나님과 일체를 이루셨고, 그가 의롭다고 한 성도들과 함께 죽으심으로 죽음을 이기셨습니다. 그는 옛 성도들에게 계시되었습니다. 그분에 관한 과거의 수난을 믿음으로써 우리가

---

257) "하나님은 한 분이시요 또 하나님과 사람 사이에 중보도 한 분이시니 곧 사람이신 그리스도 예수라."(디모데전서 2:5)

구원받는 것과 마찬가지로 성도들도 또한 그분에 관한 장래의 수난을 믿음으로써 구원받는 것입니다. 그는 사람인 한에 있어서는 중보자입니다. 그러나 하나님과 동등하신 분이며[258] 하나님과 함께 계시는 하나님이시며,[259] 서로 합하여 한 하나님을 이루는 것입니다.

선하신 아버지시여! 당신은 그 크신 사랑으로 얼마나 우리를 사랑하셨습니까! 당신은 "자기 아들을 아끼지 아니하시고 우리 모든 사람을 위하여 내어 주셨습니다."로마서 8:32 당신은 얼마나 우리를 깊이 사랑하셨습니까! 우리를 위하여 당신의 독생자는 "근본 하나님의 본체시나 하나님과 동등됨을 취할 것으로 여기지 아니하시고, 사람의 모양으로 나타나셨으매 자기를 낮추시고 죽기까지 복종하셨으니 곧 십자가에 죽으심이라"빌립보서 2:6,8 그는 "죽은 이들 가운데서 홀로 자유로우시고"시편 88:5 "생명을 버릴 권세도 있고 다시 얻을 권세도 있는"요한 10:18 분이십니다. 그는 우리를 위하여 희생자가 되셨을 뿐만 아니라 승리자가 되셨습니다. 그는 희생자였기에 승리자가 되셨습니다. 그는 우리를 위한 당신의 사제司祭요 희생자이십니다: 그는 희생자이기에 사제가 되실 수 있었습니다. 그는 당신으로부터 나시어 우리에게 봉사함으로써 우리를 당신의 종에서 자식으로 바꾸어 놓으셨습니다. "하나님 우편에 계신 자요 우리를 위하여 간구하시는 자이신"로마서 8:34 그는 "내 모든 병을 고쳐 주실"시편 103:3 것이기에 나의

---

258) "그는 근본 하나님의 본체시나 하나님과 동등됨을 취할 것으로 여기지 아니하시고"(빌립보서 2:6)
259) "태초에 말씀이 계시니라. 이 말씀이 하나님과 함께 계셨으니 이 말씀은 곧 하나님이시니라."(요한복음 1:1)

희망이 더욱 강해집니다. 만약 그렇지 않다면 우리는 절망에 빠졌을 것입니다. 내 병은 참으로 많고 중하지만 당신의 능력으로는 충분히 고칠 수 있습니다. 만약 "말씀이 육신이 되어 우리 가운데 거하지"요한 1 : 14 않았더라면 우리는 당신의 말씀이 인간과 결합될 수 없는 것으로 알고 희망을 잃었을 것입니다.

나는 내 죄와 비참이 쌓이는 것이 두려워서 드디어 황야로 도피하려는 생각을 거듭하고 있었으나, 당신은 나를 말리시고 힘을 주셨습니다. "저가 모든 사람을 대신하여 죽으심은 산 자들로 하여금 다시는 저희 자신을 위하여 살지 않고 오직 저희를 대신하여 죽었다가 다시 사신 자를 위하여 살게 하려 함이니라."고린도후서 5 : 15 주여! 보소서. 나는 살기 위하여 "내 짐을 당신께 맡겨 버리고"시편 55 : 22 "주의 법의 기이한 것을 보겠습니다."시편 119 : 18 당신은 나의 무지와 연약함을 알고 계십니다. 오 주여! 나를 가르쳐 주시고 내 병을 고쳐 주옵소서. "지혜와 지식의 모든 보화가 감추어져 있는"골로새서 2 : 3 당신의 독생자이신 그는 성스런 보혈로써 우리를 구원해 주셨습니다. "교만한 자가 나를 압박하지 못하게 하소서."시편 119 : 122 내가 얻은 구원은 귀한 보혈로써 얻어졌기 때문입니다. 나는 이 보혈을 먹고 마시며 다른 사람들에게 나누어 주면 "겸손한 자는 먹고 배부를 것이며 여호와를 찾는 자는 그를 찬송할 것이라."시편 22 : 26

제11권 » 창조의 말씀

하나님에 대한 고백

주여, 당신은 영원하시므로 내가 드리는 말씀을 당신께서 모르실 리가 있겠습니까? 혹은 당신은 시간 내에 일어나는 일을 시간적으로 보고 계시는 것입니까? 그러면 어찌하여 나는 당신에게 이처럼 많은 말을 세세히 여쭈어야 합니까?

이것은 물론 당신께서 내 말을 알아주십사 하는 것은 아닙니다. 결코 그런 것이 아니라 나와 이 책을 읽는 독자들의 심령을 불러일으켜, 우리들 모두 입을 모아 "손바닥을 치고 즐거운 소리로 하나님께 외칠지어다. 지존하신 여호와는 엄위하시고 온 땅에 큰 임군이 되심이로다"시편 47 : 1,2라고 찬송하고자 함입니다.

거듭 말씀드리거니와 제가 이 고백을 하는 것은 당신을 사랑하기 때문입니다. 또한 우리들은 진리의 말씀이 사실임에도 불구하고 기도를 드립니다. "구하기 전에 너희에게 있어야 할 것을 하나님 너희 아버지께서 아시느니라."마태 6:8 그러므로 우리는 당신께 우리의 가엾은 처지를 고백하고 우리들에 대한 당신의 자비를 찬미하면서 당신을 향하여 우리들의 마음을 털어놓습니다. 왜냐하면 당신께서 이미 우리를 해방시키기 시작했기 때문이며, 당신이 우리를 완전히 해방시켜서 우리가 이미 우리 자신에게 사로잡힌 불쌍한 존재가 아니고, 당신 품안에서 행복을 누리기 위해서입니다. 실로 주님께서는 "심령이 가난하고 애통해 하고 온유하고 의에 주리고 목마르며 긍휼히 여기고 마음이 청결하고 화평케 하는 자"마태 5:3-9가 되려는 우리들을 부르셨나이다.

그래서 나는 실제로 내가 말할 수 있고 아뢰고 싶은 여러 말씀을 당신에게 충분히 드렸습니다. 나의 주님! 당신은 우선 내가 당신께 고백하기를 원하셨습니다. "당신은 선하시며 그 인자하심이 영원하시기"시편 118:1 때문입니다.

성서의 이해

그러나 내가 과연, 당신께서 때로는 격려하시고 때로는 위로하시고 때로는 채찍질을 하시며, 나로 하여금 당신의 백성에게 당신의 말씀을 전하게 하시고 성찬을 나누어 주도록 이끌어 주신 일들을 하나도 빠짐없이 나의 필설로 표현할 수는 없습니다.[260] 설령 내가 그런 일들을 조리있게 다 아뢸 수 있다고 하더라도, 나에게는 시간이 모자

---

[260] "내 마음에서 좋은 말이 넘쳐 왕에 대하여 지은 것을 말하리니 내 혀는 필객의 붓과 같도다."(시편 45:1)

랍니다. 아울러 이미 오랫동안 "고찰한 당신의 율법"시편 1:2에 대해 내가 아는 것과 모르는 것을 고백하고, 나아가서 당신이 처음으로 베풀어 주신 광명과 나의 연약함이 당신의 힘에 의해서 사라질 때까지 [261] 나의 어두움을 모조리 아뢰옵기를 열망합니다. 그리하여 몸을 돌보거나 마음을 기르는 일 또는 남을 섬겨야 하는 일에 시간을 쏟았던 것입니다.

나의 주 하나님! 나의 기도를 들으시고 자비를 베푸시어 나의 애원을 들어주옵소서. 나의 소원은 다만 나 자신을 위해 불타는 것은 아니며, 형제들을 위한 사랑을 바라기 때문입니다. 당신은 그런 내 마음을 잘 알고 계십니다. 나는 주님께 나의 생각과 혀를 통하여 봉사를 하겠습니다. 그리고 내가 당신에게 무엇을 바칠 수 있는가를[262] 일러주십시오. "나는 곤고하고 궁핍하오니"시편 86:1 당신은 "당신을 부르는 모든 사람에게 부요하십니다."로마서 10:12

그리고 우리의 모든 걱정을 받아 주십니다. 주여, 나의 입이 교만과 거짓에서 벗어나게 하여 주시옵고, 당신의 말씀이 나의 경건한 기쁨이 되도록 해주시옵소서. 당신의 말씀을 통하여 나 자신이 그르치는 일이 없고, 또 남을 그르치는 일도 없도록 해주시옵소서. 주님! 우리를 긍휼히 여기소서. 나의 주 하나님이시여! 소경에서 빛이 되시고 약한 자에게 힘이 되시는 주님, 내 영혼이 깨닫게 하시고 심연에서

---

261) "여호와여 나의 종말과 연한의 어떠함을 알게 하사 나로 나의 연약함을 알게 하소서."(시편 39:4)
262) "내가 수양의 향기와 함께 살진 것으로 주께 번제를 드리며 수소와 염소를 드리리이다." (시편 66:15)

당신을 부르는 나의 외침을 들으소서. 사실 그 심연 속에서도 당신의 귀가 없었다면, 우리가 어디로 갈 수 있겠습니까?[263]

우리가 누구에게 외칠 수 있겠습니까? "낮도 주의 것이요 밤도 주의 것이라."시편 74 : 16 당신의 지시대로 시간은 일각일각 흐르고 있습니다.

당신의 율법의 은밀한 곳을 고찰할 수 있는 시간을 주시옵소서. 우리가 문을 두드릴 때 당신의 율법을 개방해 주옵소서. 당신은 이토록 많은 페이지가 어두운 비밀로 그저 헛되이 썩어지는 것을 원치는 않습니다. 또 이 수풀에는 여기서 놀고 걸어다니고 풀을 뜯고 눕거나 반추하는 사슴이 없는 것은 아닙니다. 오, 주님! 나를 완전하게 하시어 내가 그런 페이지를 숨김없이 드러내게 해주십시오. 당신의 음성은 곧 나의 유일한 기쁨입니다. 내가 사랑하는 것을 베풀어 주십시오. 나의 사랑은 당신이 주신 것입니다. 당신이 주신 선물을 저버리지 않게 하시고 목말라하는 당신의 풀을 죽게 하지 마소서. 나는 당신의 성경 가운데서 찾아내는 것은 무엇이든 고백하겠습니다. 그리하여 당신의 "감사의 소리를 들으며"시편 26 : 7 당신의 진액을 마시고, 당신이 "천지를 창조하신 태초"창세기 1 : 1로부터 영원하고 거룩한 천국의 성에 당신과 더불어 거하는 그날이 올 때까지[264] "주의 법의 기이한 것을"시편 119 : 18 곰곰이 생각하겠습니다.

주님, 나를 긍휼히 여기시어 나의 소망을 들어주소서. 나의 소원

---

263) "내가 주의 신을 떠나 어디로 가며 주의 앞에서 어디로 피하리이까?"(시편 139 : 7)
264) "내가 보매 거룩한 성 새 예루살렘이 하나님께로부터 하늘에서 내려오니."(요한계시록 21 : 2)

은 세속적인 것이 아니고 금은보화, 화려한 의복이나 명예나 권력도 아니며, 육체적 쾌락에 관한 것도, 육체나 이 세상 편력의 생활에 필요한 것도 아닙니다. "당신의 나라와 당신의 의를 구하면 이 모든 것을 우리에게 더하십니다."마태 6:33 나의 하나님이시여! 나의 소망이 무엇인가를 굽어살피소서. "주의 법을 좇지 아니하는 교만한 자가 나를 해하려고 웅덩이를 팠나이다. 주의 모든 계명은 신실하나이다. 저희가 무고히 나를 핍박하오니 나를 도우소서."시편 119:85,86 이것이 나의 소원입니다.

보십시오. 아버지시여! 보살펴 주시옵소서. 보시고 나를 도우소서. 내가 당신 앞에 나타나는 것을 기쁘게 여기도록 해주시옵소서. 그리고 문을 두드려 갈망하는 내 가슴 속에 당신 말씀의 진리가 스며들도록 해주시옵소서. 나는 하나님의 독생자이며 "주의 우편에 있는 자 곧 주를 위하여 힘있게 하신 자"시편 80:17, 즉 우리와 하나님 사이의 중보자인 우리 주 예수 그리스도의 이름으로, 간절히 비나이다. 하나님께서 우리를 긍휼히 여겨 부르신 것은 우리로 하여금 모두가 당신을 찾도록 하기 위해서입니다. "만물이 당신으로 말미암아 지은 바 되었기 때문입니다." 우리 주 그리스도를 통하여 "우리로 아들의 명분을 얻게 하려 하신 것입니다."갈라디아서 4:5 나는 그분의 이름으로 당신을 우러러보나니, 그분은 "하나님 우편에 계신 자요 우리를 위하여 간구하시는 자이시며"로마서 8:34 "그 안에는 지혜와 지식의 모든 보화가 감추어져 있습니다."골로새서 2:3 나는 이 모든 지식의 보화를 당신의 성경 속에서 구하고 있습니다. "모세가 당신에 대하여 이렇게 기록하였습니다."요한 5:46

"예수께서는 진리를 말씀하셨나니……."

모세가 기록한 천지창조설

"태초에 하나님이 천지를 창조하시니라"창세기 1 : 1고 모세는 기록하였습니다. 나는 어떻게 하나님이 천지를 창조하셨는지를 알고자 합니다. 이것을 기록한 모세는 당신에게로 돌아가고 지금 내 눈앞에는 없습니다. 만일 그가 내 눈앞에 있다면 나는 그를 붙들고, 그 내막을 알려 달라고 간청하고 그의 입에서 들려오는 말에 귀를 기울일 것입니다. 만일 그가 헤브루어로 말하면 그가 말하는 것을 나는 알아듣지 못할 것이며, 그가 말하는 참뜻도 이해하지 못할 것입니다. 그러나 만일 그가 라틴어로 말해 준다면 나는 그가 말하는 것을 이해할 것입니다.

하지만 과연 그가 진실을 말하는지 아닌지는 어떻게 알 수 있겠습니까? 만일에 내가 그것이 진실임을 알게 된다면, 그것은 과연 모세를 통하여 그 내막을 알아내는 것이겠습니까? 물론 그러하기는 하지만 나의 생각 속에서 진실이라는 공감을 가지게 하는 것은, 헤브루어 때문도 아니고 그리스어나 라틴어 때문도 아니고 그 밖에 이방인의 언어에 의해서도 아니며, 소리를 내는 혀의 기능이나 음절의 소리도 없이, 그가 바른말을 한다는 확신을 얻게 되면 그는 올바른 진리를 말한다고 신뢰하게 될 것입니다. 진리이신 주님! 그러나 나는 그에게 직접 물어 볼 수가 없으므로, 그의 마음을 충족시켜 그로 하여금 진실을 말하게끔 한 당신에게 비옵니다. 나의 주님이시여! 간절히 비옵니다. 나의 죄를 사하여 주옵소서. 그리하여 당신께서 당신의 종인 모세에게 진실을 말하게 하는 은총을 베풀어 주셨듯이 나에게도 그 진실을 이해할 수 있는 은총을 내려 주시옵소서.

하늘과 땅

보십시오. 하늘과 땅이 있습니다. 그들은 창조되었노라고 외치고 있습니다. 그들은 변동하고 변화하기 때문입니다. 창조되지 않고 존재하는 것이 있다면 그것은 큰 모순이 아닐 수 없습니다. 우리가 존재하는 것은 창조되었기 때문입니다. 따라서 존재하기 이전에 존재하지 못하였으니 우리는 우리 스스로를 창조해 낼 수는 없는 것입니다. 이것은 자명한 사실입니다. 그러므로 우리는 우리들이 있기 이전에 있었던 것은 아니며, 뭔가의 조화에 의해서 존재하게 된 것입니다. 이렇게 외치는 자의 소리는 바로 눈앞에 볼 수 있는 자면 그대로의 자태입니다.

주여! 바로 당신께서 이 자연을 창조하신 것입니다. 이 천지가 아름다운 것은 당신이 아름답기 때문이며, 인간의 마음이 본질적으로 선한 것은 당신이 지극히 선하시기 때문입니다. 이 우주의 사물이 존재하고 있는 이상 주님은 존재하시지만, 이 지상의 존재물이 아무리 아름답고 선하더라도 당신에게 비길 수는 없습니다. 우리는 이런 사실을 알고 당신에게 엎드려 감사드립니다. 그러나 우리 인간이 아는 것이란 당신의 지혜에 비하면 무지에 가까운 것입니다.

창조의 신비

그렇지만 당신께서 어떻게 천지를 창조하셨습니까? 또 당신의 이와 같은 큰 사업의 연장은 무엇이었습니까? 분명히 그것은 장인匠人이 하는 그런 일은 아닙니다. 목수가 물체를 재료로 써서 어떤 물건을 만들어 내는 방식과는 분명히 다릅니다. 목수는 물건을 만들 때 자기 머릿속에 그 물건의 형상을 그릴 수가 있습니다.

인간의 정신은 눈앞에 있는 온갖 재료에, 이를테면 돌이나 나무나 쇠 따위, 그 밖의 모든 것에 형태를 부여합니다. 그러나 만약 당신이 이것들을 그 재료로써 만들지 않았더라면, 이것들이 어찌 존재할 수가 있겠습니까? 당신은 장인을 위하여 육체를 만드시고 그리고 그 육체를 제어하는 정신을 만드셨습니다. 당신은 장인이 어떤 물건을 만들 때 쓰는 질료質料를 만드셨습니다. 당신은 장인이 기술을 익혀서 외형으로 만들어 내려는 물건을 미리 머릿속에서 구상할 수 있는 재능을 주셨습니다. 그리고 장인이 재료에 그가 만들려고 하는 정신을 전하고 정신 속에서 무엇을 만들었는가 하는 것을 알릴 때에, 그 중간 역할을 하는 육체의 감각도 만드셨습니다. 그리하여 장인이 정신 속에서 자신을 지배하는 진리에게, 잘 만들어졌는지의 여부를 물을 수 있도록 하셨습니다. 참으로 만물을 창조하신 당신의 오묘함을 찬양하지 않을 수 없습니다.

그런데 주님은 어떻게 이 만물을 창조하신 것입니까? 주님, 당신은 어떻게 천지를 만드셨습니까? 분명히 당신은 천지를 하늘에서도 땅에서도 만든 것은 아닙니다. 또한 공기나 물에서 만든 것도 아닙니다. 공기와 물도 역시 천지에 속하는 것이기 때문입니다. 그리고 당신은 우주에서 우주를 만든 것도 아닙니다. 우주가 있기 전에는 우주가 창조될 만한 공간은 없었기 때문입니다. 그리고 당신은 천지를 창조하기 위하여 어떤 것도 손에 쥐지 않았습니다. 당신은 대체 어디에서 무엇을 만들어 내기 위해 당신이 만들지 않은 재료를 손에 넣었던 것입니까? 당신이 존재하지 않는다면 도대체 무엇이 존재할 수 있겠습니까? 그러므로 당신이 "있으라 하시매 있었고"창세기 1 : 3 "만물이 말씀으로 말미암아 지은 바 되었습니다."요한 1 : 3

말씀의 위력

주님은 어떻게 말씀하였습니까? "구름 속에서 소리가 나서 가로되 이는 나의 아들이니라"누가 9 : 35라고 하실 때처럼 그렇게 말씀하신 것입니까? 저 구름 속의 음성은 들렸다가 사라지고 시작하자마자 끝났습니다. 몇 음절이 들렸다가 이내 사라졌습니다.

제1음절 다음에 제2음절, 제2음절 다음에 제3음절이라는 순서에 따라 꼬리를 물고 이어지다가 결국 최후의 음절이 들리고는 침묵이 시작됐습니다. 따라서 일시적인 피조물의 운동을 통하여 당신의 영원한 의지를 섬기어 그 소리를 표현한 것은 의심할 여지없이 명백합니다. 그리고 시간 속에 창조된 당신의 말씀은 감각기관인 귀가 이성적인 정신에게 전달한 것이지만, 이 정신의 내적인 귀도 당신의 영원한 말씀에 열려져 있었습니다.

그러나 정신은 이들 시간 속에 울려퍼지는 말을 침묵 가운데서 나오는 영원한 말씀과 비교한 후 외쳤습니다. "이것은 다르다. 이것은 전혀 다르다.

이러한 말들은 훨씬 내 밑에 있다고도 없다고도 할 수 없다. 그들은 어디론가 가버리고 사라져 버리기 때문이다. 하지만 나의 하나님의 말씀은 나의 머리 위에 영원히 머무른다."[265] 그러므로 만일에 주님께서 잠시 울렸다가 사라져 버리는 말씀으로써 천지가 생성되도록 하고, 그와 같은 방법으로 천지를 창조하셨더라면, 이미 천지창조 이전에 물체적 피조물이 있어서 그 시간적인 운동에 의해 그 소리도 시간적으로 울렸을 것입니다.

그러나 천지창조 이전에는 어떤 물체도 존재하지 않았습니다. 설령 존재했다 하더라도 주님은 분명히 그것을 지나가는 소리로 만들지 않았을 것이므로 "하늘과 땅이 생성되어라" 하는 소리를 마련하셨을 것입니다. 이런 소리의 원천이 무엇이든 간에, 그것은 당신으로 말미암아 만들어진 것이 아니면 전혀 존재하지 않을 것입니다. 그렇다면 이런 말들이 생겨난 바탕을 만들기 위해, 당신은 어떠한 말씀을 하셨던 것입니까?

하나님의 말씀은 하나님과 함께 영원하다

그래서 당신은 하나님이 곧 말씀이라는 진리[266]를 우리에게 이해시키기 위해 우리를 부르셨습니다. 실상 그 말씀은 영원하고 그 말씀에 의해서 만물은 영원히 이야기되는 것입니다. 이야기가 끝나면 또 다른 것이 이야기되는 것이 아니라 모든 것이 동시에 또한 영원히 이야기되는 것입니다. 그렇지 않다면 시간이 지나고 변화가 있어 참된 영원과 불사不死가 모두 존재할 수는 없을 것입니다. 나는 이것을 알

---

265) "풀은 마르고 꽃은 시드나 우리 하나님의 말씀은 영영히 서리라."(이사야 40 : 8)
266) "태초에 말씀이 계시니라. 이 말씀이 하나님과 함께 계셨으니 이 말씀은 곧 하나님이시니라."(요한복음 1 : 1)

기 때문에 당신께 감사드립니다. 나의 주 하나님이시여! 나는 이것을 알고 있으므로 당신께 고백합니다. 확실한 진리에 대해서 감사할 수 있는 것은 모두 나와 함께 당신을 축복합니다.

우리는 알고 있습니다. 주여, 우리는 알고 있습니다. 무엇이든 과거에 있었던 것이 지금은 없어지고, 과거에 존재하지 않았던 것이 존재하는 한, 사멸하고 생성하는 것입니다. 그렇지만 당신의 말씀은 지나가 버린 일도 없고 지나가 버린 후에 계속되는 일도 없습니다. 참으로 당신의 말씀은 멸하지 않고 영원하기 때문입니다. 당신은 한결같이 영원한 말씀으로써 동시에 또한 영원하게 당신의 모든 것을 말씀하시는 것입니다. 그리고 당신이 "이룰지어다"라고 말씀하신 모든 것은 이루어지는 것입니다. 그러나 말씀으로 창조하신 모든 것이 동시에 그리고 영원하게 만들어지는 것은 아닙니다.

하나님의 말씀은 우리에게 모든 진리를 가르치는 인식의 원리이다
나의 주 하나님! 내가 당신께 묻사오니 그러나 왜 그렇습니까? 나도 어느 정도는 알고 있으나, 다음과 같이 하지 않으면 분명하게 설명할 수가 없습니다. 곧 존재하고 존재하지 않는 모든 것은 당신의 영원한 이성理性 — 거기엔 아무것도 존재하거나 존재하지 않는 일이 없지만 — 에 의하여 인정될 때 비로소 그 존재가 인식되는 것입니다. 이 영원한 이성은 "주님이 처음부터 우리에게 말하여 온"요한 8 : 25 당신의 말씀입니다. 이와 같이 복음서에서 하신 말씀은 몸을 통하여 전달되고 밖으로부터 사람의 귀로 울려온 것인데, 그것은 사람으로 하여금 믿음이 되고 마음 속에서 찾게 되며 영원한 진리 가운데서 발견됨

니다. 이 영원한 진리이신 단 한 사람의 어진 교사가 모든 제자를 가르치는 것입니다.[267]

주여! 그래서 나는 나에게 말씀하시는 당신의 소리를 들었습니다. 그 소리는 우리를 가르치는 분만이 우리에게 말씀하실 수 있습니다. 우리를 가르치지 않는 이가 설령 말한다 해도 그것은 우리에게 말하는 것은 아닙니다. 그러면 영원 불변의 진리를 누가 가르치시는 것입니까? 우리는 가변적인 피조물에 의하여 어떤 것을 배울 때에는 항상 불변의 진리로 인도받게 됩니다. 이 영원 불변의 진리에서 우리는 진실을 배우고 "서서 신랑의 음성을 듣는 친구가 크게 기뻐하듯이"[요한 3:29] 주님 앞에 서서 주님의 말씀을 들음으로써 우리는 주님의 품으로 돌아갈 수가 있는 것입니다. 저 영원 불변의 진리가 아무 곳에도 머물지 않는다면 우리가 길을 잃었을 때 돌아갈 곳이 없을 것입니다. 그러기에 "주님은 처음부터 우리에게 말하여 온 자입니다."[요한 8:25] 그러나 우리가 그릇됨으로부터 되돌아올 때는 전적으로 진리를 인식함으로써 되돌아가게 되는 것입니다. 우리가 진리를 깨닫는 것은 주님의 가르침에 의해서인데, "주님은 처음부터 우리에게 말하여 온 자"[요한 8:25]이기 때문입니다.

하나님의 말씀은 어떻게 마음 속에 전달되는 것일까?
하나님이시여! 당신은 이 처음 진리로 천지를 창조하셨습니다.

---

267) "그러나 너희는 랍비라 칭함을 받지 말라. 너희 선생은 하나이요 너희는 다 형제니라."(마태복음 23:8)

당신의 말씀, 당신의 독생자, 당신의 힘과 지혜, 당신의 진리를 통하여 당신의 오묘한 방법으로 말씀하시고 만물을 오묘하게 창조하셨습니다. 누가 그것을 이해할 수 있겠습니까? 누가 그것을 설명할 수 있겠습니까? 나의 눈을 쏘듯이 비치며, 내 마음을 꿰뚫으면서도 상하지 않게 하는 것은 무엇입니까?

나는 무서워 떨며 불타오르기도 합니다. 내가 그를 닮지 못하는 한 무서워 떨 것이며, 그에게 가까워지면 불타오를 것입니다. 나의 눈을 쏘듯이 빛나는 것은 지혜요, 지혜 그 자체입니다. 그것은 나를 덮는 구름을 헤쳐 주지만 내 죄의 무겁고 고통스러운 어둠 때문에 내가 지혜를 버릴 때, 구름은 또다시 나를 덮어 버립니다.

"내 기력이 나의 죄악으로 약하며 나의 뼈가 쇠하도소이다."시편 31:10 주여! 당신이 내 "모든 죄악을 사하시며 내 모든 병을 고치시며 내 생명을 파멸에서 구속하시고 인자와 긍휼로 관을 씌우시며 좋은 것으로 내 소원을 만족케 하사 내 청춘으로 독수리같이 새롭게 하시기"시편 103:3-5 전까지는 나는 나의 선善을 지탱할 수가 없습니다. 실상 "우리가 소망으로 구원을 얻었으매"로마서 8:24 당신의 약속을 "참음으로 기다리겠습니다."로마서 8:25 그렇게 되려면 당신의 마음 속에서 말씀하신 것을 들어야 합니다.

나는 당신 사도의 말씀을 빌어 확실히 외칠 것입니다. "주의 하신 일이 어찌 그리 많은지요. 주께서 지혜로 저희를 다 지으셨으니 주의 부요가 땅에 가득하나이다."시편 104:24 이 지혜는 '처음'이요 그 '처음'에 당신은 하늘과 땅을 만드셨습니다.

하나님은 천지창조 이전에 무엇을 하셨느냐에 대한 사람들의 의문에 대하여

우리에게 "하나님은 천지창조 이전에 무엇을 하고 계셨습니까?"라고 하는 사람들은 지금도 낡은 오류를 범하고 있는 것이 아닐까요? 그들은 이렇게 말합니다. 만약 하나님께서 아무것도 하시는 일이 없으시다면 왜 그 이전과 같은 상태로 계시지 않으셨을까요? 만약 하나님께서 창조를 하기 위하여 새로이 활동하시고 이제까지 존재하지 않았던 새로운 의지가 일어난다는 것을 어찌 참된 영원이라고 할 수 있겠습니까? 실상 하나님의 의지는 피조물과는 달리 피조물 이전에 존재하는 것입니다. 창조자의 의지가 먼저 존재하지 않는다면 아무것도 창조할 수 없기 때문입니다. 그러므로 하나님의 의지는 하나님의 본질 그 자체에 속해 있습니다. 만약 하나님의 본질 속에 이전에는 존재하지 않았던 어떤 것이 일어난다면 그 본질은 진실로 영원하다고 할 수 없을 것입니다. 그러나 만약 피조물을 존재시키려 하는 신의 의지가 영원하다면 어찌하여 피조물 또한 영원하다 못 하겠습니까?

하나님의 영원은 시간을 모른다는 의문에 답한다

이런 말을 하는 사람들은 아직 당신을 이해하지 못합니다. 오, 하나님의 지혜여![268] 마음을 비치는 빛이여! 당신으로 인하여 당신 안에

---

268) "이는 교회로 말미암아 하늘에서 정사와 권세들에게 하나님의 각종 지혜를 알게 하려 하심이니"(에베소서 3 : 10)

만들어진 것을 그들은 아직 이해하지 못합니다. 그들은 영원한 것을 알려고 애쓰지만 그들의 마음은 아직도 과거와 미래 사이를 방황하고 있으므로 여전히 불안정합니다.

누가 그들의 마음을 붙들어 안정시키고, 조용히 머무는 영원의 빛남을 잠깐 붙들어, 그것을 머물지 않는 시간과 비교해서 아무래도 영원이 그것과 비교가 안 된다는 것을 알게 할 것입니까? 또한 누가 다음과 같은 것을 알게 하겠습니까? 시간이 길다 함은 동시에 전개될 수 없는 많은 과거로부터 흘러온 운동이라야만 길다 할 수 있는 것이지만 영원에 있어서는 아무것도 흘러가지 않으며 전체가 현존現存합니다. 반면에 시간은 결코 전체로서 현존할 수 없습니다. 모든 과거는 미래로부터 밀려나고 모든 과거는 또한 과거에 이어서 일어나고 모든 과거와 미래는 항상 현재라는 것으로 이루어지며 그것으로부터 흘러나온 것입니다. 누가 사람의 마음을 붙들어 안정시키며, 왜 그 자신은 조용히 머물러 있는 영원은 미래도 과거도 아니면서 미래의 시간이나 과거의 시간을 규정하는가를 알게 할 것입니까? 내 손이 이런 일을 할 수 있을까요? 그렇지 않으면 내 입이 말로써 이런 큰 일을 할 수 있을까요?

하나님은 천지창조 이전에 무엇을 하셨을까?

그러면 이제 대답하겠습니다. 하나님이 천지를 창조하시기 이전에 무엇을 하셨는가에 대해 대답하겠습니다. 어떤 사람은 문제의 중요성을 회피하기 위해 이 깊은 신비를 구명하려고 하는 자에게는 지옥이 기다리고 있다고 대답합니다만, 나는 그런 대답을 할 생각은 없습니다. 통찰한다는 것과 조롱한다는 것은 전혀 다릅니다. 나는 신비를 구명하는 사람을 조소하고 거짓 대답을 하는 사람을 칭찬하는 식의 대답을 하기보다는 오히려 모르는 것은 모른다고 할 것입니다.

그러나 우리의 주님! 나는 당신을 모든 피조물의 창조주라고 부르겠습니다. 또한 "천지"가 "모든 피조물"로 이해된다면 나는 대담하게 "하나님은 창조 이전에는 아무것도 만들지 않으셨다"고 말할 것입니다. 만약 하나님이 무엇인가를 만들고 계셨다면 하나님은 피조물 이외의 무엇인가를 만들고 계셨을 것입니다. 나는 나 자신을 위해서 알고자 하는 모든 것을 알고 싶습니다. 우리는 무엇인가 피조물이 만들어지기 이전에 어떤 피조물도 만들어지지 않았다는 것을 알고 있는데 그와 같은 모든 것을 알고 싶은 것입니다.

하나님께서 시간을 창조하시기 이전에는 어떠한 시간도 창조되지 않았다

사람은 지나간 시간의 영상에 의하여 미혹한 마음을 헤매게 하거나, 전지전능하며 만물을 부양하는 천지의 창조주이신 하나님께서 천지창조 이전에 억겁의 시간 동안 대사업을 하지 않았다는 생각에 놀랄지도 모르나 이런 사람은 거짓 앎에서 깨나야만 할 것입니다. 당신은 모든 시대의 창조자이시므로 당신이 만들지 않으신 억겁의 시간은 어디서 와서 흘러갈 수가 있었을까요? 또 당신이 만들지 않으신 어떤 시간이 존재하였을까요? 또 그러한 시간이 존재하지 않았다면, 그것은 어떻게 흘러갔을까요?

그 때문에 당신은 모든 것을 만드셨습니다만 만약 당신께서 천지를 창조하시기 이전에 시간이 존재했다면 왜 모든 일을 하시지 않았다고 일컫는 것입니까?[269] 시간 그 자체도 당신이 만드신 것이요, 당신이 시간을 만드시기 전에는 시간이 지나간다는 일도 없었습니다. 만약 천지창조 이전에 어떤 시간도 존재하지 않았다면 "그때 당신은 무엇을 하고 계셨느냐"는 물음은 아무런 의미가 없습니다. 시간이 존재하지 않는 곳에 "때"라고 하는 것은 있을 수 없기 때문입니다.

또한 시간이 당신을 앞서갈 수는 없습니다. 만약 시간이 당신을 앞서갈 수 있다면 당신은 모든 시간을 앞서가실 수 있습니다. 그리하여 당신은 항상 '현재'라고 하는 영원한 곳에서 모든 흘러간 것에 앞서서 마침내 다가오려고 하는 모든 것을 능가할 수 있기 때문입니다. 그것들은 마침내 오려고 하는 것이며, 한 번 왔을 때는 그것은 이미 흘러간 것이기 때문입니다. 그러나 "주께는 하루가 천년 같고, 천년이 하루 같은 이 한 가지를 잊지 말라"베드로후서 3:8 하였고 당신의 '날'은 날마다의 것이 아니요, '오늘'이라고 하는 '하루'입니다. 당신의 오늘이라고 하는 것은 내일이라고 하는 '날'에 자리를 양보하는 일이 없기 때문입니다. 또 어제라고 하는 날에 이어진 것도 아닙니다. 당신의 오늘이라고 하는 '날'은 영원한 것입니다. 그러므로 당신은 당신과 같이 영원한 것을 낳고 그에 대해서 "너는 내 아들이니 내가 오늘날 너를 낳았다"히브리서 5:5라고 일컫는 것입니다. 당신은 모든 시간을 만드셨고 모든 시간 이전에 존재하셨습니다. 시간이 존재하지 않았을

---

269) "하나님이 일곱째 날을 복 주사 거룩하게 하셨으니 이는 하나님이 그 창조하시며 만드시던 모든 일을 마치시고 이 날에 안식하셨음이더라."(창세기 2:3)

때, 어떤 시간도 없었던 것입니다.

세 가지 다른 시간

시간 그 자체도 당신이 만드셨으므로 당신께서 아무것도 하시지 않은 그런 시간은 결코 없는 것입니다. 당신은 항상 계시기 때문에 어느 시간도 당신과 함께 영원할 수는 없습니다. 만약 시간이 흘러가지 않고 항상 머무르는 것이라면 그것은 시간이 아닙니다. 그러면 시간이란 도대체 무엇일까요? 누가 그것을 쉽게 설명할 수 있겠습니까? 누가 그것을 말로 옮기기 위해 우선 생각으로라도 붙들 수가 있겠습니까? 그러나 우리의 일상 대화에서 시간처럼 친밀하고 자주 입에 오르내리는 말이 또 있을까요? 우리는 시간에 대해서 얘기할 때 그것을 이해하고 있으며, 또 다른 사람이 시간에 대해서 말하는 것을 들을 때에도 무슨 뜻인지를 이해합니다.

그러면 시간이란 무엇입니까? 아무도 내게 묻지 않으나 나는 알고 있습니다. 그러나 질문에 대해서 설명한다는 것은 여간 어려운 일이 아닙니다. 그렇지만 나는 이것만은 확실히 주장할 수 있습니다. 즉 무엇이든 지나간 것이 없다면, 과거라는 시간은 존재하지 않고 무엇이든 오는 것이 없다면 미래라는 시간은 존재하지 않으며 무엇이든 존재하는 것이 없다면 현재라는 시간은 존재하지 않을 것입니다.

그러나 어떤 의미에서 우리는 두 가지의 시간, 즉 과거와 미래에 대해서 말할 수 있습니다. 과거는 이미 존재하지 않고 미래는 아직 존재하지 않는 것이므로 어떻게 존재하는 것일까요? 또한 현재도 항상 현재라면 과거로 옮아가지 않으므로 이미 시간이 아니고 영원입니다. 그러므로 현재는 단지 과거로 옮아갈 때만 존재할 수 있는데, 그렇다면 어찌 '존재한다'고 일컬을 수 있겠습니까? 따라서 시간이 존재한다고 말하기보다는 존재하지 않는 곳에 존재한다고 말하는 편이 훨씬 타당할 것입니다.

시간의 길고 짧음에 대해서

그럼에도 불구하고 우리는 '긴 시간'이라든가 '짧은 시간'이라는 말을 자주 합니다. 단지 과거와 미래에 국한하여 표현하지만 말입니다. 우리는 백 년 전을 긴 과거의 시간이라 부르고, 백 년 후를 긴 미래의 시간이라 부릅니다. 가령 열흘 전은 짧은 과거라 부르고 열흘 후는 짧은 미래라고 부릅니다. 그러나 존재하지 않는 것을 어떻게 길고 짧다고 말할 수 있습니까? 실상 과거는 이미 존재하지 않고 미래 또한 존재하지 않기 때문입니다. 그러므로 과거에 대해서는 '길다'고 하지 말고 '길었다'고 해야 하며 미래에 대해서는 '길 것이다'라고 말하지 않으면 안 될 것입니다.

나의 주님! 나의 빛이여! 당신의 진리는 이런 경우에도 인간을 조소하는 것이 아닐까요? 그 오랜 과거의 시간은 그것이 이미 지나갔을 때 길었을까요? 아니면 아직 현존했을 때 길었을까요? 그러나 자나가 버렸을 때에는 이미 존재하지 않는 것이며 따라서 전혀 존재하지 않는 것은 오랫동안 존재할 수도 없습니다.

그러므로 우리는 "과거의 시간이 길었다"라고 말해서는 안 될 것입니다. 그것은 지나가자마자 존재하지 않기 때문입니다. 그보다는 오히려 "그 현재의 시간이 길었다"고 말해야 할 것입니다. 단지 현재

히포 해안가의 아우구스티누스와 소년 베노조 고졸리(1464~65년), 성 아우구스티누스 성당, 산 지미냐노, 이탈리아

인 그때가 긴 것입니다. 실제로 그것은 없어지지도 않고 지나가지도 않습니다. 그러므로 '길다'고 할 수 있겠지만 흘러간 후에는 길 수도 없고 전혀 존재할 수도 없습니다.

그러면 인간의 영혼이여, 우리는 현재의 시간이 길 수 있는가 어떤가를 고찰해 봅시다. 인간의 영혼에겐 시간의 길이를 지각하고 잴 수 있는 능력이 부여되어 있기 때문입니다. 자, 인간의 영혼이여, 당신은 내게 어떻게 대답할 것입니까?

백 년이 현재일 때, 이것은 긴 시간일까요? 그보다도 백 년이 현재일 수 있느냐 없느냐를 생각해 봅시다. 백 년 가운데 처음 한 해가 지나갈 때 그 일 년은 현재이지만 다른 99년은 미래이기 때문에 아직 존재하지 않는 것입니다. 다음 2년이 지나갈 때, 지나간 일 년은 이미 과거이고 다음 일 년은 현재이며 나머지 다른 해는 미래가 됩니다. 이와 같이 백 년이라는 해의 어떤 중간의 해를 따져 보아도 그 해 이전의 것은 과거이며 그 해 이후의 것은 미래일 것입니다. 그러므로 백 년이라는 해는 현재라고는 할 수 없습니다.

그건 그렇고 지금 지나가고 있는 일 년이 현재인가 아닌가를 고찰해 봅시다. 그 경우에도 첫달이 지나가고 있다면 다른 달은 미래이고 다음 달이 지나가고 있다면 첫달은 이미 과거이고 다른 달은 아직 존재하지 않는 것입니다. 그러므로 지금 지나가고 있는 일 년도 전체적인 면에서 볼 때 현재가 아닙니다. 전체적인 면에서 볼 때 현재가 아니라면 그 일 년은 현재가 아닌 것입니다. 실제로 일 년은 열두 달이며 그 중 현재 지나가고 있는 어느 한 달이 현재인 것이며 다른 달은 과거가 아니면 미래인 것입니다. 그런데 그 지나가고 있는 한 달도 현재가 아니라면 단지 하루가 현재입니다. 처음 하루가 현재라면 다른 날은 미래이며 마지막 하루가 현재라면 다른 날은 과거이며, 또한 중간의 하루가 현재라면 그것은 과거와 미래의 중간에 있는 것입니다.

도대체 어떻게 된 일입니까? 우리가 이것만은 길다고 생각한 현재라는 시간이 고작 단 하루로 줄어들지 않았습니까? 그러나 자세히 살펴보면 이 하루도 전체로서는 현재가 아닙니다. 하루는 24시간으로 이루어져 있는데 처음 한 시간은 다른 시간을 미래로 하고 있고 그 마지막 한 시간은 다른 시간을 과거로 하고 있으며, 또한 중간의 한 시간은 그에 앞선 시간을 과거로, 그것에 이어지는 시간을 미래로

하고 있습니다. 그리고 이 한 시간도 또한 시시각각 지나가는 것입니다. 그 가운데 지나간 것은 과거요 남은 것은 미래인 것입니다. 만약 어떤 부분에서도 가장 작은 순간으로도 나눌 수 없는 시간을 생각할 수 있다면 그 시간이야말로 '현재'라고 부를 수 있을 것입니다. 그러나 이것은 급히 미래에서 과거로 옮아가므로 한순간도 연장될 수가 없습니다. 만약 조금이라도 연장될 수 있다면 그것은 과거와 미래로 나누어질 것입니다. 현재는 어떤 넓이나 어떤 길이도 가지고 있지 않습니다.

그러면 우리가 '길다'고 부르는 시간은 어디에 존재하는 것입니까? 미래에 존재하는 것입니까? 그러나 우리는 "미래가 길다"고 말할 수 없습니다. 아직 긴 시간이 될 수 없기 때문입니다. 우리는 "미래는 길어질 것이다"라고 말해야 합니다. 그러나 언제 길어질 수 있을까요? 미래로부터 이미 존재하기 시작하여 현재가 된다면 현재는 위에 말한 바와 같이 긴 현재로 있을 수가 없다고 외치고 싶습니다.

어떤 시간을 잴 수 있으며 어떤 시간을 잴 수 없는가?

그럼에도 불구하고 주여, 우리는 시간과 시간 사이를 지각하고 그것을 서로 비교하며 어떤 시간은 길고 어떤 시간은 짧다고 말합니다. 게다가 우리는 이 시간이 저 시간보다 얼마나 더 길고 얼마나 더 짧은가를 측정하여 2배, 3배가 길다거나 또는 같다고 말합니다. 그러나 우리가 우리의 지각에 의하여 시간을 측정할 때 그 순간 이미 우리는 지나가고 있는 시간을 재는 것입니다. 그 누가 이미 존재하지 않는 과거나 또 존재하지 않는 미래를 잴 수 있겠습니까? 만약 그것을 잴 수 있다는 사람이 있다면 그는 존재하지 않는 것을 잰다고 주장하지 않을 수 없습니다. 그 때문에 시간은 지나갈 때에 지각되고 잴 수 있는 것인데 지나가 버렸을 때에는 이미 존재하지 않기 때문에 지각할 수도 잴 수도 없는 것입니다.

과거의 시간과 미래의 시간은 어디에 있는가?

아버지시여! 나는 탐구하는 것이지 단언한 것은 아닙니다. 나의 하나님이시여! 나를 지켜 나를 인도하소서. 우리가 어린 시절에 배우고 지금 소년들에게 가르치듯이 세 가지의 시간 ― 곧 과거, 현재, 미래가 존재하는 것이 아니라, 다른 두 가지는 존재하지 않으므로 현재만 있다는 것입니까? 혹은 또 다른 두 가지도 존재하는데 그것이 미래로부터 현재로 될 때, 어떤 은밀한 곳에서 나타나 그것이 현재에서 과거로 될 때 어느 은밀한 곳으로 물러나는 것입니까? 만약 미래가 아직 존재하지 않는다면 그것을 예언한 이들은 그것을 어디에서 보았을까요? 존재하지 않는 것은 볼 수도 없습니다. 과거를 말하는 사람들이 만약 마음 속에 그것을 인정하지 않는다면 진실을 얘기할 수 없을 것입니다. 만약 과거가 존재하지 않는다면 결코 그것을 인정할 수 없을 것입니다. 그러므로 미래도 과거도 모두 존재하는 것입니다.

어떻게 해서 과거와 미래가 실제로 존재하는 것일까?

주여, 나로 하여금 더 깊이 탐구하는 것을 허용해 주소서. 나의 희망이시여, 내 의도를 방해하지 마소서.

만약 미래와 과거가 존재한다면 그것이 어디에 존재하는가를 나는 알고 싶습니다. 그것이 어디에 있다는 것을 몰라도 더구나 그것이 어디에 있건 거기에는 미래와 과거가 있는 것이 아니라, 오직 현재로서 존재한다는 것을 알고 있습니다. 만약 거기에서도 미래라면 아직 거기에는 존재하지 않는 것이며, 또 거기에서도 과거라면 이미 존재하지 않는 것입니다, 그 때문에 존재하는 모든 것은 어디에 있거나 단지 현재로서만 존재합니다. 그러나 우리가 진실로 과거를 얘기할 때 기억에서 지나가 버린 사물이 아니라 그러한 사물의 영상에서 생각되는 말이 추출되는 것입니다. 그런 영상은 사물이 지나갈 때, 이른바 감각에 의해서 마음 속에 남는 흔적입니다 실상 이미 존재하지 않는 우리의 어린 시절은 과거라는 시간 속에 있으므로 이미 존재하지 않지만 그 영상은 내가 어린 시절을 회상하며 얘기할 때, 현재라는 시간에서 볼 수 있습니다. 영상은 우리의 기억 속에 존재하는 것입니다. 미래를 예언하는 경우에도 이와 같은 것일까요? 아직 존재하지 않는 사물도 그 영상은 이미 존재하는 것일까요?

나의 하나님이시여! 나는 고백합니다. 나는 그것을 모릅니다. 그러나 분명하게 다음과 같은 것을 알고 있습니다. 우리는 대개의 경우 미래의 행위를 예상합니다. 그 예상은 현존하는 것인데 그러나 우리가 예상하는 행위는 미래에 관한 것이기 때문에 아직 존재하지 않습니다. 우리가 그 행위에 착수하고, 예상하고 있는 것을 시작할 때, 그 때 그 행위는 존재하기 때문입니다. 그것은 그때가 미래가 아니고 현재이기 때문입니다.

그러므로 이 오묘한 미래의 예견이 어떠한 것이든, 존재하지 않는 것은 아무것도 볼 수가 없는 것입니다. 그러나 이미 존재한 것은 미래가 아니고 현재인 것입니다. 그러므로 미래에 관한 것이 보인다고 일컬어질 때, 그것은 아직 존재하지 않는 것입니다. 즉 장래에 존재하는 것 자체가 보이는 것은 아니고, 아마도 그것의 원인 또는 조짐이 보일 뿐입니다. 그와 같은 원인 또는 조짐은 이미 존재하고 있습니다. 그 때문에 미래가 아니며 그것을 본 사람들에게는 현존하는 것입니다. 미래에 관한 것은 마음으로 생각되어 예언되고 이와 같이 마음으로 생각된 것은 이미 존재합니다. 미래에 관한 것을 예언하는 사람들은 그것들을 자신에게 현존하는 것으로 보는 것입니다.

이런 수많은 사실 속에서 나는 한 가지 예를 들어 말씀드리고자 합니다. 가령 내가 서광曙光을 보고 해 뜨는 일을 예고한다고 합시다. 그때, 내가 본 것은 현재이며 내가 예고한 것은 미래입니다. 그러나 그 해돋이도 또한 내가 방금 말씀드린 바와 같이 그 영상을 마음 속에 띄우지 않고서는 예고할 수 없을 것입니다. 그러나 내가 하늘에서 본 서광은 해돋이보다 앞서지만 해돋이가 아니며, 그 표상表象도 해돋이는 아닙니다. 그러나 이 두 가지는 미래에 관한 것이 미리 얘기된 바와 같이 현재의 것으로서 보게 되는 것입니다. 그 때문에 미래는 아직 존재하지 않습니다. 그러나 미래는 이미 가시적可視的으로 존재하는 현재에서 예언되는 것입니다.

어떤 방법으로 미래를 배우게 되는 것일까?

피조물을 다스리시는 지배자시여! 당신 영혼에 있는 미래를 어떤 방법으로 가르치시는 것입니까? 실제로 당신은 당신의 예언자들에게 가르치셨습니다. 당신에게는 어떤 미래도 없습니다. 그런데 당신은 어떻게 미래를 알려주시는 것입니까? 아니면 계시로써 현재를 가르치시는 것입니까? 존재하지 않는 것은 전혀 가르칠 수 없습니다. 당신이 가르치시는 방법은 내 이해력을 훨씬 넘어서고 있습니다. "이 지식이 내게 너무 기이하니 높아서 내가 능히 미치지 못하나이다."^{시편 139:6} 그러나 내 숨은 눈의 감미로운 빛이여! 당신께서 그러한 힘을 주실 때, 나는 당신의 힘으로 그렇게 할 수 있을 것입니다.

시간의 구별은 어떻게 말해야 할까?
이와 같은 고찰에 의해서 다음과 같은 명확한 결론에 이르게 됩니다. 즉 미래도 과거도 존재하지 않으며 또한 세 가지의 시간 — 과거, 현재, 미래가 존재한다는 것도 옳지 않습니다. 실상 이것들은 마음 속에 이른바 세 가지 형태 — 과거의 현재, 현재의 현재, 미래의 현재 — 로 존재하는데 나는 마음 밖에서는 어디에서도 볼 수 없습니다. 즉 과거의 현재는 기억이며 현재의 현재는 직감이며 미래의 현재는 기대입니다. 만약 이같이 말할 수 있다면 나도 또한 세 가지 시간을 인정하고 그것이 존재한다고 고백합니다. 혹은 또 습관화되고 부정확한 말이지만 세 가지의 시간, 곧 과거, 현재, 미래가 존재한다고 해도 좋을 것입니다. 거기에 대해 반대도 하지 않습니다. 또한 나무라지도 않습니다. 다만 말하는 바, 그 뜻을 알게 되어 미래도 현재도 지금은 없다는 것을 알고 있는 한 그렇게 말해도 좋을 것입니다. 실상 우리가 바른 방법으로 말하기는 드물고 대개의 경우 틀리기도 하지만 그러나 우리가 무엇을 말하려는가를 이해할 수는 있습니다.

시간은 어떤 방법으로 재는 것일까?

그러므로 위에서 말한 바와 같이 우리는 시간이 지나갈 때 재고, 이 시간은 저 시간의 두 배라든가, 마침 그 길이가 같다든가 하는 식으로 그 밖에 다른 시간에 대해서도 같은 방법으로 잴 수가 있습니다. 이러한 이유로 지나가는 시간을 잴 수 있는데, 만약 내게 그것을 어떻게 아느냐고 물으면 나는 이렇게 대답할 것입니다. 나는 시간을 잴 수 있지만 존재하지 않는 것 또는 존재하지 않는 과거나 미래를 잴 수 없는 이유를 안다는 것입니다. 그러나 현재라는 시간도 또한 길이를 갖지 않으므로 우리는 어떻게 그것을 잴 수 있겠습니까? 그러므로 현재도 또한 지나가는 시간이며 지나가 버린 다음에는 잴 수 없습니다.

그것을 잰다고 할 때, 시간은 어디에서 어디를 지나 어디로 가는 것입니까? 미래로부터가 아니라면 어디서부터입니까? 현재를 지나지 않는다면 어디를 지나는 것입니까? 과거로 가는 것이 아니라면 어디입니까? 그러므로 그것은 아직 존재하지 않는 것으로부터 연장延長할 수없는 것을 지나 이미 존재하지 않은 것으로 가는 것입니다.

그러나 어떤 연장으로서 시간을 재는 것이 아니라면 무엇을 잰다는 것입니까? 우리는 시간의 연장에 관한 것이 아니라면 그것이 몇 배라든가, 같다든가 또는 그 밖의 시간에 대해서도 아무것도 말할 수 없을 것입니다. 그렇다면 어떤 연장 사이에서 시간을 재는 것입니까? 그것은 미래에서 오는 것입니까? 그러나 존재하지 않은 것을 잴 수는 없습니다. 현재라는 시간 속에서 그것은 지나는 것입니다. 연장되지 않는 것을 잴 수는 없습니다. 그러면 지나가 버린 과거에서입니까? 이미 존재하지 않는 것은 잴 수 없습니다.

이 의문의 풀이를 하나님께 간구한다

내 영혼은 이와 같이 복잡한 의문을 풀 것을 열망합니다. 주여, 내 하나님이시여, 인자하신 아버지시여, 영혼을 가두지 마소서. 나는 그리스도의 이름으로 빕니다. 이 평범하고도 깊은 의문을 풀고자 하는 내 소망을 가두지 마십시오. 그것을 통찰하는 것을 막지 마시고 주여, 당신의 자비한 빛으로 밝혀 주십시오. 나는 이것을 누구에게 물어 봅니까? 누구에게 내 무지를 고백하고 뜻을 얻을 수 있겠습니까? 그것은 당신의 성서를 향하여 열렬하게 타오르는 내 열성을 마다하지 않으신 당신이 아니면 누구겠습니까?

내가 사랑하는 것을 주옵소서. 이 사랑한다는 것도 당신이 주신 것이기 때문입니다. 진실로 "좋은 것으로 자식에게 줄 줄 아시는"마태 7:11 아버지시여! 주십시오. 당신이 보여주실 때까지 "내가 어쩌면 이를 알까 하여 생각한즉 내게 심히 곤란하였기"시편 73:16 때문입니다. 나는 성자 중의 성자이신 그리스도의 이름으로 간청하건대 아무도 나를 막지 않도록 탄원합니다. "내가 믿는 고로 말하리라"시편 116:10 "여호와의 아름다움을 앙망하는"시편 27:4 것이 내 희망이며 나는 그 희망으로 살고 있습니다. "주께서 나의 날을 손 넓이만큼 되게 하시매 나의 일생이 주의 앞에는 없는 것 같사옵니다."시편 39:5 그것이 어떻게 지나갔는지를 나는 알지 못합니다. 또 우리는 자주 '시간'을 단수나 복수의 의미로 사용합니다. "그가 이 말을 한 후로 얼마나 지났는가", "이 일을 한 후로 얼마쯤 되었는가", "또 얼마 동안 그것을 못

보았는가", "이 음절은 저 짧은 음절보다 두 배의 시간이 더 걸린다" 라고 말하는 경우입니다. 우리는 이런 것을 말하고 남이 하는 말을 들으며 우리가 하는 말을 남이 알아듣고 우리도 또한 이해합니다. 이 것들은 가장 평범한 사실이며 또 분명한 것입니다만, 그러나 그러한 표현들은 불확실하며 그 진상은 아직 밝혀지지 않고 있습니다.

시간이란 무엇인가?

나는 지난날 어느 학자로부터 해와 달과 별의 운동이 곧 시간이 라는 것을 들었습니다만, 그 말에 동의하지 않았습니다. 왜 그보다는 모든 물체의 운동은 시간이 아니겠습니까? 만약 천체의 빛이 멎고 단 지 도공의 물레만 돌고 있다면 그것들의 회전을 재는 시간은 없어진 것입니까? 그것이 같은 속도로 돈다든가, 만약 어떤 때는 빠르고 어 떤 때는 늦게 돈다면 그 회전시간이 길다든가 짧다고는 말할 수 없는 것입니까? 우리가 하는 말 가운데 어떤 음절이 길고 어떤 음절이 짧 은 것은 전자가 긴 시간을, 후자가 짧은 시간을 울리기 때문이 아닐 까요? 주여, 작은 원리 안에서 크고 작은 것에 공통된 개념을 보게 해 주십시오. 하늘의 별과 빛은 "그 광명으로 하여 징조와 사시와 일자 와 연한을 이루기 위해서"^{창세기 1 : 14} 분명 그렇습니다. 그러나 우리는 저 물레의 회전을 하루라고 해서는 안 되겠습니다만 학자도 이것은 시간이 아니라고 말해서는 안 될 것입니다.

나는 시간의 의의와 본질을 알려고 합니다. 흔히 우리는 물체의 운동을 잼으로써, 예를 들면 이 운동이 저 운동의 두 배의 길이라고 말합니다. 곧 나는 다음과 같은 것을 묻고자 합니다. 우리는 단지 해가 지상에 있는 동안만을 "하루"라고 하지 않습니다. 이것은 단지 밤으로부터 낮을 구별할 뿐입니다. 해가 떠서 다음 해가 뜰 때까지의 전주행全周行을 하루라 부릅니다. 그것을 기준으로 해서 며칠이 지나갔다고도 합니다. 그때 우리는 그 밤도 포함해서 며칠이라고 부르는 것이며 밤만을 따로 세는 것이 아닙니다. 그러므로 하루는 해돋이로부터 다음 해돋이까지의 회전으로 끝나므로 나는 다음과 같은 것을 묻고자 하는 것입니다. 곧 운동 그 자체가 시간입니까? 아니면 이 운동을 하고 있는 사이가 시간입니까? 아니면 둘 다 시간입니까?

태양의 운동이 하루를 만드는 것이라면 해가 겨우 한 시간 동안에 회전을 완료했다 해도 하루라고 할 것입니다. 하루를 이루는 것이 순환을 완성하는 태양에 의해 취해진 시간이라면 해돋이로부터 다음 해돋이의 사이가 겨우 한 시간밖에 안 되는 짧은 시간일 때, 그것은 하루가 아닐 것입니다. 그렇게 완전한 하루가 되기 위해서는 해가 스물네 번을 회전하지 않으면 안 될 것입니다. 하루를 이루는 것이 운동과 시간 양쪽으로 되었다거나 태양이 정지한 채 어떤 시간이 아침에서 아침까지 정상적으로 일어난 시간과 동등하게 지나간다면 우리는 그것을 '하루'라고 부를 수 없습니다. 그러므로 나는 더 이상, "하루"라는 것이 무엇이냐를 묻지 않고 "시간이란 무엇이냐"를 묻고 싶습니다. 시간으로 해의 운행을 재고 만약 그것이 열두 시간밖에 걸리지 않고 끝나면 평소보다 절반의 시간으로 완료했다고 할 것입니다. 이 두 가지의 시간을 비교하면 가령 어떤 때는 동일한 시간으로 또 다른 때에는 그 두 배의 시간으로 동쪽에서 또 동쪽으로 돈다 해도 앞의 경우는 뒤의 경우보다 길다는 것을 알 수 있습니다. 그러므로 아무도 내게 천체의 운행이 시간이라고 말해서는 안 됩니다. 어떤 사람이 전쟁에서 이기기 위해 태양이 멈추기를 기원한다 해도 진실로 정지한 것은 해일 뿐[270] 시간은 흐르고 있었다고 보아야 합니다. 전승戰勝하는 데에 필요한 시간 동안에 전쟁이 행하여지고 또 끝났기 때문입니다.

그러므로 나는 시간이 어떤 종류의 연장임을 압니다. 그러나 내가 정말 그것을 알고 있는 것입니까? 아니면 단지 안다고 생각할 뿐입니까? 빛이여, 진리여, 당신께서 그것을 밝혀 주소서.

시간으로 운동을 재는 것이다

만약 누군가가 시간은 물체의 운동이라고 말할 때, 당신은 내게 그것을 인정하라고 명하시겠습니까? 아닙니다. 당신은 어떤 물체이든 시간 안에서 움직인다는 것을 말씀하시고 계십니다. 그러나 물체의 운동이 실제로 시간이라고 하신다면 저의 의지로 닿을 수 없으니 당신의 말씀은 이런 뜻이 아닐 것입니다. 어떤 물체가 운동하는 동안 나는 그것이 움직이기 시작해서 멎는 순간까지의 시간으로 운동의 길이를 잽니다. 만약 내가 그 물체의 움직이는 순간을 보지 못한다면, 또 그것이 언제까지 운동을 계속해도 멎는 것을 못 본다면 그것을 잴 수 없습니다. 내가 잴 수 있는 것은 단지 운동을 보기 시작하여 다 보았을 때까지의 사이에 지나지 않을 것입니다. 가령 그것을 오랫동안 보아 왔다 해도 나는 그저 "길다"고 할 뿐 어느 정도 긴지는 말

---

[270] "여호와께서 아모리 사람을 이스라엘 자손에게 붙이시던 날에 여호수아가 여호와께 고하되 이스라엘 목전에서 가로되, 태양아 너는 기브온 위에 머무르라."(여호수아 10 : 12)

할 수 없습니다. "어느 정도 길다"고 할 때에는 "이것이 저것보다 길다" 또는 "이것이 두 배로 길다"라고 비교할 때만 말합니다.

물체또는 물체의 한 부분이 그대로 회전하는 것이라면의 출발점과 도착점의 간격에서 그 접점을 인지할 수 있을 때 우리는 한 장소에서 다른 장소로 가는 물체의 움직임을 끝내는 데 얼마만큼의 시간이 걸리는 가를 확실히 얘기할 수 있습니다. 그러므로 물체의 운동과 그것에 의해서 우리가 어느 정도의 길이를 잰다는 것은 전혀 별개의 것이므로 둘 중에서 어느 것이 진실로 "시간"이라고 일컬어지는가는 명백하지 않습니까? 곧 어떤 물체가 어떤 때는 운동을 하고 어떤 때는 정지하는 것과 같이 여러 경우에도 우리는 그 운동뿐만 아니라, 그 정지까지도 시간으로 잽니다. "그것은 운동한 길이만큼 멈춰 있었다" 또는 "운동의 두 배 또는 세 배의 길이만큼 멈춰 있었다", 그리고 그 밖에다소간이라고 하는 확실한 측정이나 추정하는 다른 비율을 말하기도 합니다. 그러므로 시간은 물체의 운동이 아닙니다.

주님에 대한 하소연

주님, 나는 당신에게 아직도 시간이 무엇인지 모른다는 것을 고백합니다. 나는 또한 주님에게 시간에 관한 이러한 것들을 이야기하며, 또한 오랫동안 시간을 말해 왔으며, 그리고 이 "오랫동안"이란 단지 시간적 감각에서 길다는 것 — 이런 것들을 알고 있다고 고백합니다. 그러나 나는 시간이 무엇인가를 모르면서 어째서 그런 것들을 알고 있는 것이겠습니까? 그리고 "모른다는 것"은 아마도 내가 알고 있는 사실들을 어떻게 표현하지 못하고 있다는 것입니까? 무엇을 모르는가조차도 알지 못하는 나는 불쌍한 인간입니다. 주여, 굽어살피소서. 당신의 면전에선 진실할 수밖에 없습니다.[271] 그러므로 말한 대로 마음도 애써 따르려 합니다. "주께서 나의 등불을 켜심이여, 여호와 내 하나님이 내 흑암을 밝히시리이다."시편 18:28

시간의 측정

나의 영혼은 주님에게 내가 시간을 헤아린다는 것을 진실로 고백합니다. 그러므로 나의 주님이시여, 나는 헤아리면서도 무엇을 헤아리는지를 알지 못하겠습니다. 나는 물체의 운동을 시간으로 헤아리지만, 그러나 시간 그 자체를 헤아리고 있지 않습니다. 그러나 만일 내가 운동이 일어나는 시간을 헤아릴 수 없다면 나는 물체의 운동이 얼마만큼 지속되고, 여기서 저기까지 얼마만큼 시간이 걸린다는 것을 헤아릴 수 있겠습니까? 그렇다면 나는 이 시간을 무엇으로 헤아릴 수 있

성 아우구스티누스 빈센지오 포파 (1465~70년), 스포르체스코 성, 밀라노, 이탈리아

겠습니까? 우리들은 팔 길이팔꿈치에서 가운뎃손가락 끝까지의 약 45센티미터로 각목을 재는 것처럼, 짧은 시간으로 긴 시간을 재는 것입니까? 실제로 그와 같이 우리들은 짧은 음절의 길이로 긴 음절의 길이를 재서, 그것

---

271) "내가 너희에게 쓰는 것은 하나님 앞에서 거짓말이 아니로라."(갈라디아서 1:20)

은 두 배라는 식으로 보는 것입니다.

그처럼 우리는 시의 길이를 행의 길이로, 행의 길이를 각句의 길이로, 다시 각의 길이를 음절의 길이로, 긴 음절의 길이를 짧은 음절의 길이로 재는 것입니다. 그러나 나는 쪽 수로 시를 의미하지 않습니다. 그것은 공간을 재는 것이지 시간을 재는 것은 아닙니다. 내가 뜻하는 단어의 측량은 소리를 내어 읽으며, 그 소리가 지나쳐 가버릴 때에 재는 것입니다.

"긴 시는 많은 행으로 만들어집니다. 행이 긴 것은 많은 각으로 이루어집니다. 각이 긴 것은 음절이 많이 늘어나서입니다. 음절이 긴 것은 작은 것의 두 배이기 때문입니다"라고 말합니다.

그러나 이렇게 한다 해도 시간의 확실한 표준이 얻어지는 것은 아닙니다. 사실 짧은 행도 기다랗게 소리를 낼 때에는 긴 행을 황급하게 소리낼 때보다도 오랫동안 울려 퍼지는 일도 있을 수 있기 때문입니다. 시구詩句에 대해서도 각에 대해서도 음절에 대해서도 마찬가지입니다. 그러기에 시간이란 연장延長 이외의 아무것도 아닌 것처럼 내게는 생각되지만, 그러나 도대체 어떤 것의 연장인가도 나는 알 수 없습니다. 만일 시간이 영혼 그것의 연장이 아니라면, 그것은 참으로 놀라운 일일 것입니다. 나의 주님이시여, 나는 주님에게 애원합니다. 내가 때로는 명확치 못하게 "이 시간은 저 시간보다도 길다"고 말하며, 또 때로는 명확하게 "이 시간은 저 시간의 두 배이다"라고 말할 때 무엇을 헤아리는 것입니까? 나는 시간을 측정한다는 것을 알고 있습니다. 그러나 미래는 아직 존재하지 않으므로, 나는 미래를 헤아리지 않습니다. 또 현재를 헤아리는 것도 아닙니다. 현재는 어떤 길이로도 펼쳐지지 않기 때문입니다. 그리고 과거를 헤아리는 것도 아닙니다. 과거는 이미 존재하지 않기 때문입니다. 그러면 대체 나는 무엇을 헤아리는 것입니까? 지금 시시각각 지나가고 있는 시간을 재고 있는 것이지, 이미 흘러가 버린 시간을 재고 있는 것은 아닙니다. 분명히 나는 앞에서 그렇게 말했습니다.

마음 속에서 어떻게 시간을 측정하는가

내 영혼이여, 긴장한 채로 끊임없이 가다듬어라. "여호와가 우리 하나님이신 줄 너희는 알지어다. 그는 우리를 지으신 자시요 우리는 그의 것이니 그의 백성이요 그의 기르시는 양이로다."시편 100 : 3 보라! 어디에 진리가 있는가를. 이를테면 어느 물체의 소리가 계속 울려 퍼지다가 지금 그 소리가 멈춘다고 하자. 그러한 때에는 이미 고요가 감돌아 그 소리는 사라지고 없습니다. 그 소리가 울리기 전에는 미래의 것이어서 헤아릴 수도 없습니다. 그것은 아직 존재하지 않기 때문입니다. 그리고 지금도 있지 않기 때문에 헤아릴 수가 없습니다. 그러기에 소리가 실제로 울리고 있는 동안만 헤아려지는데 그것은 헤아려지는 존재로 있기 때문입니다. 그러나 그 때에도 멈춰 있지 않고, 진행중이며 과거로 사라져 가고 있는 것입니다. 그렇다면 도리어 그것은 잴 수 있었던 것이 아니겠습니까? 소리가 사라져 가는 동안 길이를 잴 수 있는 확실한 시간으로 늘어났습니다. 현재는 어떠한 길이도 갖지 않고 있기 때문입니다.

그러기에 만일 그때에 측정할 수 있겠다고 한다면, 가령 따로따로의 소리가 울리기 시작하여 지금도 중단하지 않고 연속적으로 울리고 있고 울려 퍼지고 있는 사이에 우리들은 그 소리를 잴 것입니다. 실제로 그 소리가 울리지 않게 되었을 때 소리는 이미 지나간 것이며, 측정할 수 있는 것은 아니기 때문입니다. 우리들은 이제부터 실제로 재보고, 그것이 얼마만한 길이인가를 말해 봅시다. 그러나 그것은 아직도 울리지만 그것은 울리기 시작하는 그 시초에서부터 짐짓 울리지 않게 될 때의 종말 이외에는 잴 수 없습니다. 사실 우리들은 어느 시초부터 어느 종말까지의 동안만을 재는 것입니다. 그러므로 아직 끝나지 않은 소리는 잴 수가 없으며, 또 그것이 얼마만큼 길다든가 짧다든가 혹은 다른 소리와 같다든가 다른 소리의 한 배나 두 배라든가, 그 밖에 그와 유사하다는 것도 말할 수 없을 것입니다. 그렇지만 소리가 끝나 버렸을 때에는 이미 그 소리는 존재하지 않을 것입니다. 그렇다면 그것을 어떻게 잴 수 있겠습니까? 그럼에도 불구하고 우리는 시간을 잽니다. 그러나 우리들이 재는 것은 아직 존재하지 않은 시간도 아니고, 또 지속하지 않는 것도 아니며 처음과 끝이 없는 것도 아닙니다. 그러므로 우리들은 미래의 시간도 과거의 시간도 현재의 시간도, 그리고 지나가고 있는 시간도 재는 것이 아닙니다. 그럼에도 불구하고 우리들은 시간을 재고 있는 것입니다.

Dĕus crĕātŏr ōmnĭum 하나님은 만물을 지으셨나니라는 이 시구는 여덟 개의 음절을 길고 짧게 번갈아 가며 쓰고 있습니다. 그러기 때문에 짧은 네 음절, 즉 제1, 제3, 제5, 제7의 음절은 네 개의 긴 음절, 즉 제2, 제4, 제6, 제8의 음절에서 보면 단 한 번의 소리를 냅니다. 각각의 긴 음절들은 각각의 짧은 음절보다 두 배의 시간을 가지는데 — 나는 그것들을 발음하며 우리들 감각이라는 뚜렷한 증거에 의해 그것이 그렇고

또한 그것도 그러하다고 말합니다. 감각이 뚜렷하게 사물을 느끼는 한 나는 짧은 음절로써 긴 음절을 재며 감각을 수단으로 두 배의 길이로 발음된다는 것을 느낍니다. 그러나 어떤 음절 다음에 다른 음절이 들릴 때에 만약 전자가 짧고 후자가 길면 나는 어떻게 짧은 음절을 유지할 수 있겠습니까? 또 나는 어떻게 짧은 음절을 긴 음절에 맞추어 보고, 긴 음절이 짧은 음절의 두 배의 길이라는 것을 알 수가 있겠습니까? 긴 음절은 짧은 음절이 울리다가 그친 후에야 겨우 울리기 시작합니다. 현재 발음되고 있을 때 나는 긴 음절을 어떻게 잴 수 있습니까? 소리가 끝나지 않으면 잴 수조차 없고 소리가 끝났을 때는 이미 지나가 버린 후입니다.

그러면 내가 재는 것은 무엇을 잰다는 것입니까? 내가 그것으로 재는 짧은 음절은 어디에 있는 것입니까? 그리고 내가 그것을 재는 긴 음절은 어디에 있습니까? 두 개의 소리는 울렸다가 시간 속으로 흩어져 과거로 사라지며 이미 존재하지 않습니다. 그래도 나는 시간을 재고 싶으며 또 시간이 관여하는 한 어떤 음절은 다른 음절보다 두 배의 길이를 가진다는 대답나의 대답은 신용을 바탕으로 하기 때문에 사람들은 좋은 감각을 가질 수 있습니다을 성심성의껏 하고 있습니다. 이러한 판단도 두 음절의 소리가 과거로 사라진 후에나 가능한 것입니다. 그러므로 내가 시간을 잰다는 것은 이미 존재하지 않는 음절 그 자체가 아니라 내 기억 속에 붙박혀 있는 그 무엇이라는 것입니다.

내가 시간을 재는 것은 당신 속에 있는 내 영혼 그 안에서입니다. 왜냐고 따져 들기보다, 아니 정확히 말해서 영혼의 충만한 인상들을 흐트러뜨리지 마십시오. 다시 말해 내가 시간을 재는 것은 곧 나의 영혼 안에서입니다. 사물이 시간에서 시간으로 지나갈 때 나의 영혼은 하나의 인상을 갖습니다. 이 인상은 사물이 과거로 사라진 후에 남긴 것이며 그러므로 그것은 사물 자체가 아니라 현상계에서 또는 시간의 경과에서 잴 수 있습니다. 내가 시간을 재는 것도 이러한 인상이므로 이것 자체가 시간이거나 아니면 조금도 시간을 재지 않는 것이거나 어느 한쪽인 것만은 분명합니다.

그렇지만 우리들이 침묵을 재고 이 침묵은 말하는 길이만큼 계속되었다고 할 때에는 어떻겠습니까? 말을 들을 수 있다면 음량이 어느 정도인가까지 우리의 정신을 쏟아 넣는 것처럼 주어진 시간 안에 침묵의 순간에 대해서도 똑같은 결론을 내릴 수 있지 않습니까? 우리들은 가령 음성이나 혀를 사용하지 않고서도 사유에 의해서, 노래나 시, 그 밖에 말이라든지 혹은 운동의 여러 가지 길이를 생각해 보고 그것들의 시간의 길이에 대해서, 또 이것은 저것의 몇 배가 된다는 것에 대해서 계산할 수가 있는 것입니다.

만일 어떤 사람이 길게 뺀 음성을 내려고 얼마만한 길이로 할까 하고 미리 생각하여 정했다면 분명히 그 사람은 그만큼의 시간을 침묵 속에 보냈던 것입니다. 그리하여 그것을 기억에 맡겼다가 그 음성을 내는 것이지만, 그것은 그가 미리 정한 한계에 이를 때까지 울린다기보다는 그것은 울리는 것이 아니라 오히려 이미 울렸거나 그 때부터 울리기 시작하는 것입니다. 사실 그 음성 중에서 끝난 것은 이미 울렸던 것이며, 아직도 남아 있는 것은 이제부터 울리기 때문입니다. 그리고 그것이 계속되므로 현재의 의지 작용은 미래를 과거로 변화시키며 그 과거의 시간이 길어짐에 따라 미래도 희박해져서 결국은 미래는 사라지고 모두가 과거로 남는 것입니다.

영혼 안에서 시간을 잰다

그런데 어째서 아직 존재하지 않는 미래의 것이 줄어들거나 없어지는 것입니까? 또한 어째서 이미 가버리고 존재하지 않는 과거의 것이 늘어나는 것입니까? 그것은 이와 같은 것을 이루는 영혼 속에 세 가지가 존재하고 있기 때문이 아니겠습니까? 즉 영혼은 기대하고 지각하며 기억합니다. 그리하여 영혼이 기대하는 것은 지각을 거쳐 기억하는 것으로 옮겨 갑니다. 그러므로 그 누가 아직 오지 않은 미래의 것을 부정할 수 있다는 말입니까? 그렇지만 미래에 대한 기대는 이미 영혼 속에 깃들여 있는 것입니다. 또한 그 누가 이미 가버리고 지금 존재하지 않는 과거를 부정할 수 있겠습니까? 그러나 과거에 대한 기억은 여전히 영혼 속에 존재하고 있는 것입니다. 그리고 그 누가 현재라는 시간이 한 순간에 지나간다고 해서 길이를 갖지 않는다고 부정할 수 있겠습니까? 그럼에도 불구하고 지각知覺은 지속되며 그것을 거쳐 이미 존재치 않는 것으로 나아가는 것입니다. 그러기에 존재치 않은 미래의 시간이 긴 것이 아니라 긴 미래라는 것은 미래에의 긴 기대이며, 또 존재치 않는 과거가 긴 것이 아니라 긴 과거라는 것은 과거에의 긴 기억인 것입니다.

나는 지금 내가 알고 있는 찬송가를 암송해 보려고 합니다. 내가 시작하기 전에 나의 기대는 그 전체에 걸쳐 있지만, 내가 막상 외었을 때, 그 기대 안에서 과거의 것으로 간주한 것은 나의 기억에 펼쳐져 있습니다. 이 활동작용은 내가 암송한 것에 대한 기억과 내가 암송하려고 기대하는 것과의 쌍방을 지향하고 있는 것이지만, 그러나 모든 시간에 대한 나의 관심은 현재에 있으며, 그것을 거쳐 미래가 과거로 되어 가는 것입니다. 이러한 일이 몇 번이고 되풀이됨으로써 점차로 기대는 적어지고 기억은 길어집니다. 그리하여 드디어 기대가 없어지고 그것과 동시에, 그 작용도 모조리 없어져 기억 속으로 옮겨 가는 것입니다. 이 노래 전체에 해당되는 일들은 그것 개개의 부분에도 해당되며 그것 개개의 음성에 있어서도 똑같이 해당됩니다. 그뿐만이 아니라 찬송가가 단지 암기하는 활동의 한 부분에 지나지 않는데도 동일하게 적용됩니다. 또한 인간의 모든 활동이 그것의 일부분에 지나지 않은 인간의 일생에도 해당되며 인간의 모든 삶들이 그 일부분에 지나지 않는 인류 역사 전체에도 해당됩니다.

시간에 있어서의 분산에서 하나님에 있어서의 통일로

"주의 인자가 생명보다 나으므로 내 입술이 주를 찬양할 것입니다."시편 63 : 3 나의 생명은 하나의 분산이므로 덧없기 짝이 없습니다. "나의 영혼이 주를 가까이 따르니 주의 오른손이 나를 붙드시거니와" 시편 63 : 8 유일하신 당신과 잡다한 우리들의 사이의 중보자이신 예수 그리스도 안에 받아들이셨습니다. 그리하여 "오직 내가 그리스도 예수께 잡힌 바 된 그것을 잡으려고 좇아갔으며"빌립보서 3 : 12 "나는 아직 내가 잡은 줄로 여기지 아니하고 오직 한 일, 즉 뒤에 있는 것은 잊어버리고 앞에 있는 것을 잡으려고 푯대를 향하여 그리스도 예수 안에서 하나님이 위에서 부르신 부름의 상을 위하여 좇아갔습니다."빌립보서 3 : 13,14 그리하여 천국에서 "감사의 소리가 들리고 주의 기이한 모든 일을 이르리이니"시편 26 : 7 미래의 일도 지나가는 법 없이 항상 살아 있는 당신의 기쁨을 우러러볼 수가 있을 것입니다.

그러나 "내 생명은 슬픔으로 보내며 나의 해는 탄식으로 보냄이여 내 기력이 나의 죄악으로 약하며 나의 뼈가 쇠하도소이다."시편 31 : 10 주님이시여, 당신이야말로 나의 영원한 아버지이시며 끊임없는 나의 위안자이십니다. 그렇지만 나는 그 질서를 알지 못하는 시간 속에 흩날리고, 나의 사유와 가장 깊숙한 내 영혼은 여러 가지 잡다한 혼란으로 갈기갈기 찢어져 당신의 사랑의 손길로 거듭나 당신과 하나가 되기까지는, 내 영혼은 잡다한 일들로 인하여 시달림을 받을 것입니다.

하나님의 진리

나는 나를 형성해야 할 원형原型인 당신의 진리 속에 들어가 "그러므로 너희가 주 안에 굳게 선즉 우리가 이제는 살리라"데살로니가전서 3 : 8는 말씀으로 시작하겠습니다. 그리고 형벌로서 받은 질병 때문에 이해할 수 있는 그 이상의 것을 알려고 생각하며, "하나님은 천지를 창조하시기 전에 무엇을 하고 계셨던가?"라든지 "본래 아무 일도 하시지 않다가 무슨 생각으로 천지를 창조하시기에 이르렀는가?" 하고 지껄이는 사람들의 횡설수설은 귀 밖에 흘려 버리렵니다.

주님, 그들에게 자신들이 지껄이는 말을 가슴에 손을 얹고 잘 생각케 하시고 시간이 없는 곳에 '결코'라는 말을 사용할 수 없다는 것을 깨닫게 하여 주시옵소서. 그러므로 하나님이 전에 '결코' 창조하신 일이 없다는 것은 '아무 때나' 창조하지 않았다는 것을 뜻합니다. 그렇게 말하는 자들은 피조물 없이는 어떠한 시간도 있을 수 없음을 깨닫게 하여, 그 같은 "부질없는 궤사를 말하지 않도록"^{시편 144:8} 해주옵소서. 그뿐만이 아니라 그들은 또한 그 어떠한 시간이라도 당신처럼 영원할 수 없으며, 그리고 어떠한 피조물이라도, 설사 그것이 시간을 초월하는 피조물이 있다고 해도 결코 영원할 수 없다는 사실을 깨달아야 할 것입니다.

하나님의 신비

주님, 나의 하나님 아버지시여! 당신의 신비가 얼마나 깊은지 헤아릴 수 없습니다. 나는 자신의 죄로 말미암아 당신에게서 얼마나 멀리 떨어져 있었던 것입니까? 나의 눈을 뜨게 하시고 나로 하여금 당신의 영광을 기뻐할 수 있게 하소서. 그러한 방대한 지식과 예지를 부여받아 내가 잘 알려진 노래를 아는 것처럼 모든 과거와 미래를 확실히 알 수 있는 정신을 가졌다면, 이는 실로 놀랄 만한 정신이며 나는 놀란 나머지 전율을 금치 못할 정도입니다.

실제로 이와 같은 정신은 과거에 있었던 온갖 일도, 그리고 미래의 시대에 가서 이루어질 일도 남김없이 명확히 알 수 있으며, 그것은 전적으로 내가 잘 외고 있는 그 노래를 암송하고 있을 때 그 노래의 무엇이 얼마나 흘러가고, 무엇이 얼마나 남아 있는가를 명확히 알고 있는 것과 같습니다. 그러나 우주의 조물주이신 하나님이시여, 영혼과 육체의 조물주이신 당신은 절대로 이런 방식으로 미래와 과거를 아시는 것은 아닙니다. 당신은 훨씬 경탄할 만하고, 훨씬 신비한 방식으로 알고 계십니다.

실제로 잘 기억하고 있는 노래를 부르거나 들을 때 그의 다양한 감정과 느낌은 이제 불러야 할 가사에 대한 기대와 이제까지 불렀던 가사에 대한 기억의 결과로서 분산됩니다. 그러나 변하는 일 없이 영원하신 당신에게 즉 온갖 정신의 영원한 창조주이신 당신에게 그 같은 일은 절대로 일어날 수 없습니다. 그러기에 하나님은 태초에 하늘과 땅을 당신의 인식이 변하는 일 없이 신실하고 계신 것처럼, 태초에 하늘과 땅을 당신의 권능이 분열하는 일 없이 지으신 것입니다. 이것을 이해하는 자는 누구나 당신께 고백함이 옳고 이해하지 않는 자도 당신에게 고백함이 옳을 것입니다.

오, 당신은 얼마나 숭고한 분이십니까! 오직 겸손한 마음만이 주님께서 거하실 집[272]입니다. "여호와께서는 모든 넘어지는 자를 붙드시며 비굴한 자를 일으키시므로"[시편 145:14] 당신에게로 인도된 자는 절대로 넘어지는 법이 없습니다.

---

[272] "지존무상하며 영원히 거하며 거룩하다 이름하는 자가 이같이 말씀하시되 내가 높고 거룩한 곳에 거하며 또한 통회하고 마음이 겸손한 자와 함께 거하나니 이는 겸손한 자의 영을 소성케 하며 통회하는 자의 마음을 소성케 하려 함이라."(이사야 57:15)

Sanctus Aurelius Augustinus

제12권 » 하늘과 땅

진리 탐구의 어려움에 대해서

주여! 나는 내 삶의 빈약함 속에서 내 마음이 당신 성서의 말씀에 닿아 몹시 당황하고 있습니다. 그러므로 인간의 지성이 빈곤하면 말만 많이 하게 되는 것입니다. 탐구는 진리를 발견하는 것으로 말이 많고 무엇을 요구하는 데 있어서도 얻는 것보다 더 많은 시간을 필요로 하는데 진리를 두드리는 손은 받는 손보다 더 바쁘기 때문입니다.

우리는 약속을 갖고 있습니다. 누가 그것을 무효로 돌리겠습니까? "만일 하나님이 우리를 위하시면 누가 우리를 대적하리요?"로마서 8:31 "구하라 그러면 너희에게 주실 것이요 찾으라 그러면 찾을 것이요 문을 두드리라 그러면 너희에게 열릴 것이니. 구하는 이마다 얻을 것이요 찾는 이가 찾을 것이요 두드리는 이에게 열릴 것이니라."마태 7:7,8 이것이 당신의 약속입니다. 진리가 약속될 때, 그 누가 속을 것을 두려워하겠습니까?

하늘과 땅의 이중=重의 뜻

내 혀는 높으신 당신을 향하여 당신은 천지를 창조하셨음을 정중히 고백합니다. 그 하늘은 내가 보는 하늘이며 땅은 지금 내가 밟고 있고 걸치고 있는 세속적 육체가 유래한 땅입니다. 그러나 주여! 우리가 "하늘은 여호와의 하늘이라도 땅은 인생에게 주셨도다"시편 115 : 16는 말씀을 들을 때, 그 '여호와의 하늘'은 어디에 있는 것입니까? 우리가 볼 수도 없는 하늘은 어디에 있는 것입니까? 그에 비해서 우리가 보는 모든 것이 땅인 것입니까? 실상 이 물체계物體界의 전체는 어디에서나 전체가 아닌데 그 최하의 것이 우리의 땅인 것 같은, 그 하급下級 부분에까지 아름다운 형체를 주셨습니다. 그러나 저 '하늘의 하늘'에 비기면 우리 '땅의 하늘'은 '땅'에 지나지 않는 것입니다. 이 두 거대한 물체보이는 하늘과 땅는 주님의 것이지 사람의 아들의 것이 아닙니다. 저 무어라 말할 수 없는 하늘에 비해서 땅이라 불린다 해도 반드시 불합리한 것은 아닙니다.

심연을 덮는 어둠에 대하여

그 땅은 "혼돈하고 공허하였습니다."창세기 1 : 2 그것은 그 표면에 빛이 없는, 무언지 알 수 없는 거대한 심연이었습니다. 그것은 아무 형태도 없었기 때문입니다. 그러므로 당신은 "흑암이 깊음 위에 있고"창세기 1 : 2라고 적도록 명하셨습니다. 하지만 그것은 빛이 없었다는 것 외에 무엇을 의미할 수 있겠습니까? 이처럼 빛이 그 표면에 없었기 때문에 거기에는 어둠이 있었습니다만 그것은 소리가 없는 곳에 침묵이 있는 것과 다름이 없습니다. 거기에 침묵이 있다는 것은 거기에 소리가 없다는 것 외에 그 무엇을 의미하는 것입니까?

주여! 이것은 당신께 고백하는 내 영혼에게 가르쳐 주신 것이 아닙니까? 주여! 당신은 저 모양이 없는 바탕을 형성하고 구분하기 이전에는 빛깔도 모양도 물체도 정신도 무엇이든 존재하지 않았다는 것을 내게 가르쳐 주신 것이 아니었을까요? 그러나 그때는 전혀 아무것도 존재하지 않은 것이 아니라, 아무 형태가 없는 것이 존재한 것입니다.

보이지도 않고 모양도 없는 땅이란 무엇인가?

그러면 이 모양도 없는 것을, 어리석은 정신을 가진 자에게도 이해시키기 위해서는 어떠한 이름으로 불러야겠습니까? 그것은 흔히 사용하는 말로 부를 수밖에 달리 무엇이라 부르겠습니까? 그러나 세계를 통틀어서 땅과 심연보다 완전한 모양이 없는 것을 찾아낼 수 있겠습니까? 실상 그것은 낮은 곳에 있으므로 보다 높은 곳에 있어 빛이 넘치고 눈부시게 아름다운 것에 비하면 그 모양이 없는 것입니다. 그러므로 당신은 아무 모양이 없는 것을 만드신 연후에, 거기에서 형태가 있는 세계를 만드시려 한 그 바탕을 "보이지 않고 모양이 없는 땅"이라고 부름으로써 사람들로 하여금 쉽게 이해하도록 하자는 생각이셨습니다.

왜 형태가 없는 바탕이 그렇게 불리는 것일까?

우리의 사유는 우리의 감각으로 포착할 수 있는 이러한 개념에 대해 어떻게 생각하는가를 우리 자신에게 질문합니다. "그것은 물체의 바탕이므로 생명이라든가 정의라고 하는 가지적可知的 형태가 아니다. 또한 눈으로 볼 수 없고 형태도 없어서 감각으로 깨달을 수 없으므로 가감적可感的 형태도 아니다." 인간의 마음이 자신을 향하여 이렇게 말하는 것은 그것을 모르기 때문에 알려고 하는 것입니까? 알고 있으면서도 모르는 체 하는 것입니까?

마니교도 시대의 이해와 현재의 이해

그러나 주여! 만약 내가 그 형태 없는 것에 대해서 당신이 가르쳐 주신 모든 것을 나의 입과 글로써 당신에게 고백한다면 ― 나는 이미 오래 전부터 그 이름을 들으면서 알지 못했습니다만 자기 자신도 알지 못하는 사람들이 내게 얘기했을 때, 나는 그것이 여러 가지 형태를 가진 것으로 생각하여 그것을 생각지 못했습니다 ― 독자 가운데 누가 최후까지 들으려 하겠습니까? 내 정신은 더럽고 무서워서 오싹 소름이 끼치는 형태를 생각해 냈는데 그것을 형태라 하고, 나는 그 바탕을 무형태無形態라고 불렀습니다. 그것은 형태를 잃었을 뿐 아니라, 그것이 내 눈과 귀에 닿으면 내 감각은 낯설어 등을 돌리고 맙니다. 인간의 약한 마음이 그것을 이해하기에는 난처한 형태를 이미 가지고 있었기 때문입니다. 모든 형태가 없다는 데 원인이 있는 것이 아닙니다. 그보다는 잘 다듬어진 다른 형태에 견주어 볼 때 그렇다는 것입니다. 한편 건전한 정신은 모든 형태 없는 것을 생각하기 위해 형태 있는 모든 것을 모조리 없애라고 내게 권하지만 나는 그렇게 할 수가 없었습니다. 나는 형태와 무형태의 중간에서 모양을 갖춘 것도 아니요, 전혀 없는 것도 아니고, 거의 무無에 가까운 것을 생각하고 있었습니다. 그것은 모양이 없는 것은 존재하지 않는 것으로 믿고 있었기 때문입니다.

내 영혼은 이 문제에 대해서 내 정신에게 묻는 것을 중지했습니다. 내 영혼은 그것을 마음대로 변화시키는 형태를 가진 물체의 영상으로 가득 차 있었습니다. 나는 형태 그 자체에 관심을 가지면서 그것들의 변하기 쉬운 성질을 더 깊이 생각해 보았습니다. 물체는 그 변이성變移性에 의해서 이미 그렇게 된 것이 아니라 또한 다른 것으로 변하기 시작한 것입니다. 이와 같이 어떤 형태가 다른 형태로 옮아 간다는 것은 어떤 보이지 않는 형태를 통하여 일어나는 것이며, 전혀 '없는 것'에서 이루어진 것이 아닌 것 같습니다. 나는 그렇게 추측할 뿐 아니라 그것을 알고 싶었습니다. 그러나 이 문제에 대하여 당신께서 이 의문을 풀어 주신 모든 것을 내 말과 글로써 고백한다면 독자 가운데 누가 마지막까지 들으려 하겠습니까? 그렇지만 내 마음은 또 다시 당신을 공경하고 스스로 말할 수 없는 모든 것에 대하여 찬미하는 노래를 바칠 것입니다.

실상 변화하는 모든 물체의 성질이야말로 바로 모든 형태를 갖추는 것입니다. 이 변화하기 쉬운 성질이란 도대체 무엇입니까? 영혼입니까? 육체입니까? 영혼 또는 육체의 어떤 종류입니까? 만약 '아무 것도 아닌 그 무엇'이라든가 '있으면서 없는 것'이라고 말할 수 있는 것이 있다면, 나는 이것이야말로 틀림없는 변이성이라고 말하고 싶습니다. 그것은 눈에 보이는 복합적 형태를 받아들이기 위하여 존재하는 어떤 종류임에 틀림없습니다.

하늘 — 곧 천사들과, 땅 — 곧 모양이 없는 형태의 창조

이 모든 것이 존재하지 않는다면, 그것은 당신으로부터 비롯된 것이 아니고 도대체 어디에서 어떤 방식으로 존재하게 된 것입니까? 그러나 당신을 닮지 않은 것은 그만큼 당신으로부터 멀리 있는 것입니다. 비록 멀다고는 하지만 공간적으로 먼 것은 아닙니다. 그러므로 주님! 당신은 이런 저런 방식으로 존재하는 것이 아니고 항상 같은 방식으로 변함없이 존재하는 것입니다. 거룩하시고 거룩하시고 거룩하시며 전능하신 우리 주 하나님[273]이시기 때문에 당신은 태초에 당신의 본질에서 낳으신 당신의 지혜로 모든 것을 무無로부터 창조하신 것입니다. 하늘과 땅을 창조하셨으나 그것은 당신의 밖에서 창조하신 것이 아니었습니다. 만약 그렇다면 그들은 당신의 독생자와 당신과 같아지기 때문입니다. 당신으로부터 나오지 않는 것이 당신과 같을 수는 없습니다.

일체삼위一體三位며, 삼위일체이신 하나님이시여! 당신 아닌 다른 것이 천지를 창조한 것이 아닙니다. 당신은 무無에서 천지를 창조하셨습니다. 당신은 크고 작은 것을 창조하셨습니다. 당신은 전능하시고 자비로우시어 모든 것을 선善하게, 저 넓은 하늘도 좁은 땅도 만드셨습니다. 이 하늘과 땅 가운데 하나는 당신에게 가깝고 다른 하나는 무無에 가까우며, 하나는 당신만이 그 위에 계시고 다른 하나는 그 아래에 아무것도 존재하지 않게 하셨습니다.

---

[273] "거룩하다 거룩하다 거룩하다 만군의 여호와여 그 영광이 온 땅에 충만하도다."(이사야 6:3)

형태 없는 것은 무無에서 만들어지고, 보이는 모든 것은 이 바탕에서 만들어졌다

그러나 주여! "하늘은 여호와의 하늘입니다."시편 115 : 16 그런데 "땅은 인생에게 주시어"시편 115 : 16 눈으로 보게 하고 손으로 만질 수 있게 하셨습니다. 그것은 지금 우리가 보고 만지는 그러한 땅이 아니었습니다. 땅은 "보이지 않고 모양이 없고" 그 표면에 빛이 없는 심연이었습니다. "흑암은 깊음 위에 있었습니다."창세기 1 : 2 즉 어둠은 심연보다 위에 있었습니다. 실상 지금 보이는 바다의 심연은 그 깊숙한 곳에도 스스로의 독특한 빛을 가지고 있어서, 그 빛을 심연 깊숙한 곳에 서식하는 어류나 파충류도 느낄 수 있도록 비춥니다. 그러나 심연은 아무 형태가 없었으므로 거의 무無나 다름없었습니다. 그러나 그것은 형성될 수 있는 것이었습니다.

주여! 실제로 당신은 "전능하신 손으로 무형의 물질로부터 세계를 만들어 내셨습니다."지혜서 11 : 17 그것은 우리 사람의 아들로 하여금 위대한 것을 만들게 하기 위해서였습니다. 실상 이 물질적인 하늘은 당신이 빛을 만드신 후 둘쨋날에 물과 물을 가르는 궁창이 되라고 말씀하사 그대로 이루어진 하늘은 참으로 놀랄 만한 것이었습니다.[274] "당신은 이 궁창을 하늘이라 칭하셨습니다."창세기 1 : 8 당신이 모든 날에 앞서서 만드신 무형의 물질인 이 하늘은 사흘째에 형태를 주어 만드신 땅과 바다에 대한 하늘이었습니다. 당신은 모든 날에 앞서서 이

---

274) "하나님이 가라사대 물 가운데 궁창이 있어 물과 물로 나뉘게 하리라 하시고 하나님이 궁창을 만드사"(창세기 1 : 6, 7)

미 하늘을 만드셨습니다. 그 하늘은 "태초에 당신이 천지를 창조하실 때의" 바로 그 하늘입니다. 그러나 그때 당신이 만드신 땅 그 자체는 무형의 물질이었습니다. "땅이 혼돈하고 공허하며 흑암이 깊음" 위에 있었기 때문입니다. 이 "보이지도 않고 모양도 없는 땅" — 이 모양이 없는 것, 거의 무無에 가까운 것으로부터 이 변화하는 세계가 성립되어 있습니다 — 이라고 해도 항상 이루어지는 것이 아니고 모든 것은 당신이 만드셨습니다. 그 세계에는 변화가 있고 그 속에 시간이 느껴지고 측정되는 것입니다. 시간은 사물의 변화에 따라 앞서 말한 '보이지 않는 땅'을 바탕으로 하는 형태가 변화하고 변동할 때 일어나기 때문입니다.

왜 하나님이 태초에 천지를 창조하셨다고 일컬어지는 것일까?

그러므로 당신의 종의 스승인 성령이 "태초에 하나님이 천지를 창조하시니"라고 말씀하시면서 그때 그 날을 말씀하시지 않습니다. 실상 당신이 처음 만드신 하늘의 하늘은 어떤 지성적인 피조물이며, 결코 삼위일체이신 당신처럼 영원할 수 없는 것이지만 당신의 영원성에 의지하는 것입니다. 당신의 가장 행복한 관조觀照의 감미로움으로 인하여 그 변화성은 강력하게 억제되고 그것이 만들어지며 조금도 나태해지는 일이 없이 굳게 당신에게 의지해서 덧없는 시간을 초월하고 있습니다. 그러나 또한 형태가 없는 것, 즉 "보이지 않고 모양이 없는 땅"은 많은 창조의 날에 포함되지 않습니다. 실상 형태가 없는 곳에 순서라는 것은 있을 수도 없으며 아무것도 왕래할 수도 없습니다. 이와 같이 사실이 없는 곳에는 날수가 없고 또한 시간의 변전도 없는 까닭입니다.

하나님의 교시敎示를 기구함

오! 진리여, 내 마음의 빛이여, 내 어둠이 내게 말을 말게 하소서. 내가 어두움 가운데 떨어져 있어도 그 속에서도 당신을 사랑하기 그지없었습니다. 내가 헤매었을 때도 당신을 생각했습니다. 나는 등 뒤에서 당신의 소리를 들었습니다.[275]

그것은 내게 돌아오라는 말씀이었으나 평화의 적이 떠들썩하게 내는 소리 때문에 들리지 않았습니다.

그럼 보십시오! 나는 당신의 생명의 샘에 목말라 하고 숨가쁘게 돌아가는 것입니다. 아무도 나를 막아서는 안 됩니다. 지난날 나는 스스로 잘못을 저질렀고 내가 곧 내 죽음이었으나 이제야 당신 안에서 다시 살아난 것입니다. 말씀해 주십시오! 내게 가르쳐 주십시오! 나는 당신의 성서를 믿었습니다만 그 말씀은 너무나 신비에 싸여 있었습니다.

하나님으로부터 가르침을 받은 일

주여! 당신은 이미 강한 목소리로 내 마음의 귀에 말씀하셨습니다. 당신은 영원하고 "홀로 불멸하신 분이십니다."디모데전서 6:16 당신은 어떤 형태나 어떤 운동으로도 변하지 않고, 또한 당신의 의지는

---

[275] "너희가 우편으로 치우치든지 좌편으로 치우치든지 네 뒤에서 말소리가 네 귀에 들려 이르기를 이것이 정로니 너희는 이리로 행하라 할 것이며"(이사야 30:21)

항상 변하지 않기 때문입니다. 이것 저것으로 변하는 의지는 불멸할 수가 없습니다. 이것은 당신 앞에서 이미 밝혀졌습니다만 나는 이 일이 내게서 더욱 분명해지고 또한 그 계시를 받아 당신의 날개 밑에서 언제까지나 조심스럽게 머물게 되기를 당신께 비옵니다.

주여! 이미 내 마음의 귀에 당신 자신과 같은 그러한 존재는 아니지만, 그런데도 존재하는 모든 자연물과 모든 실체實體는 당신이 만드셨다고 말씀하셨습니다. 단지 존재하지 않는 것이 당신으로 말미암아 있게 되는 것이 아니고, 존재하는 당신으로부터 무無를 향하는 의지의 운동도 또한 당신에게서 일어나는 것이 아닙니다. 이러한 운동은 오류이며 죄이기 때문입니다. 그리고 어떠한 죄도 당신을 손상시키는 일이 없이 또 당신 나라의 질서를 위에서부터 아래까지 어지럽힐 수 없습니다. 이런 일은 당신의 눈앞에서 더욱 분명해졌고 내가 당신의 날개 밑에서 언제까지나 조심스럽게 머물게 되기를 당신께 비옵니다.

또 당신의 강한 목소리로 내 마음의 귀에 당신이 만드신 것까지도 당신과 더불어 영원한 것이 아니라고 말씀하셨습니다. 이 피조물은 단지 당신만의 기쁨이며, 당신은 영원불멸의 정절을 지키시고 당신을 그 자신 속에 흡수하셔서 언제 어디서나 그 자신이 변화함을 보여주시지 않습니다. 그것을 향해 현존하는 당신에게 충심으로 의지하여 기대해야 할 미래를 가지는 일도 없고, 회상되는 것을 과거라는 시간 속에 옮겨 넣은 일도 없으며, 어떤 변화에 의해서도 변하지 않고 어떤 시간에도 분산되지 않는 것입니다. 만약 이와 같은 피조물이 존재한다면 당신의 행복에 의지해서 얼마나 복된 것입니까?

그 집에 영구히 살아 그것을 비추어 주시는 당신으로 말미암아 얼마나 행복한 것입니까? 그리고 나는 '주님의 것인 하늘의 하늘'을 무엇이라 부르는 것이 좋을까를 생각하다가 '당신의 집'[276]이라 부르는 것보다 더 적당한 말을 찾을 수가 없었습니다. 만약 이와 같은 것이 있다면 그것은 다른 곳으로 옮겨 가는 배반하는 마음이 없이 한결같이 당신의 기쁨만을 관조하는 것이며, 신성한 영적 존재이신 — 우리가 우러러보는 하늘 위의 하늘에 계시는 당신 나라 백성들의 평화 유대에 의해서 완전히 한 마음으로 맺어진 단 하나의 순수한 지성입니다.

이런 일로 해서 이미 오랜 편력을 해온 영혼은 만약 그것이 이미 당신을 목말라 찾는다면, 또한 "사람들이 종일 나더러 하는 말이 네 하나님이 어디 있느뇨 하니 내 눈물이 주야로 내 음식이 되었도다"[시편 42:3]라고 한다면, 만약 "내가 여호와께 청하였던 한 가지 일 곧 그것을 구하리니 곧 나로 내 생전에 여호와의 집에 거할 것"[시편 27:4]이라고 할 때, 그 생명이라고 하는 것이 당신 외에 무엇이겠습니까? 또한 당신의 날이라고 하는 것은 "주는 여상하시고 주의 연대는 무궁하므로"[시편 102:27] 당신의 영원성 외에 무엇이겠습니까? 그러므로 그렇게 할 수 있는 영혼은 당신이 얼마나 멀리 모든 시간을 초월해서 영원할 수 있는가를 인식함이 옳습니다. 지난날 당신 곁에서 멀리 떠난 적이 없는 당신의 집은 당신처럼 영원하지 않지만 당신께 의지해서 시간의

---

276) "나로 내 생전에 여호와의 집에 거하여 여호와의 아름다움을 앙망하며 그 전에서 사모하게 하실 것이라."(시편 24:4)

어떠한 영향도 입은 적은 없습니다. 이와 같은 일은 당신 앞에서 내게 분명한 것이지만 그것이 더욱 분명하게 되고 내가 그 계시를 받아 당신의 날개 밑에서 언제까지나 조심스럽게 머무를 수 있도록 당신께 비옵니다.

그런데 어떤가요? 마지막으로 피조물 가운데 가장 낮은 것들의 변화에 있어서 어떤 무형태가 있었는지 나는 모릅니다. 자신의 공허한 마음 속에서 그 상상의 산물産物과 같이 헤매며 구르고 있는 것이 아니라면 누가 다음과 같은 말을 내게 하겠습니까?

모든 형태가 감소하고 없어진 후에 그것을 통하여 모든 것이 다른 형태로 변화하고 변화한 무형태의 것만이 남을 때, 그것은 또한 시간의 변전을 일으킬 수가 있다고 누가 내게 말하겠습니까? 실제로 그런 일은 결코 있을 수 없습니다. 운동의 여러 가지 변화가 없다면 시간은 존재하지 않을 것이며, 어떤 형태가 없는 곳에서는 어떠한 변화도 없기 때문입니다.

시간이 없는 두 가지 피조물

나는 이러한 일을 생각할 때 나의 하나님이시여! 당신이 내게 허용하는 한 당신이 나를 불러일으켜 문을 두드리게 하시고, 두드리는 나에게 분명하게 하시는 한 당신이 만드신 두 가지가 당신처럼 영원하지 않다는 것을 알게 됩니다. 곧 그 하나는 관조觀照의 중단도 변화의 틈도 없고 변화하는 성질이 있으면서도 변화하지 않으며 당신의 영원성과 보편성을 충분히 받아들이고 즐길 수 있도록 이루어져 있습니다.

또 하나는 어떤 형태에서 다른 형태로, 운동의 형태이거나 정지의 형태이거나 변화하면서 결코 시간의 제약을 받는 일이 없는 무형태의 것입니다. 그러나 당신은 이 형태가 없는 것을 언제까지나 그대로 두지는 않았습니다.

당신은 모든 날에 앞서서 "태초에 천지를 창조하셨습니다." 이 천지라고 하는 것은 앞서 말해 온 것들입니다. 그러나 "땅이 혼돈하고 공허하며 흑암이 깊음 위에 있었습니다." 이와 같이 형태가 없었다는 것을 나타내고 있지만 무無로 돌아갈 수밖에 없는 사람들의 몽매함을 깨우쳐 주셨습니다. 그 형태가 없는 것으로부터 제2의 하늘로 보이는 형태가 있는 땅과 맑은 물과 그 밖에 어느 일정한 날에 이 세계를 형성할 때 창조되었다고 성서에 기록되어 있는 모든 것을 만드셨다고 알려져 있기 때문입니다. 이것들은 그 운동과 형태의 질서 있는 변화를 위해서 시간의 변화가 일어나는 것입니다.

왜 성서에는 일정한 날짜를 기록하지 않고 "태초에 하나님이 천지를 창조하시니라"고 되어 있는가

나의 하나님이시여! 나는 당신의 성서에 "태초에 하나님이 천지를 창조하시니라. 땅이 혼돈하고 공허하며 흑암이 깊음 위에 있었다"고는 했지만 그 어느 날에 이것을 창조하셨는지를 말씀하시지 않았음을 들을 때, 우선 다음과 같이 생각하는 것입니다. 우선 저 하늘을 '하늘의 하늘'로 곧 지성적인 하늘로 생각하는 것인데 거기에서는 인식은 동시에 모든 것을 아는 것이며 '부분적'인 것이 아니고, '몽롱하게'가 아니고, '거울에 비춰서'가 아니고 전체적으로 분명하게 '얼굴을 마주 보면서 알게 되는 것'이며,[277] 어느 때는 이것을 또 다른 때는 저것을 하는 따위로 아는 것이 아니라 앞서 말한 바와 같이 변전 없는 모든 시간을 아는 것입니다.

또한 나는 '보이지 않고 모양이 없는 땅'을 어느 때는 이것, 또 어느 때는 저것이라고 말할 만큼 결코 시간의 변전이 없는 것으로 생각됩니다. 형태가 없는 것을 이것이다 저것이다라고 일컬을 수는 없는 것입니다.

나는 이 두 가지, 곧 첫번째로 형성된 것과 전혀 형태가 없는 것, 전자를 하늘 — 단 '하늘의 하늘'로, 후자를 땅 — 단 '보이지 않고 모양도 없는 땅'을 생각하는 것입니다. 나는 우선 이 두 가지를 당신의 성서가 날짜도 말씀하시지 않고 "태초에 하나님이 천지를 창조하시니라"고 하신 것으로 생각합니다. 실제로 그것이 어떠한 땅을 가리키는가는 그 다음에 말씀하고 계십니다. 둘쨋날에 궁창을 만들고 그 궁창을 하늘이라 칭하였다고 한 것은 앞서 날짜를 들지 않고 말씀하신 것이 어떤 하늘인가를 우리에게 암시하는 것입니다.

경탄할 만한 성서의 깊이

경탄할 만한 당신 말씀의 심오함이여! 겉으로 보기엔 우리 같은 어리석은 자에게도 손짓해 주시는 듯하나, 하나님이시여! 당신의 말씀은 얼마나 심오합니까?

---

[277] "우리가 이제는 거울로 보는 것같이 희미하나 그 때에는 얼굴과 얼굴을 대하여 볼 것이요 이제는 내가 부분적으로 아나 그 때에는 주께서 나를 아신 것같이 내가 온전히 알리라." (고린도전서 13 : 12)

그것을 엿본다는 것은 두려운 일이며 존경에서 일어나는 공포와 사랑에서 일어나는 전율이 따릅니다. "내가 그것을 심히 미워하니 그것은 나의 원수입니다."시편 139 : 22 오! 주님, 그들을 "두 날 가진 칼"시편 149 : 6로 죽여 주십시오. 그리고 그들로 하여금 대적하지 않게 하여 주십시오. 나는 그들이 당신 안에서 살기를 바랍니다. 반면에 〈창세기〉를 비난하지 않고 찬양하는 사람도 있습니다.

그들은 나에게 말했습니다. "당신의 종 모세로 하여금 이러한 것을 쓰게 하신 성령은 그것이 당신의 말로 이해되기보다는 우리의 말로 이해되기를 바라셨습니다." 우리 모두의 주님, 당신은 우리를 심판하시고…… 이러한 그들의 이의에 대하여 나는 대답했습니다.

천사와 무형태의 질서에 대한 견해

당신들은 다음과 같은 것을 거짓이라고 말하려는 것입니까? 진리가 강한 목소리로 창조주의 참된 영원성에 대하여, 내 마음의 귀에 말씀하신 바에 의하면 창조주의 실체성實體性은 결코 시간에 의해서 변화하는 일이 없고 또한 그의 의지는 실체성 밖에 존재하는 것이 아닙니다.

그러므로 창조주는 지금 어떤 것을 바라고 얼마 후 다른 것을 바라는 일이 없이 단 한 번, 동시에 항상 그가 바라는 모든 것을 바라는 것이며, 여러 번 바란다고 해도 당장 이것 저것을 바라거나 먼저 바라지 않았던 것을 후에 바란다거나, 혹은 먼저 바랐던 것을 후에 싫어한다거나 하는 그런 일은 없습니다. 그와 같은 의욕은 변화하며, 변화하는 모든 것은 영원하지 않지만 우리 하나님은 영원하시기 때문입니다.[278] 당신들은 다음과 같은 것도 거짓이라 하겠습니까?

진리가 내 마음의 귀에 말씀하신 바에 의하면 바야흐로 닥쳐올 여러 가지 기대했던 일은 그것이 왔을 때 직각直覺이 되며, 그 직각은 그 일이 지나갔을 때 기억이 되며, 또한 이와 같이 변화하는 지적 활동은 변화적이며, 변화하는 모든 것은 영원하지 않으나 우리 하나님은 영원하십니다. 나는 이와 같은 것을 종합하고 결합해서 나의 하나님, 곧 영원한 하나님은 어떤 새삼스런 의지로써 만물을 창조하신 것이 아니라는 것, 그리고 그의 지식이 어떤 시간적인 것에 구애받지 않는다는 것을 발견한 것입니다.

그러면 반대자들이여, 당신들은 무어라고 말할 것입니까? 이것이 모두 거짓이란 말입니까? "아니다"라고 그들은 말합니다. 그러면 어떻다는 것입니까?

무릇 이미 형성된 자연적 존재와 형성될 자료는 최고의 존재이기 때문에, 최고의 선善으로서만이 존재한다는 것이 거짓이란 말입니까? "그것도 부정하지 않는다"라고 반대자들은 말합니다. 그러면 어떻다는 것입니까?

당신들은 어떤 숭고한 피조물이 존재하고 순결한 사랑을 가진 참으로 참된 하나님께 의지하며, 하나님처럼 영원하지는 않으나 어떠한 시간의 변화와 변전 가운데에서도 하나님으로부터 떨어지는 일이 없이 단지 하나님만이 가지는 가장 진실한 관조觀照 속에 안식하려

---

278) "이 하나님은 영영히 우리 하나님이시니 우리를 죽을 때까지 인도하시리로다."(시편 48 : 14)

는 것을 부정하려는 것입니까?

하나님이시여! 실제로 당신은 당신이 명령하신 대로 당신을 사랑하는 자에게 당신 자신을 보여주시고[279] 만족함을 주시고 그 때문에 당신을 사랑하는 자는 당신으로부터 자기 자신에게로 떠나버리지 않습니다. 이것은 하나님의 집인데 그것은 땅 위의 것으로 이루어지는 것이 아니고 또한 하늘의 것이라 해도 물질적인 것으로 이루어짐이 없이 영적인 것이며 영원히 타락하는 일이 없으므로 당신의 영원성을 나누어 가지고 있습니다. "당신은 또 그것들을 영영히 세우시고 폐치 못할 명을 정하셨습니다."[시편 148:6] 더구나 그것은 처음이 없이 존재하는 것이므로 당신과 함께 영원하지 않습니다. 그것은 창조되었기 때문입니다.

물론 당신이 창조하시기 이전의 시간을 찾을 수는 없습니다. "지혜는 저 모든 것들보다 먼저 창조되었기"[집회서 1:4] 때문입니다. 그러나 우리 하나님이시여! 당신과 함께, 곧 그 지혜의 아버지이신 당신과 함께 영원하며 당신과 온전히 같으며 그것으로써 만물이 창조되고 그것을 시초로 하여 만물을 만드신 그 지혜가 아닙니다. 그것은 분명 만들어진 지혜, 곧 지성적인 본성이며 빛은 관조하는 빛인 것입니다. 실제로 그것은 창조된 것임에도저 영원한 지혜와 함께 불구하고 지혜라고 불리는데, 조명하는 빛과 조명을 받는 빛이 서로 다르듯이 창조하는 지혜와 창조된 지혜도 서로 다른 것입니다. 그것은 의로운 것과

---

279) "나의 계명을 가지고 지키는 자라야 나를 사랑하는 자니 나를 사랑하는 자는 내 아버지께 사랑을 받을 것이요 나도 그를 사랑하여 그에게 나를 나타내리라."(요한복음 14:21)

만들어진 의가 서로 다른 것과 같습니다. 우리도 또한 당신의 의義로 불리고 있으며 당신의 종은 "우리로 하여금 그의 안에서 하나님의 의가 되게 하려 하심이라"고린도후서 5:21고 말하는 것입니다.

그러므로 지혜는 "저 모든 것들보다 먼저 창조되었습니다." 그것은 하늘에 있는 자유롭고 영원한 집[280]이라고 일컬어지는 우리들의 어머니이신 당신의 정결한 나라[281]의 이성적이며 지성적인 정신인 것입니다. 그 '하늘'은 "하늘의 하늘도 찬양하며 하늘 위에 있는 물들도 찬양할지어다"시편 148:4라고 할 때의 하늘이며 "그 하늘은 여호와의 하늘입니다."시편 115:16 우리는 이와 같은 지혜 이전의 시간을 찾을 수는 없습니다. "저 모든 것들보다 먼저 창조된" 것은 시간의 창조보다도 앞서기 때문입니다. 더구나 창조주 자신의 영원성은 그와 같은 지혜보다 앞서 있습니다.

지혜는 창조주로부터 창조되었고 그로부터 시초임을 부여받았습니다. 시간은 아직 존재하지 않았으므로 시간적으로 시초는 아니었지만 그 존재 상태의 시초였습니다. 그러므로 우리 하나님이시여! 그와 같은 지혜는 당신으로부터 나오며 당신과는 전혀 다른 것입니다. 그리고 그 이전에서도 또 그 속에서도 우리는 시간을 찾지 못합니다. 그것은 당신의 얼굴을 언제까지나 우러러볼 수 있으며 결코 거기서 한눈을 파는 일이 없으며[282] 어떠한 변화에도 변하는 일이 없습니다.

---

280) "만일 땅에 있는 우리의 장막집이 무너지면 하나님께서 지으신 집 곧 손으로 지은 것이 아니요 하늘에 있는 영원한 집이 우리에게 있는 줄 아나니"(고린도후서 5:1)
281) "오직 위에 있는 예루살렘은 자유자니 곧 우리 어머니라."(갈라디아서 4:26)
282) "삼가 이 소자 중에 하나도 업신여기지 말라. 너희에게 말하노니 저희 천사들이 하늘에서 하늘에 계신 내 아버지의 얼굴을 항상 뵈옵느니라."(마태복음 18:10)

더구나 그것에는 변화성이 내재^{內在}하고 있습니다. 그 때문에 그것은 강한 사랑으로써 당신께 의지하고 항상 대낮과 같이 당신의 힘으로 빛나고[283] 더워지지 않는 한 어둠과 냉기를 벗어날 수 없습니다. 오, 빛나고 아름다운 집이여! "여호와여 내가 주의 계신 집과 주의 영광이 거하는 곳을 사랑합니다."시편 26:8 내가 방황하는 동안 얼마나 당신을 찾았습니까! 당신을 만드신 분에게그분은 나도 만들어 주셨기 때문에 나도 당신이 받아들여 주기를 바라는 것입니다. "잃은 양같이 내가 유리하였으나"시편 119:176 당신을 만드신 나의 목자의 어깨에 메여서 당신에게로 돌아가기를 바라는 것입니다.

반대자들이여, 나는 지금까지 당신들에게 얘기해 왔는데 당신들은 내게 무엇이라고 말할 것입니까? 당신들은 역시 모세가 하나님의 경건한 종이며 그의 책이 성령이 내리신 말씀임을 믿지 않습니까? 저 하나님의 집이 하나님과 같이 영원한 것은 아니지만 그 나름대로 "하늘에서 영원한 것"고린도후서 5:1이 아닙니까?

당신들은 거기서 시간의 변화를 찾아도 그것을 찾지 못하므로 헛된 일입니다. 모든 시간의 연장과 모든 과거를 초월하는 "하나님께 가까이함이 내게 복입니다."시편 73:28

"그것은 사실이다"라고 반대자들도 말합니다. 그렇다면 내 마음이 하나님을 찬미하는 "감사의 소리를 들었을 때"시편 26:7 "내가 하나님께 부르짖은 것"시편 18:6 가운데 도대체 당신들은 무엇을 거짓이라

---

283) "주린 자에게 네 심정을 동하며 괴로워하는 자의 마음을 만족케 하면 네 빛이 흑암 중에서 발하여 네 어두움이 낮과 같이 될 것이며"(이사야 58:10)

고 반대하는 것입니까? 그것은 형태도 없고 질서도 없으므로 무형의 물질이라고 할 것입니까? 그러나 질서가 없는 곳에는 어떠한 시간의 변화도 있을 수 없습니다. 게다가 거의 무^{無}라고 할 만한 것은 절대적인 무^{無}가 아닌 한 분명 그분에게서 일어난 것입니다. 모든 것은 어떤 존재이건 그분에게서 일어나기 때문입니다.

"이것도 우리는 부정하지 않는다"라고 반대자들은 말합니다.

하나님의 진리에 반대하는 사람들과는 토론을 하지 말자

나의 하나님이시여! 나는 당신 앞에서 당신의 진리가 나의 영혼 속에 있는 나에게 무엇인가를 귀띔해 주는 모든 것을 진리라고 인정하는 사람들과 몇 마디 나누고자 합니다. 그것을 부정하는 사람들은 제멋대로 떠들어대고 스스로 귀머거리가 되어도 좋습니다. 나는 그들이 마음을 가라앉히고 당신 말씀을 듣도록 그들을 설득해 보겠습니다. 만약 그들이 나의 충고를 원하지 않는다면 나는 이렇게 탄원할 것입니다. "나의 반석이여 내게 귀를 막지 마소서. 주께서 내게 잠잠하시면 내가 무덤에 내려가는 자와 같을까 하나이다."시편 28:1 내 마음 속에 참말씀을 들려주십시오. 오직 당신 한 분만이 그같이 말씀하십니다.

나는 밖에 있는 그들에게 티끌이 날리고 먼지가 그들 자신의 눈에 들어가도 그대로 내버려 둘 것입니다. 나는 "내 골방에 들어가"마태 6:6 당신에게 사랑의 찬가를 부르며 멀고 먼 방황의 길에서 "말할 수 없는 탄식"로마서 8:26을 탄식하며 그것을 향하여 온 정성으로 예루살렘을 나의 고향, 나의 어머니인 예루살렘을, 그 위에서 다스리시는 당신을 그 위에서 비쳐 주시는 아버지요, 수호자요 지아비이신 당신을, 그 정결하고 맑은 감미로움과 모든 형언할 수 없는 선(善)이신 당신을 — 당신만이 최고의 선이시므로 — 동시에 모든 선이신 당신을 생각합니다. 그 도시의 평화 속에 "나의 영혼의 처음 익은 열매"로마서 8: 23가 있으며 그로부터 앞서 말한 일이 내게는 확실한 것입니다. 내 자비로운 하나님이시여! 어지럽고 비뚤어진 내 존재의 모든 것을 모아 영원히 강하게 굳어질 때까지 당신으로부터 떠나지 않게 하소서.

그러나 이러한 모든 진리가 거짓이라고 주장하지 않는 사람들은 저 성스러운 모세에 의해서 기록된 당신의 성서를 존경하고 우리와 함께 복종해야 할 최고의 권위라고 인정합니다. 그러면서 우리에게 반론을 주장하는 몇몇 사람들에게 "우리 하나님이시여! 나의 고백과 그에 대한 반론 사이에 서서 심판을 내릴 심판자가 되어 주십시오"라고 말씀드리는 것입니다.

천지라는 말은 여러 가지 뜻으로 풀이된다

곧 그들은 다음과 같이 풀이하고 있습니다. "과연 이것은 진리이기는 하나 모세가 영혼의 계시에 의해서 '태초에 하나님이 천지를 창조하시니라'고 말했을 때 그는 두 가지를 생각지 않았다. 그는 '하늘'로써 항상 하나님의 얼굴을 우러러보는 영적이고 이성적인 피조물을 뜻한 것이 아니고, '땅'으로써 무형의 물질을 뜻한 것이 아니다." 그러면 무엇을 뜻한다는 것입니까? 그들은 "우리가 말하는 것이 곧 모세가 생각한 것이며 모세가 하나님의 말씀을 빌어 얘기한 것이다"라고 말합니다.

그러면 그것이란 무엇일까요? 그들은 이렇게 말합니다. "하늘과 땅이라는 이름으로 모세는 눈에 보이는 세계 전체를 우선 일반적으로 요약해서 표현하고, 그 후로부터 날짜를 정하여 이른바 개별적으로 이렇게 부르며 성령의 뜻에 맞게 만물을 다스리고자 했던 것이었다. 실상 모세가 상대했던 거칠고 본능적인 사람들은 오직 눈에 보이는 하나님의 업적만을 알려야 했었기 때문이다."

그러나 그들도 "혼돈하고 공허한 땅과 흑암의 깊음"그 후 며칠 사이에 우리가 알 수 있고 볼 수 있는 모든 것이 창조되고 갖추어진 것이다은, 저 무형의 물질이라고 풀이해도 반드시 부당한 것은 아니라고 찬동하는 것입니다.

성 아우구스티누스 산드로 보티첼리(1490~1494년), 우핀치, 피렌체, 이탈리아

그러나 바로 그 형태가 없는 혼돈한 바탕이 하늘과 땅이라는 이름으로 그 뜻이 포함되어 있었다고 하는 것은, 그와 같은 바탕으로부터 저 보이는 세계와 흔히 부르는 하늘과 땅이라는 세계 속에 가장 분명하게 나타나 모든 존재하는 것이 형성되고 완성되었다라고 한다면 어떻습니까?

거기서 또한 보이지 않는 존재와 보이는 존재가 하늘과 땅이라고 불리고 있는 것은 결코 부당한 것이 아닙니다. 그러므로 하나님의 지혜로써 맨 처음 만들어진 피조물 전체가 곧 하늘과 땅이라는 두 마디로 총괄된 것입니다. 그렇지만 만들어진 모든 것은 하나님의 본질에서 만들어진 것이 아니고 무^無에서 만들어진 것입니다. 그것들은 하나님과 같은 존재가 아니라 하나님의 영원한 집과 같이 영속하건 혹은 인간의 영혼과 육체와 같이 변화하건 그 모든 것에는 무엇이든 변화하는 성질이 있습니다. 그러므로 보이지 않는 것과 보이는 것, 그 모든 것에 공통되는 것, 아직 형성되어 있지는 않으나 확실히 형성될 바탕^{하늘과 땅, 곧 이미 형성된 보이지 않는 피조물과 보이는 피조물이 만들어질 바탕}이 보이지 않는 형태 없는 땅과 심연 표면의 어둠이라는 이름으로 불리고 있으나, 보이지 않는 형태 없는 땅에 의해서 물질적인 성질을 얻기 이전의 물질적 바탕이 생각되며, 심연 표면의 어둠이라는 것에 의해서 이른바 유동적인 부정^{不定}의 상태가 억제되어 지성의 조명을 받기 이전의 영적인 바탕이 생각된다는 구별이 있다면 어떻습니까?

또한 다음과 같이 말할 수도 있을 것입니다. 곧 "태초에 하나님이 천지를 창조하셨다고 기록되었을 때, 하늘과 땅이라는 이름으로 이미 완성되고 형성된 보이지 않는 존재와 보이는 존재가 표현된 것이 아니고, 만상^{萬象}의 아직 형태 없는 시초, 형성될 바탕이 그 이름으로 불리고 있다. 현재 이미 그 질서에 의해서 구분되어 하늘과 땅 — 전자는 영적인 피조물, 후자는 물질적인 피조물 — 이라고 불린 것이 아직도 어떤 성질과 형태에 의해서 구분되지 못하고 미분화^{未分化} 상태에서, 그 바탕 속에서 존재하기 때문이라고 할 것이다."

성서의 해석에 있어 오류도 또한 해롭지 않다

나는 이와 같은 모든 반론을 듣고 생각해 보았지만 논쟁할 생각은 없습니다. "말다툼은 유익이 하나도 없고 도리어 듣는 자들을 망하게 합니다."디모데후서 2:14 "그러나 사람이 율법을 법 있게 쓰면 율법은 선한 것인 줄 우리는 알고 있습니다."디모데전서 1:8 "경계의 목적은 청결한 마음과 선한 양심과 거짓이 없는 믿음으로 나는 사랑"디모데전서 1:5이기 때문입니다. 그리고 우리의 스승은 "두 계명이 온 율법과 선지자의 강령이니라"마태 22:40는 것을 알고 있습니다. 나의 하나님이시여, 숨은 내 눈의 빛이시여![284) 나는 불타는 마음으로 이런 일을 고백함으로써 그분의 말씀에서 여러 가지 다른 의미를 알 수 있었습니다.

나는 감히 말씀드립니다만 그것을 쓰고 있는 자가 생각한 것과 다른 사람이 생각하는 것과 내 의견이 다르다고 해서 무슨 지장이 있겠습니까? 실상 독자인 우리 모두는 우리가 읽는 책의 저자의 참뜻을 찾아 파악하려고 힘쓰며, 또한 그 저자가 진실하다고 믿기 때문에 거짓이라고 생각되는 것을 말했다고는 생각지 않습니다. 그러므로 제각기 성서에서 그것을 적은 자가 의도한 참뜻을 알려고 힘쓸 때, 모든 진실을 말하는 정신의 빛이신 당신이 진리라고 여기신 것을 혹 그 기록한 자가 당신의 뜻대로 생각지 못했다 해도, 또한 그것이 진리가 아니라 할지라도 진리를 찾아 생각한 것이라면 무엇이 해롭겠습니까?

해석의 차이에도 불구하고 다음 사실은 만인이 승인하는 것이다

주여! 당신이 하늘과 땅을 만드신 것은 진실입니다. 시초도 당신

---

284) "내 심장이 뛰고 내 기력이 쇠하여 내 눈의 빛도 나를 떠났나이다."(시편 38:10)

의 지혜요 그것으로써 만물을 만드셨다는 지혜[285]도 진리입니다. 또한 이 보이는 세계의 형성되고 창조된 모든 존재를 총괄해서 생각할 때, 하늘과 땅의 두 부분으로 크게 나누신 것도 진실입니다. 또한 변화하는 모든 것은 상호간에 영향을 미치고 혹은 변하고 바뀌는 어떤 무형태의 것을 우리의 생각에 암시한다는 것도 진실입니다.

그러나 또한 변화하는 성질을 가지고 있으면서도 변화하지 않고, 불변하는 것은 어떠한 시간의 제약도 받지 않는다는 것도 사실입니다. 또한 그것으로부터 만들어진 어떤 물체는 어떤 관용어법慣用語法에 의해서 그 바탕으로부터 만들어진 이름을 이미 가지고 있을 때가 있습니다.

그러므로 거기서 하늘과 땅이 만들어진 무형태의 것은 무엇이든 하늘과 땅이라고 불릴 수가 있었다는 것도 진실입니다. 또 모든 형태를 가진 것 가운데 땅과 심연만큼 무無에 가까운 것이 없다는 것도 진실입니다. 이미 창조되어 형성된 것뿐만이 아니라 창조되어 형성될 수 있는 "만물이 당신에게서 났다는"고린도전서 8 : 6 것도 진실입니다. 무형태의 것에서 형성된 것은 우선 무형태이며 그 후에 비로소 형태가 나타나는 것입니다.

"태초에 하나님이 천지를 창조하시니라"는 구절은 여러 가지로 해석된다

이와 같은 모든 진리에 대하여 — 그것에 대하여 당신은 마음의

---

285) "주께서 지혜로 저희를 다 지으셨으니 주의 부요가 땅에 가득하나이다."(시편 104 : 24)

눈으로 볼 수 있는 능력을 주셨고, 당신의 종 모세가 '진리의 성령'[286]으로 말씀하셨다는 것을 믿어 의심치 않지만 — 사람들은 여러 가지 해석을 하고 있습니다.

우선 첫째로 "태초에 하나님이 천지를 창조하셨다"는 것은 하나님이 그 자신과 같이 영원한 그 말씀에서 지성적 감각적 피조물을 혹은 정신적 물질적 피조물을 만드셨다는 뜻이라고 여겨지는 것이 있습니다.

둘째로 "태초에 하나님이 천지를 창조하셨다"고 하는 것은 하나님이 그 자신과 같이 영원한 그 말씀에서 이 물질적 세계의 집적集積과 그것이 포함된 분명하게 보이고 알 수 있는 모든 존재를 만드셨다는 뜻이라고 생각되는 것이 있습니다.

셋째로 "태초에 하나님이 천지를 창조하시니라"는 것은 하나님이 그 자신과 같이 영원하다는 그 말씀에서 현재 우리가 이 세계의 집적 속에서 현존하는 것을 볼 수 있는 하늘과 땅이 아직도 혼재하고 있는 물질적 피조물인 무형의 물질을 만드셨다는 뜻이라고 생각되는 것입니다.

끝으로 이 말은 하나님이 창조 활동을 시작할 때 하늘과 땅이 미분화된 상태에서 가지고 있었던 무형의 물질을 만드신 것이며, 그 물질에서 하늘과 땅이 형성되어 현재 그 속에 존재하는 모든 것과 함께 뚜렷이 나타나 보인다는 뜻으로 생각되는 것입니다.

---

[286] "저는 진리의 영이라. 세상은 능히 저를 받지 못하나니 이는 저를 보지도 못하고 알지도 못함이라."(요한복음 14:17)

"땅이 혼돈하고 공허하며"라는 구절도 여러 가지로 해석된다

앞서 말한 바와 같이 그 다음에 하신 말씀도 모두 진리이지만 여러 가지 해석을 하고 있습니다. 우선 첫째로 "땅이 혼돈하고 공허하며 흑암이 깊음 위에 있다"는 것은 하나님이 만드신 저 물질적인 것이 아직 무질서하고 빛이 없는 무형의 물질이었다고 생각하는 점입니다.

둘째로 이 말씀은 하늘과 땅이라 불리는 전체가 아직 무형태인 암흑의 바탕이었으며 거기서 물질적인 하늘과 물질적인 땅이 우리가 물질적으로 감각할 수 있는 모든 존재와 함께 만들어졌다는 생각입니다.

셋째로 이 말씀은 하늘과 땅이라고 불리는 전체가 아직 무형태의 어두운 바탕이었는데, 그것은 지성적인 하늘, 곧 '하늘의 하늘'이라고 불리는 것과 땅, 즉 물질적인 존재가 만들어지지 않았기 때문입니다. '땅'이라는 이름으로 이 물질적인 하늘도 이해되는 것입니다. 다시 말하면 보이지 않는 것이거나 보이는 것이거나 그 피조물이 만들어졌다는 생각입니다.

넷째로 이 말은 성서가 '천지'라는 이름으로 저 무형태의 것을 부르는 것이 아니라 "땅이 혼돈하고 공허하며 흑암이 깊음 위에 있다"고 한 무형태의 것 그 자체가 이미 존재한 것이며, 그 무형태의 것으로부터 성서가 앞서 말한 바와 같이 하나님이 하늘과 땅을, 곧 영적 피조물과 물질적 피조물을 만드셨다는 생각입니다.

마지막으로 이 말은 어떤 무형태의 것이 이미 물질로서 존재했던 것이며, 그 무형태의 것으로부터 성서가 앞서 말한 바와 같이 하나님이 하늘과 땅을 — 곧 상층上層과 하층下層의 두 부분으로 크게 나눌 수 있는 물질적인 세계의 전집적全集的을 그 속에 두고 우리에게 보이고 알려져 있는 모든 피조물과 함께 만들어졌다는 생각도 있습니다.

성서에 기록되어 있지 않은 것도 하나님이 만드셨다고 생각할 수 있다

앞서 말한 견해 가운데 마지막 두 가지에 대해서 다음과 같이 반론을 제기할 수 있습니다. "만약 당신들이 이 무형의 물질이 하늘과 땅이라는 이름으로 불리고 있다고 생각하지 않는다면 그런 경우에는 하나님이 만들기 이전에 하늘과 땅을 만든 그 무엇이 존재한다는 것이 된다.

실상 태초에 하늘과 땅을 만드셨다고 일컬어질 때, 우리가 하늘과 땅이라는 말, 혹은 땅이라고 하는 말 때문에 그러한 것을 생각하지 않는다면, 성서에도 하나님이 그와 같은 바탕을 만드셨다고는 하지 않는다.

이와 마찬가지로 땅은 보이지 않고 형태가 없다는 구절도, 이른바 무형태의 바탕을 그와 같이 부른다는 것이 하나님의 뜻에 맞는다고 해도 그 하나님이 만드신 바탕으로 해석하지 않는다면 달리 풀 길이 없는 것이다."

이와 같이 반대하려고 하는 사람이 있다면, 전절의 끝에 들었던 두 견해를, 혹은 그 어느 것 하나를 주장하는 사람은 그 말을 듣고 다음과 같이 대답할 것입니다. "우리는 물론 저 무형의 물질이 하나님에 의해서, 곧 모든 것이 심히 좋게 하나님에 의해서 만들어졌다는 것[287]을 부정하지 않는다.

우리는 창조되고 형성된 것을 높은 선이라고 부르는 것처럼 마땅히 창조되고 형성될 수 있는 것이 만들어진 것을 낮은 선이라고 할 수 있는데, 그것이 선이라는 데에는 변함이 없기 때문이다. 하기야 성서에는 이 무형태의 것을 하나님이 만드셨다고 적혀 있지는 않으나 케루빔이나 세라핌이나 그 밖의 사도가 명확하게 말하고 있는 왕권과 주권과 권세와 세력[288] 따위를 하나님께서 만드셨음이 분명하다는 것과 같다.

또한 하나님이 하늘과 땅을 창조하셨다는 그 속에 모든 것이 포함되어 있다면 '하나님의 신이 운행하는 수면'창세기 1 : 2에 대해서 우리는 무엇이라 말해야 할까? 만약 물이 앞서 말한 땅과 같은 뜻을 가진 것이라면 우리는 이처럼 아름다운 물을 보면서 어찌하여 땅이라고 하는 이름의 무형의 물질을 생각할 수 있을까? 또 그렇게 생각할 수 있다면 그 무형태의 것에서 하늘이 만들어져서 '하늘'이라고 불리고 또 그렇게 적혀 있는데 왜 물은 만들어졌다고 적혀 있지 않은가? 우리가 이와 같이 아름다운 형태를 가지고 흘러가는 물을 보면서 형태가 없고 보이지 않는다고 할 수는 없다.

또 하나님이 '천하의 물은 한곳으로 모여라'창세기 1 : 9고 말씀하셨을 때, 물이 비로소 저 아름다운 형태를 얻었고 또한 그렇게 모이는 것

---

287) "하나님이 그 지으신 모든 것을 보시니 보시기에 심히 좋았더라."(창세기 1 : 31)
288) "만물이 그에게 창조되되 하늘과 땅에서 보이는 것들과 보이지 않는 것들과 혹은 보좌들이나 주관들이나 정사들이나 권세들이나 만물이 다 그로 말미암고 그를 위하여 창조되었고"(골로새서 1 : 16)

자체가 형성이라면 하늘 위에 있는 물에 대해서는 무엇이라 대답할 것인가? 만약 그것이 무형태라면 그것은 그와 같은 값진 지위를 차지하지 못했을 것이다.

또 그것이 어떤 창조주의 말씀에 의해서 만들어졌다는 것도 적혀 있지 않다. 그러므로 만약 〈창세기〉에 하나님께서 무엇을 만들었다고 적혀 있지 않음에도 불구하고 하나님께서 그것을 만드셨다는 것을, 건전한 신앙도 확실한 이성적 인식도 의심하지 않는다면, 그리고 또한 어떤 견실한 설교도 저 물이 〈창세기〉에 그 이름이 들어 있지 않다면, 더구나 그것이 언제 만들어졌는가가 분명하지 않다고 해서 그것이 하나님과 함께 영원하다고 주장하지 않는다면, 왜 우리는 〈창세기〉가 '땅이 혼돈하고 공허하며 흑암이 깊음 위에 있다'고 할 때의 저 무형태의 물질도 또한 하나님이 무無에서 창조했으며, 그 때문에 하나님과 함께 영원하다는 것을 진리 자체로부터 배워서 깨닫지 못하는 것일까?"

성서 해석에 있어 의견의 차이는 무엇에서 연유하는 것일까?

그러므로 나의 약한 이해력에 의해서나는 그것을 알고 있는 나의 하나님이신 당신에게 고백합니다만 이와 같은 것을 듣고 생각해 볼 때, 가령 어떤 일이 성실한 기록자에 의해서 언어라고 하는 부호로 적힐 때에는 두 가지 의견의 차이가 일어난다는 것을 알 수 있습니다.

첫째는 사물의 진리에 대해서 일치가 결여될 경우이고 둘째는 그것을 적는 사람 자신의 의도에 대한 일치가 결여될 경우입니다. 우리가 피조물의 창조에 대해서 무엇이 진실인가를 탐구하는 것과 당신 신앙의 탁월한 종인 모세가 기술한 말에 의해서[289] 독자나 듣는 이에게 무엇을 이해시키려 했는가를 탐구한다는 것은 별도의 문제이기 때문입니다.

첫째 문제에 대해서 실상은 거짓이며 진실을 알고 있다고 생각하는 사람은 나와 결별하는 것이 좋습니다. 둘째 문제에 대해서 모세가 거짓을 말했다고 생각하는 사람도 나와 결별하는 것이 좋습니다. 주여! 나는 당신의 진리를 당신의 넓고 넓은 사랑 속에서 찾는 자와 함께 결합하고 그들과 함께 "당신으로 인하여 즐거워할 것입니다."[시편 104 : 34] 우리는 서로 제휴하여 성서의 말씀을 가까이 하고 그 붓을 빌어 당신의 말씀을 세상에 퍼지게 한 종의 의도를 통하여 당신의 위업을 탐구할 것입니다.

많은 진실한 해석 가운데 있는 것만을 모세의 참뜻이라고 주장해서는 안 된다

그러나 그 의미를 깨달음에도 우리가 어떠한 방식으로 그들을 이해하느냐에 따라, 이러한 해석들로 인해 일어나는 수많은 진리가 있기 마련입니다. 모세가 그렇게 뜻했든지 안 했든지 간에 "이것은 진리요" 또는 "저것이 진리요"라고 말하는 것처럼 그러한 자신감을 가지고 "이것은 모세의 뜻이요", "이것이 그가 그 과정에서 우리가 이해하기를 바란 것이요"라고 우리 중의 누가 그렇게 말할 수 있겠습니

---

289) "모세는 장래에 말할 것을 증거하기 위하여 하나님의 온 집에서 사환으로 충성하였고"(히브리서 3 : 5)

까? 나의 하나님이시여, 보십시오. "진실로 주의 종인 나"시편 116 : 16는 이 책에서 당신에게 고백을 맹세했으며 당신의 자비에 의해 "주를 경외하는 자 앞에서 나의 서원을 갚으리이다."시편 22 : 25 당신의 영원한 말씀 안에서 볼 수 있거나 볼 수 없는 모든 만물을 창조하셨다는 것을 내가 어떻게 자신있게 알 수 있으며 또한 모세가 "태초에 하나님이 천지를 창조하시니"라고 적었을 때 내가 풀이한 것과는 다른 어떤 특별한 의미를 생각한 것이 아닌가 하고 확신할 수가 있겠습니까? 나는 당신의 진리 가운데 창조의 사실을 인식하지만 모세가 그 말씀을 적었을 때, 모세의 뜻이 내가 풀이한 대로 생각하고 있었다는 것은 확신할 수가 없습니다.

실상 모세가 "태초에"라고 했을 때, 창조의 시초까지 생각했음에 틀림없고 또 "하늘과 땅"이라고 했을 때 그는 그것이 이미 형성되어 정신적으로나 물질적으로 완전한 존재가 아니라 이 둘 다가 이제 막 시작되거나 무형태였다는 말을 하고 싶었던 것처럼 보입니다. 실상 나는 이 두 가지 가운데 어느 것으로 전해지거나 그 말씀이 진실했다고 여깁니다만 그러나 그 가운데 모세가 생각한 것이 어느 것이었는지는 분명하지 않습니다. 하기야 이 위대한 분이 그 말씀을 적었을 때 위에 적은 생각 가운데 어느 것을 마음속에 두었다고 해도, 혹은 내가 말하지 못한 다른 생각을 가졌다고 해도 그가 진리를 인식하고 그것을 정확히 표현했다는 것을 나는 결코 의심치 않습니다.

남의 해석을 전적으로 배척하는 사람들에 대하여

그러므로 이제는 누군가 "모세는 당신이 말하는 것처럼 생각한 것이 아니라 나처럼 생각한 것입니다"라고 주장하더라도 "이 후로는 누구든지 나를 괴롭힐 수는 없습니다."갈라디아서 6:17 "당신은 모세의 말씀에 대한 당신의 설명이 모세가 실제로 생각한 것을 나타내고 있는가?" 하는 물음을 통하여 나에게 호의적으로 그가 말해 준다면 나는 아마 위에 쓴 대로 또는 그가 더 많은 이해를 필요로 한다면 좀더 상세하게 대답해 줄 것입니다. 그러나 그가 "모세는 당신이 말한 것처럼 생각한 것이 아니라 내가 말한 것처럼 생각한 것이다"라고 주장하면서 더구나 우리 서로의 판단이 다같이 진리였다는 것을 부정하지 않는다면 그때는 오오, 가난한 자의 생명이여, 내 하나님이시여당신에게는 의견의 대립이 없습니다, 내가 그런 말을 하는 사람들에 대해서 끈기있게 견딜 수 있도록 내 마음 속에 진정향을 뿌려 주십시오.

왜냐하면 그들이 신처럼 영감을 받고 당신의 종 모세의 마음 속에 그들이 말하는 것을 보았기 때문에 말하는 것이 아니라 그들의 입에 오만하며 모세의 지순한 뜻도 모르고 오로지 그들의 사상과 진리가 아닌 자기 편애로서의 의견을 존중하기 때문입니다. 그렇지 않다면 그들은 ― 그들이 진리를 말할 때 내가 그들의 사상을 존중하는 것처럼 ― 그들의 의견이어서가 아니라 진리라는 단 한 가지 이유로 다른 참된 의견을 존중할 것입니다. 만약 그들이 자기 의견을 진리이기 때문에 존중한다면 그것은 이미 그들 자신의 것임과 동시에 또한 나의 것입니다. 그것은 진리를 사랑하는 모든 것에 똑같이 속한 것이기 때문입니다.

그러나 나는 그들이, 모세는 내가 말한 것처럼 생각한 것이 아니라 그들이 말한 것처럼 생각했다고 단언할 때 이것을 좋아하지도 않고 갖지도 않을 것입니다. 가령 실제로 그렇다 치더라도 그들의 대담한 주장은 인식에 의한 것이 아니라 무모한 것이며 지식의 산물이 아니라 오만에서 나온 것이기 때문입니다. 그러므로 주여, 당신의 심판은 매우 전율할 만한 것입니다. 왜냐하면 당신의 진리는 나의 것도 아니며, 이 사람 저 사람의 것도 아닌 우리 모두의 것이며 당신은 우리 모두를 진리와 함께 하도록 회중會衆을 불러 사유물로써 진리를 빼앗아가지 않게 해야 한다고 엄하게 가르치시기 때문입니다. 실상 당신께서 모든 사람이 즐기도록 내려 주신 것을 자기의 사유물이라고 주장하고 모든 사람에게 속해야 할 것을 내 것이라고 바라는 것은 공유共有에서 개인의 것으로, 곧 진리에서 거짓으로 몰아가는 것입니다. "진리가 진리에 서지 못하고 거짓을 말할 때마다 제 것으로 말하기 때문입니다."요한 8 : 44

　귀 기울여 주소서. 심판자이시며 진리로 충만한 하나님이시여, 들어 주십시오. 이와 같은 "반대자에게 내가 무엇이라고 대답하는가를 들어 주십시오." 나는 "사랑이라는 목적을 위해 율법을 바르게 사용하는" 당신과 우리 형제 앞에서 말하는 것입니다. 내가 반대자에게 무엇이라고 대답하는가를 듣고 마음 속에 담아 주십시오. 나는 반대자에게 다음과 같이 부드럽고 따뜻한 말로 대답합니다. 만약 우리들 서로가 반대자의 말을 진실이라 여기고 우리들 서로가 내 말을 진실이라고 여긴다면 그때 우리는 어디에서 그것을 알 수 있는 것입니까? 분명 나는 그것을 반대자에게서 보는 것이 아니고 또 반대자가 내게서 보는 것도 아니며 우리들 서로가 우리 정신을 훨씬 초월하는 불변의 진리 자체에서 보는 것입니다.

그러므로 우리는 진리의 빛인 하나님에 대해 뜻을 거역하지 않는 이래로 왜 이웃의 주요한 사상을 거슬리게 해야 합니까? 그것은 이러한 사상이 불변의 진리처럼 명확하지 않고 모호한 까닭입니다. 실상 모세 자신이 우리 앞에 나타나 "이것이 내 뜻이었다"고 해도 우리는 그의 마음을 볼 수 있는 것이 아니라 단지 믿을 뿐입니다. 그것은 "기록한 말씀 밖에 넘어가지 말라 한 것을 우리에게서 배워 서로 대적하여 교만한 마음을 먹지 말게 하려 함입니다."^{고린도전서 4 : 6} 그리고 "네 마음을 다하고 목숨을 다하고 뜻을 다하여 주 너의 하나님을 사랑하라 하셨으니 이것이 둘째 계명입니다."^{마태 22 : 37~39}

우리는 모세가 이 두 가지 사랑의 계명과 그가 적은 것 모든 것과 조화를 이루었다면 하나님은 위선자가 될 것입니다. 왜냐하면 신이 우리에게 진리를 생각하도록 가르친 것과는 달리 그의 종의 영혼으로 생각하기 때문입니다. 그러므로 생각해 보십시오. 그 말씀에서 꺼낼 수 있는 매우 진실한 견해가 이같이 많은데, 모세가 특히 그 중의 하나를 생각하고 있었다고 대담하게 주장하는 것은 얼마나 어리석은 짓입니까? 지금 그 말을 해석하려고 노력하는 사람들이 그 모든 것을 다 말해 주는 사랑까지도 해로운 논쟁으로 흠이 가게 한다는 것은 얼마나 어리석은 것입니까?

어떤 서술의 방법이 성서에 적합한가

나의 하나님이시여, 내 겸손에 고귀함을 더해 주는 나의 주님, 수고로운 안식처여. 당신은 나의 참회를 듣고 내 죄를 용서해 주십니다. 당신은 내 이웃을 내 몸과 같이 사랑할 것을 명하신 이래로 내 마음과 언어에 힘입어 그렇게 오랫동안 모든 만족을 복되게 했고 고귀한 권위로 세계에 걸쳐서 망언과 교만의 온갖 교리를 극복할 성서를 세상에 전하기 위하여 모세와 같은 시대에 태어났거나 주의 힘으로 그와 같은 지위에 있었다면, 내가 원했고 당신에게서 받기를 갈망한 것보다 더 적은 재능을 당신의 가장 충실한 종 모세에게 주었다는 것을 믿을 수 없습니다.

실제로 내가 그때 모세였다면 우리는 모두 "진흙 한 덩이에서"로마서 9:21 일어나는 것이며 "사람이 무엇이관대 주께서 저를 생각하십니까?"시편 8:4 즉 내가 만약 과거의 모세였거나 당신으로부터 〈창세기〉를 쓰도록 명을 받았더라면 하나님이 어떻게 창조하셨는가를 이해 못 하는 사람들이 내 말을 그들이 이해할 수 없다고 거부하지 않거나 또한 그것을 이해하는 사람들이 그들 자신의 사유에 의해서 어떤 진실한 견해에 이르렀다고 해도, 그것이 당신 종의 참된 의견 가운데 들어 있다는 것을 발견할 수 있는 그러한 표현력과 문체의 기능을 달라고 할 것이며, 이 각기 다른 견해를 진리의 빛으로 발견한다고 해도 그것 또한 같은 말 속에 포함되어 있다고 말할 수 있는 능력과 표현하는 방법을 원할 것입니다.

단순한 서술 방법이야말로 성서에 적합한 것이다

실제로 그 자신은 좁은 장소를 차지하는 데 지나지 않는 샘이 거기서 비롯되어, 여러 지방을 젖게 하는 어느 흐름보다도 풍부하고 많은 흐름이 광활한 지역에 물을 공급하듯이 당신의 말씀을 전하는 사람이 말하는 것은 훗날 그것에 대해서 논하는 많은 사람들에게 유용한 것이며, 그 적은 말씀이 명백한 진리의 샘이 되어 사람들은 거기서 당면한 문제에 대하여 자기가 할 수 있는 제각기의 진리를 기다란 토론의 구부러진 길을 돌아서 꺼낼 것입니다.

이를테면 어떤 사람들은 이 말씀을 읽거나 들었을 때, 하나님을 사람과 같이 혹은 무엇인가 거대한 권능을 갖춘 힘과 같은 것으로 생각하고 그것이 어느 새롭고 갑작스러운 결의에 의해서 그 자신 밖의, 이른바 분리된 곳에 하늘과 땅이라는 상하 두 가지의 커다란 물체를 만들어서 만물은 그 속에 포함된 것이라고 생각합니다. 시간 속에 울리어 사라지는 말을 생각하고 그 말이 사라진 후에 하나님에 의해서 존재하도록 명령된 것이 곧바로 존재하게 된 것으로 그들이 감성에 젖어 있기 때문에 일어나는 갖가지 생각을 갖는 것입니다.

그리고 이런 어린이와 같은 타고난 그대로의 사람에게는 그들의 연약함이 더 소박한 말로, 이른바 어머니의 품에 안기듯 의지하고 있는 동안 신앙은 더욱더 깊어지고 그들의 감각이 그 주위에 놀랄 만한 다양성을 보이고 있는 모든 것을 하나님이 만드셨다고 믿어 의심치 않는 것입니다.

만약 그들 가운데 내 말을 너무나 천하다고 경멸하며 우쭐해서 제 분수를 모르고 당신이 은총을 베푸신 안식처에서 벗어나려 한다면 아아, 그런 자는 비참한 전락[290]에서 벗어나지 못할 것입니다. 나의 주 하나님이시여! 자비를 베푸사 행인의 발에 아직 날개가 돋지 않은 새 새끼가 채이지 않게 하시고 그것이 잘 날 수 있을 때까지 그

---

290) "발에 깨어질 것이나 들짐승에게 밟힐 것을 생각지 아니하고"(욥기 39 : 15)

속에서 살 수 있도록 당신의 천사로 하여금 보금자리로 인도하게 하소서.

성서는 학자에 따라 여러 가지로 해석된다

그러나 다른 사람에게는 이 말이 이미 둥우리가 아니고 녹음 짙은 과실의 숲이며 그들은 그 속에 숨어 있는 과실을 발견하고 기쁜 듯이 날아다니고 지저귀며 그것을 바라보다가 쪼는 것입니다.

그들은 이 말씀을 읽거나 들을 때, 영원한 하나님이시여, 모든 과거와 미래가 당신의 영원한 견고함에 놓이고 당신이 만들지 않은 어떤 시간적인 피조물도 존재하지 않음을 알 것입니다. 그리고 당신의 의지는 당신의 존재와 일치하는 것이므로 당신은 결코 의지의 변화에 따라서 혹은 그 이전에 그러하지 못했던 의지에 의해서 만물을 만든 것은 아닙니다.

또한 당신은 당신 자신으로부터 만물의 형상인 당신의 모습을 만드신 것이 아니라 무無에서 당신을 가장 닮지 않은 무형태의 것을 만드신 것이며, 그 무형태의 것은 당신의 모습에 따라 형성되어야 할 것이며 각기 그 정해지고 얼마간이나마 그 자신의 것으로 있을 수 있도록 당신에 의해 주어진 능력에 따라 오직 한 분이신 당신으로 돌아간다는 것을 알게 될 것입니다.

또한 만물은 당신에게 머물거나 점차 당신으로부터 떠나 세계의 아름다운 변화를 일으키거나 변화를 받더라도 "아주 선한 것으로 만들어져야 한다"는 것을 감지할 것입니다.

실제로 그들이 보는 만물들은 이 세상에 머물러 있는 한 당신의 진리의 빛 속에서 기뻐할 것입니다.

또한 그들의 어떤 것은, "태초에 하나님이 천지를 창조하시니라"고 말씀하신 것을 음미해 본다면 '지혜가 우리를 향해 말씀하신 것'이므로 그 태초는 지혜라고 생각됩니다. 또 어떤 사람은 같은 말 ― '태초'라는 말을 창조된 만물의 시초로 풀이하고 '태초에 창조되었다'는 것 ― 을 '처음으로 창조하였다'라는 뜻으로 생각합니다.

거기서 "태초에"라고 하는 것은 '지혜로써 당신께서 하늘과 땅을 창조하셨다' 하고 풀이된 것 가운데에 하늘과 땅을 창조하는 바탕이 그와 같이 '하늘과 땅의 총칭'이라고 생각하는 사람도 있습니다. 또한 하늘과 땅은 이미 형성되고 구별된 존재로 생각하는 사람도 있고 하늘은 영적으로 형성된 존재인 반면에 땅은 물질적인 사물로 무형성의 존재라고 생각하는 사람도 있습니다.

그러나 하늘과 땅이라는 이름으로써 형성되는 것은 무형태적인 것을 바탕으로 이해하는 사람들도 이런 식으로 모두 이해하고 있는 것은 아닙니다. 어떤 사람은 그것이 형성되어서 보고 느낄 수 있는 창조물의 바탕이라고 뚜렷이 보고 느끼는 모든 만물을 그의 크나큰 품에 포용하는 것으로부터 오는 바탕이라고만 생각합니다.

또 "천지"라는 이 구절에 대해 그것이 이미 형성되고 질서정연하게 창조된 만물이라고 믿는 사람들 사이에도 의견이 일치되는 것은 아닙니다. 어떤 이는 이것이 초월의 세계와 현상의 세계라 믿고 어떤 이는 현상계 안에서만 빛나는 하늘과 어둠의 땅, 그리고 그 안에 포함된 만물을 볼 수 있다는 것입니다.

"최초로 만들었다"고 하는 뜻으로 해석하는 사람들의 의견에 대하여

"태초에 창조하였다"고 일컬어지고 있는 것을 '최초로 만들었다'라는 뜻으로 해석하는 사람은 하늘과 땅이라고 하는 것을 '하늘과 땅의 바탕'으로서, 즉 이해할 수 있고 물질적인 모든 창조물의 바탕으로 풀이할 수밖에 없습니다.

만약 그것을 이미 형성된 만유萬有로 해석하려 한다면 그를 향해서 "하나님이 처음에 그것을 만드셨다면 다음에는 무엇을 만드셨습니까?"라고 당연히 물을 수 있을 것입니다. 그리고 그는 만유를 지으신 후에 아무것도 찾지 못하고 본의 아니게도 하나님은 그 후 아무것도 만드시지 않았다면 "왜 처음에 그것을 만드셨습니까?"라는 질문을 받게 됩니다.

그런데다 그가 만약 하나님이 최초에 형태가 없는 것을 다음엔 형태가 있는 것으로 만드신 것에 대해 그 영원성이나 시간성, 선택과 기원起源에 의해서 무엇이 먼저인가를 구별할 수 있다면 그것은 결코 불합리한 것이 아닙니다곧 하나님이 만물보다 먼저인 것은 그 영원성 때문이요, 꽃이 열매보다 먼저임은 그 시간성 때문이며, 열매가 꽃보다 먼저임은 선택에 의한 것이며, 음성이 노래보다 먼저임은 기원에 의한 것입니다.

내가 언급한 네 가지 경우의 첫째와 넷째는 이해하기가 매우 어렵지만 둘째와 셋째는 이해하기 쉽습니다. 주여, 당신 자신은 변하지 않으면서 변화하는 모든 것을 만드셨고 그 때문에 그보다 먼저인 당신의 영원성을 본다는 것은 매우 드물고 곤란한 직관입니다. 아울러 우리는 음성이 노래보다 먼저인가를 쉽게 판별할 수 있는 민감한 이

해럭이 왜 없는 것입니까?

　노래는 형성된 음성이며 형성되어 있지 않은 음성도 아직 존재할 수 있는데 전혀 존재하지 않는 것은 형성될 수도 없기 때문입니다. 그와 같이 바탕이라고 하는 것은 사물이 만들어지기 전보다 앞선 것인데 그러나 그것이 먼저라고 해도 바탕이 만드는 것이 아니고 오히려 바탕은 만들어진 것이다 또 시간적으로 먼저인 것도 아닙니다. 왜냐하면 우리는 무엇보다도 곡조 없이 무형태의 소리를 내는 것이 아니고 그 후에 소리를 구체화시켜서 노래의 형태로 조화있게 만드는 것입니다.

　마치 우리가 나무로 상자를 만들고 은으로 그릇을 만드는 것처럼 말입니다. 실상 그와 같은 재료는 시간상으로도 그것으로부터 만들어지는 만물의 형태에 앞서는 것이지만 노래의 경우에는 그렇지 않습니다. 노래가 불려질 때 들리는 소리의 처음은 형태가 없는 것이지만 나중에는 노래로 나타나는 것입니다. 앞에서 보인 것처럼 여러분들이 다시 부를 수 있고 또 예술로 형상화하지만 각각의 소리는 사라져서 아무것도 발견할 수 없습니다. 이와 같이 노래는 소리 안에 그 존재를 가지며 소리는 노래의 바탕이 되는 것입니다. 이러한 소리의 바탕 때문에 노래가 되는 것이므로 소리의 바탕은 노래의 형태보다 선험적인 것입니다. 선험적이라고 해도 노래를 만드는 능력이 선험적인 것은 아닙니다. 음성이란 작곡가가 만들어 내는 것이 아니라 몸에서 발성되며, 그것은 노래하는 사람의 의지에 따라 노래가 되는 것입니다. 또 음성은 시간적으로 선험적인 것도 아닙니다. 그것은 노래와 동시에 발음되었기 때문입니다. 또 선택에서 선험적이지 않는 것은 소리가 노래보다 훌륭해서가 아닙니다. 노래는 단지 음성일 뿐 아니라 아름답게 정리된 것이기 때문입니다. 그렇지 않고 음성이 노래 보다 먼저인 것은 기원에 의한 것입니다. 음성이 될 수 있도록 노래가 형성되는 것이 아니고 노래가 될 수 있도록 음성이 형성되기 때문입니다.

이 음성의 예에 따라 이해할 수 있는 것은 만물의 바탕이 최초에 만들어진 후에 그 바탕으로부터 하늘과 땅이 만들어진 것이며 그것이 하늘과 땅이라고 불린 것으로 이해함이 옳습니다. 그러나 그것은 시간상 최초로 만들어진 것은 아닙니다. 만물의 형태가 비로소 시간을 일으키는 것인데 그 바탕은 무형태이므로 시간상 처음으로 형성된 것과 같이 느껴지기 때문입니다. 그러나 그 무형태라는 바탕에 대해서는 마치 시간상 그것이 처음인 것처럼 말할 수밖에 없습니다. 하기야 그것은 형성된 것은 분명 형성되지 않은 것보다 나은 것이므로 가치에 있어서도 가장 열등하며 무無에서 창조되어 가시적으로 형성되기 위해서는 창조주의 영원성이 그에 앞서지 않으면 안 됩니다.

성서를 해석하는 것은 의견의 차이에도 불구하고 사랑과 진리에 관한 열의에 있어서 일치하지 않으면 안 된다

이와 같은 의견의 차이에도 불구하고 그것은 모두 진리이기 때문에 진리 자체로 있는 것과 일치한다는 것을 보여주십시오. 우리들의 하나님은 우리에게 자비를 베푸사 우리 계율의 목적인 깨끗한 사랑으로 "사람이 율법을 법있게 쓰면 율법은 선한 것인 줄 우리가 알게 해주십시오."디모데전서 1 : 8 그러므로 만약 누군가가 그 의견 가운데 무엇이 당신의 종 모세의 생각이었는가를 묻는다면 "내가 모른다"고 당신에게 고백하지 않을지라도 거기에 대해서는 고백하는 투로 말하지 않겠습니다. 그러나 그와 같은 의견이 먼저 필요하다고 생각하는 한, 하신 말씀은 심히 육감적인 것을 제외하고는 진리임을 나는 알고 있습니다.

그러나 나는 당신의 성서가 ― 친밀하면서도 심오하고 간결하면서도 풍부한 말씀이 ― 외부감각으로 성서를 이해하는 희망에 넘친 어린 아이들에게 두려움을 주시는 일이 없기를 빕니다.

내가 고백한 것처럼 이러한 말씀 속에도 진리를 보고 진리를 말하는 우리들로 하여금 서로 사랑하게 하시고 우리가 간구하는 것이 허영이 아니라 진리 그 자체인 한 우리의 주님이며 진리의 샘인 당신을 흠모케 하시고 당신의 계기로 그가 이런 것을 썼을 때, 넘쳐흐르는 진리의 빛과 성서의 실용적인 정신을 위하여 그러한 견해 속에서도 가장 훌륭한 것이 어떤 것이었던가를 그의 마음이 알고 있었다고 믿는 것처럼 당신의 종이며 당신의 영혼으로 넘쳐 있는 성서의 저자인 모세를 존경하게 하소서.

모세는 그 가운데 발견되는 모든 바른 뜻을 알고 있었다

그 때문에 사람들은 "모세는 나와 같은 생각을 가졌다", "아니 내 생각과 같다"라고 한다면, 나는 "쌍방이 다 진리라면 왜 두 사람의 생각이 같다고 하지 않습니까?" 하고 반문하는 편이 더 경건하다고 생각하는 것입니다.

거기서 그런 말씀 가운데 셋째, 넷째 혹은 전혀 다른 진리를 발견한다면 유일한 하나님께서 성서를 통하여 그 많은 생각들을 조절했

듯이 모세가 본 모든 진리가 진실한 것을 통하여 그들의 생각들도 다른 것을 보아야 한다는 것을 왜 믿지 않습니까?

적어도 우리는 아무것도 두려워함이 없이 마음 속으로 이렇게 말하는 것입니다. 만약 내가 최고로 권위있는 어떤 것을 쓴다면 그것이 거짓이어서가 아니고 또한 나를 불쾌하게 해서가 아닌 다른 모든 의미들을 제외시킬 만큼 명쾌한 하나의 의미를 받아들이기보다 모든 사람들이 그러한 문제들을 이해할 수 있고 어떠한 진실에도 내 말이 전달될 수 있는 방식으로 쓰고 싶은 것입니다. 그 때문에 하나님이시여, 저 위대한 모세가 그와 같은 능력을 당신으로부터 받을 가치가 없었다고는 전혀 생각지 않습니다. 그는 분명 그 말씀을 썼을 때 그 가운데 우리가 지금까지 거기서 발견할 수 있는 모든 진리뿐만 아니라 우리가 발견하지 못한, 혹은 우리가 아직 발견하지는 못했으나 앞으로 발견할 수 있는 모든 진리를 인식하고 생각하고 있었습니다.

성서의 참뜻은 성령에 의해서만 계시된다

끝으로 주여! 하나님이시며 영적인 당신이시여! 비록 사람이 그만한 지식을 가지지 못했다고 해도 나를 바른길로 이끌어 주신 당신의 선한 영에 대해서 당신 자신이 그와 같은 말씀으로 후세에 보여주려고 의도된 것이 확실합니다. 하기는 그 입을 빌어 그런 것을 말한 모세도 많은 진실한 의견 가운데 혹 하나의 뜻만을 생각하고 있었는지도 모릅니다. 만약 그렇다면 그가 생각한 진실한 뜻은 다른 것보다 나은 것이었을 것입니다. 그러나 주여, 당신은 그 진실한 뜻이나, 혹은 당신이 만족해 하는 다른 진실한 뜻을 내게 보여주십시오. 그것이 당신의 종에게 분명하게 하신 것과 같은 것이나 혹은 같은 말씀에 의해서 밝혀진 다른 것이든 그 어느 것이라도 아직까지 당신의 부양을 받는 우리를 오류가 희롱하는 일이 없게 해주십시오.

오, 주여! 나의 하나님이시여! 보십시오. 나는 적은 말씀에 대해서 얼마나 많이 썼습니까? 참으로 얼마나 많이 썼습니까? 이와 같은 방법으로 우리에게 주어진 어떤 능력이, 또 어떤 시간이 성서의 모든 뜻을 이해하는 데 충분할까요?

그러므로 그 말씀에 대해서 당신에게 고백하는 것을 용서해 주십시오. 그리고 많은 것이 마음 속에 떠오르는 경우, 가령 그 많은 것이 떠오른다 해도 당신의 감화력으로 단 하나의 진실되고 확실하며 선량한 것을 선택할 수 있도록 내게 허락해 주십시오. 나의 고백이 믿음으로 이루어지기를 바라기 때문에 당신의 종이 뜻한 것을 내가 말한다면 그것은 옳고 최선의 것이며 또 나는 그렇게 노력해야만 합니다. 그러나 이것을 이루지 못한다 해도 나는 더욱 당신의 진리가 그의 말에 의해서 우리에게 전달되려 한 것을당신의 진리는 그에게도 그가 바라는 것을 말하게 한 것입니다 말하려고 합니다.

Sanctus Aurelius Augustinus

제13권 » 하나님의 뜻

하나님을 애타게 찾는 마음

나를 긍휼히 여기시는 나의 하나님이시여! 나는 나를 창조하시고 내가 당신을 잊어도 나를 저버리시지 않는 하나님을 애타게 찾습니다. 나는 내 영혼 속에서 당신의 이름을 부르며 애타게 찾고 있습니다. 당신의 뜻대로 내 마음 속에 당신을 영접할 수 있도록 해주옵소서. 제발 나를 저버리지 마소서. 당신은 내가 하나님을 부르고 찾기 이전에 이미 나에게 다가와 여러 가지 진리의 말씀을 해주셨습니다. 나는 멀리서 귀기울이고 회개했으며, 당신은 나를 부르시는 당신을 애타게 찾도록 해주셨습니다.

주여! 당신은 나의 모든 피를 씻어 주시사 당신을 배반한 나에게 벌을 내리지 않으시고, 나를 창조하신 당신의 은총을 받을 수 있도록 나의 모든 선한 일에 앞서서 선처하여 주셨습니다. 주님은 내가 이 세상에 태어나기 이전부터 계셨으며, 나는 당신으로부터 생명을 이

어받을 만한 가치도 없었습니다. 그러나 보십시오! 나는 당신의 자비와 선으로 말미암아 이 세상에 태어났습니다. 사실 나는 당신께서 필요로 하는 위인도 아니었으며, 또한 "나의 주시며 나의 하나님이신"요한 20 : 28 당신을 도울 만큼 착하지도 못하였습니다. 나는 당신이 역사하시다가 지치실까봐 당신을 섬기는 것은 아닙니다. 또한 내가 당신을 섬기지 않으면 당신이 섬김을 받지 못하는 분이어서 마치 땅을 가꾸는 것과 같이 당신을 섬기는 것도 아닙니다. 나에게 생명을 주신 당신으로 말미암아 내가 잘 되고 나 자신이 복락을 누리기 위한 것이며, 나의 복락은 오직 당신에게서 찾을 수 있기 때문입니다. 그래서 당신을 섬기고 숭배하는 것입니다.

생명의 은총

실제로 당신의 피조물인 우리 인간은 당신의 충만한 선善에 의해서 존재하며, 당신께 아무런 도움도 드리지 못하면서도 당신으로부터 파생되었고 당신과 같을 수는 없으나 선한 면을 가지고 있습니다. "당신이 태초에 창조하신 천지"는 당신에게 무슨 가치가 있기에 이를 창조하셨습니까? "당신의 지혜로 지으신"시편 104 : 24 영적인 것과 물질적인 것은 대체 당신에게 무슨 가치가 있기에 창조하신 것입니까?

그들 존재는 갓 만들어진 형태가 없는 것조차도, 영적이건 물질적이건 간에 각기 그 나름대로 분별없이 당신으로부터 멀리 떨어져 있는 것까지도 — 영적인 것은 설령 형태가 없다 해도 형태가 있는 물질적인 것보다 낫고, 물질적인 것은 설령 형태가 없다 해도 전혀 무無인 것보다는 낫지만 — 당신의 지혜에 의존하도록 당신의 지혜로 말미암아 만들어진 것입니다. 그러므로 그것들은 당신의 말씀에 의해서 통일성을 갖고 형성되었으며, 유일 최고인 선에 충만한 당신에 의해서 지극한 선으로 존재하는 것이 아니라면, 아직도 형태가 없는 것으로서 당신의 말씀에 의존하고 있을 것입니다. 미완성된 것도 당신에게서 지음을 받았으니, 이렇게라도 존재하는 것이 당신에게 무슨 가치가 있는 것입니까?

물질적인 질료質料는 눈에 보이지 않고 형태가 없는 것이 되기 위해서라도, 당신에게 존재할 만한 무슨 공로를 세웠다는 말입니까? 그것은 당신께서 만들지 않았던들 그만한 존재물도 되지 못했을 것입니다. 그것은 존재하지 않았으므로 당신으로부터 존재를 이어받을 수조차 없었을 것입니다.

그리고 영적인 피조물의 시초도 당신을 닮지 않고 심연처럼 출렁거릴 따름이었으니 당신에게 무슨 가치가 있었겠습니까? 그것은 전적으로 그것을 만든 동일한 말씀에 의해서 그 말씀에 순종케 하고, 그것에 의해서 스스로 빛을 내어 빛이 되게 하셨으니, 비록 당신과 같지는 않을지라도 왜 당신의 모습을 닮게 하지 않으셨습니까? 마치 물체에 있어서 그냥 존재하는 것과 아름답게 존재하는 것이 동일하지 않은 것처럼만일 동일하다면 추하게 있을 수는 없을 것이다, 창조된 영적 존재에 있어서도 단지 산다는 것과 현명하게 산다는 것은 동일하지 않을 것입니다.

만약 동일하다면 영원토록 변함없이 현명할 것입니다. 그러나 영적 존재에 있어서는 그것이 당신을 섬김으로써 얻은 빛을 당신을 등짐으로써 잃어버리고 심연과도 같은 암흑세계로 전락하지 않도록,

"하나님께 가까이함이 내게 복입니다."^{시편 73:28} 우리는 영혼에 있어서는 영적인 피조물이지만, 한때는 삶의 역정에서 우리의 빛이신 주님을 등짐으로써 암흑 세계를 헤매었으며, 우리가 당신의 독생자 안에서 "하나님의 산들과 같은 주의 의"^{시편 36:6}가 될 때까지 여전히 그 암흑의 그늘에서 고통을 겪고 있었습니다. 우리는 "큰 바다와 일반인 주의 판단"^{시편 36:6}을 받은 것이었습니다.

하나님의 은총

당신이 태초에 우주를 창조하실 때 "빛이 있으라 하시매 빛이 있었고"^{창세기 1:3}라고 하신 그 말씀은 영적인 피조물에 합당한 것으로 생각합니다. 그것은 이미 그때 당신이 빛을 내리시는 생명이었기 때문입니다. 그러나 빛을 받을 수 있는 생명이 존재하기 위해 당신에게 아무런 공을 세우지 못한 것처럼, 존재한 다음에도 빛을 받을 만한 일을 하지 못했던 것입니다.

실제로 그것의 형태가 없는 상태는 만일 그것이 단지 존재함으로써가 아니고 환히 비추는 빛을 보고 그것에 의지하여 빛이 되지 않았다면, 당신을 기쁘게 해드리지 못했을 것입니다. 그러므로 그것은 그 생명 자체도 그 복된 생활도 오직 당신의 은총에 힘입고 있는 것이며, 한층 선한 것으로 전화轉化됨으로써, 보다 선한 것에도 보다 악한 것에도 변하는 일이 없는 것으로 전향轉向한 것입니다.

결코 변하지 않는 것은 오직 하나님 당신뿐입니다. 오직 당신만이 절대적으로 존재하시며 당신 자신의 지복至福이시므로 당신께 있어서는 생명과 지복의 생명은 별개의 것이 아닙니다.

생명의 샘

그러므로 설령 그것들이 전혀 존재하지 않거나 형태가 없는 것이라 할지라도, 당신이 최고선인 이상 당신께는 부족한 것이 없습니다. 당신은 그것들이 필요해서 만드신 것이 아니며, 당신의 충만한 선으로 그것들을 억제하고 형태를 정비하여 만드신 것이며, 당신의 기쁨이 그것들에 의해서 충족되는 것은 아닙니다. 그것들의 불완전성은 완전하신 당신을 기쁘게 하지 않으며, 따라서 그것들은 당신으로 말미암아 완성되어 당신을 기쁘게 하며, 당신이 불완전하여 그것들의 완전성에 의해서 완성되어지는 것은 아닙니다. 선한 "당신의 신이 수면에 운행한다"창세기 1:2는 것은 그 위에 쉬시듯 물이 떠받치고 있는 것은 아닙니다. 당신의 성령이 사람들 위에 쉰다[291]는 것은 그들을 당신 안에 쉬게 해주신다는 뜻입니다. 당신의 영원히 변치 않는 뜻은 스스로 충만하여 당신이 창조하신 생명을 덮고 있었습니다. 그리고 그 생명은 산다는 것과 복을 누린다는 것 사이에 구분이 있는 생명이었습니다. 그것은 계속 자기를 창조한 당신에게로 돌아가야 하고, "대저 생명의 원천이 주께 있사오니 주의 광명 중에 우리가 광명을 보고"시편 36:9 완성되고 빛나며 복을 누리게 되는 것입니다.

삼위일체

나의 하나님이시여! 삼위일체三位一體이신 당신의 모습이 "거울로

---

[291] "여호와의 신 곧 지혜와 총명의 신이요 모략과 재능의 신이요 지식과 여호와를 경외하는 신이 그 위에 강림하시리니 그가 여호와를 경외함으로 즐거움을 삼을 것이며"(이사야 11:2,3)

보는 것같이 희미하게"고린도전서 13:12 보입니다. 아버지시여, 당신은 우리의 지혜가 비롯된 당신의 지혜로 천지를 창조하셨습니다. 우리는 이미 하늘의 하늘과 보이지도 않고 형태가 없는 땅에 대하여 또 암흑의 심연에 대하여, 즉 마약에 그것이 온갖 생명의 원천으로 돌려서 그 빛에 의하여 형태를 갖춘 생명이 되고 후에 물과 물 사이에 가로놓인 하늘의 하늘이 되지 않았다면, 그것은 항상 흔들리는 불안정한 것이었을 겁니다. 그와 같은 영적 피조물의 무형태성無形態性의 동요와 불안정에 대하여 많은 것을 말해 왔습니다. 이것들을 창조하신 하나님 아버지의 이름으로 나는 이미 아버지를 모시고 있었으며, 당시 내가 믿고 있었던 것처럼 태초의 이름으로 당신의 독생자를 모시고 있었습니다. 나는 당신을 삼위일체의 신으로 믿고 성경을 찾아보았습니다. 성경에서는 "당신의 신이 수면에 운행하신다"고 하였습니다. 그렇습니다. 하나님 아버지야말로 성부聖父, 여호와 하나님와 성자聖子, 예수 그리스도와 성신聖神, 성령의 3위이시요, 모든 피조물의 조물주이십니다.

수면에 운행하시는 하나님의 신

오, 진실을 말하여 주는 빛이여, 이렇게 말하여 주는 까닭은 무엇입니까? 내가 내 마음이 허공이라는 것을 나 자신에게 말하는 일이 없도록 내 마음을 당신께로 돌리겠습니다. 주님! 내 마음의 어둠을 헤쳐 버리고 나에게 말씀해 주십시오. 나는 어머니의 사랑에 의해서 당신에게 애원합니다. 이것은 무슨 까닭인지 나에게 말씀해 주십시오. 나는 당신에게 간절히 부탁합니다. 당신의 성경이 하늘과 보이지 않고 형태가 없는 땅과 심연의 어둠을 언급한 다음에, 비로소 당신의 성령을 언급한 것은 무슨 까닭입니까? 그것은 "당신의 신이 수면에 운행하신다"고 표현하지 않으면 안 되었기 때문이며, 당신의 성령이 그 물 위에 움직이신다고 생각하면 안 되었기 때문입니까? 당신의 성령은 성부의 위에서도 성자의 위에서도 움직이지 않았으므로 그 어떤 것 위에서도 "움직인다"고 말할 수는 없습니다. 그렇지만 당신의 성령이 움직인다고 표현된 것입니다. 그렇다면 왜 "수면에 운행하시니라"는 표현을 당신은 우리에게 남기셨을까요?

성령의 위력

누가 전능하신 삼위일체를 온전히 이해할 수 있겠습니까? 오로지 당신의 사도使徒의 말을 이해하고 그를 따르는 것이 좋습니다. 사도는 "우리에게 주신 성령으로 말미암아 하나님의 사랑이 우리 마음에 부은 바 됨이라"로마서 5:5고 말하고 있습니다. 사도들은 우리에게 "더욱 큰 은사를 사모하라"고린도전서 12:31고 가르치면서 사랑의 "제일 좋은 길을 보여주셨으며"고린도전서 12:31, 우리들을 위해 "그리스도께서 아버지 앞에 무릎을 꿇고 빌 때"에베소서 3:15 "우리가 능히 모든 성도와 함께 지식에 넘치는 그리스도의 사랑을 알기를 바랐습니다."에베소서 3:18 그래서 당신의 성령은 처음부터 탁월하여 "수면에 운행하시니라"고 말하는 것입니다.

나는 누구에게 말할 것입니까? 또 어떻게 설명하면 좋겠습니까? 나를 심연의 밑바닥으로 끌어내리는 욕망의 중압과 "수면에 운행하시는" 당신의 성령에서 비롯된 끌어올리는 사랑의 힘에 대하여, 누구에게 설명할 것이며 또 어떻게 설명해야 합니까? 우리가 가라앉았다가 떠오르는 곳은 물질적 공간이 아닙니다. 이것처럼 사이비한 것이 또 어디에 있겠습니까?

그것은 바로 정념情念이며 사랑입니다. 우리의 부정不淨한 영혼이 세상사의 번거로운 사랑에 의해서 우리들을 아래쪽으로 끌어내리고, 반대로 당신의 신성한 성령이 확고부동한 것을 추구하는 사랑에 의해서 우리들을 위쪽으로 끌어올리는 것입니다. 그리하여 우리는 우리의 마음을 그 "하나님의 신이 수면에 운행하시는" 곳으로 고양시키는 것이며, 우리의 마음이 아무런 실체가 없는 물[292)]을 뛰어넘었을 때 저 탁월한 안식에 도달하는 것입니다.

목숨이 다하도록

천사도 타락하고 인간의 영혼도 타락하였습니다. 그들은 저 깊은 어둠의 혼돈을 보여준 것으로, 당신께서 태초에 "빛이 있으라" 하여 빛이 있지 않았다면, 그리고 당신의 거룩한 성에 있는 모든 유순한 백성이 당신을 의지하며 변화무쌍한 모든 들 위에서 본래대로 역사하시는 당신의 성령 안에 안식하지 않았던들 모든 영적 피조물은 그 혼돈 속에 있을 것입니다. 그렇지 않았으면 "하늘의 하늘"도 그 깊은 어둠 속에 파묻혔을 것입니다. 그러나 "이제는 주 안에서 빛입니다."
에베소서 5 : 8

당신의 빛의 의복을 벗어 던지고서, 스스로 어둠을 알고 당신을 멀리하여 타락한 영혼들의 비참한 불안 속에서도 당신은 당신이 만

---

292) "그때에 넘치는 물이 우리 영혼을 잠갔을 것이라 할 것이로다."(시편 124 : 5)

드신 이성적 피조물이 얼마나 고귀한 것인가를 매우 명확하게 보여주고 계십니다. 따라서 그들은 그들의 평화와 행복을 위해서 당신으로 인해 만족을 누릴 수는 있어도 그들 스스로 만족을 누릴 수는 없습니다. 오직 "여호와 내 하나님이 내 흑암을 밝히시리이다."시편 18 : 28 당신으로부터 우리들의 빛의 의복이 만들어지며 "밤이 낮과 같이 비취나이다."시편 139 : 12

여호와 하나님, 나를 보살펴 주십시오. 내게로 돌아와 주십시오. 나의 사랑을 알아주십시오. 만약 나의 사랑이 너무 부족하다면 더 많이 사랑하도록 하겠습니다. 나는 일생 동안 당신의 품안에 안기기에 충분한 , 그리고 "주의 은밀한 곳에 숨기사"시편 31 : 20 결코 외면당하지 않도록 하는 데에 나의 사랑이 얼마나 못 미치는지를 헤아릴 수 없습니다. 내가 아는 모두는 나 자신의 안팎에서 당신으로부터 멀어진다는 것이, 곧 내가 불행과 함께 하고 있다는 것입니다. 그래서 나의 여호와 하나님의 것이 아니면 나의 모든 풍요는 빈곤인 것입니다.

영원한 안식

성부도 성자도 "수면에 운행하신" 것은 아니겠지요? 만약 공간적인 신체와 같은 견지에서 생각한다면 성령에게도 이렇게 말하는 것은 사실이 될 수 없을 것입니다. 그러나 우리의 의미가 변이적인 모든 것을 넘어서 불변하는 신성의 탁월성이라면 성부, 성자, 성령 모두 "수면에 운행하신" 것입니다.

그런데 이들 말이 왜 당신의 성령에 대해서만 소용됩니까? 왜 그의 경우에는 그가 있었던그것이 어떤 공간이 아닐지라도 공간에 대한 언급만이 있으며, 그것만이 '당신의 선물'²⁹³⁾이라고 말해지는 것입니까? 당신의 선물 안에서 우리는 안식하며 당신을 기뻐합니다. 우리의 안식처가, 곧 우리의 공간입니다. 사랑이 그 곳으로 우리를 끌어올리고 당신의 선한 성령이 "사망의 문에서"시편 9:13 우리의 의기소침함을 일으켜 주십니다. 당신의 "기뻐하심을 입은 사람들 중에 평화"누가 2:14입니다. 물체는 그 자신의 무게로 지혜의 공간을 확보하려고 합니다. 부득이 아래쪽으로 기울이려고 할 뿐 아니라, 그것 자체가 있는 장소로 기울이기도 합니다. 불은 위로 솟고, 돌은 아래로 떨어집니다. 그것들은 그 자신의 무게에 의해 이동되며 그것들의 적당한 공간을 향해 갑니다. 기름은 물 아래쪽에 놓는다 해도 수면 위로 뜨며 물은 기름 위에 부어도 이내 기름 밑으로 잠겨 버립니다.

그것들은 그 자체의 무게에 의해 이동되어 자기들의 적당한 공간을 향해 갑니다. 그것들은 제자리를 이탈했을 때 불안정하게 되며, 정연하게 제자리로 복귀했을 때 안정될 것입니다.

나의 무게는 나의 사랑이며 어디론가 내가 옮겨졌다면, 그 곳으로 나를 옮긴 것은 나의 사랑입니다. 우리는 당신의 선물에 의해서 불타올라 위쪽으로 옮겨집니다. 우리는 불타 솟구쳐 갑니다. 우리들은 "마음 속에 있는 시온의 대로"시편 84:5를 더듬어 천국으로 들어가는 노래를 부릅니다.

우리들은 당신의 불, 당신의 선량한 불로써 훨훨 타오릅니다. 우

---

293) "그리스도의 이름으로 세례를 받고 죄 사함을 얻으라. 그리하면 성령을 선물로 받으리니"
(사도행전 2:38)

리는 나아갑니다. "예루살렘을 위하여 평안을 구하기"시편 122 : 6 위해 위로 오르고자 하기 때문이며, "사람이 내게 말하기를 여호와의 집에 올라가자 할 때에 내가 기뻐하였기"시편 122 : 1 때문입니다. 당신의 기뻐하심을 입은 거기에 우리를 안주토록 하옵시며, 우리는 "주의 이름을 영원히 찬양하며"시편 61 : 8 그 외에 아무것도 바라지 않을 것입니다.

하나님의 은혜

그것이 다른 상태라는 것을 알지 못하는 피조물은 얼마나 행복할까요? 그러나 그와 같은 피조물도 모든 변화무쌍한 것 "위를 운행하시는" 당신의 선물에 의해 창조되자마자 당신의 "빛이 있으라 하시매 빛이 있었다"라는 말씀과 더불어 일으켜지지 않았었다면, 그것이 있는 것과 다른 상태로 있을 것입니다.

"너희가 전에는 어두움이더니 이제는 주 안에서 빛이라"에베소서 5 : 8 라고 말했을 때 '너희'에 대해서는 시간의 구별을 하고 있습니다. 그러나 저 피조물에 대해서는 만약 빛의 의복을 입지 않았다면 어떤 상태로 있을 것인가 하는 것만이 언급되고 있습니다.

그 구절은 이전에 가변과 어둠에 대한 언급 속에 있었던 것을 생각할 수 있도록 구술된 이유로서 저 피조물이 전과는 다른 어떤 것으로 된 원인, 즉 변치 않는 빛에 비추어져서 빛으로 된 그 원인을 밝히려 함입니다. 이 점을 이해할 수 있게 해주십시오. 그로 하여금 나를 괴롭히지 않고 당신께 간구하게 해주십시오. 나는 "세상에 와서 각 사람에게 비취는 빛이"요한 1 : 9 아닙니다.

존재와 인식과 의지

누가 전능하신 삼위일체를 이해할 수 있겠습니까? 만약 그것이 실제로 우리가 말하는 바의 삼위일체라면 여전히 우리 모두는 그것에 대해 말하고 있는 것입니다. 그러나 삼위일체에 대한 말을 하면서 그 말하는 바를 알고 있는 자는 매우 드뭅니다. 사람들은 서로 논쟁을 합니다. 그런데 아무도 마음의 평정 없이는 그 비전을 볼 수 없습니다. 나는 사람들이 그들 자신의 본질이란 관점에서 삼자=者에 대해 숙고하기를 원합니다. 물론 사람들이, 그들이 보는 삼위일체와는 매우 다른 것입니다. 단지 나는 사람들이, 그들이 보는 삼위일체가 원래의 전능하신 삼위일체로부터 얼마나 동떨어진 것인가를 느끼고 깨닫도록 하는 정신적 시험으로서 제안하고자 할 뿐입니다. 존재와 인식과 의지입니다. 실제로 나는 존재하고 인식하고 의지를 갖습니다. 나는 인식과 의지로 존재하며, 내가 여기 있음을 인식하고 의지하고자 함을 인식합니다. 나는 존재하고자 하고 알고자 합니다.

그런 까닭에 이 삼자에 있어서 생명, 즉 한 생명, 한 정신, 한 본질이 얼마나 불가분적인가를, 또 그 구분이 그들 사이에 얼마나 불가분적이면서도 여전히 구분되고 있는가를 인정할 수 있는 자는 인정하는 것이 좋을 것입니다. 분명히 그것은 각자의 앞에 있으며, 각자는 자기를 주시하여 그것을 인정하고 내게 말해 주기를 바라는 것입니다. 그러나 그것들 중에 어떤 실마리가 되는 것을 찾아내어 그것을 말할 때에, 그것들 위에 있는 불변적인 것, 즉 불변적 존재, 불변적 인식, 불변적 의지를 찾아냈다고 생각해서는 안 됩니다. 그러나 이 삼자로 하여 여호와 하나님과 삼위일체 안에 있든지, 아니면 삼자 모두

각자가 세 관점을 갖도록 각자의 안에 있든지, 그것도 아니면 상상할 수 없는 어떤 방법과 단순, 복잡 속에서 양 관점은 모두 맞습니다. 비록 구속이 없을지라도 그 자체는 그 자체의 내부에서 그 스스로를 구속하며, 그런 방식으로 그것은 존재하고, 그 자체도 인식되고, 그 자체도 충족됩니다. 그런데 그 통일성의 풍부한 위대성 속에서 불변적으로 동일한 것, 이것을 누가 자기 생각으로 쉽게 파악할 수 있습니까? 누가 그것에 대해 어떤 식의 말을 할 수 있습니까? 감히 누가 어떤 대담한 방법으로 그것에 관해 발표할 수 있었습니까?

교회와 믿음

믿음으로써 고백을 계속하겠습니다. 주님이시여, 당신께 말하겠습니다. "거룩하다 거룩하다 거룩하다 만군의 여호와여"이사야 6:3, 우리들은 "아버지와 아들과 성령의 이름으로 세례를 받았나이다."마태 28:19 때문에 여호와 하나님께서는 우리들에게 독생자인 예수 그리스도를 통하여 "하늘과 땅"을, 즉 영적인 교회와 세속적인 교회를 만드셨습니다. 우리들의 땅은 가르침의 형식을 받을 때까지는 "보이지도 않고 형태도 없어" 우리들은 무지의 암흑에 싸여 있었습니다. 그러므로 "주께서 죄악을 견책하사 사람을 징계하실 때에 그 영화를 좀 먹음같이 소멸하게 하시니 참으로 각 사람은 허사뿐이었습니다."시편 39:11 그러나 "하나님의 신은 수면에 운행하시니", 당신의 자비하심은 우리들의 비참함을 저버리지 아니하셨습니다. 그리고 "빛이 있으라" 하시고 "회개하라 천국이 가까왔느니라"마태 3:2, 4:17 말씀하셨습니다. "내 하나님이여 내 영혼이 내 속에서 낙망이 되므로 내가 요단땅과 헤르몬과 미살산에서 주를 기억하나이다"시편 42:6 그 산은 당신과 같으면서도 우리를 위해서는 작았습니다. 우리에게는 우리들의 어둠이 못마땅했습니다. 그래서 우리는 당신에게로 돌아가 "빛 속에 있었던 것입니다." 보십시오. 우리들은 "전에는 어둠이었으나 지금은 주 안에서 빛입니다."에베소서 5:8

인간의 갱생

그러나 여전히 우리는 "믿음으로 행하고 보는 것으로 하지 아니합니다."고린도후서 5:7 "우리가 소망으로 구원을 얻었으매 보이는 소망이 소망이 아니니 보는 것을 누가 바라리요?"로마서 8:24 지금도 역시 "주의 폭포 소리에 깊은 바다가 서로 부르며 주의 파도와 물결이 나를 엄몰하도소이다."시편 42:7 지금까지도 "신령한 자들을 대함과 같이 너희에게 말할 수 없어서 육신에 속한 자 곧 그리스도 안에서 어린 아이들을 대함과 같이 하노라"고린도전서 3:1라고 말하는 자도 그들 스스로가 "잡은 줄로 여기지 아니하고 오직 한 일, 즉 뒤에 있는 것은 잊어 버리고 앞에 있는 것을 잡으려고"빌립보서 3:13, "짐진 것같이 탄식"고린도후서 5:4하며 "하나님이여 사슴이 시냇물을 찾기에 갈급함같이 내 영혼이 주를 찾기에 갈급하나이다.

내 영혼이 하나님 곧 생존하시는 하나님을 갈망하나니 내가 어느 때나 나아가서 하나님 앞에 뵈올꼬"시편 42:1,2라고 말하고 있습니다. 그리고 "과연 우리가 여기 있어 탄식하며 하늘로부터 오는 우리 처소로 덧입기를 간절히 사모하며"고린도후서 5:2 "심연의 바다"을 향해 소리지릅니다. 또한 "너희는 이 세대를 본받지 말고 오직 마음을 새롭게 함으로 변화를 받아 하나님의 선하시고 기뻐하시고 온전하신 뜻이 무엇인지 분별하도록 하라"로마서 12 : 2, "지혜에는 아이가 되지 말고 악에는 어린 아이가 되라. 지혜에 장성한 사람이 되라"고린도전서 14 : 20, "어리석도다 갈라디아 사람들아, 예수 그리스도께서 십자가에 못박히신 것이 너희 눈앞에 밝히 보이거늘 누가 너희를 꾀더냐"갈라디아서 3 : 1라고 말합니다. 그러나 이미 그 자신바울의 목소리로 말하는 것은 아닙니다. [294] 그것은 "주께서 높은 곳으로 오르시며"시편 68 : 18 "한 시내가 있어 나뉘어 흘러 하나님의 성 곧 지극히 높으신 자의 장막의 성소를 기쁘게 하는"시편 46 : 4 것처럼 "큰 깊음의 샘들이 터지며"창세기 7 : 11 높은 곳에서 당신의 성령이 임하신 그 당신의 말씀에 의하는 것입니다.

실제로 "신랑의 벗"[295]은 당신의 나라를 동경하여 이미 당신 성령의 첫 열매를 손수 가지고 있으면서도 그 자신의 마음 속에서 탄식하며, 하나님의 아들이 될 것을, 즉 자기의 몸뚱이가 속죄될 것을 기대하고 있습니다.

그는 신랑의 몸이기 때문에 당신의 나라를 동경하고 신랑의 벗이기 때문에 당신의 나라에 집착하고 있습니다. 그는 그 자신에 집착하는 것은 아닙니다. 그는 그 자신의 소리에 의해서가 아니라 "주의 폭포 소리에 깊은 바다가 서로 부르며" 다른 심연에 집착하면서 "뱀이 그 간계로 이와를 미혹케 한 것같이 너희 마음이 그리스도를 향하는

---

294) "당신께서 주시는 지혜를 받지 않고, 당신께서 하늘에서부터 보내시는 성령을 받지 않고 누가 당신의 의도를 알 수 있겠습니까?"(지혜서 9 : 17)
295) "신부를 취하는 자는 신랑이나 서서 신랑의 음성을 듣는 친구가 크게 기뻐하나니 나는 이러한 기쁨이 충만하였노라."(요한복음 3 : 29)

진실함과 깨끗함에서 떠나 부패할까 두려워하는"고린도후서 11:3 것입니다. 우리들이 "그의 계신 그대로"요한 1서 3:2의 모습을 볼 때, "사람들이 종일 나더러 하는 말이 네 하나님이 어디 있느뇨 하니 내 눈물이 주야로 내 음식이 될"시편 42:3 때, 그의 참모습은 어떻게 될 것입니까?

신앙과 소망

목메어 부르나니, "주여, 당신은 어디에 계십니까?" 대체 당신은 어디에 존재하셨습니까? "내가 전에 성일을 지키는 무리와 동행하여 기쁨과 찬송의 소리를 발하며 저희를 하나님의 집으로 인도할 때"시편 42:4, "내가 말을 발하여야 시원할 것이라 내가 입을 열었습니다."욥기 32:20 그런데 여전히 내 영혼이 슬픈 것은 거슬러 미끄러지기 때문이라기보다는 오히려 자신이 여전히 심연 속에 있음을 느끼기 때문입니다. 당신께서 밤중에 내 앞길의 빛이 되어 환히 밝혀 주시고자 함에 대한 나의 믿음은 내 영혼을 향해서 "내 영혼아 네가 어찌하여 낙망하며 어찌하여 내 속에서 불안하여 하는고.

너는 하나님을 바라라. 그 얼굴의 도우심을 인하여 내가 오히려 찬송하리로다."시편 42:5 "주의 말씀은 내 발에 등이요 내 길에 빛이니" 시편 119:105 '주님께 간구하라'고 외칩니다. "전에는 어두움이더니 이제는 주 안에서 빛이라" 주님의 진노가 가실 때까지 ─ "전에는 우리도 다 그 가운데서 우리 육체의 욕심을 따라 지내며 육체와 마음의 원하는 것을 하여 다른 이들과 같이 본질상 진노의 자녀"에베소서 2:3이며 "몸은 죄로 인하여 죽은 것"로마서 8:10 ─ "날이 기울고 그림자가 갈 때" 아가 2:17까지 "하나님을 바라라. 그 얼굴의 도우심을 인하여 내가 오히려 찬송하리로다." 주여, 간구하옵나니 주님에게 소망을 걸고 "내가 수금으로 주를 찬양하리이다."시편 43:4 "우리가 빚진 자로되 육신에게 져서 육신대로 살 것이 아니며"로마서 8:12 나의 주님께서는 "우리에게 인치시고 보증으로 성령을 우리 마음에 주셨습니다."고린도후서 1:22 주님은 자비심으로 불안정한 우리 내부의 깊은 어둠 위를 운행하고 계시기 때문입니다. 우리의 인생 행로 속에서 우리는 "소망으로 구원을 얻었으매"로마서 8:24 "다 빛의 아들이요 낮의 아들"데살로니가전서 5:5이 된 것이며 이전의 어느 때처럼 "밤이나 어두움에 속하지 아니한"데살로니가전서 5:5 사이에 지금 빛이 되는 전조를 받은 것입니다. 이 인간 인식이 아직 확실치 않은 사이에 "전에는 어두움"과 우리들을 구분하는 것을 "내 마음을 시험하시고"시편 17:3 "빛을 낮이라 칭하시고 어둠을 밤이라 칭하신"창세기 1:5 당신뿐인 것입니다. 당신이 아니고서야 "누가 너를 구별하였느뇨? 네게 있는 것 중에 받지 아니한 것이 무엇이뇨? 네가 받았은즉 어찌하여 받지 아니한 것같이 자랑하느뇨?"고린도전서 4:7와 같이 말할 수 있겠습니까? 우리들은 "진흙 한 덩이로 하나는 귀히 쓸 그릇을, 하나는 천히 쓸 그릇을 만든"로마서 9:21 것 중 전자가 된 것입니다.

아우구스티누스 초상 작가 미상. 베나키 박물관, 아테네, 그리스

당신께서 주신 말씀

"물 가운데 궁창이 있어 물과 물로 나뉘게 하리라"창세기 1:6 하신 분이 바로 당신이 아니고 누구겠습니까? "하늘들이 두루마리같이 말리

되"이사야 34 : 4 지금은 가죽처럼 우리 위에 펼쳐 있습니다. 당신의 성서는 그것을 우리에게 전한 그 사람들이 다 죽고 없는 지금에도 더욱 더 숭고한 권위를 갖고 있습니다. 주여, 당신은 잘 알고 계십니다. 당신은 인간이 그들의 죄로 죽게 되었을 때, 어떻게 그들에게 가죽옷을 입히셨던가를 당신은 알고 계십니다. 그래서 당신은 당신의 성서 속의 하늘에 펼쳐진 피륙처럼, 즉 당신의 영원히 변치 않는 말씀을 죽어야 할 당신의 종을 시켜 우리에게 전하게 하셨습니다. 즉 그들이 죽은 후에 그들이 전해준 당신 말씀의 굳건한 하늘의 권위는 그 아래 모든 것들 위에서 장엄하게 뻗쳤습니다. 그들이 생존하고 있었을 때에는 그렇게까지 권위를 갖지는 못했습니다. 이것은 당신이 그 때까지 그들의 죽음의 영광을 사방에 널리 펴놓지 않으셨기 때문입니다.

주여, 우리에게 "주의 손가락으로 만드신 주의 하늘"시편 8 : 3을 보여주옵소서. 그 하늘을 덮은 구름을 우리들 앞에서 거두어 주옵소서. "여호와의 증거는 확실하여 우둔한 자로 지혜롭게"시편 19 : 7 합니다. 주여, "어린 아이와 젖먹이의 입으로 말미암아 권능을"시편 8 : 2 세우시옵소서. 이토록 교만을 쳐부수고, 자기의 죄를 변호함으로써 당신과의 화해를 외면하는 "원수와 복수자를 잠잠케"시편 8 : 2 하는 다른 책을 우리는 모릅니다. 나는 그토록 순결한 말씀을,296) 나를 설복시켜 고백하게 하고 나의 목덜미를 당신의 멍에 아래 숙이게 하며, 모름지기 당신을 숭배하게 하는 그 거룩한 말씀을 몰랐던 것입니다. 자비하신 하나님 아버지! 내게 그 말씀을 이해하도록 해주십시오. 아버지를 섬

---

296) "여호와의 말씀은 순결함이여 흙 도가니에 일곱 번 단련한 은 같도다"(시편 12 : 6)

기는 내가 그 말씀에 순종할 수 있도록 해주십시오. 당신은 그 말씀을 신복하는 자를 위해 절대적인 권위를 보여주셨습니다.

　나는 속세의 모든 타락으로부터 단절되어 불멸하는 이 "창공 위에 다른 물"이 있음을 믿습니다. 이 창공을 올려다볼 필요도 없고, 당신의 말씀을 이해하기 위해 윌 필요도 없는 당신의 천사들과 거룩한 성의 백성들로 하여금 당신의 이름을 찬미하고 당신을 찬미하도록 해주십시오. 그들은 "아버지의 얼굴을 항상 뵈옵느니"마태 18:10 거기서는 당신의 영원하신 뜻이 무엇인지를 곧 알 수 있기 때문입니다. 그들은 당신의 말씀을 외고 택하며 사랑합니다. 그들의 암송은 영원하며, 그들이 왼 것은 절대로 지나쳐 버리는 일이 없습니다. 그들은 선택하고 사랑함으로써 당신 말씀의 불변성 자체를 읽기 때문입니다. 그들의 책은 덮여져 있는 일도 없으며, 두루마리처럼 말려지는 일도 없습니다. "이 하나님은 영영히 우리의 하나님이시니 우리를 죽을 때까지 인도하시기"시편 48:14 때문입니다. 하여, 저 아래 연약한 백성들 위에 세우신 하늘, 그 위에 그들을 두시고 백성들로 하여금 거길 우러러보고 시간을 만드신 당신을, 수대의 시간 속에서 그것을 당신의 말씀처럼 배우도록 해주십시오.

　"여호와여 주의 인자하심이 하늘에 있고 주의 성실하심이 공중에 사무치나이다."시편 36:5 구름은 지나쳐 흘러갔어도 하늘은 영원히 남고,[297] 당신의 말씀을 전하던 자들은 이승에서 저승으로 가버렸지만 "여호와여 주의 능력으로 높임을 받으소서. 우리가 주의 권능을 노래

---

297) "그 앞에 광채로 인하여 빽빽한 구름이 지나며 우박과 숯불이 내리도다."(시편 18:12)

하고 칭송하겠나이다."시편 21:13 "천지는 없어지겠으나 내 말은 없어지지 아니하며"마태 24:35 "풀은 마르고 꽃은 시드나 우리 하나님의 말씀은 영원히 서리라 하라"이사야 40:8 하셨습니다. "우리가 이제는 거울로 보는 것같이 희미하나 그 때에는 얼굴과 얼굴을 대하여 볼 것이요 이제는 내가 부분적으로 아나 그 때에는 주께서 나를 아신 것같이 내가 온전히 알"고린도전서 13:12 뿐 "우리가 지금은 하나님의 자녀라 장래에 어떻게 될 것은 아직 나타나지 아니하였으나 그가 나타내심이 되면 우리가 그와 같을 줄을 아는 것은 그의 계신 그대로 볼 것을 인함이니이다."요한 1서 3:2 하나님의 독생자께서 창살 너머로 우리를 바라보시고 친절히 우리를 타일러서 우리들의 영혼을 불타게 하셨습니다. 우리들은 지금 당신의 독생자의 향기로운 자취[298]를 따라가고 있습니다. 그러나 "그가 나타내심이 되면 우리가 그와 같을 줄을 아는 것은 그의 계신 그대로 볼 것을 인함이니" 주여! 아직은 아니지만 우리들로 하여금 그의 참모습을 보게 해주옵소서.

생명의 샘터

주여, 불변적 존재, 불변적 인식, 불변적 의지인 오직 당신만이 그대로의 당신 모습을 알고 계십니다. 즉 당신의 본질이 불변적으로 알고 그래서 하고자 하며, 당신의 인식이 불변적으로 있어 그래서 하고자 하며 당신의 의지가 불면적으로 존재하여 그래서 압니다. 바로 불변의 빛이 자신을 아는 것과 마찬가지로 그렇게 그 빛을 받은 변하기

---

[298] "네 기름이 향기로와 아름답고 네 이름이 쏟은 향기름 같으므로"(아가 1:3)

쉬운 존재에 의해 알려지는 것이 당신의 눈으로는 옳게 보이지 않을 것입니다. 그리하여 "주를 향하여 손을 펴고 내 영혼이 마른 땅같이 주를 사모하나이다."시편 143:6 이는 내 영혼이 스스로에게 스스로 빛을 줄 수 없는 것과 마찬가지로 그렇게, 스스로는 스스로를 만족시킬 수 없기 때문입니다. "대저 생명의 원천이 주께 있사오니 주의 광명 중에 우리가 광명을 보리이다."시편 36:9

바다와 열매가 맺는 땅

"하나님이 가라사대 천하의 물이 한 곳으로 모이고 뭍이 드러나라 하시매 그대로 되니라."창세기 1:9 그 물들은 모두 시간적이고 현세적인 지복이라는 동일한 목적을 가지고 이를 위해 그들이 하는 그 모든 것들을 합니다. 그러나 수많은 물들은 무수히 다양한 그들의 열망에 따라 여기저기로 움직이고 있는지도 모릅니다. 그 물들이 한 곳으로 모이게 한 분은 "천하의 물이 한 곳으로 모이고 뭍이 드러나라"고 명하신 당신이 아니고 누구겠습니까? 때문에 "바다가 그의 것이라 그가 만드셨고 육지도 그의 손이 지으신"시편 95:5 것입니다. 따라서 물이 한데로 모여 있는 곳이 '바다'라는 의미였으며, 인간 의지의 쓰라림을 의미하는 것은 아닙니다. 당신은 또한 사악한 영혼의 욕망을 억누르고 "계한을 정하여 문과 빗장을 베풀고 이르기를 네가 여기까지 오고 넘어가지 못하리니 네 교만한 물결이 여기 그칠지니라"욥기 38:10 하셨습니다. 그리하여 당신은 만물 위에 있는 당신의 권능의 질서로써 바다를 만드신 것입니다.

그 외에 다른 경계들로 인해 일단의 바다로부터 분리된 "주를 갈망하는"시편 63 : 1 영혼들에 대해서 당신은 은밀하고도 달콤한 샘물로 그들을 적셔 주셨습니다. 그리하여 "땅이 풀과 각기 종류대로 씨 맺는 채소와 각기 종류대로 씨 가진 열매 맺는 나무를 낼 수 있었던"창세기 1 : 12 것입니다. 그래서 땅은 그 열매를 맺으며 조물주이신 하나님, 즉 당신의 명령에 의해서 우리의 영혼은 선한 일들을 하고, 이웃의 어려움을 돌보아 줌으로써 이웃을 사랑하며, 우리는 서로 같은 씨앗을 자기 자신 속에 지니고 있습니다. 우리는 우리 자신의 약함을 생각하여 곤궁에 빠진 사람들을 돕고자 동정하며, 우리 자신이 같은 곤궁에 빠져 있을 때 도움을 청하려고 생각하는 것처럼 그들의 힘이 되어 주는 것입니다. 그것은 단지 "씨 맺는 채소"창세기 1 : 11를 내는 것처럼 쉬운 일들에 대해서만 아니라 "열매 맺는 과목"창세기 1 : 11을 내는 것처럼 어려운 일도 도와주는 것입니다. 힘있는 압제자의 손아귀에서 불공정한 고통을 당하는 사람을 구원하거나 공정한 판단에 따른 우리의 강력한 은신처를 그에게 제공하는 것과 같은 친절들입니다.

하늘의 빛, 낮과 밤

주여, 당신께서 기쁨과 능력을 주시는 것처럼, 이미 그것을 솟아나게 한 것처럼 그것이 솟아나게 해주십시오. 그리하여 "진리는 땅에서 솟아나고 의는 하늘에서 하감하게"시편 85 : 11 해주옵소서. 또 "하늘의 궁창에 광명이 있게"창세기 1 : 14 해주십시오. 우리로 하여금 "주린 자에게 네 식물을 나눠 주며 유리하는 빈민을 네 집에 들이며 벗은 자를 보면 입히며 또 네 골육을 피하여 스스로 숨지 아니하도록"이사야 58 : 7 해주십시오. 이와 같은 열매가 땅에서 맺어질 때 그것이 선善임을 보시옵소서. 그리고 "우리의 빛이 아침같이 비취게 해주시고."이사야 58 : 8 우리에게 이 같은 행위의 낮은 결실로부터 저 위의 '생명의 말씀'을 얻는 '관조의 즐거움'으로 나아가게 해주옵소서. 우리로 하여금 당신의 성서에 의지하는, "세상에서 그들 가운데 빛들로 나타나게"빌립보서 2 : 15 해주십시오. 실제로 이 세상을 밝히는 그 빛 속에서 우리들의 지성적인 것과 감각적인 것을 낮과 밤처럼 분간할 수 있게 하시고, 또 우리의 영혼에 대해서도 지성적인 것에 전념하는 것과 감각적인 것에 탐닉하는 것을 분간하는 것을 가르쳐 주셨습니다.[299]

이미 당신은 하늘을 창조하시기 이전처럼 당신의 그 심오한 판단에 의해서 빛과 어둠을 가려냈을 뿐 아니라, 같은 하늘에 따로따로 거하는 영적인 당신의 자손들도 전세계에 환히 비추는 당신의 은총으로 해서 땅 위에서 영광을 누리고 "하늘의 궁창에 광명이 있어 주야를 나뉘게 하라.

또 그 광명으로 하여 징조와 사시와 일자와 연한이 이루라"창세기 1 : 14 하셨습니다. "이전 것은 지나갔으니 보라 새것이 된"고린도후서 5 : 17 것이며, "우리의 구원이 처음 믿을 때보다 가까웠음이니라. 밤이 깊고 낮이 가까워졌습니다."로마서 13 : 11,12 그리고 "주의 은택으로 연사에 관 씌우시고"시편 65 : 11 "내가 너희로 노력지 아니한 것을 거두러 보내었노니 다른 사람들은 노력하였고 너희는 그들의 노력한 것을 참예"요한 4 : 38 하였으며, "추수하는 주인에게 청하여 추수할 일꾼들을 보내어

---

[299] "여호와께서 말씀하시되 오라 우리가 서로 변론하자. 너희 죄가 주홍 같을지라도 눈과 같이 희어질 것이요 진홍같이 붉을지라도 양털같이 되리라."(이사야 1 : 18)

주소서 하라 하셨습니다."마태 9:38 이렇듯 당신은 원하고 구하는 자에게 그 소망을 허락하시며, 의인에게 축복을 내려주십니다.

그리하여 "주는 여상하시고 주의 연대는 무궁하셔서"시편 102:27 우리의 세상이 끝날 때까지 곡창을 마련해 주십니다. 당신은 그 영원한 궁창에 계시면서 필요한 때에 천상의 축복을 땅 위에도 내려 주십니다. "어떤 이에게는 성령으로 말미암아 지혜의 말씀을"고린도전서 12:8 마치 '큰 광명'처럼 내려 주십니다. 그것은 명백한 진리의 빛을 대낮과도 같이 아주 기뻐하는 사람들을 위해서입니다.

또 어떤 이에게는 같은 성령을 따라 지식의 말씀을 마치 '작은 광명'창세기 1:16인 양 내려 주시고 "다른 이에게는 같은 성령으로 믿음을, 어떤 이에게는 한 성령으로 병 고치는 은사를, 어떤 이에게는 능력 행함을, 어떤 이에게는 예언함을, 어떤 이에게는 영들 분별함을, 다른 이에게는 각종 방언 말함을, 어떤 이에게는 방언들 통역함을 주시나니 이 모든 일은 같은 한 성령이 행하사 그 뜻대로 각 사람에게 나눠 주셨습니다."고린도전서 12:9-11 이처럼 "각 사람에게 성령의 나타남을 주심은 유익하게 하려 하심"고린도전서 12:7으로 그들 모두는 별처럼 빛납니다.

그러나 '달'과 같이 '시간'이 흐름에 따라 변화하는 '모든 비적秘蹟'이 포함된 '지식의 말씀'은 위에서 말한 '별빛'의 은사의 지식과 앞에서 말한 '낮'이 기뻐하는 그 지혜의 광명한 빛이 다를 때에는, 다만 밤을 보는 자에게 있는 것입니다.

그것들은 당신의 가장 사려 깊은 종바울 — "온전한 자들 중에서 지혜를 말하는"고린도전서 2:6 당신의 종 — 이 "신령한 자들을 대함과 같이 너희에게 말할 수 없어서 육신에 속한 자 곧 그리스도 안에서 어린 아이들을 대함과 같이 하노라"고린도전서 3 : 1라고 한 그들에게 필요한 것입니다.

그러나 짐승에 가까운 인간[300]은, 말하자면 그리스도 안에서 어린 아이요, 젖먹이[301]에 지나지 않습니다. 그러므로 단단한 음식을 먹을 만큼 위가 튼튼해지고 태양을 바라볼 만큼 눈이 강해지기까지는, 차라리 달빛과 별빛으로 만족해야 할 것입니다.

전지전능하신 하나님, 당신은 그 궁창을 성서에서 우리에게 가르쳐 주십니다. 그것은 우리들이 여전히 "징조와 사시와 일자와 연한" 안에 있긴 하지만 놀라운 관조 속에서 만물을 식별할 수 있도록 하기 위해서입니다.

두 개의 큰 별

먼저 "너희는 스스로 씻으며 스스로 깨끗하게 하여 내 목전에서 너희 악업을 버리며"이사야 1 : 16 "물이 드러나게 하라" 하셨습니다. 또 "선행을 배우며 공의를 구하며 학대받는 자를 도와주며 고아를 위하여 신원하며 과부를 위하여 변호하라"이사야 1 : 17, "땅은 풀과 씨 맺는 채소와 각기 종류대로 씨 가진 열매 맺는 과목을 내라"창세기 1 : 11 하시고 "광명이 하늘의 궁창에 있나니" "우리가 서로 변론하자"고 말씀하

---

[300] "육에 속한 사람은 하나님의 성령의 일을 받지 아니하나니 저희에게는 미련하게 보임이요 또 깨닫지도 못하나니 이런 일은 영적으로라야 분변함이니라."(고린도전서 2 : 14)
[301] "내가 너희를 젖으로 먹이고 밥으로 아니하였노니 이는 너희가 감당치 못하였음 이거니와 지금도 못 하리라."(고린도전서 3 : 2)

셨습니다. "어떤 사람^{부자}이 주께 와서 가로되, 선생님이여 내가 무슨 선한 일을 하여야 영생을 얻으리이까?"마태 19 : 16 하고 여쭈었습니다. 그러나 그 부자를 한낱 인간으로밖에 생각지 않은 주 그리스도는 신이기 때문에 지선^{至善}이라 하겠습니다.

"예수께서 가라사대 어찌하여 선한 일을 내게 묻느냐? 선한 이는 오직 한 분이시니라. 네가 생명에 들어가려면 계명들을 지키라. 살인하지 말라, 간음하지 말라, 도적질하지 말라, 거짓 증거하지 말라, 네 부모를 공경하라, 네 이웃을 네 몸과 같이 사랑하라 하셨습니다."마태 19 : 17-19 그러자 "그 사람이 가로되 이 모든 것을 내가 지키었사오니 아직도 무엇이 부족하니이까?"마태 19 : 20라고 말했습니다. 이때 주께서 땅이 기름지면 왜 저렇게 가시나무가 무성한가? 가서 저 무성한 탐욕스런 잡목들의 뿌리를 뽑아 버려라. 그러면 열매가 풍성하리라 하셨습니다.

또한 "예수께서 가라사대 네^{부자}가 온전하고자 할진대 가서 네 소유를 팔아 가난한 자들을 주라. 그리하면 하늘에서 보화가 네게 있으리라. 그리고 와서 나를 좇으라"마태 19 : 21 하셨습니다. "그 부자는 재물이 많으므로 이 말씀을 듣고 근심하며"마태 19 : 22 돌아갔습니다. 낮과 밤을 분배할 줄 아시는 그분께서 말씀하시는 진리를 너는 귀담아 들을지어다.

또한 우리는 우리를 위해 하늘에 빛이 있다는 것을 알아야 할 것입니다. 때문에 "네 보물이 있는 그 곳에는 네 마음도 있다"마태 6 : 21고 하신 것입니다. 주 그리스도께서 말씀하신 대로 우리의 보화가 하늘에 없다면, 우리의 마음도 거기에 없는 것입니다. 그러나 불모^{不毛}의 땅은 통곡하고 가시나무는 진리의 말씀을 막고[302] 있었던 것입니다.

그러나 하나님께서 "택하신 족속이여"[베드로전서 2 : 9] "너희가 너희들의 모든 것을 버리고 주를 좇으리니"[누가 18 : 28, 마태 19 : 27] "이 세상의 약한 자들이여"[고린도전서 1 : 27] 주님을 따라가서 강한 자들을 굴복케 하고 너희들의 아름다운 발[303]은 모름지기 그분의 뒤를 따를지어다. 그리하여 하늘을 밝혀 그 영광이 나타나게 하고 이 땅 위를 두루 비추게 하라. 태양에 의해서 밝은 낮에는 지혜의 말씀을 낮에 이야기하게 하고, 달에 의해서 환해지는 밤에는 지식의 말씀을 밤에 알리라.[304]

달과 별은 밤에 반짝이지만 그러나 밤은 그것들을 어둡게 하는 일은 없느니라. 달과 별은 그 힘닿는 대로 밤을 밝게 하느니라. "하나님이 가라사대 하늘의 궁창에 광명이 있어"[창세기 1 : 14] 격한 바람이 휘몰아치듯 갑자기 하늘에서 큰 소리가 나더니, 불의 혓바닥같이 갈라진 것이 저희에게 보여 각자의 위에 임할지어다. 그리하여 생명의 말씀을 지닌 빛이 하늘에 충만하니라.

거룩한 불길이여, 아름다운 불길이여, 어디에나 충만함이 좋으리로다.[305] 참으로 "너희는 세상의 빛이라"[마태 5 : 14] 너희들이 의지했던 그분은 높아지고 그리고 그분은 너희들을 높여 주셨다. 어서 가서 이

---

302) "더러는 가시떨기 위에 떨어지매 가시가 자라서 기운을 막았고"(마태복음 13 : 7)
303) "보내심을 받지 아니하였으면 어찌 전파하리요 기록된 바 아름답도다. 좋은 소식을 전하는 자들의 발이여"(로마서 10 : 15)
304) "어떤 이에게는 성령으로 말미암아 지혜의 말씀을, 어떤 이에게는 같은 성령을 따라 지식의 말씀을"(고린도전서 12 : 8)
305) "하나님께서 그들을 찾아오실 때 그들은 빛을 내고 짚단이 탈 때 튀기는 불꽃 처럼 퍼질 것이다."(지혜서 3 : 7)

를 만백성에게 알릴지어다. [306]

당신의 숨은 뜻

주여, 당신의 숨은 뜻이 바다에도 깃들여 우리의 할일을 만들어 내고, 그 물로 하여금 생명을 가진 기어다니는 피조물을 낳게 하소서. 우리들은 "천한 것에서 귀한 것을 위하여 주님의 입"예레미야 15:19이 되었습니다. 주님은 그 입을 통하여, 물은 땅에서 생겨나는 "살아 있는 피조물"이 아니라 "물들은 생물로 번성케 하라. 땅 위 하늘의 궁창에는 새가 날으라"창세기 1:20고 말씀하셨습니다. 주여, 당신의 숨은 뜻은 성도들의 활동으로 세속의 유혹이 판을 치는 속에 스며들어, 당신의 세계로 말미암아 또 당신의 거룩한 이름으로 말미암아 이방인들을 교화하셨습니다.

이러한 가운데 많은 놀라운 일들이 이루어졌는데, 당신의 사도들의 목소리가 세상에 퍼지고 그들은 어디를 가든지 주님의 성경을 자기 행동의 규범으로 삼았습니다. 참으로 "언어가 없고 들리는 소리도 없으나 그 소리가 온 땅에 통하고 그 말씀이 세계 끝까지 이르렀습니다."시편 19:3,4 주님, 이것은 당신의 축복으로만 가능한 일인 것입니다.

주여, 내가 하늘의 궁창에 있는 이것들에 대한 명백한 지식과 출렁이는 바다 속과 하늘의 궁창 아래에 있는 물질적인 일을 능히 구별하지 못하고 있고 이것들을 혼란스럽게 하며, 횡설수설하고 있는 것

---

[306] "어찌하여 열방으로 저희 하나님이 어디 있느냐 말하게 하리이까? 주의 종들의 피흘림당한 보수를 우리 목전에 열방 중에 알리소서."(시편 79:10)

입니까? 아닙니다. 그것들의 인식은 확실하고 너무 명확한 것이며, 지혜나 지식의 빛처럼 세대世代와 더불어 증가하는 일은 없습니다. 말씀드린 것 중에서 어떤 것은 그 움직임이 복잡하고 다양하여 당신의 축복으로 인하여 점점 커지는 것도 있습니다. 당신은 우리의 감각적인 권태를 풀어 주시기 위해서 우리 정신의 인식에 한 가지 사물이 여러 모로 변모되게 하셨습니다. 예를 들어 물들이 이런 비적秘蹟을 나타냈지만, 그것은 당신의 말씀에 있어서이며 또한 당신의 영원한 진리를 등진 사람들의 곤궁에서 당신의 복음으로 말미암아 이 비적이 나타난 것입니다. 그러나 이것은 어디까지나 당신의 분부로 된 것입니다.

주여, 모든 만물은 당신께서 지으셨기에 아름답습니다. 그러나 만물을 지으신 당신은 잡다한 이 만물과는 비교가 안 될 만큼 아름답습니다. 만약 아담이 당신으로부터 타락하지 않았더라면 그렇게도 깊게 알고 싶어하고, 그렇게도 심하게 동요하고, 그렇게도 쉴 사이 없이 이리저리 흘러다니는 인류인 그 바다의 소금기가 결코 그의 몸으로부터 비롯되지는 않았을 것입니다. 그리하여 당신의 뜻을 따르는 자들은 "많은 물모든 백성" 속에서 물질적이고 감각적인 형식으로 신비한 행위와 말을 드러내 보이는 일은 필요치 않았습니다. 이것이 내가 지금 "기어다니고 날아다니는 피조물"에 대해 생각하는 바입니다. 사람들은 물질적 비적에 대한 권위를 받아들이기 위해 입문되고 가르침을 받습니다. 그러나 그들은 그들의 영혼이 정신적으로 또 다른 단계에서 생활하게 되고 허락의 말 뒤에 완전을 기대하지 않는 한 이러한 면을 뛰어넘을 수는 없을 것입니다.

살아 있는 영혼과 새와 물고기

그러기에 주님의 말씀 안에서는 바다의 깊이가 아닌 물의 짠맛으로부터 떨어져 나온 땅이 "생명 있는 기어다니는 피조물"이 아닌 "살아 있는 영혼"을 낳은 것입니다. 이것은 이방인이나 그것이 물에 잠겨 있을 때 필요했던 것과 같이, 세례를 필요로 했던 것은 아닙니다. 그러나 실제로 주님께서 이렇게 하여 "천국에 들어올지어다"라고 결정한 이후로 천국에 들어가는 길은 그 세례 이외는 없는 것입니다. 살아 있는 영혼은 그것에 의해서 신앙이 싹트는 기적과 경이를 구하지도 않습니다. 그것은 "표적과 기사를 보지 못하면 도무지 믿지 아니하리라"요한 4:48는 것도 아닙니다. 때문에 지금 충신(忠信)한 땅은 불신으로 짠물로부터 떨어져 있으며 "방언은 믿는 자들을 위하지 않고 믿지 아니하는 자들을 위하는 표적인"고린도전서 14:22 것입니다. 그러므로 많은 "땅을 물 위에 펴신"시편 136:6 당신의 말씀에 의해서 "물이 낳은 저 날짐승 같은 것"을 필요로 하지 않는 것입니다. 바라옵건대 당신의 진리의 말씀을 당신의 사도들을 통하여 이 땅에 보내주옵소서. 우리들은 그 사도들의 업적을 이야기합니다. 그러나 그것은 그 속에서 "살아 있는 영혼"을 이룰 수 있도록 그들 안에서 작용하는 당신의 업적인 것입니다.[307] 땅이 "살아 있는 영혼"을 낳은 것입니다. 왜냐하면 바다가 그들이 "생명을 가진 기어다니는 것들"과 "하늘의 궁창 아래를 나는 날짐승"을 만든 원인인 것과 마찬가지로 그들 영혼 속에서

---

307) "너희 안에서 행하시는 이는 하나님이시니 자기의 기쁘신 뜻을 위하여 너희로 소원을 두고 행하게 하시나니"(빌립보서 2:13).

아우구스티누스의 죽음 베노조 고졸리(1464~65년), 성 아우구스티누스 성당, 산 지미냐노, 이탈리아

그와 같은 일을 하는 원인이 땅이기 때문입니다. 당신께서 믿는 자들의 "목전에 준비된 잔치"에는 심연에서 잡은 물고기가 요기거리지만 이들 땅은 필요로 하지 않습니다. 때문에 당신은 메마른 땅을 기름지게 하기 위해 심연에서 잡았으며, 날짐승은 바다에서 생긴 것이지만 그럼에도 불구하고 땅 위에서 번성하고 있습니다. 복음을 전하는 사람들이 처음으로 설교하게 된 것은 인간의 불신 때문이지만, 믿음이 있는 자들도 매일같이 그들의 훈계와 축복을 여러 모로 받고 있는 것입니다. 그러나 "살아 있는 영혼"은 땅으로부터 비롯되었습니다. 때문에 오직 참된 신자들이 이 세상의 사랑으로부터 스스로 전제하는 가운데 이로움을 찾습니다. 그리하여 그들 영혼은 당신을 위해 살 수 있었으며, 주여, 죽음을 부르는 일락, 그 "일락을 좋아하는 이는 살았으나 죽었습니다."디모데전서 5:6 주님이야말로 마음이 정결한 자에게

생명을 주는 기쁨입니다.

그러기에 이제 당신을 섬기는 자들로 하여금 '땅 위'에서 그들이 경이와 비적과 신비한 말을 지닌 설교와 말로 불신의 물 가운데에서 했던 것처럼이 아니라 경탄의 원천인 무지에 대한 주의를 끄는 그런 신비한 표적에 대한 두려움을 통하여 그들의 일을 하도록 해주십시오. 이 모든 것은 주님을 저버린 아담의 자손들이 "당신의 낯을 피하여 그들 스스로 몸을 숨기어"창세기 3 : 8 깊은 어둠이 되어 있는 동안에는 신앙으로 들어가는 길인 것입니다. 당신의 종들로 하여금 심연의 소용돌이로부터 떨어져 나온 메마른 땅 위에서처럼 그들의 일을 하게 해주십시오. 그리하여 그들로 하여금 그들이교도 속에 살고 그들을 모방케 함으로써 신도들에게 모범이 되게 하십시오.[308]

그들이 다음과 같은 말씀을 귀담아 듣는 것은 다만 들으려고 해서가 아니라 나아가서 그것을 실천하려고 하기 위해서입니다. "하나님을 찾는 너희들아 너희 마음을 소생케 할지어다."시편 69 : 32 그러면 '땅'은 "살아 있는 영혼을 낳을 것이다." "이 세상을 따르지 말라." 그 영혼의 생명은 구하려고 죽는 것들을 피하는 가운데에 있는 것입니다. 교만무도한 횡포와 허영에 찬 나태한 방탕과 학문의 헛된 명성을 삼가고 근신함으로 야수는 선량해지고 가축은 유순해지며 뱀은 독기가 없어지는 것입니다. 참으로 이들은 심적 정감情感의 우의寓意에 지나지 않습니다. 그러나 우쭐거리는 자존심이나 색욕色慾의 쾌락이

---

[308] "그러므로 너희가 마게도냐와 아가야 모든 믿는 자의 본이 되었느니라."(데살로니가전서 1 : 7)

나 호기심의 해독은 죽은 혼의 정감인 것입니다. 움직임이 없다는 의미에서의 죽음이 아니라 "생수의 근원되는 하나님 아버지를 버림"예레미야 2 : 13으로써 죽은 것입니다. 그리하여 이 덧없는 세상에 집착하고 그에 순응해 버렸던 것입니다.

오, 하나님! 당신의 말씀은 영원한 생수의 근원이며 소멸되지도 않습니다. 그런 까닭에 "이 세대를 본받지 말지어다. 그리하여 많은 생수의 근원으로 하여 살아 있는 영혼을 낳았나니"라고 우리에게 말씀하셨을 때 당신의 말씀 안에는 영혼의 비롯됨이 억제되어 있었습니다. 복음 전도자들에 의해 전도된 당신의 말씀 안에서 영혼은 "당신이 그리스도를 본받은 자 된 것같이 우리가 당신을 본받음"고린도전서 11 : 1으로써 정결하게 되는 것입니다. 이것이야말로 '유유상종'이라, 사람들은 앞을 다투어 그 벗에게서 배우는 것입니다. 사도 바울도 "내가 너희와 같이 되었은즉 너희도 나와 같이 되기를 구하노라"갈라디아서 4 : 12라고 말했습니다.

그리하여 살아 있는 영혼 안에서 그 행위가 유순해진 '선한 짐승'이 될 것입니다. 주님은 "매사를 유순하게 처리하여라. 그러면 하나님께서 인정하시는 사람들에게 사랑을 받으리라."집회서 3 : 17 가축은 "먹지 아니하여도 부족함이 없고 먹어도 풍성함이 없으니"고린도전서 8 : 8 선하게 될 것이며, 뱀은 위험하고 해로운 게 아니라 슬기로워교활하여 충분히 경계하니 선하게 될 것입니다.

이는 단지 "당신의 영원하신 능력과 신성이 그 만드신 만물에 분명히 보여 알게 되기에"로마서 1 : 20 충분한 이들 시간적 존재들을 탐구하려는 것입니다. 이들 동물은 치명致命 과정으로부터 저지당해 살며 선하게 될 때 이성에 복종하는 것입니다.

성령의 가르침

우리의 조물주이신 하나님 아버지시여! 죄악한 삶으로 하여 우리가 죽어가는 속에서 우리의 정념은 "이 세상에 대한 애착"을 억제하며 선하게 삶으로써 "살아 있는 영혼"이 되기 시작했음을 보소서. 그리고 당신의 사도를 통하여 "이 세대를 본받지 말고 오직 마음을 새롭게 함으로 변화를 받을지어다"로마서 12:2 하신 그 말씀이 이행되어 왔음을 보소서. 그런데 이제 이것은 좀더 나은 어떤 사람의 삶 속에서 그 실례를 따르거나 앞서간 그들 이웃들을 모방하는 경우에서처럼 "당신을 본뜨는" 그런 의미가 아닙니다. 때문에 당신은 사람으로 하여금 "사람의 유類를 좇아" 만들라고 하신 게 아니라 "우리의 형상을 따라 우리의 모양대로 우리가 사람을 만들도록"창세기 1:26 하셨으며, "당신의 온전하신 뜻이 무엇인지 분별하도록"로마서 12:2 하셨습니다. 그런 까닭에 당신의 말씀을 전한 사도 바울은 "그리스도 예수 안에서 복음으로써 우리를 낳고"고린도전서 4:15 그 아이를 언제나 어린 아이로 두지 않기 위해서 "유모가 자기 자녀를 기름과 같이 하였다"데살로니가전서 2:7고 말한 것입니다. 즉, "오직 마음을 새롭게 함으로 변화를 받아 하나님의 선하시고 기뻐하시고 온전하신 뜻이 무엇인지 분별하도록 하라"로마서 12:2 하신 것입니다.

그러기에 당신은 "사람으로 하여금 만들라" 하시지 않고 "우리로 하여금 사람을 만들라"고 하시는 것이며, "사람의 유類에 따라서"라 하시지 않고 "우리의 형상을 따라 우리의 모양대로"라고 말씀하시는 것입니다. 사람이 "마음을 새롭게 하여" 당신의 진리를 보고 이해하면 어디에서든 그는 "사람의 유를 따라" 좇는다는 의미에서 그를 안내할 또 다른 사람은 필요없습니다. 그 대신 그를 안내하는 당신은 "당신의 선하시고 기뻐하시고 온전하신 뜻이 무엇인지 분별토록 하며" 이제 그가 그런 능력을 가지고 있으면 삼위의 일체와 일체의 삼위를 알아볼 수 있도록 가르쳐 주십시다. 그리하여 "우리로 하여금 사람을 만들게 하고"라는 복수 구절에 "하나님이 사람을 창조하시고"라는 단수 구절을 부가하였으며 "우리의 모양대로"라는 복수 구절에 "하나님의 형상대로"라는 단수 구절을 부가한 것입니다. 그리하여 사람은 "자기를 창조하신 자의 형상을 좇아 지식에까지 새롭게 하심을 받았으며"골로새서 3:10 "신령한 자는 모든 것을 판단하나 자기는 아무에게도 판단을 받지 아니하는"고린도전서 2:15 것입니다.

영靈에 속하는 자

"사람이 모든 것을 판단한다" 함은 사람이 "바다의 고기와 공중의 새와 육축과 온 땅과 땅에 기는 모든 것을 다스린다"창세기 1:26는 의미였습니다. 실제로 인간은 그것을 "영적으로라야 분변하는"고린도전서 2:14 것입니다. 반면에 "존귀에 처하나 깨닫지 못하는 사람은 멸망하는 짐승 같은"시편 49:20 것입니다. 그러기에 우리의 주님이시여, 당신의 교회 안에서 당신의 "그 은혜를 인하여"에베소서 2:8 "우리는 그의 만드신 바라 그리스도 예수 안에서 선한 일을 위하여 지으심을 받은 자이므로"에베소서 2:10 영적인 권위 안에 있는 자들뿐만 아니라 영적으로 복종하는 자들까지도 영적으로 판단합니다. 이 같은 방법으로 당신은 당신의 성령이 베푸신 은총 속에서 "남자와 여자를 창조하셨습니다." 육체의 성에 따라 남성과 여성이 있는 것이 아니라, 유태인도 희랍인도 노예도 자유인도 없는 것입니다. 그러므로 신령한 자는 권위 있는 자와 복종하는 자 모두를 영적으로 판단하는 것입니다. 참으로 그들은 "궁창 안에서 빛나는" 영적인 지식으로 판단하지 않습니다.그렇기 때문에 그들은 그런 숭고한 권위에 대해서도 판단하는 것이 허용되지 않습니다.

또한 설사 어떤 구절이 모호하다 할지라도 그들이 당신의 성경에 대해 판단할 수는 없습니다. 우리들은 그 성경에 우리들의 이해력을 동원하고 또 우리의 주시를 닫아버리는 것조차도 여전히 바르고 진실하게 말해지고 있는 어떤 것처럼 그것을 간주하기 때문입니다. 따라서 사람이 지금 "자기를 창조하신 주의 형상을 좇아 지식에까지 새롭게 하심을 받는 자"골로새서 3:10라 할지라도 "판단하는 자"가 아니라 "율법의 준행자"야고보서 4:11가 되어야 합니다. 그리고 그는 앞에서 말한 구별, 즉 영靈에 속한 자와 육肉에 속한 자의 구별에 대해서도 심판하는 자는 아닌 것입니다. 이 양자는 주님, 당신만이 아시는 것으로, 아직은 그들의 일로써 우리에게 그들 자신을 보여주지 않았습니다. 그리하여 우리는 "그는 열매로 그들을 알 것입니다."마태 7:20 그러나 주님, 당신은 이미 그들을 헤아리시고 궁창을 창조하시기 전에는 그들을 분간하여 은밀히 부르셨습니다. 또 그가 영적이라 할지라도 이 세상의 동요하고 불안한 사람들백성들을 판단하는 것은 안 됩니다. 따라서 "외인들을 판단하는 데 우리에게 무슨 상관이 있겠습니까?"고린도전서 5:12 우리 인간은 그 누구도, 누가 당신의 은총을 받을 것인지 누가 불신자들의 가시밭에 영원히 머무를 것인지를 알 수 없습니다.

그리하여 "당신이 당신의 형상대로 창조하신" 사람은 '하늘의 빛'에 대해서도 또 비밀한 하늘 자체에 대해서도 그리고 당신이 하늘의 창조 이전에 부르시던 '낮과 밤'에 대해서도, "천하의 물이 한데로 모인" '바다'에 대해서도 그 지배권을 받은 것은 아니며, 다만 "바다의 고기와 공중의 새와 육축과 온 땅과 땅에 기는 모든 것을 다스리게 하신"창세기 1:26 것입니다. 즉 사람은 판단하여 선하다고 생각하는 것을 시인하고 악하다고 생각하는 것을 부인하고 사람은 '천하의 물' 가운데서 당신의 자비가 찾아낸 사람들을 입문시키는 것에 의한 그들의 성찬 의식 속에서, 또는 선한 땅의 먹이가 되는 심연으로부터 찾아낸 물고기로써 상징화된 그 의식 속에서, 또는 책의 해설과 설명과 교수와 논의 속에서, 그리고 당신에 대한 간구와 당신을 찬양하는 속에서의 말의 의미와 표현 관계 속에서, 즉 당신 책의 권위 아래에 있는 것, 말하자면 궁창 아래로 날아다니는 것인지의 이 판단을 실행합니다. 이는, 즉 사람들백성들이 '아멘'이라고 대답할 수 있도록 크게 울려 퍼지는 입으로부터 기인하는 표적들입니다. 그 이유는 왜 이들 말이 이 세상의 '심연'과 육체의 눈멂인 목소리가 물리적으로 발음되어야 하는가입니다. 그것도 사상을 알아보기가 가능하지 않은 것이라는 이유 때문에 말입니다. 그래서 그들은 우리의 귀로 귀담아 들어야 합니다. 이처럼 땅 위에서 번식되는 날짐승임에도 그들의 비롯됨은 그럼에도 불구하고 물속인 것입니다.

또한 영적인 사람은 그들의 베풂 속에서그것이 "열매를 맺는 땅" 같은 것이지만, 신자들의 행실과 생활 태도 속에서 그가 나쁘다고 생각하는 것을 거부하고 선하다고 생각하는 것을 찬성시인함으로써 판단합니다.

그는 경건한 명상 안에서, "자지 못함과 먹지 못함"고린도후서 6:5 속에서 정념의 익숙함으로써 "산 것, 살아 있는 영혼"에 대해 판단합니다. 또한 신체적 감각으로 감지되는 모든 것들에 대해서도 판단합니다. 이 모든 것들에 대해 그는 지금 판단한다고 말합니다. 그리고 이것들에 있어서는 그가 너무 권력을 가지고 있어서 고칠 수가 없습니다.

하나님의 축복

주여, 보시옵소서. 여기 또 다른 신비가 있습니다. 이것은 어찌된 일입니까? 당신은 "생육하고 번성하여 땅에 충만하라"창세기 1:28고 사람들을 축복하십니다. 당신은 이렇게 하여 우리들이 무엇인가를 이해하도록 암시를 주시는 것이 아니겠습니까? 어째서 당신은 "당신이 낮이라고 부르시던 빛"에도 하늘의 궁창에도 별들에도 빛들에도 땅에도 바다에도 마찬가지로 축복을 내리신 것입니까? 당신의 형상대로 우리를 창조하신 주님, 만일 당신께서 그와 똑같이 물고기나 바다의 고래에게도 "생육하고 번성하여 바다에 충만하도록, 또 날짐승에게도 땅 위에 충만하도록" 축복을 내리시지 않았더라면, 당신은 이 축복의 은총을 인간에게만 베푸시려고 했던 게 아닙니까? 그리고 또한 이 같은 축복이 식물과 과목果木, 땅의 짐승에 주어져 있는 것을 본다면, 그것은 생육에 의해서 스스로 번성하는 종류의 것에도 속한다고 생각하고자 합니다. 물론 식물과 수목, 짐승들에게도 그리고 기어다니는 생물에게도 "생육해서 번성하라"고 하는 말씀은 없습니다. 그러나 이것들도 모두 물고기나 새, 사람과 마찬가지로 생육에 의해서 증가하며 그 씨를 보존하고 있는 것입니다.

진실로 나의 빛이요, 진리이신 주님, 나는 어떻게 말해야 합니까? 내가 생각하는 것은 아무런 의미도 없고 헛된 말입니까? 경건하신 하나님 아버지, 절대로 그렇지는 않습니다. 당신의 말씀을 섬기는 종이 이처럼 말할 수는 없습니다. 만약 내가 당신이 그 말로써 의미하려는 것을 이해하지 못한다면, 나는 "당신께서 각각 주신"고린도전서 3:5 이해 능력에 따라 더 나은 사람, 나보다 더 지성적인 사람, 그것을 더 잘 이용하는 사람을 희망합니다. 주여, 나는 당신께서 선하지 않은 이유에 대해 그렇게 말씀하시지 않았음을 믿는다고 고백했을 때 내 고백이 당신의 거룩한 판단 앞에 만족하게 되기를 바랍니다. 그리고 그 구절을 읽음으로써 마음에 떠오르는 것을 말하고자 합니다. 참으로 그것은 진실이며, 내가 당신 성서의 비유적인 말을 그대로 믿는 것을 저지하는 것은 아무것도 없습니다.

나는 정신에 의해서 유일한 방식으로 이해되는 것을 물질적인 여러 방식으로 나타낼 수 있고 또 물질적인 방식으로 유일하게 나타낼 수 있는 것이 정신에 의해서 여러 방식으로 이해되는 것을 알고 있기 때문입니다. 예를 들어 하나님과 이웃의 사랑에 대한 단일한 사상을 생각해 보십시오. 이는 여러 비적, 수많은 언어와 각각의 언어 속에서, 셀 수 없는 표현의 다양성으로써 물질적으로 표현되어 있습니다. 그와 같이 물의 자손도 생육하고 번성하는 것입니다. 그리고 이제 나는 "태초에 하나님이 천지를 창조하시니라"라는 유일한 방식으로 음성을 전하고 성서가 표현한 의미를 숙고하도록 독자들을 일깨웁니다. 이것은 여러 방식으로는 이해될 수 없습니다. 따라서 잘못되어서가 아니라 다른 의미에서, 이들 각자는 진실합니까? 그와 같이 사람의 자손도 "생육하고 번성하는" 것입니다.

그러기에 우리들이 사물의 본성 그 자체를 비유적이 아니라 본질적으로 생각한다면, "생육하고 번성하라"는 말은 씨에서 생산되는 모든 것에 적합한 것입니다. 그러나 만약 그 말씀을 상징적인 서술로 다룬다면 나는 그것이 오히려 성서가 의도하는 바라고 생각합니다만 수생 피조물과 사람의 자손에게만 그 축복을 내리신 선한 이유가 거기에는 있을 것입니다. 우리는 "하늘과 땅"에서와 같이 영적인 피조물과 물질적인 피조물에서도 '다수성'을 생각할 것입니다. 또한 "빛과 어둠에서"처럼 의로운 영혼과 의롭지 않은 영혼들에서도 "물과 물 사이"에 세워진 궁창에서처럼 우리에게 율법을 전한 신성한 서술자들에게서도 생각할 것입니다. 그리고 '바다'에서처럼 여전히 불신의 쓰라림 속에 있는 사람들의 사회 안에서도, "메마른 땅"에서처럼 성스러운 영혼에 대한 열성에서도, "씨맺는 풀과 열매 맺는 과목"에서처럼 현재의 생활에서 행한 자비로운 일들에서도 생각할 것입니다. 또한 "하늘의 광명"에서처럼 "교화를 위해 제시된 영적인 선물성령"에서도, 그리고 "살아 있는 영혼"에서처럼 절제를 위해 교정되어 왔던 정념에서도 생각할 것입니다. 참으로 이들 모든 경우에서 우리는 다수성과 풍요성과 생육성生育性을 볼 수 있습니다. 그러나 물질적으로 진술된 표적과 지성적으로 감지된 것들에서만 우리는 한 표현 양식이 많은 다른 방식으로 이해될 수 있고, 한 사상이 많은 다른 방식으로 표현될 수 있는 생육과 성장의 유별성類別性을 찾아볼 수 있습니다.

나는 수생 피조물로서 표현된 것은 육肉 안에서의 깊은 몰입침례의 필연적 원인인 물질적으로 진술된 표적이고, 사람의 세대로써 표현된 것은 이성적 풍요의 원인인 지성적으로 감지된 것들이라고 생각합니다.

주여, 이 이성 때문에 우리는 "생육하고 번성하라"는 이 두 유(類)에 대해 말씀하신 것을 믿습니다. 나는 이 축복 안에서 유일한 방법으로 불명확하게 표현된 것을 많은 방식으로 표현하도록 당신은 우리에게 모든 능력과 권력을 허락하셨다고 생각합니다. 그리하여 "바다의 물은 충만해지며", 움직이는 물은 각기 다른 의미의 다양성을 나타내는 표적이 됩니다. 그리고 인간의 번성으로 "땅의 충만함이" 심해지며 "그 메마름"은 그 열망 안에서 나타납니다. 그리고 그것은 이성으로써 지배되는 것입니다.

땅의 열매

주여, 나의 하나님이시여! 나는 또다시 내 마음에 자리한 당신의 성서 구절을 들어 말하고자 합니다. 나는 아무런 두려움 없이 말할 것입니다.

당신이 주신 영감으로, 나는 당신이 내게 하시고자 했던 말씀으로부터 진실을 말할 것입니다. 나는 당신 이외의 여하한 자도 나에게 영감을 주어 진실을 말하게 하지 않는다고 믿습니다. 당신이야말로 "길이요 진리요 생명이시며"요한 14:6 "사람은 다 거짓된"로마서 3:4 것입니다. "사람들은 거짓을 말할 때마다 제것으로 말하는 것입니다."요한 8:44 따라서 나는 내 것으로가 아닌 당신 것으로 말하겠습니다.

보십시오. 당신은 "온 지면의 씨 맺는 모든 채소와 씨 가진 열매 맺는 모든 나무를 우리에게 식물로 주셨습니다."창세기 1:29 이것은 우리에게만이 아니라 "땅의 모든 짐승과 공중의 모든 새와 생명이 있어 땅에 기는 모든 것에게도 주셨습니다."창세기 1 : 30 그러나 당신은 그것을 "물고기"와 "거대한 고래"에게는 주시지 않았습니다. 이제 우리는 이들이 "땅의 열매로" "열매를 잘 맺는 땅"에서 현세 생활의 필요성을 위해 생산된 자비로운 일[業]을 의미한다는 것을 우의적으로 말했습니다. 그와 같은 '땅'이란 당신께서 "자비를 베푸신 집"에 독실한 '오네시보로'입니다. 왜냐하면 그가 당신의 종 사도 바울을 "자주 유쾌하게 하고 바울의 사슬에 매인 것을 부끄러워 아니하였기"디모데후서 1 : 16 때문입니다.

"마게도냐에서 온 형제들이 그의 부족한 것을 보충하여"고린도후서 11 : 9 그와 같은 열매를 맺게 하였습니다. 그러나 바울은 그에게 주어야 할 열매를 주지 못했던 어떤 나무 때문에 얼마나 탄식했을 것입니까! 그는 "내가 처음 변명할 때에 나와 함께한 자가 하나도 없고 다 나를 버렸으나 저희에게 허물을 돌리지 않기를 원하노라"디모데후서 4 : 16 하고 말했습니다. 때문에 이들 열매는 우리로부터 인간인 그들에게까지, 거룩한 비전에 대한 그들의 이해로부터 영적 교설敎說을 전하는 우리에게까지 주어져야 할 것입니다. 그들은 인간으로서도 주어져야 하고 "살아 있는 영혼"에 관해서도 마땅히 그래야 합니다. 모든 절제에 있어 모범으로서 그들 자신을 우리에게 나타내게 됩니다. 그리고 그들은 "날아다니는 피조물"에게도 주어져야 합니다. 그들의 은총으로 "땅 위에서 번성하고" "그 소리가 온 땅에 통하기"시편 18 : 6 때문입니다.

신도의 기쁨과 이로움

이들 양식에 의해서 길러지는 것은 오직 그것을 기뻐할 뿐이지만, "저희의 신은 배[腹]"빌립보서 3 : 19라 생각하는 자는 그것을 기뻐하지 않습니다. 또 그들 열매를 베푸는 성령 안에 있는 것입니다. 따라서 나는 "자기의 배를 섬기지 아니하고 주 그리스도만을 섬긴"로마서 16 : 18 사도 바울의 경우, 그의 기뻐함이 어디서 오는가를 분명히 알 수 있습니다. 그래서 나는 그와 더불어 대단히 기뻐하는 것입니다. 그는 "에바브로디도 편에 빌립보 사람들이 준 것을 받았습니다."빌립보서 4 : 18 그러나 나는 그가 기뻐하는 이유를 알고 있습니다. 그는 그 기쁨으로 길러지는 것입니다. 사실에 있어 말하자면, 그는 "내가 주 안에서 크게 기뻐함은 너희가 나를 생각하던 것이 이제 다시 싹이 남이니 너희가 또한 이를 위하여 생각은 하였으나 기회가 없었느니라"빌립보서 4 : 10라고 말하고 있는 것입니다. 그러므로 이들 빌립보 사람은 오랫동안의 권태로 생기를 잃고 그 좋은 일을 열매 맺지 못할 처지에 있었습니다. 사도 바울은 "그들이 다시 소생했기" 때문에 그들에 대해 기뻐합니다. 그들 스스로가 아니라 그들이 그의 곤궁을 도와주었기 때문입니다. 계속하여 그는 이처럼 말하고 있습니다. "내가 궁핍하므로 말하는 것이 아니라 어떠한 형편에든지 내가 자족하기를 배웠노니 내가 비천에 처할 줄도 알고 풍부에 처할 줄도 알아 모든 일에 배부르며 배고픔과 풍부와 궁핍에도 일체의 비결을 배웠노라. 내게 능력을 주시는 자 안에서 모든 것을 할 수 있느니라."빌립보서 4 : 11~13

그러면 위대한 바울이여, 그대는 무엇을 기뻐하는 것입니까? 정말 무엇을 기뻐하는 것입니까? 당신은 "새 사람을 입었으니 이는 당신을 창조하신 자의 형상을 좇아 자식에까지 새롭게 하심을 받은 자"골로새서 3 : 10입니다. 뿐만 아니라 그런 절제의 "살아 있는 영혼"이며 "나는 새"와도 같은 말인 당신은 당신의 양식에 관해 신비를 말하는것입니까? 참으로 이 양식은 그런 피조물에게 주어져야 하기 때문입니다 당신은 어떤 것으로 양식을 합니까? 기쁨인 것입니다. 다음을 들어 보지요. "그러나 너희가 내 괴로움에 함께 참예하였으니 잘하였도다."빌립보서 4 : 14 이것으로 그가 기뻐한 것이며 그의 양식도 이것인 것입니다. 그것은 그들이 행실을 잘 했기 때문이지 그 자신의 궁핍을 경감해 주었기 때문은 아닙니다. 그는 주님 당신을 향하여 "곤란 중에 나를 너그럽게 여기셨습니다"시편 4 : 1라고 말합니다. "내가 비천에 처할 줄도 알고 풍부에 처할 줄도 알기"빌립보서 4 : 12 때문입니다. 그는 계속하여 말합니다. "빌립보 사람들아 너희도 알거니와 복음의 시초에 내가 마게도냐를 떠날 때에 주고 받는 내 일에 참예한 교회가 너희 외에 아무도 없었느니라. 데살로니가에 있을 때에도 너희가 한 번 두 번 나의 쓸 것을 보내었도다."빌립보서 4 : 15,16 그는 이 순간 그들이 이렇게 선한 일을 하게 된 것을 기뻐하고, 들판이 다시금 기름지게 되는 때처럼 그들이 새로이 번성하게 됨을 기쁘게 생각했습니다.

"너희가 나의 쓸 것을 보냈는가?"라고 그가 말했을 때, 그는 그 자신의 쓸 것에 대해 생각하고 있었습니다. 그것이 그의 기쁨의 이유였습니까? 확실히 그것은 아닙니다. 하지만 우리가 어떻게 압니까? 왜냐하면 그는 다음처럼 직접 말하고 있기 때문입니다. "내가 선물을 구함이 아니요 오직 너희에게 유익하도록 과실이 번성하기를 구함이라."빌립보서 4 : 17 주님, 나는 당신으로부터 "선물과 과실을 구별하는"

것을 배웠습니다.

즉 '선물'은 금전, 식료품, 음료수, 의복, 주거, 기타의 부조^{扶助}와 같이 우리의 필요성에 따라 베풀어지는 실재적인 것들이며 '열매'는 베푸는 자의 선하고 의로운 의지인 것입니다. 선한 교사는 다만 "선지자를 영접하는 자"라고만 말하지 않고 "의인의 이름으로"라고 덧붙이고 있습니다. "선지자의 이름으로 선지자를 영접하는 자는 선지자의 상을 받을 것이요, 의인의 이름으로 의인을 영접하는 자는 의인의 상을 받을 것입니다."^{마태 10 : 41} 또 다만 "이 소자 중 하나에게 냉수 한 그릇이라도 주는 자"^{마태 10 : 42}라고만 말하지 않고, "사도의 이름으로"라고 덧붙입니다. 그리고 또한 "내가 진실로 너희에게 이르노니 그 사람이 결단코 상을 잃지 아니하리라"^{마태 10 : 42}라고 말하는 것입니다.

'선물'은 "선지자를 영접하는 것", "제자에게 냉수 한 그릇을 주는 것", "의인을 영접하는 것"이지만 '열매'는 "선지자의 이름으로 행하는 것", "의인의 이름으로 행하는 것", "제자의 이름으로 행하는 것"입니다. 엘리야는 하나님의 사도를 기르는 것을 알고 그 때문에 그를 길러 준 과부에 의해서는 '열매'로써 길러졌지만 반면 까마귀에 의해서는 '선물'로써 길러진 것입니다. 물론 까마귀에 의해서는 엘리야의 내적인 인간이 길러진 것이 아니라 외적인 인간이 길러진 것이지만, 그의 외적인 인간도 그와 같은 양식의 궁핍으로 멸망했는지도 모릅니다.

'물고기'와 '바다의 괴물'

주님, 당신 앞에서 진리인 것을 말씀드리겠습니다. "무식한 자들이나 믿지 아니하는 자들"^{고린도전서 14 : 23}을 신자로 만들기 위해서 입신

시편의 비적과 기적의 '위대한 작용'이 필요하며, 그들이 저 '물고기'와 '바다의 괴물'이라는 이름으로 표현되어 있는 것이라고 나는 믿습니다. 당신은 어린 아이를 육체적으로 소생시키거나 이 속세의 생활에서 뭔가 필요한 것을 도와주려고 계획하지만, 그들은 어째서 자기들이 그것을 하지 않으면 안 되는가를 모르고 있습니다. 그리고 무엇 때문에 그것을 행하는가도 모르고 있습니다. 즉 그들은 당신의 어린 아이를 기르는 것이 아닙니다. 또 당신의 어린 아이가 그들에 의해서 길러지는 것도 아닙니다. 그들은 그것을 신성하고도 의로운 의지를 가지고 하는 것이 아니며, 또 당신의 어린 아이는 그들의 '선물'로 기뻐하지 않습니다. 어린 아이는 아직 '열매'를 보지 않았습니다. 실제로 영혼은 그것이 기쁘게 생각되는 가운데 길러지는 것입니다. 그러기에 '물고기'와 '바다의 괴물'이란, 땅이 너울거리는 바다의 짠맛으로부터 분리되어 떨어진 후로, 처음으로 생기는 양식에 의해서 길러지는 것은 아닙니다.

선의 본질

주여, "당신은 그 피조물의 모든 것을 굽어보셨지만, 보십시오. 모든 것이 매우 선했습니다." 우리도 또한 모든 것을 보지만, 보십시오. 모든 만물은 매우 선합니다. 당신의 성업聖業 개개의 것에 대해서 당신이 "있으라"고 하시어 그것들이 생성되었을 때, 당신은 이것 저것이 모두 '선함'을 보셨습니다. 나는 이미 일곱 번 "당신께서 그 지으신 모든 것을 보시니 보시기에 심히 좋았더라"는 구절을 이미 수차에 걸쳐 읽었습니다. "당신께서 그 지으신 모든 것을 보시니"창세기 1:31 보십시오. 모든 것은 선할 뿐만 아니라 함께 있어 매우 선했습니다. 하나하나 개별적으로는 다만 선할 따름이었으나, 모든 것이 어울려 있으면 매우 선한 것이 되었습니다. 이것은 모든 아름다운 육체로 표현되는 것입니다. 그 모두가 아름다운 부분에서 성립하는 물체는 개개의 부분 그것보다도 훨씬 아름다운 것입니다. 그것들의 부분도 개별적으론 아름답지만 그것들의 가장 질서바른 결합에 의해서 전체가 비로소 완성되기 때문입니다.

주님의 성업

나는 주의를 기울여 당신의 성업이 당신을 기쁘게 하였을 때, 당신께서 그 성업이 선한 것을 보신 것은 일곱 번인가 혹은 여덟 번인가를 밝히려고 하였습니다. 나는 당신이 굽어보시는 권능 가운데 당신이 그 창조하신 것을 그때 그때 보셨다는 것을 이해할 수 있는 시간의 구분이 없다는 것을 알았습니다. 그래서 나는 이렇게 말했습니다. "오, 주님! 당신의 성서는 진실한 것입니다. 진실하고 진리이신 당신이 그것을 세상에 내놓았기 때문입니다. 그러면 어찌하여 당신은 나에게 당신이 보이시는 권능 중에 시간의 구분이 없다고 말씀하시는 것입니까? 당신의 성서는 당신께서 매일같이 그 피조물이 '선함을 보셨다'고 말하고 있습니다. 나는 그것을 세어서 그것이 몇 번인가를 알았습니다." "하나님 곧 나의 하나님"시편 50:7이신 당신은 당신의 종인 나의 내적인 귀에다 대고 강한 음성으로 나의 귀먹음을 깨뜨리며 이렇게 외치셨습니다. "너희들은 들을지어다, 나의 성서가 말하는 바는 곧 내가 말하는 바로다. 성서는 시간의 견지에서 말하지만 나의 말은 시간이 아무런 영향을 주지 못한다. 나의 말은 나와 똑같이 영원히 존속하기 때문이니까. 너희가 만물을 나의 성령으로 보듯이 나도 보며, 너희들이 나의 성령으로 만물에 대해 말하는 것처럼 나도 말하노니. 그런데 너희가 시간 속에서 이들 사물을 보고자 할 때 나는 그와 같이 하지 않으며, 마찬가지로 너희가 시간의 견지에서 말할지라도 나는 그렇게 말하지 않느니라."

마니교도의 망상

주 나의 하나님이시여! 나는 당신의 말씀을 듣고 당신의 진리로부터 다음과 같은 것을 깨달았습니다. 즉 당신의 성업을 달갑지 않게 여기는 무리가 있다는 점입니다. 그들이 말하기에는 하늘의 항성恒星이나 별의 배치 등, 당신이 행하신 대부분의 성업은 당신이 필연성에 강요되어 만들었다는 것입니다. 이것들은 당신으로부터 생긴 것이 아니라 이미 당신 이외의 어느 곳, 어느 것으로부터 만들어져서 존재한 것이며, 당신이 정복하신 어떤 적으로부터 세계의 격벽隔壁 — 그것에 의해 차단되어 정복된 무리가 다시금 당신에게 반항하지 못하도록 — 을 쌓았을 때, 당신은 그것들을 취합하여 조직하고 결합시키기만 하면 되었다는 것입니다.

또 어떤 무리들은, 당신이 창조하지 않았을 뿐 아니라 취합하며 배합시킨 일도 전혀 없지만, 그 만물은 모든 육肉과, 모든 가장 미소한 생물과 땅에 뿌리를 뻗치고 있는 것들이라고 합니다. 이것들은 당신의 적인 영靈, 즉 당신에 의해 창조되지 않고 당신에게 반항하는 어떤 다른 본성을 가진 것이 세계의 낮은 부분에서 생산되어 형성된 것이라고 말하고 있습니다. 이러한 말을 함부로 지껄이는 사람들이 있는데 그들은 실로 정신이상자들입니다. 그들은 당신의 성업을 당신의 성서로 보지 않고, 당신의 성업 속에서 당신을 인정하지 않기 때문입니다.

하나님에 대한 경건한 자의 기쁨

그러나 우리가 당신의 성령으로 이들 사물을 보았을 때, 그것은 당신이 우리 안에서 보는 것입니다. 그들이 당신의 성업이 선이라고 생각할 때, 당신은 그 성업이 선한 것을 보여주십니다. 그리고 그들이 기뻐하는 일이면 당신도 함께 기뻐하십니다. 실로 당신의 성령으로 우리를 즐겁게 해주는 자는 우리로 하여금 당신을 즐겁게 해드릴 수 있도록 합니다. "사람의 사정을 사람의 속에 있는 영 외에는 누가 알리요? 이와 같이 하나님의 사정도 하나님의 영 외에는 아무도 알지 못합니다. 우리가 세상의 영을 받지 아니하고 오직 하나님께로 온 영을 받았으니 이는 우리로 하여금 하나님께서 우리에게 은혜로 주신 것들을 알게 하려는 것입니다."^{고린도전서 2:11,12}

나는 당신의 가르침을 받아 "하나님의 뜻은 하나님의 성령 이외에는 알 수 없을건대, 하나님께서 우리에게 베풀어 주신 것은 어떻게 알 수 있습니까?" 하고 반문하고자 합니다. 당신은 "우리가 하나님의 성령을 통하여 아는 것조차도 하나님의 성령밖에는 알 자가 없다"고 대답하십니다. 그렇습니다. 하나님의 성령으로 말하는 사람들에게 "말하는 이는 너희가 아니라 너희 속에서 말씀하시는 자 곧 너희 아버지의 성령이시니라"^{마태 10:20}고 하신 말씀이 옳은 것처럼 하나님의 성령으로 아는 자에게도 "아는 것은 너희가 아니니라"고 하신 말씀도 옳은 것입니다. 따라서 그와 마찬가지로 성령의 힘으로 보는 자에게 보는 것은 너희가 아니다라고 해도 옳을 것입니다. 그러기에 그들이 하나님의 성령으로 선한 것을 보는 것은 모두 그들 자신이 아니라 바로 하나님이십니다.

그리하여 세 가지의 다른 경우를 생각할 수 있습니다. 첫째는 전술한 사람들처럼 선한 것을 악이라고 생각하는 경우입니다. 둘째는 선한 것을 선이라고 시인하는 경우이나, 피조물은 선이므로 많은 사람들을 기쁘게 해주지만 당신은 이들을 탐탁히 여기지 않습니다. 그들은 주님보다도 피조물을 더 존중하기 때문입니다. 셋째는 인간이 어떤 것이 선임을 보았을 때, 하나님이 그 사람을 통하여 그것이 선임을 보시는 경우입니다. 즉 하나님은 그 피조물은 사랑하시나 우리에게 주신 성령에 의하지 않고는 사랑할 수 없습니다. "소망이 부끄럽게 아니함은 우리에게 주신 성령으로 말미암아 하나님의 사랑이 우리 마음에 부은 바 되어"로마서 5:5 성령으로 우리는 만물이 선하다는 것을 알게 되는 것입니다. 만물은 절대자이신 주님으로부터 비롯되기 때문입니다.

하나님의 성업, 특히 인간에 대해서

주여, 감사합니다. 우리는 이제 '하늘과 땅'을 보고 물질계의 상층과 하층, 혹은 영적 피조물과 물질적 피조물을 다 알아볼 수 있습니다. 그리고 이들 부분의 조직 속에 세계의 우주 또는 온갖 피조물이 성립되는 것이지만 우리는 "빛이 만들어져서 어둠에서 갈라졌다"는 것을 알게 되었습니다. 우리는 하늘의 궁창을 바라보지만, 그것은 영적인 상층의 물과 물체적인 하층의 물과의 사이에 있는 이 세계 최초의 물체이거나 혹은 이것도 또한 '하늘'이라고 불리므로 이 기체氣體의 공간일 것입니다. 그리고 천공의 새들은 이 공간을 지나거나 수증기가 되어 그 위를 덮거나, 또는 맑게 갠 밤에는 이슬이 되어 떨어지는 물과 거세게 땅 위를 흐르는 물 사이를 날아다닙니다.

우리는 또 대해원大海原 속에 모인 물의 아름다운 광경과 '메마른 땅'을 바라봅니다. 그런데 그 메마른 땅은 벌거벗고 있을 때도 있고, 이미 형성되어 어떤 형체와 질서를 지니고 풀과 수목들의 모체일 때도 있습니다.

우리는 또 '온갖 광명'이 위에서 빛나는 것을 보지만, 태양은 낮을 환하게 하고 달과 별은 밤을 어루만지며, 이들 모든 것에 의해서 온갖 시간이 제시되고 기록되는 것입니다. 우리는 또 도처에서 물고기와 짐승과 새들이 충만한 습기 이전 것을 보지만, 그것은 새들이 나는 것을 받쳐 주는 공기의 밀도가 수분의 증발에 의해서 증가하기 때문입니다. 우리는 땅의 표면이 지상의 생물로써 장식되고, 사람이 "하나님의 형상대로 창조되어" 올바르게 당신의 모습과 닮았기 때문에, 즉 이성과 지성의 힘이 있기 때문에 이성이 없는 온갖 생물 위에 임하고 있는 것을 봅니다.

그리고 사람의 영혼에 있어서 판단을 내림으로써 지배하는 자와 복종하기 위해 예속하는 자가 다른 것처럼, 육체적으로도 남성에 대하여 여성이 창조되었습니다. 그런데 여성은 이성적인 인식을 하는 정신에 있어서는 남성과 동일한 본성을 지니는데, 그 육체의 성에 따

아우구스티누스의 승리 클라우디오 코엘료(1664년), 프라도 미술관, 마드리드, 스페인

라서 남성에게 예속되는 것은, 행위의 충동이 정신의 이성으로부터 바르게 행동하는 능력을 얻기 위해서 예속되는 것과 같습니다. 이와 같이 모든 피조물을 바라볼 때, 그 하나하나가 아름답고 "선하며", 모든 것은 전체적으로 "매우 아름답고 선합니다."

찬미의 노래

"당신께서 지으신 모든 것이 당신께 감사하며 당신의 성도인 우리가 당신을 송축하리이니"시편 145 : 10 우리는 당신의 성업이 당신을 찬미하는 것처럼 당신을 사랑하고자 합니다. 이것들은 시간적으로 시작과 끝을 지니며, 나타났다가 없어지고 작았다가 커지고 아름답다가 미워집니다. 참으로 그것들은 무無에서 주님으로 말미암아 창조된 것으로, 절대로 주님의 것이 아닌 어떤 질료質料에서 창조된 것이 아니라 주님이 지으신 질료에서 창조된 것입니다. 당신은 그들 질료의 '형태 없는' 상태를 아무런 시간적 간격 없이 유형으로 형성한 것입니다. 이것은 천지의 질료와 천지의 형상과는 다른 것이며, 질료는 무無에서 만들어진 것이나 세계의 형상은 '무형의' 질료로부터 만들어진 것입니다. 더욱이 당신은 양자를 동시에, 즉 형태가 질료에 이어 동시에 나타나도록 창조하신 것입니다.

하나님의 창조

우리는 주님께서 어떠한 것의 비유로서 당신의 성업이 이러한 순서로 만들어지고, 이 같은 순서로 기록되었는가를 고찰하였습니다. 우리는 개개의 사물이 "선하고" 모든 것이 전체적으로 "매우 선하다"

는 것을 알았습니다. 당신은 당신의 말씀과 당신의 독생자를 통하여 하늘과 땅, 교회의 우두머리와 기둥은 밤낮을 가리지 않고 모든 시간에 앞서는 예정豫定 안에서 창조하신 것입니다.[309] 그러나 당신이 은밀한 것을 드러내시고 우리들의 무형체無形體를 형성하기 위해 예정하신 것을 때를 맞추어 행하시기 위해서 착수하셨을 때 — "우리의 허물과 죄가 이미 우리에게 있어 우리로 그 중에서 쇠패하게 되어"에스겔 33 : 10 우리를 구제하시려고 당신의 성령이 역사하고 계셨으므로 — 당신은 "악인을 의롭다 하며"잠언 17 : 15 그들을 죄인들과 갈라놓으시며, 당신의 성경의 권위를 당신을 따르는 상층의 사람들과 그들에게 예속될 하층의 사람들 사이에 세우셨습니다. 그리하여 독실한 신자로 하여금, 세상에 열성을 바치어 자비로운 일을 하며 나아가 하늘 나라의 보화를 얻기 위해서 땅 위의 보화를 가난한 자에게 나누어 주도록 하셨습니다.

그리고 당신은 "궁창에 있는 광명"에 불을 붙이셨습니다. 그 빛은 "생명의 말씀"을 지닌 당신의 성도들이며, 영적인 하사물下賜物에 의해서 탁월하고도 숭고한 권위를 가지고 빛나는 분들이었습니다. 그리고 주님은 믿음이 없는 이방인들을 교화하기 위해서 눈에 보이는 비적秘蹟과 음성으로 축복을 내리셨습니다. 당신은 믿음이 있는 자의 "살아 있는 영혼"을 절제의 강한 힘으로 다스려 형성하시고, 당신의 형상을 따라 당신을 닮은 새로운 영혼으로 하여금 다시는 세속적인

---

[309] "그는 몸인 교회의 머리라. 그가 근본이요 죽은 자들 가운데서 먼저 나신 자니 이는 친히 만물의 으뜸이 되려 하심이요"(골로새서 1 : 18)

권위를 본받을 필요가 없이 오직 당신에게만 예속되게 하시고, 마치 남성에게 여성이 예속되는 것처럼 이성적 행위가 높은 지성知性에 따르게 하셨습니다. 그리고 현세의 독실한 신자를 완성시키는 데 필요한 당신의 모든 봉사자들에게, 이 신자들을 교화시켜 장래의 열매가 맺어지기를 바라셨습니다.

이 모든 것을 우리가 목격하고 만족스럽게 여기오나, 당신은 이것을 우리 안에서 보고 계십니다. 우리가 그것들을 보고 그들 안에서 당신을 사랑하는 영혼을 바로 당신께서 내려 주신 것입니다.

우리에게 평강을

"여호와여 주께서 우리를 위하여 평강을 베푸시오리니 주께서 우리 모든 일을 우리를 위하여 이루심이니이다."이사야 26 : 12 안정의 평강을, 안식일의 평강을, 변함없는 평강을 주시옵소서. 실제로 "매우 선하고" 아름다운 삼라만상은 아름다운 질서 위에서 그 정해진 한계에 이르면 다 사라져 버릴 것입니다. 그들에게는 아침과 저녁이라는 시간의 제약이 있기 때문입니다.

영생의 안식일

일곱째날에는 저녁도 없고 해가 저무는 일도 없습니다. 당신은 그것이 길이 지속되도록 그것을 정화淨化하셨기 때문입니다. 주님은 지극히 선한 당신의 성업을 이룩하신 뒤로 — 당신은 그것을 평정한 가운데 이루셨습니다 — "일곱째날에 안식하시니라"는 당신의 음성을 우리에게 들려주셨는데, 그것은 우리가 매우 선한 일을 이룩한 후, 영원한 삶의 안식일에 당신 안에서 편히 쉬도록 하기 위한 것입니다.

우리들의 평안

그 때에도 당신은 지금 우리들 안에서 역사하시고 계시는 것처럼 우리들 안에서 편히 쉬실 것입니다. 지금 우리들이 하고 있는 일이 우리들에 의한 주님의 성업인 것처럼, 그 평안은 우리들로 말미암은 당신의 평안일 것입니다. 그러나 주님, 당신은 쉬지 않고 역사하시며, 편히 쉬시며, 그리고 시간의 한정을 두고 보지 않으시면서도, 시간적으로 보는 작용과 시간 그 자체와 시간적인 휴식을 마련하시는 것입니다.

하나님과 인간의 차이

당신께서 창조하신 것들이 존재하기에 우리는 볼 수 있으며, 당신이 보시므로 그것들이 존재합니다. 우리는 밖으로 그들의 존재를 보고 안으로 그들의 선함을 보지만 당신은 모든 피조물이 창조되어야 한다고 여겼을 때, 이미 만들어진 피조물을 보신 것입니다. 우리는 당신의 성령이 우리 마음에 머무른 다음에야 비로소 선한 일을 하게 되었지만, 그 전에는 하나님을 저버리고 죄 가운데서 살아온 것입니다. 그러나 유일하고 선하신 주님이시여! 당신은 절대로 선한 일을 멈추지 않으셨습니다. 우리가 선한 일을 할 수 있는 것은 오직 당신의 은총으로 말미암은 것입니다. 그러나 그것은 영원한 것이 못 되며, 우리들은 최선을 다한 후 당신의 위대한 성화^{聖化} 속에서 휴식을 취하기를 바라는 것입니다. 그렇지만 주님은 실로 완전무결하고 변함없는 최고선最高善으로서, 당신 자신이 당신의 안식이므로 항상 안식을 하시는 것입니다.

우리들 중에 과연 누가 이 진리를 가르칠 수 있겠습니까? 천사가 천사를 가르칠 수 있겠습니까? 또 천사가 사람을 가르칠 수 있겠습니까? "구하라 그러면 너희에게 주실 것이요 찾으라 그러면 찾을 것이요 문을 두드리라 그러면 너희에게 열릴 것이니 구하는 이마다 얻을 것이요 찾는 이가 찾을 것이요 두드리는 이에게 열릴 것이니라." 마태 7 : 7,8 아멘 —.

| 해설 |

성 아우구스티누스의 생애와 사상

아우구스티누스의 어머니 모니카의 죽음에 이르기까지 외적 생활과 내적 발전에 대해서는 본서 《고백록》 속에 상세히 서술되어 있으나, 그것을 요약하여 다소 보완하려고 한다.

아우렐리우스 아우구스티누스는 354년 11월 13일, 당시 로마의 영지領地였던 북아프리카 누미디아 주의 농림업 지대의 중심지인 타가스테현재 튀니지의 수도 튀니스에 가까운 스크 알라스에서 태어났다. 그의 아버지 파트리키우스는 조그만 포도원과 농지를 소유한 중산 계층으로서, 지금으로 말하면 지방 공무원으로 근무하면서 또 지방 의회에도 나가는 사람이었으나 아우구스티누스의 출생 당시에는 이교도異敎徒였다. 한편 어머니 모니카는 이미 어릴 적부터 신심이 깊은 그리스도교도였으므로, 아우구스티누스는 탄생 직후부터 그리스도교도와 이교도와의 갈등 가운데서 자랐다.

그에게는 나위기우스라는 남동생과 한 여동생이 있었다고 한다. 아우구스티누스는 "젖을 빠는 것과 동시에 그리스도의 정신이 스며들었다"고 하는 어머니로부터 많은 교화를 받았으나 당시의 관습에 따라서 세례는 받지 않았다.

고향의 학교에서 초등교육을 마친 후 양친의 슬하를 떠나 가까이 있는 마다우라로 가서 2,3년간 주로 문법학그리스·로마 고전의 독해와 작문을 배웠다. 마다우라라는 곳은, 박학다식하여 신처럼 숭배를 받고 기적까지 행한다는 아풀레이우스의 출신지였기 때문에 당시 북아프리카에서는 이교異敎의 거점을 이루고 있었다.

아들의 세속적 영달에 기대를 걸고 그를 이 고장에서 학문을 배우도록 한 점에서는 아버지와 어머니가 의견을 같이했으나, 이 때부터 아우구스티누스는 어머니의 감화로부터 멀어져 그가 받은 교육도, 그가 보내는 생활도 이교적으로 되어 간다.

그는 연애시에 탐닉하여 눈물을 흘리는 문학 소년이 되었다. 16세 되던 해 다시 부모의 곁으로 돌아가 약 일 년 동안 무위의 생활을 보낸 뒤, 370년 가을 타가스테의 재산가 로마니아누스로부터 학비를 원조받아 당시 로마령領이었던 북아프리카의 도시국가 카르타고로 가서 수사학변론술을 배우게 되었다.

당시로서는 이 법정 변론을 주로 하는 화술話術을 터득하는 일은, 입신출세를 바라는 청년에게는 가장 확실한 출세의 길이었다. 그러나 아우구스티누스가 카르타고로 떠나던 그 해, 아버지 파트리키우스는 그리스도교도로 전향했다가 세상을 떠났다.

아우구스티누스는 유학을 했던 그 환락의 도시에서 유혹의 노예가 되어 연극에 열중하면서 또한 방탕한 생활로 빠져들기 시작했다. 드디어 그는 신분이 낮은 천한 여자와 동거 생활을 시작하여, 아들

아데오다투스신이 내려 주신 아들이라는 뜻를 낳았다.

아우구스티누스는 그 무렵 무질서한 생활을 했다고 후에 몹시 자책하고 있으나, 그것은 당시의 조숙한 아프리카 청년의 일반적인 일로서 그의 생활이 특히 난잡한 것은 아니었다. 이 여자와의 관계는 그 후 15년 간이나 지속되었다가, 후에 술회한 것처럼 부득이한 사정으로 헤어지게 된 내연의 관계는 그의 성실한 인품을 보여주는 것이라 하겠다.

아우구스티누스가 배운 수사학은 라틴어의 명문가名文家 특히 키케로의 저작을 교본으로 하는 것이었는데 현존하지 않는 키케로의 대화편 《호르텐시우스》를 읽은 그에게는 지혜의 사랑이 싹트기 시작했다.

그는 재산이나 명성이 행복을 가져오는 것이 아니라 진리의 인식이 인간을 행복하게 한다는 것을 알았다. 그는 수사학의 전문가가 되는 것에 만족치 않고 지혜슬기를 사랑하는 자철학가가 되려고 생각하였다. 그리하여 성서를 읽기 시작하였는데 키케로의 글에 비해 문체가 단순한 것에 실망했으며, 특히 카톨릭 교회의 교리가 어떤 권위를 가지고 강요하는 것에 견디지 못했다. 그는 그 후 얼마 안 가서 당시 북아프리카에도 전파되어 있었던 마니교의 신자가 되었다.

마니교는 권위가 아니라 이성理性에 의하는 것이라고 주장하고, 자파自派야말로 참다운 기독교라고 자칭한 다음에 선악 2원론善惡二原論을 내세우고 특히 《구약성서》를 배척하는 등 철학 청년인 아우구스티누스의 마음을 세게 끌어당겼다.

그는 마니교에 입문했을 때 기독교와 아주 인연을 끊었다고는 생각하지 않았다. 세속적 영달에 방해가 된 것을 염려했던 탓인지 그는 다만 청문자聽聞者가 된 것뿐이었으나, 그래도 학생 시절의 끝무렵부터 무려 9년 동안이나 마니교도의 한패였었다.

그 사이 그는 카르타고에서의 수학修學을 마치고 일시 고향에서 교편을 잡기도 했으나, 또다시 카르타고로 가서 수사학 학교를 열었다. 그는 처음에는 마니교의 열렬한 신자로서 그 교리를 선전하여 많은 사람을 이 사교邪教에 끌어넣었고, 카톨릭의 교리, 특히 《구약성서》를 마구 조롱하였다. 그러나 19세의 미숙한 청년이 마니교에 기대했던 열의는, 그가 차츰 나이를 먹음에 따라 식어 갔다. 특히 마니교가, 신神을 어떤 형태가 있는 것으로 논하는 것이 그에게는 납득이 가지 않았으며 또 마니교의 '합리적 세계 설명'이라고 자칭하는 것이 전혀 엉터리라는 것을 당시의 천문학 지식을 통하여 그는 깨닫게 되었다.

그는 마니교의 유명한 학자인 파우스투스를 만나 보면 자기가 품고 있는 의문이 풀릴 것을 기대했지만 그것도 허사였다. 그리하여 그는 일시 아카데미파의 회의론懷疑論에 기울어졌지만 모든 인식의 가능성을 부정하는 것은 아니고 신아카데미파의 카르네아데스를 대표로 하는 독단적 철학이나 종교도덕을 비판하는 회의론이었다. 아우구스티누스가 신의 존재를 의심한 적은 없었으며, 그의 회의는 마니교의 미오迷悟로부터의 정화淨化이며 새로운 인식으로 옮아가는 과정이었던 것이다.

아우구스티누스는 383년 가을 카르타고의 횡포를 보다못해 어머니의 만류도 뿌리치고 로마로 건너가 수사학 교사가 되었으나, 학생들은 월사금을 치르지 않기 위해 미리 짜고 갑자기 다른 교사한테로 옮겨 가는 형편이었다. 이러한 상태로 인해 생활하기조차 어려워진 그는, 이듬해인 384년 밀라노의 수사학 교사로 임명되어 부임하게 되었다.

밀라노로 간 그는 유명한 주교 암브로시우스의 설교를 들었는데, 그의 변설뿐만 아니라 그 내용에 차츰 감동하게 되었다. 특히 마니교도들이 배척하는 《구약성서》가 비유적 해석에 의해서 설명되어 있는 것을 알고는, 그 때까지 카톨릭에 대해 품고 있었던 오해를 풀었다. 그리고 때마침 마리우스 빅토리누스의 라틴어 번역서를 통하여 플라톤파의 책신플라톤파인 플로티노스의 《엔네아데스》의 일부로 추측됨을 읽고, 마니교의 유물론적인 사고방식에서 해방되어 비물질적인 존재를 보는 눈이 뜨여졌다. 그리고 사도 바울의 서간을 읽고 플라톤파의 책에 있는 진리가 일체 거짓이며, 그 서간에는 끊임없이 하나님의 은총을 찬미하고 있다는 것을 알게 되었다. 그러나 아우구스티누스는 아직도 육(肉)의 멍에에 굳게 사로잡혀 있었다.

그는 어머니의 희망에 따라 보다 신분이 좋은 아내를 맞이하기 위해서 15년 간 동거해 온 여자와 이별하였는데, 새로이 약혼한 소녀가 법률상 허용되는 결혼 연령12세에 이르는 것을 기다리다 못해, 또 다시 다른 여자와 관계를 맺었다. 그의 마음 속에는 육(肉)을 따르는 낡은 의지와 영(靈)을 따르는 새로운 의지가 서로 다투며 갈등을 일으키고 있었다.

그리하여 기독교의 믿음에 들어간 사람들의 많은 체험담을 들은 아우구스티누스는 마음의 갈등이 최고조에 달해 우연히 어느 집의 뜰에서 고민하고 있었는데, "성경을 읽을지어다, 성경을 읽을지어다"라는 어린 아이의 찬송가 같은 노랫소리가 들려왔던 것이다.

그는 저 유명한 수도사 안토니우스가 기독교에 입신할 때 때마침 교회의 복음서 낭독에서 들었던 성구 마태복음 19 : 21를 하나님의 소리로 생각하고 하나님의 품 안으로 뛰어들었다는 이야기를 상기하고, 또 그 어린 아이의 "성경을 읽을지어다"라는 노랫소리를 '곧장 성서의 책을 펼쳐 최초에 눈에 띄는 구절을 읽어라' 하는 하나님의 명령이라고 생각하고, 성서를 펼치자 이렇게 적혀 있었다.

"방탕과 술 취하지 말며 음란과 호색하지 말며 쟁투와 시기하지 말고 오직 주 예수 그리스도로 옷 입고 정욕을 위하여 육신의 일을 도모하지 말라." 로마서 13 : 13,14 이것을 단숨에 읽어 내려가자, 그의 마음은 평안의 빛에 충만되어 의혹의 어둠은 모조리 걷혔다. 그리하여 아우구스티누스는 낡은 자신은 죽어 없어지고, 예수 그리스도를 통하여 거듭나게 된 것이었다.

아우구스티누스의 이러한 회심回心은 386년 그의 나이 32세 때의 늦은 여름의 일이었지만, 그는 그 무렵 폐병을 앓고 있었으므로 교직에서 물러났다. 그리하여 밀라노의 교외에 있었던 친구 베레쿤두스의 카씨키아쿰 별장으로 주거를 옮겨 세례받을 준비에 전념하였다. 동반자는 어머니 모니카, 아들 아데오다투스, 남동생 나위기우스, 친구 알리피우스, 제자인 리켄티우스와 투리게티우스 등이었다.

아우구스티누스는 많은 시간을 젊은이들의 교육에 할애했는데 날씨가 화창하고 따뜻한 날에는 야외에서, 비가 오거나 추운 날에는 목욕탕에서 토론하며 밤늦게까지 계속되는 수도 있었다. 하지만 그 자신은 젊은이들이 잠자리에 든 고요한 밤에 혼자서 사색과 기도를 드리는 것이었다.

그의 현존하는 최초의 저작인 〈아카데미파 반박〉과 〈행복한 생활〉은 이 별장에서 젊은이들과의 토론을 바탕으로 한 것이며, 〈독백〉은 그 자신의 사색의 산물이다.

이렇게 세례받기 위하여 별장에서 기도와 사색의 나날을 보낸 다음, 이듬해인 387년 봄 일동은 밀라노로 돌아가 부활절에 아데오다투스, 알리피우스와 함께 아우구스티누스는 존경하는 주교 암브로시우스로부터 세례를 받았다. 그는 이제 밀라노에 머물러 있을 필요가 없어져서 가족, 친구들과 더불어 고향으로 돌아가려고 티베르 강 어구의 오스티아에서 아프리카로 건너가는 배를 기다리는 사이, 어머니 모니카가 열병에 걸렸다. 그녀는 병상에 누운 지 9일째 되던 날 그 신앙 깊은 영혼은 육체에서 해방되었다. 그때 모니카는 56세, 아우구스티누스는 33세였다. 이를 계기로 밤낮으로 공들인 어머니의 눈물겨운 기도는 이미 보답이 되어 있었던 것이다. 이《고백록》이 과거의 생활에 바탕을 둔 신神의 찬미가 어머니의 죽음과 동시에 끝나고 있는 것은 실로 뜻깊은 일이라 아니할 수 없다.

아우구스티누스는 어머니와 사별한 후 로마에 약 일 년 간 체재하면서 카톨릭 신자로 살기 위하여 교회의 신학과 신앙 생활의 훈련 등에 대해서 공부하였다. 그리고 388년 여름 귀국하여 타가스테에서 친구들과 수도 생활에 들어가 약 3년 간 지속했으나, 391년 봄 당시 카르타고 다음가는 제2의 해항海港이었던 히포 레기우스에 초청되어 뜻밖에 그 고장의 노老주교인 발레리우스의 간곡한 요청으로 아우구스티누스는 사제가 되었다. 그때 그의 나이 37세, 그는 비로소 교회의 교직을 맡았고 성서에의 이해를 심화해 가면서 강단에 서서 설교하는 일을 매일의 과업으로 하는 몸이 되었던 것이다. 그리하여 395년에는 사교 보좌가 되고 이듬해에 발레리우스가 죽자 그 후임으로 주교가 되었다.

회심 후 해를 거듭할수록 아우구스티누스의 믿음은 점점 깊어졌고, 영혼은 차츰 성화聖化되어 《고백록》에서 고백하고 있는 고고한 경지에 다가갔다.

그는 내적인 평화와 기쁨 가운데 사랑으로써 신神에 결합된 것이고, 주교가 되어 쓴 《그리스도교의 가르침》 제1권397년에서의 '향수하다frui'와 '이용하다uti'와의 구별은 그것을 잘 나타낸 것이라 하겠다. 즉 그는, 향수享受한다는 것은 어떤 것에 그것 자체로 인해서 사랑으로써 의지하는 것이며, 이용利用한다는 것은 우리가 사랑하는 것을 얻기 위하여 어떤 것을 사용하는 것으로서 참으로 향수되어야 할 것은 오직 하나님뿐이며 다른 모든 것은 이용되어야 할 것이라고 말하고 있다. 또 아우구스티누스는 삼위일체三位一體 등의 비의秘儀에 대해서도 언급했다. 그것을 보는 초자연적인 빛은 해를 거듭할수록 더욱더 많이 주어지는 것이며, 그것에 대한 다년간에 걸친 명상의 성과가 400년에서 416년에 걸쳐 씌어진 《삼위일체론》 전15권이다.

아우구스티누스가 회심 후 첫번째로 격렬한 논쟁의 대상으로 삼은 것은 마니교였다. 그는 한때 많은 사람들을 기만하여 이 사교에 끌어넣었으나, 이번에는 사람들을 계몽하여 그것으로부터 구출해야만 했던 것이다. 그의 마니교에 대한 논박의 책은 388년 로마 체재시에 쓴 《카톨릭 교회의 관습과 마니교도의 관습》 전2권으로 시작된다. 거기에서는 사랑에 의해 사는 진실한 기독교 신자의 생활을 대비對比함으로써 마니교의 허위에 찬 금욕생활을 맹렬히 비난하고 있다. 그리고 아프리카 귀환 후 《창세기에 관한 마니교 반박》 전2권을 써서 전서前書를 보완한 것을 비롯하여, 그의 마니교 논박의 작업은 주교가 된 후로도 오랫동안 계속되었다.

다음에 아우구스티누스가 주교로 취임해서 맨 처음 해야 할 일은 도나투스파에의 대책이었다. 4세기 초의 일이었다. 311년 카에키리아누스가 카르타고의 주교로 선발되자 그를 서임敍任한 아프툰가의 사교 훼릭스가 전에 디오클레티아누스 제왕의 박해를 받을 때 성서 성물聖書聖物을 관헌에게 꺼내 준 배신자였으므로, 누미디아의 사교들은 카에키리아누스의 주교 취임을 반대하고, 그와는 별도로 마요리누스를 주교로 옹립했다. 또 그가 죽은 후로는 도나투스를 추대하여 반대 운동을 계속했다. 그래서 이 파는 도나투스파라고 불리게 되었다. 이 파의 세력은 그 후 북아프리카에 침투하여 반로마적인 민족운동과 카톨릭교도인 로마인의 대토지 소유지에 대한 하층 농민의 반항과 결합하여 각지에서 자파自派의 교회를 세우는 등, 카톨릭 교회에 대한 일대 위협으로 존재했다.

아우구스티누스는 주교로 취임한 이래 온갖 수단을 써서 설득에 나섰으나, 이미 그 일부가 폭도화되어 있는 도나투스파에는 아무런 효과가 없었다. 드디어 405년, 카톨릭 교회는 로마의 국가 권력을 의지하여 도나투스파를 억압하지 않으면 안 되었다.

그리하여 411년 카르타고 회의에서 아우구스티누스는 카톨릭 교회측의 대표격으로 활약하여, 도나투스파는 단순한 분파分派라기보다는 이단이라는 선고를 받았다. 도나투스파는 성도의 교회에 항상 성스러워야 하며 일단 그리스도의 교리를 포기한 자가 시행하는 비적秘蹟은 무효라고 주장한 데 대하여, 아우구스티누스는 카톨릭 교회의 입장에서 비적은 그것 자체가 성스러운 것으로서 그것을 시행하는 사람들에게 말미암은 것이 아니라고 강력히 주장하며 교회의 통일을 끝까지 옹호하였다.

다음에 아우구스티누스가 한숨을 돌릴 사이도 없이 도전해야만 했던 것은 펠라기우스파와의 논쟁이었다. 이 파의 우두머리 펠라기우스는 브리타니아혹은 아일랜드 태생의 엄격한 수도사로 400년경 로마에 와서 깊은 학식과 두터운 신앙으로 말미암아 명성을 떨쳐 그를 따르는 자가 많았는데, 그의 유력한 후계자가 될 카에레스티우스도 그 중 한 사람이었다.

펠라기우스는 당시 일반적인 기독교 신자의 퇴폐를 한탄하고 있었던 바, 때마침 어느 주교가 아우구스티누스의 "당신이 명하신 것을 주시고, 당신께서 원하시는 것을 명하소서"《참회록》제10권 제29장의 구절을 인용하는 말을 듣고 이는 인간의 도덕적 책임을 위태롭게 하는 것이라고 비판하였다. 펠라기우스와 카에레스티우스는 뒤에서 말하게 될 아라리크의 로마 침입 때 만나 411년 함께 아프리카로 피난해 왔다가 얼마 후에 동방으로 사라져 버렸다. 앞에서 말한 도나투스파의 분쟁은 주로 아프리카 교회의 문제였으나, 이번의 펠라기우스파의 이단異端은 카톨릭 교회 전체의 문제였다.

아우구스티누스는 처음엔 펠라기우스의 청렴한 생활에 경의를 표하였지만, 인간은 선한 행실로 구제된다고 하는 그의 주장이 기독교 신앙의 본질에 저촉되는 것을 보고는 논쟁에 들어가 조금도 양보하지 않았다.

아우구스티누스에 의하면, 인간은 누구나 원죄(原罪)를 걸머지고 탄생하며 인류는 한 죄의 덩어리라는 것이다. 그리고 인간이 구원을 받는 것은 오직 하나님의 은총에만 말미암은 것으로 누가 구원을 받는가는 우리가 헤아릴 수 없는 하나님의 선택에 의한다는 것이다.

펠라기우스파는 아우구스티누스가 노력한 보람이 있어 이단의 선고를 받았으나, 그 후 에크라누스의 주교 유리아누스에 의해 부활되었다. 이 유리아누스는 예리한 변증력(辨證力)을 가진 사람으로, 인간성의 가치를 주장하며 아우구스티누스의 원죄설(原罪說)을 그가 젊었을 때 빠져 있었던 마니교의 미오(迷悟)에 의한 것이라고 비난하였다. 이에 대하여 아우구스티누스는 421년부터《유리아누스 반박》전6권을 저술하여 최후까지 그 집필을 멈추지 않았는데 그 마지막 권은 죽음으로 인해서 미완성으로 끝났다.

한편 이미 4세기 말부터 로마제국으로 침입해 왔던 게르만 족은 드디어 410년 서고트 왕 아라리크가 수도 로마를 공략하였다. 이것은 전 기독교 교회를 발칵 뒤집어 놓은 대사건이었다. 이와 같은 큰 재앙이 잇따라 생기는 것은 옛날 로마의 신들을 망각하고 기독교를 믿었기 때문이라는 비난이 이교도 사이에 재연되었다. 이에 대하여 아우구스티누스는 413년부터 426년에 걸쳐《하나님의 나라(神國)》전22권을 저술하여 이교도를 논박함과 동시에 하나님을 사랑하는 겸손한 자로 이룩되는 하나님의 나라와 자기를 사랑하는 교만한 자로 이룩되는 악마의 나라땅의 나라를 대립시켜 천지의 창조로부터 종말에 이르는 세계의 역사를 전개해 보였다. 이 책의 내용의 전반제1권~제10권은 이교도의 비난을 논파하는 파사破邪의 부분이며, 후반제11권~제22권은 기독교의 진리를 설명하는 현정顯正의 부분이다. 그리고 전반 10권 중 처음의 5권은 다신多神의 숭배가 이 세상의 번영을 위해 필요하며, 따라서 그것을 금지했기 때문에 재앙이 속출했다는 비난을 반격하고, 다음의 5권은 이들 재앙이 어느 시대에도 있었다는 것을 인정하면서 아울러 다신의 숭배는 내세를 위한 것이라는 주장을 배척한 것이다. 그리고 후반 12권 중 최초의 4권은 두 나라의 기원을 말하고, 다음의 4권은 그 역사와 발전에 대해 서술하고 최후의 4권은 양자에게 정해진 종말을 제시하고 있다. 〈하나님의 나라〉는 반드시 질서정연한 수미일관된 저술은 아니지만, 거기에 담겨 있는 실로 잡다한 내용이 신의 섭리에 의해서 인도되는 인류 역사의 한 페이지로서 각각 살아 있는 의의를 부여하고 있는 점에서는 서양 최초의 역사철학이며, 더욱 그것이 역사의 일대 전환기에 나타났다고 하는 것은 참으로 뜻깊은 일이라 아니할 수 없다.

아우구스티누스의 만년, 야만족의 위협은 점차로 증대하여 430년 5월 남스페인에서 아프리카로 상륙한 반달족이 누미디아를 침입하여 히포를 포위하였다. 벌써 76세가 된 아우구스티누스는 주교로서 고수해야 할 이 시내에 최후까지 머물러 히포시가 적으로부터 구출되기를, 그리고 이 고난에 견딜 수 있는 힘이 주어지기를 계속 간구하였으나, 열병에 걸려 8월 28일 저녁 성벽에 다가온 적의 함성을 들으면서 이 세상을 떠나고 말았다.

아우구스티누스가 후대의 기독교 사상에 끼친 영향은 실로 큰 것으로 12세기 말에 이르기까지 중세中世 사상의 진로를 설정했을 뿐 아니라 13세기에 있어서의 아리스토텔레스 철학을 받아들인특히 토마스 아퀴나스에 의한 후로도 존속했다. 또한 16세기에 있어서의 종교개혁자들인 루터나 캘빈도 아우구스티누스에게 힘입은 바 적지 않았다. 아우구스티누스의 확고한 지성과 깊은 영적 통찰이 없었더라면, 서양의 기독교 사상은 오늘날과는 판이한 형태를 취했을 것이다.
　아우구스티누스의《고백록》이 언제 씌어졌는지는 정확히 알 수 없으나 대략 서기 400년 전후에 씌어진 것으로 추정된다. 그 집필 의도에 대해서는 재론再論의 서書에 있어서,《고백의 서書》전13권에서 "나의 선과 악에 관하여 의롭고 선이신 하나님을 찬미한다"고 서술하고 있는데, 히포의 주교로서 명성이 점차로 높아졌던 아우구스티누스의 과거와 현재의 생활을 알려고 하는 많은 사람들의 요망에 호응해서 이것이 집필된 것으로 생각된다.
　그러면 대체 아우구스티누스가 말하는 참회란 어떠한 것인가? 이 책이 다분히 죄의 고백에 치중하고 있는 것은 사실이나, 그것은 또한 동시에 신神에 대한 감사와 찬미인 것이다. 다시 말해서 죄의 고백과 찬미는 곧 하나로서, "나의 선과 악에 관해서 의롭고 선이신 하나님을 찬미한다"는 의미를 내포하고 있다. 즉 아우구스티누스는 자기의 죄 많은 생활 가운데 신의 은총이 가장 뚜렷하게 나타나 있는 것을 인정하면서 감사와 찬미를 드린 것이다. 따라서 그의 저서는 근대인의《고백록》과는 엄밀히 구별되어야 한다. 그것들이 교만과 자기 과시의 필치로써 씌어진 것에 비해 아우구스티누스의 것은 순전히 겸허의 산물인 것이다.

아우구스티누스의 《고백록》은 두 부분, 즉 과거의 생활을 말하고 신의 은총을 칭송하는 부분제1권~제9권과 주교 자리에 있는 현재의 상태에 관해서 신에게 감사하는 부분제10권~제13권으로 구별된다. 이 후반부 중 제11권~제13권은 일견 〈창세기〉 첫머리의 해석으로, 부록으로 생각되어 사실상 각국의 번역서에 있어서 생략되는 수가 많았다. 그러나 과연 생략되어도 좋을까? 또 이질적이라고도까지 생각되는 최후의 이 3권은, 전체의 구성에 대하여 어떠한 의미를 갖는 것일까? 이 문제를 《아가페와 에로스》의 저자로 알려진 스웨덴의 신학자 안데르스 니그렌을 통하여 고찰해 보기로 하자.

《고백록》 제1권 제1장의 "당신께서는 당신을 섬기도록 인간을 창조하셨으므로 우리를 깨우쳐 기꺼이 당신을 찬양토록 하셨으며, 우리의 마음은 당신 안에서 안식을 얻지 않고는 평안할 수 없습니다"라는 구절은 《고백록》 전권의 정신을 이야기해 주는 것으로 인간의 불안과 하나님에의 동경을 나타내는 것이다. 그러나 그것은 단순한 종교적 감정의 표백 이상의 것이며, 거기에는 아우구스티누스의 세계관과 인생관과의 전체, 그의 형이상학이 포함되어 있다. 즉 조물주와 피조물이 대립 관계에서, 피조물인 우리들이 조물주를 섬겨야 할 필연성, 우리들의 끊임없는 추구, 우리들의 삶의 목표인 안식安息이 설교되고 있다.

아우구스티누스에 의하면 신은 절대적 존재, 절대적 선善이므로 그것에 대항하는 것은 전적인 무無, 선의 전적인 결여缺如이다. 이 양자, 즉 선과 무와의 사이에 피조물이 위치한다. 피조물은 신에 의해서 무로부터 창조된 것으로서, 신에 의해서 만들어진 이상 존재를 지닌 선이라고 할 수 있으나, 무에서 만들어진 이상 존재와 선을 결여하고 있다. 그것은 존재와 선이라 불리는 일체의 것을 결여하고 있지는 않으나, 신과 같이 절대적인 존재와 선을 갖고 있지 않다. 즉 피조물은 상대적 존재이며 무를 섞고 있으므로 부단히 무로 돌아갈 위험성을 면치 못한다. 인간의 생활 전체가 끊임없는 욕구와 행복의 추구인 것도, 인간이 피조물이며 그 신을 그 자신 속에 갖지 않고 그 밖에서 구하지 않으면 안 되는 까닭이며, 그 존재의 결여를 보완하지 않으면 안 되기 때문이다. 즉 인간은 피조물인 한 욕구하지 않으면 안 되며, 문제는 그 욕구의 대상을 무엇으로 할 것이냐 하는 것이다.

그리고 이 욕구의 대상은 신하나님인가, 이 세상인가의 어느 것이며 신으로 향하게 된 욕구는 카리타스사랑라 불리며 이 세상으로 향하게 된 욕구는 쿠피디타스욕망라고 불리지만, 그 중 본래의 욕구 목적에 도달하는 것은 카리타스뿐이다. 그 까닭은 인간의 욕구는 본래 그 존재의 결함을 채우려고 하는 것인데, 이 세상으로 향하는 욕망은 인간보다도 더 낮은 존재에 의해서 그것을 채우려고 하기 때문이다. 즉 그것 자체보다도 더 소멸적인 것에 의해서 그것 자체의 소멸성을 모면하려고 하는 셈이다. 따라서 이와 같은 욕구를 계속하는 한, 인간은 끊임없이 하나의 것으로부터 다른 것으로 쫓겨나서, 결코 궁극적인 안식에 도달하여 만족하는 일은 없다.

인간의 욕구를 궁극적으로 채우는 것은 오직 신뿐이며, 신에게서 만족을 구하는 자는 그 구하는 것을 실제로 찾아내는 법이다. 신은 불변적인 선이며 절대적인 존재이기 때문이다.

이 같은 형이상학을 배경으로 생각하면, 《고백록》 권두의 한 구절이 의미하는 그 참뜻을 한층 잘 이해할 수 있을 것이다. 하나님은 절대적이고 욕구가 없으며 안식 그 자체, 영원한 평화인 데 대하여, 우리들은 무無에서 창조된 이상 소멸적인 존재이며 결함 있고 끊임없이 욕구하는 존재이며, 더욱 그 욕구를 신으로 향하게 하여 안식을 신 안에서 찾아야 할 것이다. 신 안에서의 안식이 피조물의 목표라고 하는 것이 바로 이 《고백록》의 근본사상인 것이다.

이렇듯 그 근본사상이 명백해지면 전체의 구성을 푸는 열쇠도 그것에 의해 주어진다. 아우구스티누스는 이 근본사상을 늘 염두에 두고 그 고백을 진행시켰으며, 그것은 이미 위에서 분석한 제1권 제1장의 구절의 전후에도 나타나 있다. 즉 거기에서는 피조물인 인간이 신 앞에서 아뢰는 것이며, 더욱 그 피조물이란 자기의 소멸성과 가사성可死性을 걸머지고 교만하며 선善을 신 안에서 구하지 않았다는 것을 의식하는 것이다. 그리고 이 신이 창조한 사소한 부분인 인간은, 신의 선으로 충만되어 신 안에서 안식을 찾아내려고 신을 그 자신 속에 불어넣은 것이다.

그런데 아우구스티누스는 이 같은 출발점에서 자기의 생활을 돌이켜 보았을 때, 그의 몇 가지 극적인 전회轉回는 이 선을 신에서가 아니라 이 세상의 것에서 구한 피조물의 비참한 상태를 나타내는 것이다. 그것은 그 자신이 경험한 것처럼, 쉴새없는 추구와 어디에서도 안식을 얻지 못하는 탐구의 연속이다. 그리고 이것이 《고백록》 제1권~제9권까지 이야기하는 바로서, 그것은 그의 회심回心과 세계, 어머니의 죽음에까지 이르고 있다. 그의 과거 생활의 고백이 그러한 말을 함으로써 끝나고 있는 것은 그가 그러한 고백으로써 그의 선善을 신 안에서 찾아냈기 때문이며, 아무도 빼앗을 수 없는 안식에 도달했기 때문이다. 그는 제10권에서 그의 현재 생활에 대해 말했는지 그 목적은 그의 외적 상태나 내적 발전을 서술한 것이 아니라 주님을 자기의 선으로서 갖는 것은 어떠한 의미인가 하는 것을 밝힌 것이다. 그는 "내가 당신을 사랑할 때 나는 무엇을 사랑하는 것입니까?" 하고 자문하고, "주님이시여! 내가 당신을 간구할 때 나는 행복한 생활을 찾고 있습니다. 내 영혼이 살기 위해서 나는 당신께 간구합니다"라고 대답하고 있다.

《고백록》제1권~제10권을 통한 근본사상이 위에서 말한 것이라면, 제11권~제13권도 이미 수수께끼와 같은 것은 아니다. 즉 자기의 생활을 다만 그것만의 것으로 말하는 것은 결코 아우구스티누스의 의도는 아니었던 것이며, 앞에서도 언급했듯이 그 창조의 사소한 부분에 불과한 인간이 주님 앞에서 주님을 찬미하려고 하는 것이다.

그의 고백의 배후에는 그 자신 안에 일체를 갖고 그 외에는 아무것도 필요로 하지 않은 조물주와, 무에서 만들어져 그 선善을 그 자신의 밖에서 구하지 않으면 안 되는 피조물을 항상 생각하고 있던 것이나, 이제야말로 아우구스티누스가 간구하고 있던 선을 신 안에서 찾아냈다는 것을 말하게 되었을 때, 지금까지 배후에 있었던 것이 전면에 나타난다.

즉 《고백록》제11권~제13권이 〈창세기〉첫 장의 해석을 시도하여 신의 천지창조를 들추는 것은 결코 우연한 일이 아니다. 거기에는 이 소멸적인 그 존재가 시간의 한정 속에서 아침과 저녁, 과거와 현재와 미래가 구별되는 세계가 어떻게 만들어졌는가가 나타나 있으며, 그리고 신이 일체에 있어서의 일체가 되는 일곱째날의 영원한 안식을 위해서 신을 향해서 만들어지고, 이 세상에 있어서는 안식을 얻지 못하는 마음이 비로소 안식을 찾아내는 것이 천명되어 있다.

아우구스티누스의 《고백록》 전권의 근본사상은 '안식'이라고 할 수 있다. 즉 그 권두에 "하나님은 하나님의 형상을 따라 우리를 지으시고……"라고 표현하고 있는 것은, 우리들은 그 선을 신 안에서 찾아내야 하며, 그리고 최후에 소망하고 있는 것은 "어떠한 선도 필요로 하지 않는 선이시며, 항상 편히 쉬고 계시는 주님 자신이 주님의 안식이 되시는" 하나님의 위대한 성별聖別 가운데에 편안히 쉬는 일이다.

이와 같이 본서 《고백록》의 첫 장에서 마지막 장까지 일관되고 있는 근본사상을 포착하면, '고백'의 구성에 대한 의문도 해결될 것이다. 즉 아우구스티누스의 '고백'은 앞에서도 언급한 것처럼 근대적인 의미의 자서전이 아니며, 그 최후의 3권도 〈창세기〉의 석의釋義가 아닌 것이다. 그 제11권~제13권에 엮어져 있는 과거의 그의 생활은 앞에서 언급한 것처럼 무에서 창조되어 무로 전락하는 피조물의 위험, 이 세상의 삶에 있어서의 불안과 신에게서 얻어지는 안식의 실례이며, 제11권~제13권에 서술되어 있는 천지창조는 이 피조물의 피조성被造性을 해명한 것이다. 그리고 그 앞의 여러 권에서 군데군데 볼 수 있는 철학적 논의는 결코 비본질적인 삽입이 아니며 그의 본질적 생각의 표명이라고 보아야 할 것이다. 또 제11권에 전개되어 있는 '시간론'도 단순한 부록이 아닌데 그 이유는 시간이야말로 피조물의 존재에 있어서의 형식이며 피조물과 조물주와의 구별은 곧 시간과 영원과의 구별이기 때문이다.

　다시 말해서 〈창세기〉 제1장 1,2절의 "태초에 하나님이 천지를 창조하시니라. 땅이 혼돈하고 공허하며 흑암이 깊음 위에 있고 하나님의 신은 수면에 운행하시니라"는 구절 가운데에서 아우구스티누스는 그의 종교관의 핵심을 발견한 것이다. 그에 의하면 거기에는 우선 피조물의 공허함을 말하고 있고, 이어서 "수면에 운행하시는 하나님의 신" 가운데 그가 특히 좋아한 〈로마서〉 제5장 5절의 "우리에게 주신 성령으로 말미암아 하나님의 사랑이 우리 마음에 부은 바 됨이니"라는 구절이 암시되어 있는 것이었다.

　아우구스티누스의 《고백록》은 그 자신이 "내가 쓴 저서 중에 《고백록》보다 더 알려지고 더 애독된 책이 있을까?〈인내의 은혜〉 제20장라고 술회한 것처럼, 그가 살아 있던 시대에 널리 읽혀졌을 뿐 아니라 중세와 그 이후에도 많은 독자들의 사랑을 받아 왔는데, 르네상스의 인문주의자나 가톨릭교도나 프로테스탄트도 그 점에서는 다를 바가 없다.

　그리고 오늘날에도 역시 영혼의 성찰에 깊은 관심을 갖는 모든 사람들은 페트라르카의 말과 같이, "아우구스티누스의 《고백록》을 읽을 때마다 남의 일 같지 않으며, 바로 나 자신의 방황이 묘사되어 있는 책을 읽는 것 같다"는 공명을 불러일으킬 것이다.

옮긴이 │ 김평옥
광주 고보, 보성전문 법과, 서울대 철학과 졸업.
조선대 부교수, 전남대·건국대·한양대·홍익대·강릉교대
강사 역임. 해군본부 편수보도관, 체신공무원 교육원 교수 및 기관지
《교원(敎苑)》 편집주간 등 역임.
저서로는 시집 《몽로(夢路)》, 《별은 밤마다》와,
수필집 《끝없는 여정》이 있으며, 역서로는 《에밀》(J. 루소),
《에티카》(스노피자), 《스포크 박사의 부친학(父親學)》 등이 있음.

아우구스티누스 고백록

발행일 │ 개정판 1쇄 발행 - 2008년 4월 15일
　　　　　개정판 10쇄 발행 - 2023년 3월 10일

지은이 │ A. 아우구스티누스		**옮긴이 │** 김평옥	
펴낸이 │ 윤형두 윤재민		**펴낸곳 │** 종합출판 범우(주)	
교 정 │ 장웅진		**인쇄처 │** 태원인쇄	

등록번호 │ 제406-2004-000012호 (2004년 1월 6일)
　　　　　　(10881) 경기도 파주시 광인사길 9-13 (문발동 525-2)
대표전화 │ 031-955-6900　　**팩 스 │** 031-955-6905
홈페이지 │ www.bumwoosa.co.kr　**이메일 │** bumwoosa1966@naver.com

ISBN 978-89-91167-82-7　03230

* 책값은 뒤표지에 있습니다.
* 잘못된 책은 바꾸어드립니다.